Hasko Zimmer (Hrsg.)

Menschenrechtsbildung in der Einwanderungsgesellschaft

Grundlagen und Impulse für die Schule

Hasko Zimmer (Hrsg.)
Menschenrechtsbildung in der Einwanderungsgesellschaft
Grundlagen und Impulse für die Schule
ZfL-Text Nr. 22
Münster: Zentrum für Lehrerbildung, 2008
ISBN 978-3-934064-87-4

Umschlagbild:
Patrick Schoden: „Am Damaskustor", 2008

Umschlaggestaltung und Innenlayout:
Patrick Schoden

Herausgeber:
Zentrum für Lehrerbildung
Robert-Koch-Straße 40, 48149 Münster
Tel.:   0251 83-32501
Fax: 0251 83-32504
Email: zfl@uni-muenster.de
Home: http:www.zfl.uni-muenster.de

Druck & Bindung:
DIGI PRINT
Document Center Münster GmbH

Inhalt

Hasko Zimmer — 5
Zur Einführung

Hasko Zimmer — 11
Menschenrechtsbildung - eine Aufgabe der Schule
Über Grundlagen, Konzepte und gesellschaftliche Herausforderungen

Jörg Lange — 57
Die Allgemeine Erklärung der Menschenrechte von 1948:
Eine Menschenrechtserklärung für die Einwanderungsgesellschaft?

Roman Böckmann — 123
Die Welt zu Gast bei Freunden?
Flucht und Asyl als Gegenstand der Menschenrechtsbildung

Kathrin Gawarecki — 169
Viel Lärm - um ein Stück Stoff.
Die Einwanderungsgesellschaft und ihr Kopftuchstreit

Katy Haehser — 217
Pressefreiheit in der Einwanderungsgesellschaft –
Der Streit um die Mohammed-Karikaturen im Spannungsfeld
von Freiheit und Verantwortung

Die Autorinnen und Autoren — 275

Hasko Zimmer

Zur Einführung

Die Verkündung der „Allgemeinen Erklärung der Menschenrechte" durch die Generalversammlung der Vereinten Nationen vor 60 Jahren war bereits mit der Einsicht verbunden, dass die Verwirklichung dieser Rechte nicht zuletzt auf entsprechende Bemühungen in den Bereichen von Bildung und Erziehung angewiesen seien. Diese nachhaltig zu fördern gilt seitdem als Anforderung an die Bildungspolitik aller Staaten, die dieser Erklärung und den auf ihr gründenden Menschenrechtspakten zugestimmt haben. In der Folgezeit haben vor allem die Initiativen der UNESCO dazu beigetragen, dass sich die Auffassung von der Notwendigkeit von human rights education bzw. Menschenrechtsbildung in den 1990er Jahren international durchsetzen und an Verbindlichkeit gewinnen konnte. Höhepunkt dieser Entwicklung war die Ausrufung der Dekade für Menschenrechtsbildung (1995-2004) durch die Generalversammlung der Vereinten Nationen, der 2004 ein Weltprogramm zur Förderung von Menschenrechtsbildung in der Schule folgte.

In Deutschland haben im Bereich staatlicher Bildungspolitik diese Initiativen und Programme trotz der dringlichen Appelle der Vereinten Nationen keine nennenswerte Handlungsbereitschaft ausgelöst, sieht man von der Empfehlung der Kultusministerkonferenz „Zur Förderung der Menschenrechtserziehung in der Schule" aus dem Jahr 2000 ab, die jedoch nur eine frühere Verlautbarung wiederholte und bis heute in den Bundesländern praktisch nicht umgesetzt worden ist. Vor diesem Hintergrund konnte es nicht verwundern, als kürzlich der UN-Sonderberichterstatter zum Menschenrecht auf Bildung, Prof. Dr. Vernor Munoz, anlässlich seines Besuchs in der Bundesrepublik im Februar 2006 ausdrücklich die mangelnde Verankerung von Menschenrechtsbildung in Schule und Lehrerausbildung monierte. Allerdings ist die gegenwärtige Situation in diesem Feld nicht allein mit Blick auf die Versäumnisse deutscher Landesregierungen zu charakterisieren. Denn unterhalb dieser Ebene lässt sich seit einigen Jahren in unterschiedlichen Diskurs- und Praxisfeldern ein wachsendes Interesse am Thema Menschenrechtsbildung feststellen, das sowohl in der zunehmenden Zahl theoretischer Beiträge wie nicht zuletzt in der Nachfrage nach praxisnahen Arbeitsmaterialien seinen Ausdruck findet.

Die vorliegende Veröffentlichung legt in kritischem Anschluss an den aktuellen Diskussionsstand Überlegungen und Anregungen zur Menschenrechtsbildung in der Schule vor, die sich von anderen Versuchen darin unterscheiden, dass sie sich schwerpunktmäßig auf die spezifischen Voraussetzungen, Anforderungen und Möglichkeiten von Menschenrechtsbildung in Deutschland konzentrieren. Sie präsentiert Ergebnisse einer interdisziplinären Arbeitsgruppe, die sich im Anschluss an Lehrveranstaltungen zu diesem Thema im Institut für Allgemeine Erziehungswissenschaft an der Universität Münster gebildet und über einen längeren Zeitraum mit Grundlagen und Konzepten der Menschenrechtsbildung befasst hat. Das Vorhaben, Menschenrechtsprobleme nicht am Beispiel ferner Länder zu behandeln und sie damit gleichsam zu ‚exterritorialisieren', sondern sie anhand der Verhältnisse im eigenen Land zu thematisieren, hat menschenrechtlich relevante Fragen und Konflikte in den Mittelpunkt gerückt, die für das spannungsreiche Zusammenleben in einer in Deutschland längst zur Realität gewordenen Einwanderungsgesellschaft kennzeichnend sind. Sie stellen ein Themenfeld dar, mit dem sich nach unserer Auffassung eine realitätsnahe und erfahrungsbezogene Menschenrechtsbildung in der Schule insbesondere im Blick auf ihre multiethnische und multikulturelle Schülerschaft befassen müsste.

Der einleitende Beitrag von Hasko Zimmer erläutert die Grundlagen und zentralen Fragestellungen dieses Ansatzes in Verbindung mit einer Einführung in die aktuelle Diskussion. Die Darstellung zeichnet zunächst den Stand der internationalen Entwicklung am Beispiel der UNESCO- bzw. UN-Programme zur Menschenrechtsbildung nach, setzt sich sodann mit den bildungspolitischen Versäumnissen in diesem Bereich in Deutschland auseinander und geht schließlich ausführlich auf die in verschiedenen Disziplinen geführte Diskussion über die menschenrechtlichen Probleme und veränderten pädagogischen Anforderungen in der deutschen Einwanderungsgesellschaft ein. Die auf diesem Wege erzielten Ergebnisse werden am Ende in einem Konzept zusammengefasst und diskutiert, das Menschenrechtsbildung in Deutschland als „Bildung für die Einwanderungsgesellschaft" auffasst, in deren Zentrum die Auseinandersetzung bzw. Verständigung über die Menschenrechte und ihre Bedeutung für die Gestaltung dieser Gesellschaft steht.

Die folgenden Beiträge nehmen diesen Ansatz im Rahmen ihrer speziellen Themen und Fragestellungen auf. Dabei geht es sowohl um grundlegende rechtliche Probleme wie um aktuelle politische und kulturelle Konflikte, an denen sich menschenrechtlich relevante Fragen der Einwanderungsgesellschaft exemplarisch diskutieren lassen. Es sind Themen, die aufgrund ihrer Kontroversität die enge Beziehung zwischen Menschenrechtsbildung und politischer Bildung deutlich machen können und einen Bezug zur Erfahrungswelt einer multiethnischen und multikulturellen Schülerschaft haben, der diese zur Klärung der jeweils vertretenen Position auffordert. Die

Beispiele gehen von einem Verständnis der Menschenrechte aus, das diese nicht als endgültige normative Setzungen, sondern als Resultate historisch-gesellschaftlicher Auseinandersetzungen und ‚Antworten' auf konkrete Unrechtserfahrungen begreift, deren Geltung gerade in einer Einwanderungsgesellschaft keineswegs unumstritten und deren Entwicklung nicht abgeschlossen ist.

Der historisch-systematisch angelegte Beitrag von Jörg Lange zum Umgang mit der Migrationsproblematik in der Entstehungsphase der „Allgemeinen Erklärung der Menschenrechte" (AEMR) macht die genannten Merkmale am Beispiel dieses grundlegenden Menschenrechtsdokuments exemplarisch deutlich. Dessen konsequente historische Kontextualisierung zeigt, wie stark von zeitgenössischen Erfahrungen und Denkweisen geprägt und wie umstritten nahezu jeder Artikel der AEMR gewesen ist. Damit stellt sich zugleich die Frage, in welchem Maße die menschenrechtlichen Probleme der Gegenwart mit dem in der AEMR kodifizierten Menschenrechtskatalog noch angemessen erfasst und bearbeitet werden können. Der Verfasser versucht sie in zwei Schritten zu beantworten. Zunächst macht er an prägnanten Beispielen die kontextbedingte Auseinandersetzung der Zeitgenossen mit den damals bekannten Migrationsphänomenen sichtbar, um anschließend herauszuarbeiten, in welche bis heute nachwirkenden rechtssystematischen Schwierigkeiten die damalige Zielstellung geführt hat, in erster Linie die Ursachen der Migration (Rolle des Staates) zu bekämpfen, aber ihre Folgen im Aufnahmeland (ungeklärter Rechtsstatus der Migranten und Flüchtlinge) nicht in den Blick zu nehmen. Abschließende pädagogische Überlegungen geben Impulse, wie sich diese Befunde für die Auseinandersetzung mit der AEMR im Rahmen von Menschenrechtsbildung nutzen lassen.

Der Beitrag von Roman Böckmann zum Thema Flucht und Asyl schließt hier inhaltlich an, und zwar unter der Fragestellung, inwieweit in Deutschland die Menschenrechte von Flüchtlingen als einer besonders gefährdeten und schutzbedürftigen Gruppe gewährleistet sind. Er geht davon aus, dass diese Problematik notwendig zum Gegenstandsbereich von Menschenrechtsbildung gehöre, weil es ihre Aufgabe sei, Praxen der Diskriminierung, Entrechtung und Entwürdigung in der Gesellschaft, die an diesem Beispiel verdeutlicht werden können, zu thematisieren. Die für eine kompetente Behandlung des Themas erforderlichen Grundlagen werden ausführlich dargestellt, wobei die rechtsgeschichtliche Bedeutung des Asylartikels im Grundgesetz der Bundesrepublik von 1949 und die zunehmend restriktivere bundesdeutsche Rechtspraxis bei der Auslegung des damals noch uneingeschränkten Rechts auf Asyl für politisch Verfolgte besonders akzentuiert werden. Der Schwerpunkt liegt auf dem durch den Anstieg der Flüchtlingszahlen ausgelösten und von politischen Kampagnen wie fremdenfeindlichen Ausschreitungen begleiteten Prozess der

Deformation dieses Grundrechts in den frühen 1990er Jahren. Abschließend wird gezeigt, wie sich am Beispiel der gravierenden Auswirkungen des neuen Asylrechts auf die Betroffenen eine Auseinandersetzung über menschenrechtliche Prinzipien als Norm und Realität führen lässt.

In den beiden folgenden Beiträgen werden zwei aktuelle gesellschaftliche Kontroversen als Gegenstände der Menschenrechtsbildung behandelt. **Kathrin Gawarecki** rekonstruiert den sogenannten „Kopftuchstreit" und zeigt, wie dieser für das Zusammenleben von ‚einheimischer' Mehrheit und ethnisch-kulturellen Minderheiten in der Einwanderungsgesellschaft typische Konflikt durch die Analyse seiner vielfältigen Dimensionen und Facetten zu einem aufklärenden und selbstreflexiven Lernanlass werden kann. Ausgehend von dem bekannten Fall einer muslimischen Lehramtanwärterin, der der Zugang zum Staatsdienst in Baden-Württemberg verweigert wurde, arbeitet sie gestützt auf ein umfangreiches Material die Dimensionen und Kontexte der Kontroverse heraus. Im Streit „um ein Stück Stoff" verbinden sich grundlegende verfassungs- und menschenrechtliche Fragen, politische Interessen und parlamentarische Debatten, gesellschaftliche Auseinandersetzungen sowohl über „christlich-abendländische Werte" und „Leitkultur" wie über Integration und Gleichberechtigung. Empirische Studien zu Einstellungen muslimischer Frauen sowie Befunde diskursanalytischer Arbeiten komplettieren das von der Verfasserin entworfene hoch differenzierte Bild, das zum einen die ideologische und Machtfunktion der in der Mehrheitsgesellschaft verbreiteten kulturalistischen Deutungen deutlich sichtbar macht, aber auch die repressiven und antiemanzipatorischen Aspekte in den muslimischen Migrantenmilieus nicht unterschlägt.

Katy Haehser nimmt schließlich die internationalen Protestaktionen von Muslimen gegen die von einer dänischen Zeitung veröffentlichten Mohammed-Karikaturen zum Anlass, die ambivalente Rolle der Presse- und Meinungsfreiheit in der Einwanderungsgesellschaft zu thematisieren und nach Lösungsmöglichkeiten zu fragen, wenn wie im vorliegenden Fall dieses Recht mit dem der Religionsfreiheit und den kulturellen Menschenrechten in Kollision gerät. Auch bei diesem Thema zeigt sich, dass erst durch die Beachtung der unterschiedlichen und miteinander verzahnten Problemebenen eine differenzierte Beurteilung möglich ist und dass das geläufige Deutungsmuster eines „Kampfes der Kulturen" zwischen ‚westlicher' Aufklärung und ‚dem' Islam den Kern des Problems verfehlt. Am Beispiel der Chronologie des Konflikts und der Geschichte der Pressefreiheit in Deutschland werden erste Kriterien für die Grenzen dieses in Demokratien unverhandelbaren Rechtes erarbeitet, bevor im Blick auf die spezifische Situation in einer Einwanderungsgesellschaft die Frage der Presseverantwortung gestellt und am empirischen Material problematischer Zeitungs- und Fernsehberichte diskutiert wird. Die anschließende Darstellung der ethisch-moralischen, menschenrechtlichen, politischen und religiösen Ebene des Karikaturenstreits lässt nicht nur seine Multidimensionalität erkennen, sondern macht sowohl die Schwierigkeiten wie auch die Notwendigkeit von Bemühungen deutlich, diesen und ähnlich gelagerte Konflikte im Interesse an einer an menschenrechtlichen Kriterien orientierten Gestaltung der Einwanderungsgesellschaft zu bearbeiten.

Unsere Überlegungen und Vorschläge richten sich vor allem an Lehrerinnen und Lehrer der Sekundarstufen. Um zu verdeutlichen, wie mit den behandelten Themen gearbeitet werden kann, sind die Beiträge z. T. durch ausführliche, nach didaktischen und methodischen Gesichtspunkten ausgewählte Arbeitsmaterialien ergänzt worden, die der Vielschichtigkeit und Kontroversität des jeweiligen Themas entsprechen und für eine selbständige Auseinandersetzung im Rahmen von Menschenrechtsbildung geeignet sind. Dennoch sind die Beiträge nicht als Unterrichtsentwürfe zu verstehen. Ihre Intention ist es vielmehr, Lehrerinnen und Lehrer mit dem von uns vertretenen Konzept vertraut zu machen und sie dazu zu motivieren, in Menschenrechtsbildung eine wichtige und notwendige Aufgabe der Schule zu sehen, die auf ihr Engagement angewiesen ist.

Hasko Zimmer

Menschenrechtsbildung - eine Aufgabe der Schule
Über Grundlagen, Konzepte und gesellschaftliche Herausforderungen

1 Menschenrechtsbildung – ein pädagogisch-politisches Projekt: internationale Kontexte und Anforderungen

1.1 Von der Allgemeinen Erklärung der Menschenrechte (1948) zur UN-Dekade für Menschenrechtsbildung (1995-2004)

Die Forderung nach Menschenrechtsbildung (human rights education)[1] steht seit sechzig Jahren auf der internationalen Agenda. Sie wurde erstmals zusammen mit der Verkündung der „Allgemeinen Erklärung der Menschenrechte" (AEMR) durch die Vereinten Nationen am 10. 12. 1948 in der Präambel dieser bedeutenden Deklaration in der Überzeugung formuliert, dass die Verwirklichung und der Schutz der Menschenrechte nicht allein der Politik überlassen werden könnten, sondern auch auf entsprechende Bildungsbemühungen angewiesen seien. Der historische Kontext verdeutlicht die Gründe und Motive: Die AEMR war der Versuch, auf die Menschenrechtsverbrechen unter dem NS-Regime und die Gräuel des Zweiten Weltkrieges mit einem Katalog von als universell gültig verstandenen Menschenrechten zu antworten, zu deren Realisierung und Achtung sich die Mitgliedstaaten der 1945 geschaffenen Vereinten Nationen mit deren Annahme verpflichteten. Die AEMR war als ein in die Zukunft weisendes globales Projekt gedacht, als ein, wie es in ihrer Präambel heißt[2], „von allen Völkern und Nationen zu erreichende(s) gemeinsame(s) Ideal". In diesem Sinne wurden an gleicher Stelle alle Staaten zu Bemühungen aufgefordert,

> „durch Unterricht und Erziehung die Achtung dieser Rechte und Freiheiten zu fördern und durch fortschreitende Maßnahmen im nationalen und internationalen

---

[1] Menschenrechts*bildung* ist anstelle von Menschenrechts*erziehung* die in der deutschsprachigen Literatur inzwischen übliche Übersetzung des international gebräuchlichen Terminus *human rights education*.
[2] Die Allgemeine Erklärung der Menschenrechte sowie die im weiteren Text genannten Menschenrechtspakte und -konventionen werden, wenn nicht anders vermerkt, zitiert nach der leicht zugänglichen Taschenbuchausgabe (dtv) Menschenrechte. 4. Aufl. München 1998 (Beck-Texte).

Bereich ihre allgemeine und tatsächliche Anerkennung und Verwirklichung bei der Bevölkerung (...) zu gewährleisten."

Die Menschenrechtserklärung von 1948 setzte den nur wenige Jahre zurückliegenden „Akten der Barbarei" das Programm einer (Re-)Zivilisierung der Welt „durch die Herrschaft des Rechts" (Präambel) entgegen. Ein solches langfristiges Vorhaben schien nach damaliger Auffassung nur eine Chance zu haben, wenn es in den Staaten von entsprechenden Kenntnissen, Einsichten und Haltungen in der Bevölkerung getragen, in gesellschaftlichen Lernprozessen fundiert wurde. Seit der AEMR wird die Verwirklichung der Menschenrechte als ein zugleich politisches und pädagogisches Projekt verstanden. Mit der Forderung nach Menschenrechtsbildung/*human rights education* ist seitdem, auch wenn es damals diese Begriffe noch nicht gab, eine doppelte Perspektive verbunden. Zum einen sollte sie die Erinnerung an schwerste Menschenrechtsverletzungen der Vergangenheit im Zeichen des „Nie wieder" wach halten. Diese für jede Menschenrechtsbildung konstitutive historische Dimension wird in der AEMR mit der Zukunftsvision einer Welt der Freiheit, des Friedens und der Gerechtigkeit verknüpft, die aus den gemeinsamen Bemühungen um die Verwirklichung der Menschenrechte hervor gehen sollte.

Die Erklärung der Menschenrechte von 1948 war kein völkerrechtlich bindender Vertrag, sondern, wie ihr Titel ausdrückt, nur eine Erklärung. Demgemäß konnte auch die Forderung nach Menschenrechtsbildung nicht mehr als ein Appell an die Unterzeichnerstaaten sein, in diesem Sinne zu handeln. Als jedoch in den folgenden Jahrzehnten die in der AEMR proklamierten Menschenrechte in mehreren völkerrechtlich verbindlichen Pakten und Konventionen konkretisiert wurden, erhielt auch die Forderung nach Menschenrechtsbildung ein Gewicht und eine Verbindlichkeit, die sie bis dahin nicht kannte. Die normative Grundlage dafür bildete das in Art. 26 AEMR postulierte Menschenrecht auf Bildung. Mit seiner Verankerung im Internationalen Pakt über wirtschaftliche, soziale und kulturelle Rechte (Art. 13) von 1966 (,Sozialpakt') sowie in der UN-Kinderrechtskonvention (Art. 29) von 1989 ist ein neues, auf Rechte gestütztes Verständnis von Bildung festgeschrieben worden[3], das inzwischen auf der Ebene der Vereinten Nationen als Maßstab zur Beurteilung der Bildungspolitik in den Vertragsstaaten dient. Jedem Menschen wird ein Rechtsanspruch auf die volle Entfaltung seiner Persönlichkeit zugesichert, doch diese (im Rahmen der europäischen Bildungstradition) ,klassische' Zielbestimmung von Bildung wird nach Art. 26, 2 AEMR an Inhalte und Lernprozesse gebunden, die

---

[3] Vgl. dazu ausführlich Lohrenscheit, Claudia: Das Recht auf Menschenrechtsbildung. Grundlagen und Ansätze einer Pädagogik der Menschenrechte. Frankfurt/M. 2004, S. 42 ff.

im heutigen Verständnis Kernelemente von Menschenrechtsbildung darstellen. Der in diesem Sinne das Recht auf Bildung behandelnde Art. 13, 1 des Internationalen Paktes über wirtschaftliche, soziale und kulturelle Rechte lautet:

„Die Vertragsstaaten erkennen das Recht eines jeden auf Bildung an. Sie stimmen überein, dass die Bildung auf die volle Entfaltung der menschlichen Persönlichkeit und des Bewusstseins ihrer Würde gerichtet sein und die Achtung vor den Menschenrechten und Grundfreiheiten stärken muss. Sie stimmen ferner überein, dass die Bildung es jedermann ermöglichen muss, eine nützliche Rolle in einer freien Gesellschaft zu spielen, dass sie Verständnis, Toleranz und Freundschaft unter allen Völkern und allen rassischen, ethnischen und religiösen Gruppen fördern sowie die Tätigkeit der Vereinten Nationen zur Erhaltung des Friedens unterstützen muss."

Nach dieser in der Kinderrechtskonvention von 1989 bestätigten Auffassung schließt das Recht auf Bildung notwendig auch ein Recht auf Menschenrechtsbildung ein[4], denn nur so ist zu gewährleisten, dass jedes Individuum seine Rechte tatsächlich kennen und verstehen lernen sowie diese für sich wie für andere einfordern kann.

Trotz der weltweiten Anerkennung der AEMR und des ‚Sozialpaktes' von 1966 hat es noch Jahrzehnte gedauert, bis sich diese Auffassung international durchsetzen konnte und Menschenrechtsbildung als ein dringliches Thema wahrgenommen wurde. Zwar legte die UNESCO schon 1974 erstmals eine Empfehlung zur Erziehung bezüglich der Menschenrechte und Grundfreiheiten vor, doch erst die weltpolitischen Veränderungen am Ausgang der 1980er Jahre bewirkten die entscheidenden Weichenstellungen. Das Ende einer bipolaren, von der Systemkonkurrenz zwischen West und Ost geprägten Weltordnung ließ, bestärkt durch die gleichzeitige Ablösung der lateinamerikanischen Militärdiktaturen und des rassistischen Regimes in Südafrika, eine neue Ära im Kampf um die Verwirklichung der Menschenrechte erhoffen. Der für die Zeit der West-Ost-Konfrontation kennzeichnende ‚halbierte' Umgang mit den Menschenrechten, der im ‚Westen' durch den Vorrang der individuellen Freiheitsrechte, im ‚Osten' durch den Primat der wirtschaftlichen und sozialen Menschenrechte bestimmt war, schien der Vergangenheit anzugehören. Diese Konstellation löste zu Beginn der 1990er Jahre ein geradezu sprunghaftes internationales Interesse am Thema Menschenrechtsbildung aus und machte sie zum Verhandlungsgegenstand mehrerer bedeutender Bildungskonferenzen und Deklarationen auf UN-Ebene. Wegweisend für die folgende Entwicklung wurde der „Weltaktionsplan

---

4   In diesem Sinne neben Lohrenscheit: Das Recht auf Menschenrechtsbildung (wie Anmerkung 3) auch Fritzsche, K. Peter: Menschenrechte. Paderborn 2004 und Mihr, Anja/Rosemann, Nils: Bildungsziel: Menschenrechte. Schwalbach/Ts. 2004.

für Erziehung und Unterricht über Menschenrechte und Demokratie", den eine von der UNESCO und dem UN-Menschenrechtszentrum im März 1993 nach Montreal einberufene internationale Konferenz mit Teilnehmern aus mehr als 70 Staaten verabschiedete[5]. Eine Aufgabe der Konferenz bestand in der Vorbereitung der kurz darauf in Wien stattfindenden Weltmenschenrechtskonferenz. Der herausragende Stellenwert und die Dringlichkeit, die das Thema Menschenrechtsbildung in Montreal erhielten, waren der Besorgnis erregenden „Wiederkehr der ernsthaftesten Menschenrechtsverletzungen" zu Beginn der 1990er Jahre geschuldet: Das in vielen Ländern zu beobachtende Anwachsen von Nationalismus und Rassismus, von Intoleranz und Fremdenfeindlichkeit, von politischem Extremismus und religiösem Fanatismus hatte die menschenrechtspolitischen Hoffnungen nach dem Ende des Kalten Krieges in Frage gestellt. Vor diesem Hintergrund rief der „Weltaktionsplan" zu einer „globalen Mobilisierung aller Energien und Ressourcen" im Interesse an einer weltweiten Installierung und Förderung von Menschenrechtsbildung auf. Seit dieser Konferenz wird Menschenrechtsbildung als eine grundlegende Voraussetzung für die Verwirklichung der Menschenrechte verstanden und normativ als ein aus dem Menschenrecht auf Bildung im Sinne der AEMR abgeleitetes Recht jedes Individuums begründet. Die Abschlusserklärung der Wiener Weltkonferenz über Menschenrechte von 1993, in die diese Vorstellungen eingingen, forderte nachdrücklich die Staaten auf, die „wesentliche Rolle" der Menschenrechtsbildung bei der Förderung und Achtung der Menschenrechte anzuerkennen und entsprechende bildungspolitische Maßnahmen zu ergreifen[6]. Auf der Grundlage dieser einen breiten internationalen Konsens dokumentierenden Programmatik wurde schließlich am 10. 12. 1994 von der Generalversammlung der Vereinten Nationen die „Dekade für Menschenrechtsbildung" (1995-2004) ausgerufen[7]. Ihr Ziel war es, im Sinne des „Weltaktionsplans" und seiner Zielvorstellung von einer „Kultur der Menschenrechte" die weltweite Verbreitung und Verankerung von Menschenrechtsbildung nicht nur auf allen Ebenen des Bildungssystems, sondern auch im nicht formalisierten Bildungsbereich voran zu bringen und damit zur Durchsetzung des Rechtes aller auf Menschenrechtsbildung beizutragen. Da Realisierung und Erfolg eines solchen Strategiekonzepts maßgeblich von der Handlungsbereitschaft der Mitgliedstaaten

---

5   Deutscher Text in: Deutsche UNESCO-Kommission/Europäisches Universitätszentrum für Friedensstudien (Hrsg.)/Redaktion Werner Köhler: Erziehung für Frieden, Menschenrechte und Demokratie im UNESCO-Kontext.Bonn 1997, S. 81-94. Leichter zugänglich in: Mihr/Rosemann, Bildungsziel (wie Anmerkung 4), S. 80-91.
6   Abschlusserklärung der Weltkonferenz über Menschenrechte, Teil I/33; deutscher Text in: Menschenrechte. Eine Sammlung internationaler Dokumente zum Menschenrechtsschutz. Hrsg. Von Christian Tomuschat. Bonn 2002, S. 95.
7   Deutscher Text in: Deutsche UNESCO-Kommission, Erziehung (wie Anmerkung 5), S. 138-141 und in: Mihr/Rosemann, Bildungsziel (wie Anmerkung 4), S. 72-76.

abhingen, wurden diese nachdrücklich dazu aufgefordert, „sich verstärkt um die Ausarbeitung und Durchführung von Programmen für Menschenrechtserziehung zu bemühen" und „ihrer internationalen Verpflichtung" zur Förderung dieses Bereichs nachzukommen.[8]

Die Ende 2004 ausgelaufene UN-Dekade hat die in sie gesetzten Erwartungen nicht erfüllt. Als Ursachen werden neben den zu vagen Zielformulierungen und den unterschiedlichen Auffassungen von den Menschenrechten in den Mitgliedstaaten der mangelnde politische Wille der meisten Regierungen zur Umsetzung der vereinbarten Aktivitäten genannt.[9] Dies gilt auch für Deutschland (s. u.). Trotz der ernüchternden politischen Bilanz stellt die UN-Dekade dennoch eine bedeutende Wegmarke dar. Sie ist ein deutlicher Beleg dafür, dass die einst der AEMR voran gestellte Überzeugung von der Notwendigkeit des Lernens über und für die Menschenrechte inzwischen auf weltweite Zustimmung stößt, und sie hat während ihrer Laufzeit Menschenrechtsbildung zu einem international breit diskutierten Thema gemacht, für das sich unterhalb der staatlichen Ebene zahlreiche Organisationen und Gruppen in vielen Ländern der Welt engagieren. Diese zivilgesellschaftlichen Akteure können sich in ihrer Kritik und ihren Forderungen gegenüber untätigen Regierungen auf die durch die UN-Dekade bekräftigte Auffassung stützen, dass Menschenrechtsbildung als eine rechtlich verpflichtende Aufgabe der Staatengemeinschaft verstanden werden muss, die in den letzten Jahrzehnten in zahlreichen Pakten und Konventionen verbindlich festgeschrieben worden ist. Zu nennen sind außer den oben bereits angeführten Dokumenten - AEMR (Art. 26), Internationaler Pakt über wirtschaftliche, soziale und kulturelle Rechte (Art. 13), Konvention über die Rechte des Kindes (Art. 29) – auch die Übereinkommen zur Beseitigung jeder Form von Diskriminierung der Frau (Art. 10) und zur Beseitigung jeder Form von Rassendiskriminierung (Art. 7), die Abschlusserklärung der Wiener Weltkonferenz über Menschenrechte, Teil I, Par. 33/34 sowie die Erklärung und das Aktionsprogramm der Weltkonferenz gegen Rassismus, Rassendiskriminierung, Fremdenfeindlichkeit und ähnliche Intoleranz von Durban (2001). Vor kurzem erst hat das von der Generalversammlung der Vereinten Nationen als „Follow-up" der Dekade beschlossene „Weltprogramm für Menschenrechtsbildung" (2004) noch einmal ausdrücklich auf diese Dokumente Bezug genommen und damit die in ihnen vereinbarten staatlichen Verpflichtungen bekräftigt.

---

[8] Ebd., zit. nach Mihr/Rosemann, Bildungsziel (wie Anmerkung 4), S. 75 und 76.
[9] Vgl. dazu Mihr, Anja: Die UN-Dekade für Menschenrechtsbildung – Eine Bilanz. In: Frech, Siegfried/Haspel, Michael (Hrsg.): Menschenrechte. Schwalbach/Ts. 2005, S. 192 ff.

Auch für die Bundesrepublik stellen die Bildungsartikel der von ihr unterschriebenen Menschenrechtskonventionen den normativen Rahmen dar, der sie verpflichtet, das in diesen Artikeln begründete Recht auf Menschenrechtsbildung zu verwirklichen. Dass dies bisher nur mangelhaft geschehen ist, ist am Ende der Dekade zu Recht scharf kritisiert worden.[10] Bei ihren Forderungen nach Umsetzung der internationalen Verpflichtungen in Deutschland argumentieren die Kritiker nicht nur normativ unter Verweis auf die Rechtslage, sondern auch inhaltlich mit den internationalen Anforderungen an Menschenrechtsbildung, die in den bereits genannten Deklarationen und Aktionsplänen vorliegen und als Orientierungs- bzw. Handlungsrahmen für staatliche Initiativen in diesem Bereich gelten. Obwohl diesen Dokumenten zweifellos ein anderer Status und eine geringere Verbindlichkeit zukommt als den Menschenrechtskonventionen, auf die sie sich beziehen, sind in ihnen Maßstäbe und Kriterien auf der Ebene der Vereinten Nationen formuliert worden, die, in der Regel als internationale Standards verstanden, nicht einfach ignoriert werden können. Sie sind daher auch für die Diskussion der Grundlagen und Anforderungen an Menschenrechtsbildung in Deutschland relevant. Darauf zu verweisen bedeutet allerdings nicht, auf eine kritische Lektüre dieser Referenzdokumente zu verzichten. Es handelt sich bei ihnen ja nicht um kanonische, sondern um historische und kontextbezogene Texte, in denen die politische Situation und die zeitgenössische Diskussion der frühen 1990er Jahre ihren Niederschlag gefunden haben. Und da sie den Charakter von konsensfähigen Strategiepapieren haben, an denen zahlreiche Akteure mit unterschiedlichen Interessen und Auffassungen beteiligt waren, ging es in erster Linie nicht um ausformulierte und konsistente pädagogische Konzepte, sondern um die ‚basics' und Eckpunkte jener Programme, auf die Regierungen als die hauptsächlichen Adressaten verpflichtet werden können. Auch aus pädagogischer Sicht muss daher gefragt werden: Um welche Standards handelt es sich überhaupt? Welche Vorstellungen von Menschenrechtsbildung, ihren Zielen und Aufgaben liegen ihnen zugrunde? Sind sie hinreichend geklärt und begründet und auch heute noch überzeugend, um als quasi normative Vorgaben beansprucht und eingefordert werden zu können? Welche dieser Vorstellungen und Anforderungen sollten im Blick auf das Lernfeld Schule festgehalten, welche müssen problematisiert werden? Die folgende Zusammenfassung der grundlegenden UN- bzw. UNESCO-Dokumente soll diesen Fragen nachgehen.

---

10 Vgl. Lohrenscheit, Claudia/Rosemann, Nils: Perspektiven entwickeln – Menschenrechtsbildung in Deutschland. Zusammenfassung der Ergebnisse zur Bestandsaufnahme und Positionsbestimmung des Deutschen Instituts für Menschenrechte (Februar 2003); Mihr, Anja: Demokratie, Menschenrechtskultur und Menschenrechtsbildung in Deutschland. In: Mahler, Claudia/Mihr, Anja (Hrsg.): Menschenrechtsbildung. Bilanz und Perspektiven. Wiesbaden 2004, S. 219-231; Mihr/Rosemann, Bildungsziel (wie Anmerkung 4)

1.2 Menschenrechtsbildung im Verständnis der Vereinten Nationen

Was im UN-/UNESCO-Kontext unter Menschenrechtsbildung/human rights education verstanden wird und international maßgebend geworden ist, ist dokumentiert im „Weltaktionsplan für Erziehung und Unterricht über Menschenrechte" (1993), in den ihn ausdrücklich bestätigenden Passagen in der Abschlusserklärung der Wiener Weltkonferenz über Menschenrechte (1993), im „Integrierten Rahmenaktionsplan zur Erziehung für Frieden, Menschenrechte und Demokratie" (1994) der UNESCO und im Aktionsplan für die Dekade der Vereinten Nationen für Menschenrechtsbildung.[11] Auf diese Referenzdokumente, die inzwischen durch das „Weltprogramm für Menschenrechtsbildung" der Vereinten Nationen (2004) ergänzt worden sind, bezieht sich die folgende Darstellung.

Wie bereits angemerkt, geht es in diesen Deklarationen und Plänen nicht in erster Linie darum, ein bestimmtes, systematisch entfaltetes und differenziert begründetes Konzept von Menschenrechtsbildung vorzulegen. Ihre Hauptintention ist es vielmehr, durch internationale Aktionspläne nachhaltige Anstöße zur weltweiten Verwirklichung des Rechts auf Menschenrechtsbildung gemäß den Bildungsartikeln der Menschenrechtskonventionen zu geben und die Regierungen zu entsprechenden bildungspolitischen Initiativen aufzufordern. Die Schule steht allerdings nicht im Zentrum der UN-/UNESCO-Programme. Vielmehr hat der in ihnen stets betonte Zusammenhang mit dem Recht auf Bildung zur Konsequenz, dass die Institutionalisierung von Menschenrechtsbildung sowohl für den Bereich der allgemeinen und beruflichen Bildung als auch für den „nicht formalisierten" Sektor der außerschulischen Jugend- und Erwachsenenbildung gefordert wird. Da der Akzent auf Gleichheit der Bildungschancen liegt, ist Menschenrechtsbildung ein Programm inklusiver Bildung, das alle einschließen und jedem(r) zugänglich sein soll. Dies gilt nicht zuletzt für den Bereich der Aus- und Fortbildung, und zwar besonders für solche Berufsgruppen, die in menschenrechtsrelevanten Bereichen tätig sind und hier Gefahr laufen, selbst zu ‚Tätern' zu werden, z. B. Polizisten und Soldaten, Richter und Anwälte, Verwaltungsbeamte und Personal im Gesundheitswesen.[12] Ein ganz anders gelagertes Feld von Menschenrechtsbildung stellen der Schutz und die Unterstützung besonders gefährdeter Gruppen und potenzieller Opfer von Menschenrechtsverletzungen dar. Hier sind vor allem Frauen, Kinder, Menschen mit Behinderungen, Flüchtlinge, Asylbewerber, Migranten und gesellschaftliche Minderheiten im Blick. Mit einer solchen Ausweitung der Zielgruppen von Men-

---

11 Alle Dokumente sind abgedruckt in: Deutsche UNESCO-Kommission, Erziehung für Frieden, Menschenrechte und Demokratie (wie Anmerkung 5).
12 Ebd., S. 90 f.

schenrechtsbildung ist notwendig auch ein breites und heterogenes Spektrum von Konzepten verbunden: Institutionsgebundenes Lehren und Lernen, Trainingsprogramme für Professionals und Ansätze zur Hilfe und Stärkung (empowerment) von (potenziellen oder tatsächlichen) Opfergruppen stehen in der internationalen Diskussion z. T. nebeneinander oder überlappen sich. Sie müssen aufgrund ihrer unterschiedlichen Kontextbezüge und Ansprüche deutlich unterschieden werden, wenn nicht Verwirrung über die Ziele, Aufgaben und Möglichkeiten von Menschenrechtsbildung entstehen soll.

Damit ist ein Problem angesprochen, das sich bei der Lektüre der UN-/ UNESCO-Programme immer wieder stellt. Worum es sich bei Menschenrechtsbildung jenseits der normativen rechtlichen Vorgaben genau handelt, bleibt relativ ungenau oder der subjektiven Auswahl aus einer vergleichsweise großen Zahl von Konzepten und Intentionen überlassen. In den Dokumenten geht es überwiegend um programmatische Zielformulierungen und um die Bestimmung jener Inhalte, Methoden und Zielgruppen, die international im Sinne von Standardanforderungen berücksichtigt werden sollen. Doch auch wenn präzise Definitionen fehlen, lassen sich zumindest allgemeine ‚basics' identifizieren, die Menschenrechtsbildung nach Auffassung der Vereinten Nationen bzw. der UNESCO kennzeichnen.

Zwei auf die AEMR zurück gehende pädagogische Grundannahmen finden sich in allen einschlägigen Deklarationen. Die erste geht davon aus, dass Menschenrechte vermittelt und gelernt werden müssen, wenn sie geachtet und wirksam werden sollen. Die zweite setzt stärker bei den Rechten der Individuen an und betont, dass diese ihre Menschenrechte nur dann einfordern und sich für sie einsetzen können, wenn sie diese auch kennen und in ihrer Bedeutung verstehen gelernt haben. Beide Annahmen begründen auch ohne dramatische Verweise auf die weltweiten Menschenrechtsverletzungen in der Gegenwart die Notwendigkeit der Institutionalisierung einer menschenrechtsbezogenen Bildung, die allen zugänglich ist. In diesem Sinne forderte der „Weltaktionsplan" – und nach ihm alle weiteren Resolutionen -: „Das Hauptaugenmerk muss auf das Recht auf Bildung und speziell auf das Recht auf Unterricht über Menschenrechte gelegt werden"[13]. Dass es dabei um „mehr als bloße Bereitstellung von Informationen" gehen müsse (UN-Dekade) bzw. Lernen über Menschenrechte „nicht ein Ziel an sich" sein dürfe (Weltaktionsplan), ist ein weiterer, für das Selbstverständnis und den Anspruch der Programme zentraler Punkt. Bei Menschenrechtsbildung, so heißt es z. B. im Aktionsplan für die UN-Dekade, gehe es um „die Vermittlung von Wissen, Fähigkeiten und die Formung

---

13 Ebd., S. 84.

von Haltungen"[14]; zugleich wird sie als Mittel zur Herausbildung einer Kultur des Friedens und der Menschenrechte verstanden, „die auf Demokratie, Entwicklung, Toleranz und gegenseitiger Achtung beruht"[15], d. h. individuelle und gesellschaftliche Zielsetzungen werden verknüpft. Daher müsse der Lernprozess so angelegt sein, dass er „vom Wissen zum Handeln" führt[16]. Die Vorstellung von Menschenrechtsbildung als einem handlungsorientierten, auf die Verwirklichung der Menschenrechte bezogenen Lernprozess gilt weithin als kennzeichnende Beschreibung. In der internationalen Diskussion hat sich dafür die Formel: Lernen *über*, *durch* und *für* die Menschenrechte durchgesetzt[17], wobei allgemein davon ausgegangen wird, dass zum Lerngegenstand alle drei „Generationen" der Menschenrechte (1. bürgerliche und politische Rechte, 2. wirtschaftliche, soziale und kulturelle Rechte, 3. die noch im Entstehen begriffenen kollektiven Rechte, z. B. auf nachhaltige Entwicklung, Frieden oder gesunde Umwelt) gehören. Die Unterscheidung von drei Lernbereichen, Schwerpunkten oder „Säulen"[18] der Menschenrechtsbildung geht auf Amnesty International zurück, wo human rights education als Trias von learning about (knowledge), learning through (values) und learning for (skills) gefasst wird.[19] Auch das europaweit verbreitete Handbuch für die schulische und außerschulische Menschenrechtsbildung "Kompass" definiert Lernen *über* Menschenrechte als „Wissen und Verstehen", Lernen *durch* Menschenrechte als „Einstellungen, Haltungen und Werte" und Lernen *für* die Menschenrechte als „Kompetenzen und Fertigkeiten"[20]. In der aktuellen deutschen Literatur finden sich ähnliche Aussagen. Bei Mihr und Rosemann heißt es zusammenfassend: „Alle drei Säulen haben zum Ziel, kognitiv/normative, verantwortlich/emotionale und aktiv/handlungsorientierte Inhalte und Methoden zu vermitteln, um ein breites Menschenrechtsbewusstsein zu erlangen und dementsprechend zu handeln"[21]. Ob nun Wissen/Bewusstsein/Handeln oder Kognition/Emotion/Aktion[22] als leitende Begriffe verwendet werden, es sind diese als untrennbar und aufeinander bezogen gedachten Komponenten, mit denen der Prozess der Menschenrechtsbildung in der Regel strukturiert und als ‚ganzheitliches' Lernen charakterisiert wird.

---

14 Ebd., S. 142.
15 Weltaktionsplan, ebd., S. 80.
16 Ebd., S. 84.
17 Dazu ausführlich: Lohrenscheit, Recht auf Menschenrechtsbildung (wie Anmerkung 3)
18 Mihr/Rosemann, Bildungsziel (wie Anmerkung 4), S. 10 ff.
19 Lohrenscheit, Recht auf Menschenrechtsbildung (wie Anmerkung 3), S. 63
20 Kompass. Handbuch zur Menschenrechtsbildung für die schulische und außerschulische Bildungsarbeit. Hrsg. von Bundeszentrale für politische Bildung, Deutsches Institut für Menschenrechte und Europarat. Paderborn 2005, S. 18 f.
21 Mihr/Rosemann, Bildungsziel (wie Anmerkung 4), S. 10.
22 So bei Lohrenscheit, Recht auf Menschenrechtsbildung (wie Anmerkung 3), 281.

Im Rahmen einer solchen Auffassung muss die Frage, wie das Postulat „vom Wissen zum Handeln" methodisch umgesetzt werden kann, eine wichtige Rolle spielen. In den Menschenrechtsbildungsprogrammen der Vereinten Nationen hat dieser Aspekt einen relativ hohen Stellenwert. Die methodischen Anforderungen machen unmissverständlich deutlich, dass nur dann von Menschenrechtsbildung im Sinne internationaler Standards die Rede sein könne, wenn auch der Lernprozess selbst ihren Zielen entspricht. Das Lernen über Menschenrechte „sollte selbstverständlich die Achtung der Rechte des Lernenden einschließen und (…) demokratisch gestaltet sein", fordert das „Weltaktionsprogramm" von 1993.[23] Dieser Forderung entsprechen die dort formulierten methodischen Prinzipien des dialogischen und selbstbestimmten Lernens, der Gleichberechtigung („der Lernende ist auch Lehrender und umgekehrt"), der Partizipation und des wechselseitigen Respekts. Menschenrechtslernen, fasst Claudia Lohrenscheit diese Prinzipien zusammen, sollte Lernen „im Geist der Menschenrechte" sein. Mit anderen Worten: Solange die Menschenrechte nur als Lerngegenstand erscheinen, nicht aber auch innerhalb des Lernprozesses selbst erfahrbar werden, fehlt Menschenrechtsbildung ihre im engeren Sinne pädagogische Dimension und Legitimation.[24]

Die international gebräuchliche Definition von Menschenrechtsbildung als ‚Lernen über, durch und für die Menschenrechte' lässt eine relativ große Übereinstimmung über ihre Inhalte und Ziele vermuten. Doch ein genauerer Blick in die Referenzdokumente bestätigt diese Annahme nur bedingt. Wenn z. B. der „Weltaktionsplan" unter Hinweis auf den weltweit anwachsenden Nationalismus und Rassismus, religiösen Fanatismus und politischen Extremismus Menschenrechtsbildung als „Mittel zur Beseitigung von Menschenrechtsverletzungen" betrachtet, werden unrealistische Vorstellungen von den in der Regel sehr begrenzten Wirkungen eines Bildungskonzepts erkennbar. Solche Auffassungen, die seit den 1990er Jahren alle einschlägigen Resolutionen auf UN-Ebene durchziehen, verkennen die Möglichkeiten von Pädagogik und wecken Hoffnungen, die weder durch wissenschaftliche Untersuchungen noch durch praktische Erfahrungen gedeckt sind. Menschenrechtsbildung wird überfordert, wenn sie als ‚Gegenmittel' zur ‚Bekämpfung' vieler Übel dieser Welt propagiert oder zum Hoffnungsträger auf dem Weg zu einer „Kultur des Friedens und der Menschenrechte" stilisiert wird.

Während hier illusionäre Vorstellungen von den Leistungs- und Wirkungsmöglichkeiten von Menschenrechtsbildung Fragen aufwerfen, ist es an anderer Stelle die

---

23 Deutsche UNESCO-Kommission, Erziehung für Frieden (wie Anmerkung 5), S. 82 f.
24 Dazu ausführlich: Lohrenscheit, Recht auf Menschenrechtsbildung (wie Anmerkung 3), S. 37 ff.

Vielzahl der Auffassungen von diesem Arbeitsfeld, die kaum noch klar benennen lässt, was eigentlich seine Konturen und spezifischen Schwerpunkte ausmacht. Im „Integrierten Rahmenaktionsplan" der UNESCO aus dem Jahr 1994[25] etwa wird Menschenrechtsbildung für ziemlich unterschiedliche Zwecke in Anspruch genommen: So soll sie zum einen „beim einzelnen ein Gefühl für universelle Werte und Verhaltensweisen entwickeln", Bereitschaft zur Toleranz, Empathie und Anerkennung von Verschiedenheit fördern und für Solidarität und Gerechtigkeit sensibilisieren. Zum anderen wird gleichzeitig erwartet, dass sie zu kritischer Urteilsbildung führt, zur Analyse gesellschaftlicher Konflikte anleitet und zur Ablehnung aller Arten von Diskriminierung befähigt. Teils wird sie als Moral- und Werteerziehung, teils als politische Bildung verstanden, gilt einmal als ein Mittel zur Stärkung von Ich-Identität, ein anderes Mal als ein wirksamer Ansatz zur Förderung von Engagement und Handlungsbereitschaft. Die Uneinheitlichkeit der Konzepte in den UNESCO-Programmen lässt deutlich erkennen, wie stark im internationalen Diskurs die Vorstellungen und Strategien, Begriffe und theoretischen Bezüge differieren. Trotz aller Vereinheitlichungsbemühungen muss Menschenrechtsbildung daher z. Zt. wohl eher als ein „Sammelbecken für unterschiedliche Ansätze mit verschiedenen Zielsetzungen, Aufgabengebieten und Handlungsfeldern"[26] beschrieben werden. Menschenrechtsbildung kann nicht allein von wünschenswerten Zielen her gedacht, sondern muss als ein von zahlreichen Bedingungen beeinflusster Bildungsprozess verstanden und pädagogisch reflektiert werden. Es besteht noch „ein erheblicher Forschungsbedarf", wie „systematisches Menschenrechtslernen" konzipiert und gestaltet werden müsste.[27] Dieser Befund mag ernüchternd sein, kann aber dazu beitragen, allzu hochgesteckten Zielsetzungen und Erwartungen, die in der Praxis zu Enttäuschungen führen müssen, mit Skepsis zu begegnen.

1.3 Anforderungen an die Schule: das UN-Weltprogramm für Menschenrechtsbildung (2004)

Das UN-Weltprogramm für Menschenrechtsbildung, das im Dezember 2004 von der Generalversammlung der Vereinten Nationen als Reaktion auf die ernüchternde Bilanz der UN-Dekade verabschiedet wurde, rückt in seinem Aktionsplan für die

---

25 Deutsche Fassung in: Deutsche UNESCO-Kommission, Erziehung für Frieden (wie Anmerkung 5), S. 68-80.
26 Lohrenscheit, Recht auf Menschenrechtsbildung (wie Anmerkung 3), S. 276. Vgl. die schon früher geäußerte Kritik Peter Weinbrenners an den in den internationalen Dokumenten und Programmen enthaltenen Vorstellungen von Menschenrechtsbildung: „Viele der Punkte (…) erscheinen zufällig oder willkürlich. Es ist kein theoretischer und systematischer Kontext erkennbar." In: Weinbrenner, Peter in Zusammenarbeit mit K. Peter Fritzsche: Menschenrechtserziehung – ein Leitfaden zur Darstellung des Themas „Menschenrechte" in Schulbüchern und im Unterricht. Bielefeld 1997, S. 5.
27 Ebd., S. 80.

erste Stufe dieses Programms (2005-2007)[28] erstmals die Schule ins Zentrum eines UN-Konzepts zur Menschenrechtsbildung. Mit der Begrenzung auf die wichtigste Bildungsinstitution und der Konzentration auf das Machbare und Überprüfbare versucht dieser Plan, der Kritik an den vielfach unpräzisen und unrealistischen Zielsetzungen der UN-Dekade mit konkreten Empfehlungen zu begegnen. Auch der Aktionsplan stützt sich auf die bekannten Referenzdokumente, die schon der Dekade zugrunde lagen. Menschenrechtsbildung im Sinne des Lernens über, durch und für die Menschenrechte soll auch für die Schule gelten. Worauf es dabei inhaltlich ankommen soll, versucht der vorangestellte Katalog von Grundsätzen für die schulische Bildungsarbeit zu präzisieren. Einige dieser Prinzipien sind für unsere Fragestellung von besonderem Interesse:

- die Behandlung aller drei ‚Generationen' der Menschenrechte und die Betonung ihrer Interdependenz, Unteilbarkeit und Universalität: die häufig vernachlässigten wirtschaftlichen, sozialen und kulturellen Rechte erhalten einen starken Akzent;

- die „Förderung der Achtung und Wertschätzung von Unterschieden und Widerstand gegen Diskriminierung aufgrund von Rasse, Geschlecht, Sprache, Religion, politischer oder anderer Meinung, nationaler, ethnischer oder sozialer Herkunft, physischer oder psychischer Verfassung": der Antidiskriminierungsansatz wird mit einem Plädoyer für die Anerkennung von Vielfalt und Differenz kombiniert;

- die „Befähigung von Gemeinschaften und Einzelpersonen, ihre Bedürfnisse als Menschenrechte zu artikulieren und sicherzustellen, dass sie beachtet werden": Menschenrechtslernen wird als ein Bildungskonzept verstanden, das der individuellen Stärkung und menschenrechtspolitischen Aktivierung (Empowerment-Ansatz) dienen soll;

- die „Berücksichtigung der Bedürfnisse des täglichen Lebens all derjenigen, denen diese Bildung vermittelt wird; dabei sollen diese mit entscheiden können, wie Menschenrechte so gestaltet werden können, dass sie nicht nur abstrakte Normen wiedergeben, sondern Teil des tatsächlichen sozialen, wirtschaftlichen, kulturellen und politischen Umfeldes der Menschen werden" (S. 6 f.): die Orientierung an den Bedürfnissen der Lernenden wird konzeptionell mit Alltags- bzw. Lebensweltbezug verbunden.

---

28 Die folgende Darstellung stützt sich auf die Arbeitsübersetzung des Sekretariats der deutschen Kultusministerkonferenz : Überarbeiteter Entwurf des Aktionsplans für die erste Stufe (2005-2007) des Weltprogramms für Menschenrechtsbildung. Bonn, den 18. 10. 2005. Die o. a. Seitenangaben beziehen sich auf diese Fassung.

- Menschenrechte sollten in der Schule nicht nur durch inhaltliche Kenntnisse, sondern zugleich auch durch Erfahrung vermittelt werden, d. h. in einem Lernumfeld, „das auf Rechten aufbaut, inklusiv ist und allgemeine Werte, Chancengleichheit, Vielfalt und Nicht-Diskriminierung fördert" (S. 11).

Die diesem Konzept zugrunde liegende Bildungsauffassung versteht Bildung im Sinne des Weltbildungsforums von Dakar (2000) als Schlüssel für nachhaltige Entwicklung, „indem sie den sozialen Zusammenhang fördert und Menschen in die Lage versetzt, sich aktiv in die Prozesse des sozialen Wandels einzubringen" (S. 8), m. a. W.: Menschenrechtsbildung wird als soziales Lernen bestimmt, das die Lernenden befähigen soll, als selbstbestimmte gesellschaftliche Akteure zu handeln. Mehrfach wird darauf hingewiesen, dass die Verankerung von Menschenrechtsbildung in der Schule im Zusammenhang mit einer Vorstellung von Bildung steht, die „entschieden auf Rechten aufbaut" (S. 8). In diesem Kontext sind sowohl die oben genannten Prinzipien wie auch die didaktischen und methodischen Empfehlungen des Weltprogramms zu lesen. Sie beschreiben menschenrechtliche Anforderungen an die Schule: „Der auf Rechten aufbauende Ansatz setzt voraus, dass sich das Schulsystem der Menschenrechte und Grundfreiheiten bewusst wird. Die Menschenrechte finden Eingang in das gesamte Bildungssystem und werden in ihm sowie in allen Lernumfeldern umgesetzt" (S. 24). Die Verankerung von Menschenrechtsbildung auf allen Stufen des Schulsystems müsse daher „überall prioritäres Anliegen der Bildungspolitik sein" (S. 13). Mit dieser Muss-Forderung wird ausdrücklich auf die Konsequenzen des Art. 29 der Kinderrechtskonvention Bezug genommen. Nach Auffassung des UN-Ausschusses für die Rechte des Kindes hat nämlich jedes Kind ein Recht auf eine Bildung, die es befähigt und darin bestärkt, „das gesamte Spektrum der Menschenrechte zu nutzen"[29]. Aus pädagogischer Sicht bemerkenswert ist der Hinweis auf die weltweit sich stellenden veränderten Anforderungen und Probleme des Aufwachsens, mit dem der Ausschuss seine Forderung unterstreicht. Menschenrechtsbildung stelle für jedes Kind „ein unerlässliches Instrument für seine Bemühungen dar", eine „menschenrechtsfreundliche Reaktion auf die Herausforderungen zu finden, die eine Periode grundlegenden Wandels begleiten, der von der Globalisierung, neuen Technologien und damit zusammenhängenden Phänomenen begleitet wird"[30]. Menschenrechtsbildung müsse daher, folgert das Weltprogramm, allen Heranwachsenden zugänglich gemacht werden und bereits in der Primarstufe des öffentlichen Schulsystems einsetzen.

---

29 UN-Ausschuss für die Rechte des Kindes, Allgemeiner Kommentar Nr. 1, Para. 2 (2001), zit. nach Aktionsplan für die erste Stufe des Weltprogramms (wie Anmerkung 28), S. 9.
30 Ebd., S. 9.

In didaktischer und methodischer Hinsicht bieten die Empfehlungen des Aktionsplanes wenig Konkretes und Neues. Hervorzuheben ist, dass Menschenrechtsbildung als Querschnittsaufgabe aller Unterrichtsfächer von der Primarstufe an verstanden, die Gleichwertigkeit von kognitivem und sozial/affektivem Lernen postuliert und ein besonderer Akzent auf die „Verbindung des Lehrens und Lernens der Menschenrechte mit dem Alltagsleben und den Anliegen der Schüler" (S. 33) gelegt wird. Der Aktionsplan geht von einem Ansatz aus, der die Bedeutung des sozialen und emotionalen Lernens in diesem Bereich ebenso wie den Bezug auf das Lernumfeld, die Alltagserfahrungen und die Lernbedürfnisse der Schülerinnen und Schüler ausdrücklich betont. Ziel ist es, in der Schule „eine Kultur der Menschenrechte (zu) fördern, in der die Menschenrechte innerhalb der Schulgemeinschaft und durch die Interaktion mit der sie umgebenden Gemeinschaft ausgeübt und gelebt werden." Die Qualität des Lernumfeldes rückt damit in den Fokus und wird zu einer wesentlichen Erfolgsbedingung von Menschenrechtsbildung erklärt: „Es muss sichergestellt werden, dass Bildungsziele, -praktiken und Organisation der Schulen mit den Werten und den Grundsätzen der Menschenrechte übereinstimmen" (S. 30). Eine solche Schule „zeichnet sich durch gegenseitiges Verständnis, Achtung und Verantwortungsgefühl aus. Sie fördert gleichermaßen Chancengleichheit, ein Zugehörigkeitsgefühl, Autonomie, Würde und Selbstachtung unter allen Mitgliedern der Schulgemeinschaft. In dieser Schule steht das Kind im Mittelpunkt und die Menschenrechte gelten für alle explizit und eindeutig als Lernziele und als Schulphilosophie/Ethos" (S. 30 f.).

2   Menschenrechtsbildung in Deutschland: Versäumnisse und Handlungsbedarf

2.1   Zur Situation nach der UN-Dekade

Die Ende 2004 ausgelaufene UN-Dekade der Menschenrechtsbildung hat in Deutschland weder zu nennenswerten bildungspolitischen Initiativen auf Bundes- oder Länderebene geführt noch ist sie in der Öffentlichkeit auf ein größeres Interesse gestoßen. Keine der im Aktionsplan der Dekade an die Mitgliedstaaten gerichteten Aufforderungen wie z. B. die Entwicklung nationaler Aktionspläne für Menschenrechtsbildung und die Einführung entsprechender Curricula im Bildungssystem[31] ist realisiert worden, obwohl es während der Dekade mehrfache Aufforderungen an die Bundesrepublik durch Gremien der Vereinten Nationen und der Europäischen Union

---

31   Vgl. Aktionsplan für die Dekade der Vereinten Nationen für Menschenrechtserziehung 1995-2004. In: Deutsche UNESCO-Kommission (wie Anmerkung 5), S. 144.

gegeben hat, angesichts der fremdenfeindlichen Tendenzen oder des behördlichen Umgangs mit Asylbewerbern und Migranten mehr für den Schutz der Menschenrechte und für Menschenrechtsbildung zu tun[32]. Allenfalls die Empfehlung der deutschen Kultusministerkonferenz (KMK) „Zur Förderung der Menschenrechtserziehung in der Schule" vom 14. 12. 2000, mit der eine fast gleich lautende Empfehlung aus dem Jahr 1980 bekräftigt wurde, und die Errichtung des (nichtstaatlichen) Deutschen Instituts für Menschenrechte (DIMR) in Berlin auf Beschluss des Deutschen Bundestags 2001 können als angemessene staatliche Reaktionen auf die Anforderungen der Dekade gewertet werden. Die mangelnde Bereitschaft, den internationalen Verpflichtungen nachzukommen, ist zwar keineswegs eine deutsche Besonderheit. Die geringe Beteiligung der Mitgliedstaaten an der Zwischenauswertung der Dekade ist dafür ein deutliches Indiz. Dennoch bleibt festzuhalten, „dass Deutschland den Auftrag der Vereinten Nationen von 1994 nicht erfüllt hat"[33].

Zu einem ähnlichen Urteil kommt auch eine Bestandsaufnahme des DIMR zu Aktivitäten im Feld der Menschenrechtsbildung in Deutschland, die sich auf eine Befragung u. a. von Bundes- und Länderministerien und Behörden, von Bundesgerichten, Polizeischulen, Landesschulämtern und Hochschulen sowie Nichtregierungsorganisationen stützt[34]. Obwohl die Studie auf eine Vielzahl (allerdings unkoordinierter) Initiativen und Projekte verweist, muss auch sie feststellen, dass die Bundesrepublik die aus der UN-Dekade resultierenden Anforderungen „nur zum Teil oder eher vereinzelt" umgesetzt hat. Im Vergleich zu anderen Ländern, so der abschließende Befund der 2003 veröffentlichten Studie, „liegt die Bundesrepublik in diesem Bereich etwa zehn Jahre hinter den internationalen Entwicklungen zurück"[35].

Ein solches Urteil, das durch Ländervergleichsstudien erhärtet werden kann[36], muss auch vor dem Hintergrund der Geschichte der Menschenrechtsbildung in Deutschland nach 1945 gesehen werden: Sie ist eine Geschichte der Verspätung, der Versäumnisse und des Mangels an Interesse, und zwar nicht nur im Bereich der staatlichen Bildungspolitik und auf der Ebene der schulischen Lehrpläne, sondern auch in der Erziehungswissenschaft und in der Lehrerausbildung. Dass die Menschenrechte zum Kanon allgemeiner Bildung gehören und – zumal vor dem Hintergrund der NS-Vergangenheit - ein obligatorischer Bestandteil der Bildungsarbeit in allen Schulformen sein müssten, wird erst seit kurzer Zeit verstärkt angemahnt.[37]

---

32 Vgl. die Angaben in Mihr/Rosemann, Bildungsziel (wie Anmerkung 4), S. 24 f.
33 Mihr, UN-Dekade (wie Anmerkung 9), S. 206.
34 Lohrenscheit/Rosemann, Perspektiven entwickeln (wie Anmerkung 10)
35 Ebd., S. 13.
36 Vgl. die Beiträge in Mahler/Mihr, Menschenrechtsbildung (wie Anmerkung 10).
37 Vgl. dazu besonders Hornberg, Sabine: Human Rights Education as an Integral Part of General Education. In: International Review of Education 48, 3-4 (2002), S. 187-198; in diesem Sinne auch Huhle, Rainer: Für eine historisch bewusste Menschenrechtsbildung. In: Jahrbuch Menschenrechte 2007. Frankfurt/M. 2006, S. 143.

Die Auswirkungen der bildungspolitischen Versäumnisse auf die Kenntnis und die Bedeutung der Menschenrechte in der deutschen Bevölkerung sind inzwischen empirisch belegt. Die Ergebnisse von zwei repräsentativen Befragungen aus den Jahren 2002 und 2003 zu Wissen, Einstellungen und Handlungsbereitschaft[38] haben gezeigt, dass nur etwa 4% der Befragten die „Allgemeine Erklärung der Menschenrechte" kennen und im Durchschnitt allenfalls drei Menschenrechte konkret benennen können. Dabei fällt eine bedenkliche „Halbierung" im Menschenrechtsbewusstsein der Deutschen ins Auge: Im Unterschied zu den bürgerlichen und politischen Rechten sind die seit 1976 völkerrechtlich verbindlichen wirtschaftlichen, sozialen und kulturellen Rechte nur einem verschwindend kleinen Teil überhaupt als Menschenrechte bekannt.

Solche Fakten werfen ein scharfes Licht auf gravierende Bildungsdefizite und konkretisieren den gesellschaftlichen Bedarf an Menschenrechtsbildung in Deutschland. Zu ihren Aufgaben müsste nach Auffassung der Autoren gehören:

> „- *ein breites Wissen und eine positive Bewertung bezüglich Menschenrechten zu vermitteln und Menschenrechte als wichtigen Maßstab zur Beurteilung gesellschaftlicher Verhältnisse zu nutzen;*
> - *die Einsatzbereitschaft für Menschenrechte zu fördern (...);*
> - *die Bereitschaft zu fördern, Verletzungen von Menschenrechten im In- und Ausland offen zu legen und sich diesen zu widersetzen."*[39]

2.2 Die Empfehlung der Deutschen Kultusministerkonferenz „Zur Förderung der Menschenrechtserziehung in der Schule" vom 14. 12. 2000

Menschenrechtsbildung als Aufgabe der Schule zu verstehen ist in der Bundesrepublik kein neuer Gedanke. Bereits 1980 hat die Deutsche Kultusministerkonferenz (KMK) „Menschenrechtserziehung" zu einem „Kernbereich" der Schule erklärt, freilich ohne nennenswerte Resonanz. Diese an die Kultusministerien der (damals nur westdeutschen) Länder gerichtete Empfehlung ist mit gleichem Titel und Wortlaut Ende 2000 im Kontext der UN-Dekade erneut von der KMK veröffentlicht worden. Die KMK-Empfehlung „Zur Förderung der Menschenrechtserziehung in der Schule"[40] ist zwar bislang in keinem Bundesland auf dem Erlasswege umgesetzt worden. Da sie aber bis heute das einzige nationale Dokument darstellt, auf das sich

---

38 Sommer, Gerd/Stellmacher, Jost/Brähler, Elmar: Menschenrechte in Deutschland: Wissen, Einstellungen und Handlungsbereitschaft. In: Frech, Siegfried/Haspel, Michael: Menschenrechte. Schwalbach/Ts. 2005, S. 211-230.
39 Ebd., S. 229.
40 Beschluss der Kultusministerkonferenz vom 4. Dezember 1980 i. d. F. vom 14. Dezember 2000. Text zu finden unter http://www.kmk.org/doc/beschl/menschenr

in Deutschland Vorhaben zur Menschenrechtsbildung in der Schule stützen können, soll sie im Folgenden etwas genauer betrachtet und mit dem aktuellen Diskussionsstand verglichen werden.

Die Kultusminister erinnern zunächst daran, dass demokratischen Staaten wie Deutschland eine besondere Verpflichtung bei der Verwirklichung der Menschenrechte zukommt, und verweisen in diesem Zusammenhang auf das im Grundgesetz verankerte Bekenntnis der Bundesrepublik zu den Menschenrechten. Da deren Schutz und Verwirklichung jedoch nicht allein eine Angelegenheit des Staates, sondern ebenso auf ein entsprechendes Engagement der Bürger angewiesen seien, müsse die Persönlichkeitsbildung in der Schule einen maßgeblichen Beitrag dazu leisten: „Menschenrechtserziehung gehört zum Kernbereich des Bildungs- und Erziehungsauftrages von Schule (…). Sie umfasst alle Fächer schulischen Handelns."

Bei der von der KMK empfohlenen Behandlung der Menschenrechte im Unterricht stehen kognitive Aspekte im Vordergrund. Die Lernziele sind durchaus anspruchsvoll, beziehen unterschiedliche Dimensionen und Kontexte ein. So sollen z. B. Kenntnisse vermittelt werden über Geschichte und aktuelle Bedeutung der Menschenrechte, über das Verhältnis von persönlichen Freiheitsrechten und sozialen Grundrechten oder über die unterschiedliche Auffassung und Gewährleistung der Menschenrechte in politischen Systemen und „Kulturen". Auch die politischen, sozialen und ökonomischen Ursachen von Menschenrechtsverletzungen sollen Themen des Unterrichts sein.

Menschenrechtsbildung (im KMK-Text noch "Menschenrechtserziehung") soll bei den Lernenden die Bereitschaft wecken und die Fähigkeit stärken, sich selbst für den Schutz und die Verwirklichung der Menschenrechte einzusetzen, und zwar auch „in ihrem persönlichen und politischen Lebensumkreis". Darüber hinaus sollen die Schülerinnen und Schüler angeleitet und ermutigt werden, die Verwirklichung der Menschenrechte „als wichtigen Maßstab zur Beurteilung der politischen Verhältnisse" zu nutzen, und zwar auch im eigenen Land. Menschenrechtsbildung wird ausdrücklich als Aufgabe aller Fächer und Lehrenden verstanden, somit als Querschnittsaufgabe der Schule bestimmt. Der Hauptakzent liegt allerdings auf dem gesellschaftswissenschaftlichen Lernbereich: In den auf ihn bezogenen Richtlinien und Lehrplänen soll die systematische Bearbeitung der Menschenrechtsthematik verankert und damit gesichert werden.

Die deutschen Kultusminister haben sich zwar auf einen konzeptionellen Rahmen mit durchaus anspruchsvollen Inhalten verständigt, doch ob und wie ihre Empfehlung umgesetzt wird, liegt in der Kompetenz der einzelnen Bundesländer. Wie es damit auf den Ebenen der Richtlinien/Lehrpläne und der Schulbücher aussieht, lässt sich anhand einer aktuellen Studie am Beispiel Baden-Württembergs beschreiben[41]. So ist die Richtlinienentwicklung im Bereich der Sekundarstufe I durch Tendenzen bestimmt, die für die Situation der Menschenrechtsbildung in Deutschland insgesamt kennzeichnend sein dürften: Kenntnisse sind wichtiger als Kompetenzen; ein Handlungsbezug oder eine Nutzung der Menschenrechte zur Beurteilung der politischen Verhältnisse in Deutschland ist nirgends vorgesehen; bei der Behandlung der Menschenrechte werden moralische Aspekte bevorzugt, rechtliche dagegen vernachlässigt. Fazit der Studie: Auf der Richtlinienebene lässt sich eine Umsetzung der KMK-Empfehlung nur mit Einschränkungen bzw. mit z. T. erheblich veränderten Akzentsetzungen feststellen.

Einen ähnlichen Eindruck vermittelt die Auswertung von 45 Schulbüchern für verschiedene Fächer der Sekundarstufe I: Werden Menschenrechte überhaupt behandelt – was bei ca. 30% der zum Gebrauch an Schulen empfohlenen Werke nicht der Fall war -, geschieht das meist unter Beschränkung auf die „Allgemeine Erklärung der Menschenrechte" von 1948; spätere Konventionen und Pakte fehlen ebenso wie jüngere Deklarationen gegen Rassismus, Fremdenfeindlichkeit und Intoleranz. Die Menschenrechte werden überwiegend auf die individuellen Freiheitsrechte reduziert und unter dem Gesichtspunkt entwicklungsbezogener Werteerziehung behandelt; Anregungen zur menschenrechtsbezogenen Beurteilung der Verhältnisse in Deutschland oder zum persönlichen Einsatz für die Verwirklichung der Menschenrechte fehlen in den meisten Fällen. Zweites Fazit der Studie: Auf der Ebene der Schulbücher scheinen die (Muss-)Anforderungen der KMK-Empfehlung „tendenziell wirkungslos" geblieben zu sein[42]. Statt einer solchen „Menschenrechtsbildung light", fordert der Autor, müsse die schulische Behandlung von Menschenrechtsfragen stärker auf politische und rechtliche Aspekte eingehen, die Unteilbarkeit und Gleichrangigkeit der Menschenrechte verdeutlichen und durch eine Auseinandersetzung mit den Widersprüchen zwischen Menschenrechtsrhetorik und der politisch-gesellschaftlichen Wirklichkeit die kritische Urteilsfähigkeit der Lernenden fördern.

2.3   Zur Einordnung und Beurteilung der KMK-Empfehlung

Trotz der Wiederaufnahme einer zwanzig Jahre alten Vorlage lässt die KMK-Empfehlung ein Verständnis von Menschenrechtsbildung erkennen, das in einigen Aspekten durchaus internationalen Anforderungen gerecht wird. Menschenrechts-

---

[41] Druba, Volker: Menschenrechte – ein Thema in deutschen Schulbüchern? In: Internationale Schulbuchforschung 28 (2006), S. 229-244.
[42] Ebd., S. 238.

bildung wird als verpflichtende Aufgabe der öffentlichen Schule anerkannt, die grundsätzlich allen Fächern im Sinne einer Querschnittsaufgabe aufgetragen ist. Die zugrunde liegende Auffassung der Menschenrechte beschränkt sich nicht auf die individuellen Freiheitsrechte, sondern bezieht auch die wirtschaftlichen und sozialen Rechte ein. Das Spektrum der empfohlenen Themen ist relativ breit gefächert. Die inhaltliche Akzentsetzung lässt darauf schließen, dass Menschenrechtsbildung in der Schule im Sinne einer weit gefassten politischen Bildung mit Konzentration auf Menschenrechtsfragen verstanden wird. Da die Menschenrechte als „Maßstab" zur Beurteilung politischer Verhältnisse bzw. als „Gestaltungsprinzipien des Gemeinwesens" herangezogen werden sollen, kann angenommen werden, dass die KMK-Empfehlung den Schwerpunkt bei schulischer Menschenrechtsbildung im Ganzen in der Förderung von kritischer Urteilsbildung sieht. Eine Betonung von Werteerziehung mit moralpädagogischer Tendenz, wie dies z. T. in Richtlinien und Schulbüchern geschieht, lässt sich nicht erkennen. Die aus der internationalen Diskussion bekannte Strukturierung des Arbeitsfeldes entlang den Begriffen Wissen, Bewusstsein und Handeln liegt auch diesem Dokument zugrunde.[43] Zwar überwiegt der kognitive Bereich deutlich, doch wird unterstrichen, dass Menschenrechtsbildung sich nicht auf Wissensvermittlung beschränken dürfe, sondern auch „die emotionale und handelnde Komponente" einbeziehen müsse. Ähnlich der von der UNESCO und den Vereinten Nationen vertretenen Auffassung soll die Schule das gemeinsame Erfahrungsfeld sein, wo die Realisierung der Menschenrechte erlebt und geübt werden soll. Doch wie das geschehen könnte, vor allem welche Voraussetzungen dafür in der Schule geschaffen werden müssten, bleibt offen.

Vergleicht man die KMK-Empfehlung mit den Überlegungen, die dem UN-Weltprogramm von 2004 (s. o.) zugrunde liegen, werden besonders in der Problemwahrnehmung und den Aufgabenbestimmungen der Rückstand und die Defizite erkennbar, die das zentrale deutsche Dokument gegenüber dem internationalen Diskussionsstand kennzeichnen und es als nicht mehr zeitgemäß erscheinen lassen. Ein dafür bezeichnendes Indiz ist die fehlende Berücksichtigung der kulturellen Rechte. Die KMK-Empfehlung nimmt keinerlei Bezug auf den veränderten gesellschaftlichen Kontext von Schule und Menschenrechtsbildung, d. h. sie blendet die menschenrechtlich wie pädagogisch brisanten Fragen aus, die sich mit dem grundlegenden Wandel zu einer von Migration und ethnisch-kultureller Heterogenität geprägten Gesellschaft in Deutschland stellen. Dass die aus dieser Entwicklung resultierenden

---

43 Ähnlich die Beurteilung von Schmolke, Sven: Menschenrechtserziehung in Schule und Unterricht. In: Friedrichs, Peter-Michael (Hrsg.): Edition „Ich klage an!" Das Lehrerbuch. Menschenrechte im Unterricht. München 2002, S. 18 ff.

Spannungen, Konflikte und Orientierungsbedürfnisse neue Herausforderungen für Schule und Menschenrechtsbildung bedeuten, bleibt völlig außer Betracht. Das mag im Blick auf den ursprünglichen Text aus dem Jahre 1980, auf den sich die KMK-Empfehlung bezieht, noch verständlich sein. Ihn zwanzig Jahre später im Kontext der UN-Dekade erneut zu verabschieden, ohne auf diese Fragen einzugehen, ist ein Hinweis darauf, in welchem Maße die langjährige politische Leugnung einer real existierenden Einwanderungsgesellschaft in Deutschland noch im Jahre 2000 das bildungspolitische Denken in der Bundesrepublik bestimmt hat.

Realitätsnahe Bezugnahmen auf aktuelle gesellschaftliche Entwicklungen und ihre menschenrechtliche Problematik sind dagegen ein Kennzeichen des UN-Weltprogramms. Sie bilden die Voraussetzung und den Hintergrund für die Forderung, Menschenrechtsbildung nicht nur in der Schule zu verankern, sondern als eine an den Menschenrechten orientierte, prinzipiell antidiskriminierende und inklusive Bildungsarbeit zu praktizieren, die sich zur Anerkennung und Wertschätzung von ethnisch-kultureller Vielfalt und zur Verwirklichung gleicher Bildungschancen für alle verpflichtet fühlt. Methodische Prinzipien wie der Alltags- und Lebensweltbezug der Menschenrechtsbildung, die Orientierung an den Bedürfnissen der Lernenden und insbesondere die Aufgabenstellung, die von Diskriminierung, Ausgrenzung und Missachtung Betroffenen zur aktiven Wahrnehmung ihrer Rechte und zur Mitgestaltung des gesellschaftlichen Wandels zu befähigen, sind auf konkrete Erfahrungen in multiethnischen und multikulturellen Gesellschaften bezogen.

Menschenrechtsbildung wird hier mit gesellschaftlichen Problemlagen konfrontiert, wie sie auch für Deutschland kennzeichnend geworden sind. Sie stellen den Bezugsrahmen dar, in dem realitätsnahe Konzepte zu verorten wären. Dazu müssten sie allerdings das Faktum einer deutschen Einwanderungsgesellschaft zur Kenntnis nehmen und die pädagogischen Konsequenzen dieser Entwicklung reflektieren. Im Großteil der menschenrechtspädagogischen Literatur geschieht dies allenfalls am Rande. Konzeptionelle Überlegungen zur Menschenrechtsbildung können allerdings an eine Diskussion anknüpfen, die in verschiedenen pädagogischen Teildisziplinen seit mehr als einem Jahrzehnt und seit kurzem auch unter explizit menschenrechtlichen Gesichtspunkten geführt wird. Dieser Diskurs über die Folgen des Wandels zu einer Einwanderungsgesellschaft in Deutschland macht nachdrücklich auf Befunde und Problemstellungen aufmerksam, mit denen sich die Schule insgesamt, aber in bestimmter Weise auch die Menschenrechtsbildung auseinander setzen müssen.

3 Herausforderung Einwanderungsgesellschaft: der gesellschaftliche Kontext

3.1 Menschenrechtsprobleme in der (deutschen) Einwanderungsgesellschaft

Die Tatsache, dass mehr als 15 Millionen (18, 4%) der gegenwärtig in der Bundesrepublik lebenden Bevölkerung Menschen ‚mit Migrationshintergrund' sind (FR vom 12. 3. 2008), belegt, in welchem Maße die Zuwanderung und dauerhafte Niederlassung von unterschiedlichen Migrantengruppen Deutschland unumkehrbar verändert haben. Für unseren Zusammenhang ist vor allem bedeutsam, dass diese Entwicklung Beziehungen zwischen Mehrheitsgesellschaft und ethnisch-kulturellen Minderheiten hervorbringt, die sowohl aus menschenrechtlicher wie aus pädagogischer Sicht erhebliche Probleme aufwerfen. Dabei handelt es sich sowohl um Alltagskonflikte bei der Konfrontation zwischen ‚Einheimischen' und ‚Fremden' wie um manifeste Diskriminierung und Ungleichbehandlung auf politischer, rechtlicher oder institutioneller Ebene, um Ethnisierung sozialer Probleme wie um teils offen geäußerte, teils leicht mobilisierbare fremdenfeindliche, rassistische und rechtsextremistische Haltungen. Solche nicht zuletzt in Deutschland zu beobachtenden Phänomene verweisen auf offensichtliche Schwierigkeiten eine Entwicklung zu akzeptieren, die nationale, ethnische und kulturelle Heterogenität zu einem Dauerzustand gemacht hat und Vorstellungen von nationaler und kultureller Homogenität obsolet werden lässt. Ob die neue Rechtslage, die durch die Reform des deutschen Staatsbürgerrechts (2000) und durch das seit 2005 geltende Zuwanderungsgesetz geschaffen worden ist, solche Einstellungen und Haltungen verändern wird, ist im Blick auf die ihr vorausgehenden politischen Widerstände, fremdenfeindlichen Kampagnen und pogromartigen Anschläge gegen Flüchtlinge und Migranten zumindest eine offene Frage.[44] Dies auch deshalb, weil der ‚11. September' (2001) und die ihm folgenden Anschläge islamistischer Terroristen antimuslimische Einstellungen und fremdenfeindliche Tendenzen in der deutschen Mehrheitsbevölkerung in einer Weise gestärkt haben, die die in den letzten Jahren angebahnte politische und rechtliche Anerkennung der gesellschaftlichen Realitäten in Deutschland zurückzuwerfen droht. Solche Entwicklungen verdeutlichen, wie dringlich es ist, Migration und ihre dauerhaften Auswirkungen in Deutschland als eine unerlässliche „gesellschaftliche Lernprovokation"[45] zu begreifen. Dies würde z. B. bedeuten, sich für eine Politik

---
[44] Vgl. dazu Meinhardt, Rolf: Einwanderungen nach Deutschland und Migrationsdiskurse in der Bundesrepublik – eine Synopse. In: Leiprecht, Rudolf/Kerber, Anne (Hrsg.): Schule in der Einwanderungsgesellschaft. Schwalbach/Ts. 2005, S. 24-55.
[45] Hormel, Ulrike/Scherr, Albert: Migration als gesellschaftliche Lernprovokation – Programmatische Konturen einer offensiven Bildung für die Einwanderungsgesellschaft. In: Hamburger, Franz u. a. (Hrsg.): Migration und

einzusetzen, die, wie es die Unabhängige Kommission „Zuwanderung" 2001 gefordert hat, darauf zielt, „Zuwanderern eine gleichberechtigte Teilhabe am gesellschaftlichen, wirtschaftlichen, kulturellen und politischen Leben unter Respektierung kultureller Vielfalt zu ermöglichen"[46].

Dass für Millionen von in Deutschland lebenden Menschen gleiche politische Rechte, Abbau von sozialer Ungleichheit und gesellschaftlicher Diskriminierung, Ermöglichung kultureller Partizipation und Anerkennung der ethnischen und kulturellen Heterogenität überhaupt eingefordert werden müssen, verweist auf einen problematischen Umgang mit den Menschenrechten im spannungsgeladenen Verhältnis zwischen deutscher Bevölkerungsmehrheit und ethnisch-kulturellen Minderheiten. Diese Problematik unterstreicht, warum Menschenrechtsbildung in Deutschland auf ihren konkreten gesellschaftlichen Kontext, nämlich die Herausbildung einer Einwanderungsgesellschaft, Bezug nehmen müsste. Diese Auffassung kann sich auf empirische Untersuchungen stützen, wie sie vor allem das Deutsche Institut für Menschenrechte in den letzten Jahren und Heiner Bielefeldt, Direktor des Instituts, erst kürzlich in einem grundsätzlichen Beitrag über die Menschenrechtslage in der (deutschen) Einwanderungsgesellschaft vorgelegt hat[47]. Bielefeldt legt den Schwerpunkt auf menschenrechtliche Fragen, „die sich durch die Ausweitung des kulturellen Pluralismus der bereits hier lebenden Menschen stellen" (S. 21). Seine Argumentation geht davon aus, dass es in Deutschland kein Zurück hinter das Faktum einer multikulturellen und multiethnischen Gesellschaft mehr geben, sondern dass es nur noch um die „Verständigung über die Prinzipien ihrer politischen Gestaltung" gehen könne (S. 58), um die Gestaltung des Zusammenlebens auf der Basis der Anerkennung einer längst irreversibel gewordenen ethnisch-kulturellen Heterogenität. Auf dem Hintergrund des Spannungsverhältnisses von demokratischer Gleichheit und kultureller Vielfalt setzt sich Bielefeldt sowohl mit der „Politik der Anerkennung" (Charles Taylor) wie mit einem Multikulturalismus kritisch auseinander, bei dem das Eintreten für kulturelle Vielfalt einher geht mit der Bagatellisierung repressiver und diskriminierender Praktiken, die sich auf Religion, Kultur oder Tradition berufen. Dem gegenüber plädiert er für einen „aufgeklärten Multikulturalismus", der auf die Menschenrechte als „politisch-rechtliche Grundnormen des Zusammenlebens in der modernen pluralistischen Gesellschaft" (S. 64) setzt. Am Beispiel der ‚Kopftuch-Debatte' und des Konflikts über die dänischen

---

Bildung. Über das Verhältnis von Anerkennung und Zumutung in der Einwanderungsgesellschaft. Wiesbaden 2005, S. 295-310.

46 Zit. nach Schulte, Axel: Politische Bildung in der Einwanderungsgesellschaft. In: Behrens, Heidi/Motte, Jan (Hrsg.): Politische Bildung in der Einwanderungsgesellschaft. Schwalbach/Ts. 2006, S. 43-81, hier S. 52.

47 Bielefeldt, Heiner: Menschenrechte in der Einwanderungsgesellschaft. Plädoyer für einen aufgeklärten Multikulturalismus. Bielefeld 2007. Die im Folgenden oben angegebenen Seitenangaben beziehen sich auf diesen Text.

Mohammed-Karikaturen kann Bielefeldt überzeugend deutlich machen, dass die Menschenrechte „nur dann eine integrative Wirkung in der Debatte über die Gestaltung multikultureller Koexistenz entfalten (...), wenn ihr Geltungsanspruch nicht schlicht als Dominanzanspruch der Mehrheitsgesellschaft kommuniziert wird" (S. 55). Umgekehrt bedeute dies allerdings auch, dass den Zuwanderermilieus „die Zumutung von Freiheit und Pluralismus" nicht erspart bleiben könne (S. 68).

Obwohl Bielefeldt dem Titel seiner anregenden Studie nur begrenzt gerecht wird, weil hauptsächlich Fragen der kulturellen Integration behandelt werden und dabei jene menschenrechtlichen Probleme etwas aus dem Blick geraten, die durch die soziale Ungleichheit der Zuwanderer und die Beschränkung ihrer politischen Rechte bedingt sind, stellen seine Überlegungen gewichtige Argumente dar, auf die sich die Diskussion um die Rolle von Menschenrechtsbildung in der deutschen Einwanderungsgesellschaft stützen kann.

3.2 Pädagogische Herausforderungen

Dass der Wandel zu einer Einwanderungsgesellschaft in Deutschland die Rahmenbedingungen und Aufgaben von Bildung und Erziehung grundlegend verändert hat und daher von der Pädagogik und speziell von der Schule nicht länger ignoriert werden kann, ist der Tenor einer Debatte, die in den 1990er Jahren hauptsächlich von Vertreter/innen der Interkulturellen Pädagogik bestritten wurde, inzwischen jedoch auch in einigen Fachdidaktiken und Teilen der Schulpädagogik geführt wird. Trotz unterschiedlicher fachlicher Akzentuierungen stimmen die Positionen in der Auffassung überein, dass dieser Wandel unumkehrbar ist und die Schule, deren Schülerschaft in hohem Maße durch Kinder und Jugendliche aus Familien nichtdeutscher Herkunft geprägt ist, als „Schule in der Einwanderungsgesellschaft"[48] neu gedacht und gestaltet werden müsse. Auf die Fragestellungen und Erträge dieser Debatte, die in der menschenrechtspädagogischen Literatur bisher allenfalls am Rande aufgenommen worden sind, soll im Folgenden etwas näher eingegangen werden. Sie sind besonders für die didaktischen und methodischen Aspekte der Menschenrechtsbildung in der Schule relevant, zumal sie aus pädagogischen ‚Nachbardisziplinen' wie der Interkulturellen Pädagogik, der Geschichtsdidaktik und der Politischen Bildung kommen, mit denen sie durch eine Reihe thematischer Schnittmengen verbunden ist.

---

[48] Vgl. dazu den Sammelband von Leiprecht, Rudolf/Kerber, Anne (Hrsg.): Schule in der Einwanderunsgesellschaft. Schwalbach/Ts. 2005.

In der *Interkulturellen Pädagogik* sind die pädagogischen Herausforderungen und Konsequenzen, die sich aus der Herausbildung einer Einwanderungsgesellschaft in Deutschland ergeben, schon seit längerem ein viel diskutiertes Thema. Den aktuellen Diskussionsstand resümiert Marianne Krüger-Potratz wie folgt: „Um gemeinsam in Deutschland und Europa unter Beachtung menschenrechtlicher Normen leben zu können, ist ein qualitativ anderer Umgang mit nationaler, sprachlicher und kultureller Vielfalt gefordert"[49]. Sie plädiert für einen entschiedenen Perspektivwechsel, weil pädagogische Fragestellungen und Aufgaben unter dem Gesichtspunkten von unhintergehbarer Heterogenität, Differenz und Pluralität neu gedacht werden müssen. Interkulturelle Bildung sei „*in einer und für eine* (Sperrung: Krüger-Potratz) sprachlich, ethnisch, national, sozial und im weitesten Sinne kulturell pluralisierte(n) demokratische(n) Gesellschaft"[50] eine notwendige Schlüsselqualifikation. Im Blick auf Pädagogik und Schule erfordere dies

> „*die kritische Überprüfung der bisherigen Inhalte und Methoden sowie die Überprüfung und Veränderung von Einstellungs-, Denk- und Wahrnehmungsmustern, von Selbstverständlichkeiten, Gewohnheiten, professionellen Routinen usw. Diese sind daraufhin zu prüfen, ob sie den aktuellen gesellschaftlichen Verhältnissen angemessen sind, ob sie das Recht auf Bildung eines jeden Menschen unabhängig von seinem sprachlichen und kulturellen Hintergrund, seiner Staatsangehörigkeit oder ethnischen Zugehörigkeit usw. behindern oder fördern, welche Vorstellungen sie über das Verhältnis von ‚eigen' oder ‚fremd' vermitteln, ob sie ethnozentrische oder pluralistische Denkmuster stützen, und inwieweit sie eine reflexive Haltung befördern*"[51].

Interkulturelle Bildung werde in einer Situation unerlässlich, so Georg Auernheimer, „in der das Innen-Außen-Schema, mit dem andere Lebensformen auf Distanz gehalten werden konnten, nicht mehr funktioniert, so dass Fremdheit allgegenwärtig wird"[52]. Er folgert daraus, dass Interkulturelle Pädagogik sich an der Idee einer multikulturellen Gesellschaft orientieren müsse, „die auf zwei Grundsätzen basiert: dem Prinzip der Gleichheit und dem Prinzip der Anerkennung"[53]. Auernheimer warnt zu Recht vor pädagogischen Ansätzen, die von einem Spannungsverhältnis der „Kulturen" im Sinne eigenständiger Wesenheiten ausgehen und damit jene kulturalistisch verkürzte Problemwahrnehmung begünstigen, die in großen Teilen von

---

49 Krüger-Potratz, Marianne: Interkulturelle Bildung. Eine Einführung. Münster 2005, S. 13.
50 Ebd., S. 15.
51 Ebd., S. 34.
52 Auernheimer, Georg: Einführung in die Interkulturelle Pädagogik. 5., ergänzte Auflage. Darmstadt 2007, S.15.
53 Ebd., S. 20.

Politik und Gesellschaft dominiert. „Vorrangig sind das Eintreten für gleiche Rechte und Sozialchancen ungeachtet der Herkunft und die Haltung der Akzeptanz, des Respekts für Andersheit." Diese Haltungen seien „unverzichtbar für die Befähigung zum interkulturellen Dialog, der die Befähigung zum interkulturellen Verstehen voraussetzt"[54]. Hier werden wichtige Brücken zwischen einer Pädagogik mit antidiskriminierender bzw. antirassistischer Zielsetzung[55] und Menschenrechtsbildung sichtbar, die später noch einmal aufgegriffen werden sollen.

Aspekte der Diskriminierung und Exklusion von Menschen ‚mit Migrationshintergrund' in der Schule werden deutlich, wenn im Rahmen des interkulturellen Diskurses das „nationale Selbstverständnis der Bildung"[56] in den Blick kommt. Dieses wird in einer Einwanderungsgesellschaft zum Problem, weil das deutsche Schulsystem gemäß seiner historisch bedingten Funktion nationalstaatlicher Integration und Homogenisierung kulturelle Heterogenität noch immer als einen „Störfaktor" ansieht[57]. Eine Bildungspolitik aber, die von ethnisch-kultureller Homogenität als Normalfall ausgeht, führt zur systematischen Beschränkung der Bildungschancen von Schülerinnen und Schülern mit Migrationshintergrund, wie man spätestens seit der PISA-Studie 2000 wissen kann, und macht Schule zu einem Ort der „institutionellen Diskriminierung"[58]. Die Entwicklung von Konzepten einer „inklusiven" Bildung ist daher eine zentrale Anforderung an die Schule in einer demokratischen Einwanderungsgesellschaft.

Die im Feld der historischen und politischen Bildung geführte Diskussion zum Thema Migration und multikulturelle Gesellschaft schließt z. T. explizit an den Diskurs der Interkulturellen Pädagogik an, wobei allerdings in diesen Bereichen wie generell in den Fachdidaktiken die Vermittlung von interkulturellen Konzeptionen mit den fachspezifischen Belangen des Unterrichts noch Schwierigkeiten bereitet[59]. Doch auch hier finden sich, und dieser Aspekt ist für unsere Fragestellung vorrangig, bemerkenswerte Verbindungslinien zur Menschenrechtsbildung, die als gewichtige inhaltliche Begründungen ihrer Notwendigkeit gelesen werden können.

Es ist wenig überraschend, dass die Infragestellung von monokulturellen Bildungskonzepten vor allem in der *Didaktik des Geschichtsunterrichts* auf eine relativ

---

54 Ebd., S. 21.
55 Ebd., S. 22.
56 Vgl. dazu Gogolin, Ingrid: Das nationale Selbstverständnis der Bildung. Münster/New York 1994.
57 Krüger-Potratz, Interkulturelle Bildung (wie Anmerkung 49), S. 99.
58 Gomolla, Mechtild/Radtke, Frank-Olaf: Institutionelle Diskriminierung. Die Herstellung ethnischer Differenz in der Schule. Opladen 2002.
59 Vgl. Reich, Hans H. u. a. (Hrsg.): Fachdidaktik interkulturell. Ein Handbuch. Opladen 2000, Vorwort. In diesem Band behandeln Bettina Alavi und Bodo von Borries den Geschichtsunterricht und Kuno Rinke die Politische Bildung.

starke Resonanz gestoßen ist[60], handelt es sich doch um ein Fach, dem traditionell in Nationalstaaten die Funktion nationaler Identitätsbildung zugewiesen wird. Bodo von Borries hat die anstehende Umorientierung pointiert benannt: „Multikulturelle Gesellschaften sind zum interkulturellen Geschichtslernen verpflichtet und verurteilt"[61]. Das würde nicht nur den Abschied von der Tradition eines monokulturellen Geschichtsunterrichts sowie eine entschiedene Revision seiner Inhalte und Methoden bedeuten. Zu klären ist zudem die schwierige Frage, wie mit den unterschiedlichen Geschichtsbezügen, historischen Erfahrungen und kulturellen Bindungen, die die Migranten und Eingewanderten mitbringen und die im Sinne von kulturellen Schemata das Erleben und die Orientierungen auch der SchülerInnen beeinflussen, in Bildungsprozessen unter den Gesichtspunkten von Anerkennung und Gleichberechtigung umgegangen werden kann, ohne der Gefahr kulturalistischer Sichtweisen oder der Beliebigkeit eines ‚anything goes' zu erliegen [62]. Denn gerade weil es im interkulturellen Geschichtsunterricht darum gehen muss, die Verschiedenheit und relative Berechtigung gegensätzlicher Geschichtsdeutungen akzeptieren zu lernen und, wie es von Borries fordert, ihre gegenseitige Anerkennung „in einem Prozess des Verhandelns (...) einzuüben"[63], stellt sich die Frage, wie Relativismus und Indifferenz auf der Ebene der Lernziele vermieden werden können bzw. wie in einer von nationaler, ethnischer und kultureller Heterogenität bestimmten Gesellschaft ein politisch-moralischer Mindestkonsens gesichert werden kann. Bodo von Borries sieht diesen Mindestkonsens in der Anerkennung der universellen Geltung der Menschenrechte. Eine solche Haltung aber, muss an dieser Stelle angemerkt werden, kann bei den Schülerinnen und Schülern, ob deutscher oder nichtdeutscher Herkunft, nicht einfach vorausgesetzt werden. Sie ist allenfalls das Ergebnis von entsprechenden Lernprozessen. Das aber bedeutet, dass interkulturelles Geschichtslernen mit menschenrechtlicher Perspektive auf ein Lernen im Sinne von Menschenrechtsbildung angewiesen ist.

In der aktuellen Diskussion über die Anforderungen an die *Politische Bildung* in der Einwanderungsgesellschaft finden sich vergleichbare Positionen, wenn auch der fachliche Begründungszusammenhang anders lautet. Auch hier wird in neueren Beiträgen verstärkt auf die Menschenrechte Bezug genommen, und zwar unter der

---

60 Vgl. Alavi, Bettina: Geschichtsunterricht in der multiethnischen Gesellschaft. Frankfurt/M. 1998; Körber, Andreas (Hrsg.): Interkulturelles Geschichtslernen. Geschichtsunterricht unter den Bedingungen von Einwanderung und Globalisierung. Münster 2001.
61 Borries, Bodo von: Interkulturelle Dimensionen des Geschichtsbewusstseins. In: Fechler, Bernd u. a. (Hrsg.): „Erziehung nach Auschwitz" in der multikulturellen Gesellschaft. Weinheim und München 2000, S. 133.
62 Körber, Andreas: Interkulturelles Lernen im Geschichtsunterricht – eine Einleitung. In: Körber, Interkulturelles Geschichtslernen (wie Anmerkung 60), S. 5-25.
63 Von Borries, Interkulturelle Dimensionen (wie Anmerkung 61), S. 138.

Frage, welche Qualifikationen und Kompetenzen die Heranwachsenden „für die Bewältigung des Zusammenlebens in einer vom Anspruch her demokratischen Einwanderungsgesellschaft" benötigen[64]. Wie bereits innerhalb der Interkulturellen Pädagogik wird auch hier das Verhältnis von kulturellen und sozialen Rechten zum Thema. Folgt man Axel Schultes Argumentation, geht es im Lernbereich Politische Bildung nicht primär um die Frage der Anerkennung von kultureller Vielfalt, sondern vor allem um das für eine Demokratie zentrale Problem der Gleichheit aller Bürger sowie um den Umgang mit den Konflikten zwischen Mehrheitsgesellschaft und Minderheiten in Deutschland. Sollen die (deutschen) Schülerinnen und Schüler dazu befähigt werden, die tatsächliche Ungleichheit und Diskriminierung von Eingewanderten und Migranten überhaupt als ein Problem wahrzunehmen und in der Lage sein, sich zusammen mit den Schülerinnen und Schülern nichtdeutscher Herkunft mit diesen Verhältnissen im Sinne einer demokratischen Gestaltung der deutschen Einwanderungsgesellschaft auseinander zu setzen, ist nach Schulte „Sensibilisierung für die Menschenrechte und die Demokratie" eine grundlegende Voraussetzung[65]. Diese der Politischen Bildung ohnehin aufgetragene Aufgabe bekommt durch ihren konsequenten Bezug auf die veränderten gesellschaftlichen Rahmenbedingungen die Funktion eines „kritischen Maßstabs", vor allem dann, wenn sie, wie es Schulte fordert, zum einen die Widersprüche zwischen Ideal und Wirklichkeit thematisiert und zum anderen auch die Entwicklung der Menschenrechte als nicht abgeschlossen darstellt. Die Schnittmenge zwischen Politischer Bildung und Menschenrechtsbildung ist offensichtlich.

Ein letztes Beispiel, das zeigen kann, wie weit die Konsequenzen auch über die Schule hinaus reichen, wenn die Tatsache der Einwanderungsgesellschaft pädagogisch ernst genommen wird, ist der Bereich der *Erinnerungsarbeit und Gedenkstättenpädagogik*. In der seit einigen Jahren geführten Debatte über „Erziehung nach Auschwitz" in der multikulturellen Gesellschaft [66] spielt der Bezug auf die Menschenrechte eine gewichtige Rolle. So offen es auch noch ist, zu welchen Ergebnissen diese Diskussion führen wird, sie macht schon jetzt deutlich, in welche Probleme ein seit langem etabliertes nationales Erinnerungsprogramm gerät, wenn sich seine ursprünglichen (deutschen) Adressaten infolge jahrzehntelanger Migration und Einwanderung dauerhaft verändert haben.

So konstitutiv und unverhandelbar für die Bundesrepublik die Erinnerung an die von Deutschen unter dem NS-Regime verübten Verbrechen auch ist, in einem

---

64 Schulte, Politische Bildung in der Einwanderungsgesellschaft.(wie Anmerkung 46), S. 43.
65 Ebd., S. 47 ff.
66 Vgl. dazu die Beiträge in Fechler, Bernd u. a. (Hrsg.): „Erziehung nach Auschwitz" in der multikulturellen Gesellschaft. Weinheim/München 2000.

Land, dessen Bevölkerung schon längst nicht mehr als eine im ethnischen Sinne ‚deutsche' bezeichnet werden kann, wird eine auf diese Vergangenheit bezogene Erinnerungskultur, insofern sie sich als ‚nationale' versteht, strukturell problematisch: Als kulturelles Gedächtnis der deutschen Mehrheitsbevölkerung wird sie gegenüber Bürgern nichtdeutscher Herkunft exklusiv, insofern sie die für die Eingewanderten bedeutsamen Vergangenheitsbezüge aus dem kollektiven Gedächtnis der Nation ausschließt. Welche Bedeutung diese Problematik für die Migrantencommunities in Deutschland besitzt, belegen die langjährigen und bisher erfolglosen Bemühungen von Migrantenvereinen um die Errichtung eines offiziellen Migrationsmuseums in der Bundesrepublik [67]. Ihr Kampf um die öffentliche Repräsentation von Geschichte und Erinnerung der Eingewanderten ist zugleich ein Kampf um Anerkennung nicht nur ihrer kulturellen Identität, sondern auch ihrer Rolle in dieser Gesellschaft.

Auf einen weiteren, auch pädagogisch bedeutsamen Aspekt haben Befragungen von in Deutschland aufgewachsenen jugendlichen Migranten über ihr Verhältnis zur Geschichte des Nationalsozialismus und des Holocaust, die sie in der Schule kennen gelernt haben, aufmerksam gemacht[68]. Viola Georgis viel diskutierten Befunde verweisen auf zwei unterschiedliche Motive: zum einen auf Identifikationsbedürfnisse, die im Zusammenhang mit der Geschichte der eigenen Gruppe und mit persönlichen Diskriminierungserfahrungen in der Aufnahmegesellschaft stehen, und zum anderen auf das Bedürfnis, an der deutschen Erinnerungskultur teilzuhaben, d. h. via Erinnerung „dazu zu gehören" und als Gleichberechtigte wahrgenommen zu werden.

Vor diesem mehrdimensionalen Hintergrund wird verständlich, warum in der Debatte um die Zukunft der Erinnerungsarbeit nach Perspektiven „jenseits nationaler Identitätsstiftung"[69] gesucht und die Arbeit an einer „inklusiven" Erinnerungskultur gefordert wird.[70]

Solche Überlegungen führen zu Vorschlägen, auch das für die Erinnerungsarbeit der Bundesrepublik grundlegend gewordene Programm einer „Erziehung nach Auschwitz" (Theodor Adorno) neu zu denken, und zwar in einem Bezugsrahmen, der zunehmend in den Menschenrechten[71] und z. T. explizit im Rahmen einer „Päd-

---

67 Vgl. dazu Motte, Jan/Ohliger, Rainer (Hrsg.): Geschichte und Gedächtnis in der Einwanderungsgesellschaft. Migration zwischen historischer Rekonstruktion und Erinnerungspolitik. Essen 2004.
68 Vgl. Georgi, Viola B.: Entliehene Erinnerung. Geschichtsbilder junger Migranten in Deutschland. Hamburg 2003.
69 Messerschmidt, Astrid: Erinnerung jenseits nationaler Identitätsstiftung. Persoektiven für den Umgang mit dem Holocaust-Gedächtnis in der Bundesrepublik. In: Lenz, Claudia u. a. (Hrsg.): Erinnerungskulturen im Dialog. Hamburg/Münster 2002, S. 103-113; Zimmer, Hasko: Erinnerungsarbeit als Kritik am nationalen Gedächtnis. Zur Auseinandersetzung mit Nationalsozialismus, Holocaust und Kolonialismus in der deutschen Einwanderungsgesellschaft. In: Politisches Lernen 1-2/2006, S. 37-41.
70 Georgi, Entliehene Erinnerung (wie Anmerkung 68), S. 311.
71 So besonders der Frankfurter Erziehungswissenschaftler und zeitweilige Direktor des Fritz-Bauer-Instituts Micha Brumlik in einer Reihe von Beiträgen; zur Verbindung von Erinnerungsarbeit und Menschenrechts-

agogik der Menschenrechte" gesehen wird[72]. Trotz mancher Skepsis und offener Fragen deutet sich die Verknüpfung mit der Menschenrechtsbildung als mögliche Perspektive von Erinnerungsarbeit in der Einwanderungsgesellschaft an. Worauf es dabei ankommt, hat Viola Georgi folgendermaßen formuliert::

> „Was bisher fehlt, sind der pädagogische Mut und die theoretische Anstrengung, die Fachgrenzen zu überschreiten und thematische Synergien zwischen einer ‚Erziehung nach Auschwitz' und einer ‚Pädagogik der Menschenrechte' systematisch auszuloten und in ein Bildungskonzept zu übertragen. Die Konzeption einer historisch orientierten und interkulturell ausgerichteten Menschenrechtsbildung für die deutsche Einwanderungsgesellschaft gehört derzeit (…) zu den dringenden Aufgaben einer zeitgemäßen politischen Bildung"[73].

3.3 Erste Folgerungen für die Diskussion über Menschenrechtsbildung in der Schule

Die Bildungsarbeit (nicht nur) in der Schule ist, wie der referierte Diskurs zeigt, aufgrund des Faktums einer deutschen Einwanderungsgesellschaft mit Herausforderungen konfrontiert, denen sie nicht länger ausweichen kann. Das gilt auch für die Menschenrechtsbildung als schulischen Lernbereich. Denn diese Situation betrifft die Schule als Institution insgesamt und erfordert Antworten auf struktureller, inhaltlicher und methodischer Ebene. Für konzeptionelle Überlegungen zur Menschenrechtsbildung in der Schule bedeutet dies, dass der gesellschaftliche Kontext, in dem Menschenrechtsbildung praktiziert wird, genauer als bisher reflektiert werden muss.

Bei den durch den gesellschaftlichen Wandel bedingten Anforderungen an Bildung und Schule handelt es sich um Fragen, die explizit zum Themenspektrum von Menschenrechtsbildung gehören. Dies gilt in besonderem Maße für die Menschenrechtsprobleme, die sowohl im Zusammenleben von ‚Einheimischen', Zugewanderten und Flüchtlingen als auch in staatlichen Regulierungsmaßnahmen und sicherheitspolitischen Strategien gerade in den letzten Jahren zu Tage getreten

---

bildung im Kontext der Einwanderungsgesellschaft vgl. auch Georgi, Entliehene Erinnerung (wie Anmerkung 68), S. 315 ff. und Zimmer, Hasko: Erinnerung im Horizont der Menschenrechte. Perspektiven der Erinnerungsarbeit im Rahmen der Globalisierung. In: Jahrbuch für Pädagogik 2003. Frankfurt/M. 2003, S. 247-269.
72 Brumlik, Micha: Erziehung nach „Auschwitz" und Pädagogik der Menschenrechte. In: Fechler, Erziehung nach Auschwitz (wie Anmerkung 66), S. 47-58. Vgl. dazu auch den vom Europarat, der Bundeszentrale für politische Bildung und dem Deutschen Institut für Menschenrechte herausgegebenen „Kompass". Handbuch zur Menschenrechtsbildung in der schulischen und außerschulischen Bildungsarbeit. Paderborn 2005, in dessen deutscher Ausgabe die Verbindung von Menschenrechtsbildung und Gedenkstättenpädagogik ausdrücklich hervorgehoben wird (S. 27 f.).
73 Georgi, Entliehene Erinnerung (wie Anmerkung 68), S. 322.

sind. Die in dieser Gesellschaft aufwachsenden Schülerinnen und Schüler deutscher und nichtdeutscher Herkunft müssen lernen – und haben ein Recht darauf -, sich mit diesen Problemen auseinander zu setzen und Antworten zu finden, die einem konstruktiven Umgang mit Konflikten bzw. einer an menschenrechtlichen Prinzipien orientierten Gestaltung der multiethnischen und multikulturellen Gesellschaft förderlich sind. Umgang mit Heterogenität und Anerkennung gleichberechtigter Verschiedenheit sind nicht allein politische, sondern immer auch Bildungsfragen. Dies würde bedeuten, Menschenrechtsbildung in der Schule konsequent im Blick auf die Bildungsanforderungen der deutschen Einwanderungsgesellschaft zu konzipieren.

Ein solcher Ansatz wäre auch die Voraussetzung für die Kooperationsperspektiven, die in der pädagogischen und fachdidaktischen Diskussion angedeutet worden sind. Mit irgendeiner Auffassung von Menschenrechtsbildung wird dies allerdings nicht gehen. Die von den pädagogischen Teildisziplinen geäußerten Erwartungen müssen auch als Anfragen an das Selbst- und Aufgabenverständnis der Menschenrechtsbildung, insbesondere nach ihrem Verhältnis zu den ‚Nachbardisziplinen' gelesen werden, die ähnliche Fragestellungen und Themen bearbeiten, wie z. B. die Interkulturelle Pädagogik und das Globale Lernen, die Politische Bildung oder die Friedens- und Demokratieerziehung. In diesem Punkt besteht ebenso Klärungsbedarf wie bei der Frage nach einem eigenständigen Gegenstandsbereich der Menschenrechtsbildung.[74] Da die in den gemeinsamen ‚Schnittmengen' erscheinenden Themen ohnehin nur interdisziplinär bearbeitet werden können, gegenseitige Revierabgrenzungen also wenig Sinn machen würden, bieten sich anschlussfähige Kompromissvorschläge wie der von Peter Weinbrenner an: Er sieht als den „Kern" der Menschenrechtsbildung „nur die Menschenrechte selbst"[75], hält sie aber nicht für eine eigenständige Disziplin, sondern eher für einen integrativen Lernbereich, der politische, gesellschaftliche und historische Fragestellungen der Nachbardisziplinen, soweit sie Menschenrechtsfragen betreffen, aufnimmt und aus der Perspektive der Menschenrechte bearbeitet. Nach Ansicht Weinbrenners wäre Menschenrechtsbildung als Lernbereich der Politischen Bildung zuzuordnen, eine Auffassung, die z. B. auch vom Forum Menschenrechte in seinen kürzlich vorgelegten „Standards der Menschenrechtsbildung in Schulen"[76] ausdrücklich geteilt wird.

---

74 Vgl. z. B. die unterschiedlich angelegten Grafiken im „Kompass" (wie Anmerkung 20), S. 27 und in: Weinbrenner, Peter unter Mitarbeit von K. Peter Fritzsche: Menschenrechtserziehung – ein Leitfaden zur Darstellung des Themas „Menschenrechte" in Schulbüchern und im Unterricht. Universität Bielefeld. Fakultät für Wirtschaftswissenschaften 1997, S. 22.

75 Weinbrenner, Menschenrechtserziehung (wie Anmerkung 74), S. 22. Vgl. dazu auch Weinbrenners zur Strukturierung des Lernfeldes entwickelten „Didaktischen Würfel der Menschenrechte", ebd., S. 27.

76 Forum Menschenrechte (Hrsg.): Standards der Menschenrechtsbildung in Schulen. Berlin 2005, S. 9 ff.

Damit ist freilich noch nicht geklärt, wie Menschenrechtsbildung als ein Bildungskonzept gedacht werden kann, das sich explizit auf das Faktum der Einwanderungsgesellschaft bezieht. Der unseres Wissens z. Zt. einzige Ansatz, der dies systematisch versucht, ist die von den Sozialwissenschaftlern Ulrike Hormel und Albert Scherr vorgelegte Studie mit dem programmatischen Titel „Bildung für die Einwanderungsgesellschaft"[77]. Da die empirisch breit fundierten und theoretisch anspruchsvollen Ausführungen der Autoren aus unserer Sicht einen in Vielem weiterführenden Beitrag zur Begründung einer realitätsnahen und gesellschaftskritischen Menschenrechtsbildung darstellen, dem auch unsere eigenen Überlegungen grundlegende Impulse verdanken, sollen im Folgenden die Grundzüge ihrer Argumentation ausführlicher dargestellt werden.

4 Menschenrechtsbildung als „Bildung für die Einwanderungsgesellschaft"

4.1 Grundzüge des Konzepts

Die Arbeit von Ulrike Hormel und Albert Scherr zeigt, wie anregend und in konzeptioneller Hinsicht weiterführend eine Verknüpfung der unterschiedlichen Fachdiskurse über die Probleme und Herausforderungen der Einwanderungsgesellschaft für eine bildungstheoretisch reflektierte Grundlegung von Menschenrechtsbildung sein kann. Im Rahmen ihrer international vergleichenden Studie, in der sie die bildungspolitischen Strategien und pädagogischen Programme von drei sich als Einwanderungsgesellschaften verstehenden Ländern untersuchen[78] und mit Blick auf die Situation in Deutschland auswerten, setzen sich die Autoren auch mit der vorliegenden Literatur zur Theorie und Praxis der Menschenrechtsbildung auseinander.[79] Das Ergebnis ist hinsichtlich der pädagogischen Problemstellung und didaktisch-methodischen Konsequenzen ein neuartiger und aus unserer Sicht sehr überzeugender Versuch zur Begründung von Menschenrechtsbildung, mit dem einige der oben bereits diskutierten Defizite und Schwachstellen vermieden bzw. überwunden werden können.

Im Unterschied zu den meisten vorliegenden Ansätzen gehen Hormel und Scherr bei ihrem Entwurf nicht von den zentralen Menschenrechtsdokumenten und den Forderungen der auf sie gestützten internationalen Bildungsprogramme

---

[77] Hormel, Ulrike/Scherr, Albert: Bildung für die Einwanderungsgesellschaft. Perspektiven der Auseinandersetzung mit struktureller, institutioneller und interaktioneller Diskriminierung. Wiesbaden 2004.
[78] Untersucht wurden England, Frankreich und Kanada.
[79] Vgl. Hormel/Scherr, Bildung (wie Anmerkung 77), S. 131-201.

aus, sondern versuchen Menschenrechtsbildung konsequent von der „Tatsache Einwanderungsgesellschaft"[80] und ihren pädagogischen Anforderungen her zu denken und zu begründen. Menschenrechtsbildung wird als „Bildung für die Einwanderungsgesellschaft" verstanden, ihr zentrales Thema wird in der Problematik der Diskriminierung gesehen und ihre „genuine Aufgabe" in der Förderung einer in Auseinandersetzungen über die menschenrechtlichen Prinzipien der Freiheit, Gleichheit und Solidarität erworbenen kritischen Reflexions- und Urteilsfähigkeit (S. 136). Menschenrechtsbildung wird von Hormel und Scherr als gleichermaßen gesellschaftskritisches wie erfahrungsorientiertes Lernen konzipiert. Sie dürfe sich daher nicht, wie es in vielen Handreichungen für die Praxis geschieht, auf die Darstellung der Menschenrechte und ihrer Bedeutung beschränken, sondern müsse „auch die Diskrepanzen zwischen den deklarierten Rechten und der sozialen Realität einbeziehen" (ebd.). Erst dadurch kann sie zu einem für die Einwanderungsgesellschaft bedeutsamen Lernbereich werden, nämlich zu einem Reflexions- und Erprobungsfeld, in dem nach Möglichkeiten der Verständigung über eine an den Menschenrechten orientierte Gestaltung des Zusammenlebens in dieser Gesellschaft nachgedacht und gestritten wird.

Nach Auffassung der Autoren benötigt „Bildung für die Einwanderungsgesellschaft" notwendig eine antidiskriminierende und antirassistische Perspektive. Im Unterschied zu gleich lautenden Auffassungen in Teilen der Interkulturellen Pädagogik und der Menschenrechtsdiskussion in Deutschland[81] belassen sie es jedoch nicht bei solchen menschenrechtlich korrekten Postulaten, bei denen meist von der erwarteten Zustimmung der Adressaten ausgegangen wird. Stattdessen stellen sie die wichtige Frage, aufgrund welcher gemeinsamer Voraussetzungen und Kriterien denn überhaupt eine Verständigung über Diskriminierung als ein ernsthaftes Problem möglich sei. Könne doch z. B. ohne Anerkennung der Forderung nach gleichen Rechten für alle faktische Rechtlosigkeit nicht kritisiert und ohne Anerkennung des Gleichheitsprinzips keine Verständigung darüber erzielt werden, dass Ungleichbehandlung und Diskriminierung abzulehnende Haltungen sind. Menschenrechtsbildung hat es in einer multiethnischen und multikulturellen Gesellschaft mit unterschiedlichen, z. T. konträren Rechts- und Wertvorstellungen zu tun; sie kann bei den Lernenden (aber z. T. auch bei den Lehrenden) nicht ohne weiteres von einem Konsens bei der Beurteilung der Menschenrechte ausgehen. Mit anderen Worten: Zustimmung kann nicht vorausgesetzt, sondern nur als ein mögliches Ergebnis von Bildungs- bzw. Aushandlungsprozessen verstanden werden,

---

80 Ebd., S. 9. Im Folgenden wird auf diese Publikation mit oben im Text angegebenen Seitenzahlen verwiesen.
81 Vgl. Auernheimer; Einführung (wie Anmerkung 52), Rosemann, Nils: Menschenrechtsbildung als Prävention gegen Rassismus und Diskriminierung. In: Mahler/Mihr, Menschenrechtsbildung (wie Anmerkung 10), S. 207-218.

insofern selbstbestimmte Bildung und nicht einfach Lehre oder Schulung gemeint ist. Mit dieser Argumentation nehmen die Autoren die in den internationalen Programmen wie in der menschenrechtspädagogischen Literatur als unverzichtbar betrachtete Anforderung ernst, dass Menschenrechtsbildung immer auch Lernen „durch" bzw. „im Geist" der Menschenrechte sein müsse, d. h. teilnehmerorientiert, dialogisch und partizipatorisch, die Rechte und die Autonomie der Lernenden respektierend.[82] Für Hormel und Scherr folgt daraus als pädagogische Konsequenz, dass Menschenrechtsbildung, wenn ihr Dialogcharakter nicht von vornherein in Frage gestellt werden soll, die Menschenrechte als „diskussionsbedürftige normative Prinzipien" (S. 131) behandeln, d. h. auf bestimmte, vorab festgelegte Deutungen und Sichtweisen verzichten müsse.

Diese Schlussfolgerung, die auf den ersten Blick irritieren kann, ist nicht nur methodisch begründet. Im Rahmen eines historisch aufgeklärten Menschenrechtsverständnisses ist sie sogar geboten, zumal wenn es sich um die Planung von Menschenrechtslernen im Kontext einer Einwanderungsgesellschaft handelt.

4.2 Das Verständnis der Menschenrechte und seine didaktisch-methodischen Implikationen

Dass die Menschenrechte den zentralen Gegenstand oder „Kern" der Menschenrechtsbildung darstellen und ‚Lernen über, durch und für die Menschenrechte' als ihre grundlegenden Arbeitsbereiche zu betrachten sind, ist heute allgemeiner Konsens. Um so wichtiger, wenn auch weniger selbstverständlich, ist es daher, das jeweilige Verständnis der Menschenrechte deutlich zu machen, das einer bestimmten Auffassung von Menschenrechtsbildung zugrunde liegt, weil es diese in konzeptioneller wie in didaktisch-methodischer Hinsicht nicht unerheblich beeinflusst. Dieser Zusammenhang spielt besonders bei dem Vorhaben, Menschenrechtsbildung als „Bildung für die Einwanderungsgesellschaft" zu entwerfen, eine bedeutende Rolle.

Ulrike Hormel und Albert Scherr markieren bei ihrer sozialgeschichtlichen Deutung vier Aspekte, die sich aus der historischen Entwicklung der Menschenrechte ableiten und beim Lernen über die Menschenrechte berücksichtigt werden müssten, nämlich ihre Geschichtlichkeit, ihre Kontextgebundenheit, ihre Kontroversität und ihre Unabgeschlossenheit. Auf der Basis dieser Interpretation müssen daher Unterrichtsmaterialien als problematisch beurteilt werden, in denen die Menschenrechte häufig „als ein gegebener, unstrittiger und als gültig postulierbarer Moralkodex" behandelt werden (S. 137). Dass solche Auffassungen wie oben gezeigt

---

[82] Vgl. dazu besonders Lohrenscheit, Recht auf Menschenrechtsbildung (wie Anmerkung 3) und Mihr/Rosemann, Bildungsziel (wie Anmerkung 4)

in Schulbüchern und geltenden Lehrplänen vertreten werden, ist ein Indiz, wie weit verbreitet eine solche Praxis ist. Im Gegensatz dazu betonen Hormel und Scherr, dass es sich weder bei der AEMR, die immerhin den einzigen Katalog basaler Normen und Werte enthält, der aufgrund seiner weltweiten Anerkennung universelle Geltung beanspruchen kann, noch bei den späteren Menschenrechtskonventionen um endgültige menschenrechtliche Festlegungen handele. Im Blick auf die Geschichte der Menschenrechtsentwicklung erinnern sie zu Recht daran, dass alle diese Kodifizierungen „unter bestimmten historischen Bedingungen und als Ergebnis politischer Aushandlungsprozesse" entstanden sind (S. 146). Menschenrechte sind in politischen und sozialen Auseinandersetzungen erstrittene ‚Antworten' auf historische Unrechtserfahrungen (S. 150)[83]. Darauf gründet ihr „genuin politische(r) Charakter" (S. 153).

Diese auch von anderen Autoren gestützte Auffassung[84] ist nicht vereinbar mit einem rechtspositivistischen Verständnis, demzufolge die Menschenrechte unter Ausblendung ihrer Unabgeschlossenheit und Kontroversität als feststehende kodifizierte Rechte anzusehen sind[85]. Diese z. T. auch in der pädagogischen Literatur vertretene Auffassung[86] ist auch im Blick auf den dialogischen Charakter von Menschenrechtsbildung problematisch.[87] Ähnliches gilt für moralpädagogisch akzentuierte Ansätze, die Menschenrechtsbildung als Vermittlung universell gültiger Werte verstehen und dabei an dem spezifischen Verhältnis von Recht und Moral bei den Menschenrechten vorbeigehen.[88] Es ist zwar evident, dass in Rechtsordnungen immer auch mehr oder weniger kollektive Wert- und Moralvorstellungen eingehen, doch Menschenrechte mit moralischen Grundsätzen gleichzustellen, wäre ein Missverständnis. Weder sind sie Ausdruck einer bestimmten Moral noch ein Modell für gute Lebensführung. Menschenrechte, so Michael Ignatieff, „sagen etwas über das Rechte und nicht über das Gute aus."[89] Sie konkurrieren nicht mit religiösen Überzeugungen und sind auch nicht – trotz anderslautender Unterstellungen - an eine bestimmte Kultur gebunden. Bezüglich der juristischen Differenzierung zwischen ‚moralischen' und ‚positiven' Rechten hält Franz-Josef Hutter fest: „Menschenrechte

---

83 Vgl. dazu Bielefeldt, Heiner: Menschenrechte als Antwort auf historische Unrechtserfahrungen. In: Jahrbuch Menschenrechte 2007. Frankfurt/M. 2006, S. 135-142.
84 Vgl. z. B. Hutter, Franz-Josef: No rights. Menschenrechte als Fundament einer funktionierenden Weltordnung. Berlin 2003, S. 7: „Die Idee der Menschenrechte ist eine primär politische Idee."
85 Vgl. dazu die Kritik von Hutter, No rights (wie Anmerkung 84), S. 97 ff.
86 So dezidiert Volker Lenhart: „Menschenrechte gelten, weil es sie faktisch gibt. Sie sind positives Recht". In: Lenhart, Volker: Pädagogik der Menschenrechte. 2. Aufl. 2006, S. 29. Lenhart sieht in dieser Auffassung „das Fundament, auf das auch die Menschenrechtspädagogik aufzubauen ist." (Ebd., S. 33)
87 Hormel/Scherr, Bildung (wie Anmerkung 77), S. 145.
88 Als hilfreiche Einführung in die Problematik vgl. das entsprechende Kapitel bei Hutter, No rights (wie Anmerkung 84), S. 97 ff.; zum aktuellen philosophischen Diskurs: Menke, Christoph/Pollmann, Arnd: Philosophie der Menschenrechte zur Einführung. Hamburg 2007, Kap. I.
89 Ignatieff, Michael: Die Politik der Menschenrechte. Hamburg 2002, S. 76.

sind Recht"⁹⁰, geltendes Völkerrecht wie im Falle des Paktes über bürgerliche und politische Rechte und des Paktes über wirtschaftliche, soziale und kulturelle Rechte von 1966 oder, wie die AEMR, Bestandteil des Völkergewohnheitsrechts. Ihr spezifischer Charakter liegt darin, dass sie „zuvörderst politisch-rechtliche Standards im sozialen Zusammenleben von Menschen" bezeichnen.⁹¹ Menschenrechtsbildung primär als Werteerziehung oder als moralische Urteilsbildung im Sinne von Lawrence Kohlberg zu verstehen findet zwar manche pädagogische Befürworter, unterläuft aber den rechtlich-politischen Charakter der Menschenrechte. So wird bei der im ‚Westen' nahezu selbstverständlichen Auffassung von der fraglosen universellen Geltung der in den Menschenrechten kodifizierten Wertvorstellungen gern übersehen, dass diese, einmal abgesehen von den Glaubwürdigkeitsdefiziten der realen US-amerikanischen oder europäischen Menschenrechtspolitik, auch im ‚Abendland' lange Zeit umstritten waren und es z. T. auch heute noch sind. In unserem Zusammenhang ist vor allem der empirische Sachverhalt relevant, dass in einer multiethnischen und multikulturellen Gesellschaft die Pluralisierung und Heterogenität von Wertvorstellungen ein Ausmaß erreicht hat, das nicht mehr, jedenfalls nicht im Rahmen von Bildungsprozessen, mit Verweisen auf allgemeingültige ethische Normen ignoriert werden kann. Solche Haltungen wären nicht zuletzt unter integrationspolitischen Gesichtspunkten kontraproduktiv. Denn in einer Einwanderungsgesellschaft, so hatte Heiner Bielefeldt betont (s. o.), entfalten die Menschenrechte „nur dann eine integrative Wirkung in der Debatte über die Gestaltung multikultureller Koexistenz (...), wenn ihr Geltungsanspruch nicht schlicht als Dominanzanspruch der Mehrheitsgesellschaft kommuniziert wird".⁹²

Die Geschichtlichkeit und Kontextgebundenheit der Menschenrechte, die kontinuierliche Erfahrung exzessiver Gewalt und schwerster Menschenrechtsverletzungen sowie der Wandel des Menschenbildes unter dem Einfluss der modernen Naturwissenschaften bedingen schließlich auch eine neue, anthropologisch-naturrechtliche Auffassungen (wie in Art. 1 der AEMR) überwindende Deutung des Konzepts der menschlichen Würde, das für die neuzeitliche Menschenrechtsentwicklung grundlegend geworden ist. Die Idee der Würde des Menschen, bilanzierte Norberto Bobbio am Ausgang des „Jahrhunderts der Extreme" (Eric Hobsbawn), sei „keine Tatsache, sondern ein zu verfolgendes Ideal, nichts Existierendes, sondern ein Wert, eine Verpflichtung"⁹³. In diesem Sinne könnten, schlussfolgern Hormel und Scherr, alle modernen Menschenrechtsdeklarationen seit der amerikanischen

---

90 Hutter, No rights (wie Anmerkung 84), S. 102.
91 Ebd., S. 7.
92 Bielefeldt, Menschenrechte (wie Anmerkung 47), S. 55.
93 Bobbio, Norberto: Das Zeitalter der Menschenrechte. Ist Toleranz durchsetzbar? Berlin 1998, S. 11

Unabhängigkeitserklärung von 1776 als Versuche gelesen werden, „solche Bedingungen zu benennen, die für die Wahrung der Menschenwürde unverzichtbar bzw. dieser förderlich sind."[94] Diese Auffassung korrespondiert mit einem Würdeverständnis, wie es z. B. der Philosoph Franz Joseph Wetz vertritt. . Menschenwürde sei im nachmetaphysischen Zeitalter nicht mehr als abstraktes Wesensmerkmal sondern nur noch „als konkreter Gestaltungsauftrag" vorstellbar.[95] Damit ist die Frage nach den menschenwürdigen Verhältnissen und deren Voraussetzungen gestellt, auf die die (Weiter-)Entwicklung der Menschenrechte zu antworten sucht. Wetz' Fazit lautet:

> *„In einer pluralistischen Gesellschaft mit zunehmend naturwissenschaftlichem Weltbild darf die Würde lediglich als Überschrift zu dem Text gelesen werden, den die Menschenrechte darstellen. Das heißt, die Würde des Menschen ist nur noch als Inbegriff der zu verwirklichenden Menschenrechte zu sehen (...) die Menschenrechte (sind) der Stoff, aus dem die Würde entsteht, ja besteht."*[96]

Ein derart weltanschauungsneutral formuliertes Würdekonzept stellt für Menschenrechtsbildung deshalb einen geeigneten Bezugspunkt dar, weil sie unter den Bedingungen der kulturellen Pluralisierung in einer Einwanderungsgesellschaft auf die Anerkennung bestimmter religiöser oder philosophischer Anschauungen als Voraussetzung des Lernens über Menschenrechte verzichten muss. Andernfalls wäre, wie Hormel und Scherr unterstreichen, der für das Lernen über Menschenrechte wichtige Dialogcharakter von vornherein gefährdet (S. 147). Nur ein „relativ voraussetzungsarmes Verständnis der Menschenrechte" (S. 148) könne daher die Grundlage für Bemühungen um die Verständigung über menschenrechtliche Prinzipien schaffen. Solche Bemühungen sind nicht auf bestimmte Vorstellungen von der ‚Würde des Menschen' angewiesen, ohne damit auf die Idee der Würde verzichten zu müssen. Denn sie können an leidvolle Erfahrungen wie Demütigung und Missachtung, Diskriminierung und Entrechtung anknüpfen, die potenziell jedem zugänglich sind und eine Vorstellung davon vermitteln, was man Menschen nicht antun darf bzw. was als entwürdigend bezeichnet werden muss. Ein solches ‚negatives' Würdekonzept liegt auch den Überlegungen des israelischen Philosophen Avishai Margalit über eine „anständige" Gesellschaft zugrunde[97]. Er versteht sie als eine Gesellschaft, die grundsätzlich auf alle Formen institutioneller Demütigung verzichtet. Sein Entwurf verdeutlicht, was es bedeutet, Würde als „konkreten Gestaltungsauftrag" zu verstehen. In diesem Sinne kann eine Menschenrechtsbildung, die sich auf die Erfah-

---

94 Hormel/Scherr, Bildung (wie Anmerkung 77), S. 140.
95 Wetz, Franz Joseph: Die Würde des Menschen ist antastbar. Eine Provokation. Stuttgart 1998, S. 162.
96 Ebd., S. 219.
97 Margalit, Avishai: Politik der Würde. Über Achtung und Verachtung. Frankfurt/M. 1999.

rungen von Migranten, Flüchtlingen, Asylbewerbern oder deutschen Staatsbürgern nichtdeutscher Herkunft in der Einwanderungsgesellschaft bezieht, ein wichtiges Lernangebot sein, sich trotz unterschiedlicher weltanschaulicher, religiöser oder kultureller Voraussetzungen über die Notwendigkeit und die Perspektiven einer an den Menschenrechten orientierten Gestaltung dieser Gesellschaft zu verständigen.

5 Menschenrechtsbildung als Aufgabe der Schule – ein Resümee

In der internationalen Diskussion besteht ein breiter Konsens, dass Menschenrechtsbildung im Sinne von „Lernen über, durch und für die Menschenrechte" als eine wesentliche Voraussetzung für die Verwirklichung der Menschenrechte verstanden werden muss. Dass sie auch eine notwendige Aufgabe der Schule ist, ist Bestandteil dieses zuletzt im UN-Weltprogramm (2005-2007) formulierten internationalen Konsenses. Deutsche Initiativen können sich zudem auf die KMK-Empfehlung „Zur Förderung der Menschenrechtserziehung in der Schule" aus dem Jahr 2000 beziehen. Dabei muss allerdings kritisch berücksichtigt werden, dass in diesem bisher einzigen nationalen Dokument zu diesem Thema tief greifende Veränderungen wie der Wandel zu einer multiethnischen und multikulturellen Einwanderungsgesellschaft in Deutschland noch nicht als unhintergehbare Herausforderung von Schule und Menschenrechtsbildung gesehen werden. Die von uns vertretene Konzeption ist ein Versuch, im Anschluss an die aktuelle pädagogische und sozialwissenschaftliche Diskussion, die seit Jahren auf die grundlegend veränderten gesellschaftlichen Rahmenbedingungen von Pädagogik und Schule hinweist, diese Leerstelle mit einem Verständnis von Menschenrechtsbildung zu füllen, das diese als „Bildung für die Einwanderungsgesellschaft" denkt.

Die ausdrückliche Bezugnahme auf die gesellschaftliche Lage in Deutschland macht im Blick auf die Schule auf ein weiteres Defizit in der menschenrechtspädagogischen Literatur aufmerksam, nämlich auf die mangelnde Berücksichtigung der ‚äußeren' Bedingungen, die Lernen in der Schule beeinflussen. Peter Weinbrenner hat schon vor Längerem den Überhang von „Menschenrechtsrhetorik" in Konzepten und Praxishandreichungen moniert, die sich vornehmlich auf Ziele und Aufgaben der Menschenrechtsbildung konzentrieren, aber „die Ebene der Realität und der konkreten Erfahrungen" vielfach unbeachtet lassen.[98] In seinen eigenen Überlegungen fordert er daher außer der Klärung von Zielen, Inhalten und Methoden auch eine sorgfältige Beachtung solcher auch für das Lernfeld Menschenrechtsbildung

---

98 Weinbrenner (wie Anmerkung 74), S. 20.

relevanten Rahmenbedingungen, wie sie z. B. die Zusammensetzung der Schüler/innen, die institutionellen Strukturen, die geltenden Lehrpläne oder die verfügbaren Unterrichtsmaterialien darstellen. Diese Bedingungsfaktoren sind nicht nur bedeutsame Indikatoren für die Realitätsnähe und Erfolgschancen von Unterrichtsentwürfen. Sie stellen auch wichtige empirische Anhaltspunkte für die Frage dar, welches Konzept von Menschenrechtsbildung der jeweiligen Situation oder Lerngruppe angemessen ist. Nimmt es wie bei dem von uns gewählten Ansatz ausdrücklich auf die oben diskutierten gesellschaftlichen Herausforderungen Bezug, kommen die konkreten Auswirkungen des gesellschaftlichen Wandels auf Schule, Schüler und Unterricht als relevante Faktoren der Unterrichtsplanung in den Blick. Auf diese Weise trägt Menschenrechtsbildung den veränderten Anforderungen an Bildung und Schule Rechnung und kann versuchen, auf sie mit ihren spezifischen Mitteln im Rahmen realitätsnaher und erfahrungsbezogener Lernarrangements.zu ‚antworten'.

Die Frage, worauf sich „Lernen über Menschenrechte" inhaltlich konzentrieren sollte, wird in der Regel mit dem Verweis auf ‚die' Menschenrechte und die für sie grundlegenden Deklarationen und Konventionen beantwortet. Dies scheint selbstverständlich, setzt doch die Fähigkeit, Menschenrechte für sich einfordern oder sich für ihre allgemeine Verwirklichung einsetzen zu können, zunächst einmal ihre Kenntnis und ihr Verständnis voraus. Wissen über Menschenrechte zu vermitteln ist nicht zuletzt im Blick auf die eklatanten Wissensdefizite in der deutschen Bevölkerung zweifellos eine vorrangige Aufgabe der Schule. Welche didaktischen Überlegungen dabei zu beachten sind, hat Weinbrenner in seinem häufig zitierten „Didaktischen Würfel" darzustellen versucht[99]. Demnach wäre Lernen über Menschenrechte als mehrdimensionaler Prozess zu planen, bei dem das Grundmaterial die Dokumente der drei Generationen der Menschenrechte darstellen, die auf drei Ebenen, der – oft überbetonten - normativen Ebene (Intentionen und Ziele), der empirischen Ebene (Menschenrechtsverletzungen) und der Handlungsebene (Durchsetzung der Menschenrechte) sowie unter Berücksichtigung der Menschenrechtsentwicklung in Vergangenheit, Gegenwart und Zukunft zu behandeln wären.

Wird jedoch die Einwanderungsgesellschaft zum dominierenden Bezugspunkt, stellt sich die Frage nach dem zentralen Lerngegenstand etwas anders. Wenn, wie Hormel und Scherr argumentieren, die „genuine Aufgabe" der Menschenrechtsbildung in der Förderung einer Reflexions- und Urteilsfähigkeit besteht, die sich auf die Auseinandersetzung mit menschenrechtlichen Prinzipien gründet, und zudem bei einer multiethnischen und multikulturellen Schülerschaft (inklusive der Schüler/innen deutscher Herkunft) nicht schlicht von einer Zustimmung zur

---

[99] Weinbrenner, Menschenrechtserziehung (wie Anmerkung 74), S. 27.

universellen Geltung der Menschenrechte ausgegangen werden könne, dann würde es auch nicht genügen, allein in den einschlägigen Menschenrechtsdokumenten den wesentlichen Lerninhalt zu sehen. Vielmehr sei es geboten – und der Umstand, dass die Menschenrechte nicht unumstritten, also diskussionsbedürftig sind, legt dies nahe – „den Lerngegenstand als ein offenes Diskursfeld zu begreifen, in dem Auseinandersetzungen über die Bedeutung der Ideen der Menschenwürde, der Freiheit, Gleichheit und Gerechtigkeit sowie ihre Implikationen geführt werden können."[100]

Das Spektrum der Inhalte und Themen, anhand derer solche Auseinandersetzungen konkret geführt werden können, ist im Grunde kaum zu begrenzen. Menschenrechtsfragen werden in einer Reihe von Wissenschaftsdisziplinen bearbeitet und Menschenrechtsbildung ist, wie oben bereits angesprochen, im Wesentlichen durch ihre inhaltlichen Schnittmengen mit zahlreichen pädagogischen Fachgebieten charakterisiert. Die von K. Peter Fritzsche formulierte Aufgabenbeschreibung verdeutlicht diesen Sachverhalt: „Menschenrechtsbildung klärt auf über historische Prozesse, politische Konflikte, moralische Regeln, wirtschaftliche Interessen und rechtliche Verfahren im Feld der Menschenrechte"[101]. Es gehört zu den Kennzeichen von Menschenrechtsbildung, dass die von ihr zu behandelnden Fragen aus vielen Disziplinen kommen bzw. sich auf diverse politische, gesellschaftliche, historische oder kulturelle Kontexte beziehen. Sie hat es nun einmal mit Problemen zu tun, die sich nicht nach Fächergrenzen richten, sondern „nur multiperspektivisch und interdisziplinär" behandelt werden können.[102] Dieser Sachverhalt sollte auch in der Schule gelten. Er bietet zahlreiche Ansatzpunkte für eine produktive problemorientierte Kooperation über die Fächergrenzen hinweg.

Gleichwohl erfordert der Bezug auf die Einwanderungsgesellschaft eine Auswahl von spezifischen Themen, an denen die in dieser Gesellschaft sich stellenden Menschenrechtsprobleme verdeutlicht und zum Gegenstand von Bildungsprozessen werden können. Für Hormel und Scherr sind das in erster Linie Phänomene und Praktiken der strukturellen, institutionellen und zwischenmenschlichen Diskriminierung, welche Auseinandersetzungen über die Bedeutung des menschenrechtlichen Grundsatzes der Nicht-Diskriminierung ermöglichen. Andere Anknüpfungspunkte können, wie dies z. T. in den folgenden Beiträgen versucht wird, politische und gesellschaftliche Kontroversen über Vorstellungen vom Zusammenleben in einer multiethnischen und multikulturellen Gesellschaft sein, in denen ein problematischer Umgang mit menschenrechtlichen Prinzipien erkennbar wird. Welche Themen auch ausgewählt werden, sie sollten realitätsnah und situationsbezogen

---

100 Hormel/Scherr, Bildung (wie Anmerkung 77), S. 150.
101 Fritzsche, Menschenrechte (wie Anmerkung 4), S. 169.
102 Weinbrenner, Menschenrechtserziehung (wie Anmerkung 74), S. 12.

sein, d. h. auch auf die Diskrepanz zwischen menschenrechtlicher Norm und gesellschaftlicher Wirklichkeit eingehen, und sie sollten an den Alltagserfahrungen und der Lebenswelt der Lernenden anknüpfen und auf ihre Bedürfnisse bezogen sein (UN-Weltprogramm), wenn Menschenrechtslernen in den Augen der Schülerinnen und Schüler als etwas für sie Bedeutsames erscheinen soll.

Es liegt auf der Hand, dass mit einer Konzeption, die sich durch ihren Bezug auf den gesellschaftlichen Kontext und die darin situierten menschenrechtlichen Probleme definiert, nicht ein beliebiges Grundverständnis von Menschenrechtsbildung verbunden sein kann. Die Fragestellungen und Themen, um die es hier vorrangig geht, sowie auch das oben erläuterte Menschenrechtsverständnis, das diesem Konzept zugrunde liegt, sprechen dafür, Menschenrechtsbildung im Rahmen der Politischen Bildung zu verorten. Diese von einer Reihe von Autoren[103] vertretene, im Bereich der Handbuchliteratur inzwischen europaweit[104] verbreitete Auffassung wird noch am ehesten dem „genuin politischen Charakter" der Menschenrechte (Hormel/Scherr) und den Anforderungen an das diskursive, auf Auseinandersetzung und Verständigung setzende Konzept einer „Bildung für die Einwanderungsgesellschaft" gerecht. Eine kritische Menschenrechtsbildung, die Schülerinnen und Schüler befähigen will, die Menschenrechte als „kritischen Maßstab" bei der Beurteilung der gesellschaftlichen Verhältnisse wie bei der Inanspruchnahme ihrer eigenen Rechte zu nutzen, bedarf der Anbindung an die Politische Bildung.

Im methodischen Bereich besteht in internationalen Programmen wie in der Fachliteratur eine breite Übereinstimmung, dass Menschenrechtsbildung Lernprozesse erfordere, die „im Geist" der Menschenrechte gestaltet sein müssen. Teilnehmerorientierung und dialogisches Lernen, Partizipation und Selbstbestimmung, Anerkennung und Respekt sowie die Bezugnahme auf die Bedürfnisse und Erfahrungen der Lernenden gelten als Standards. In ihnen kommt die soziale Dimension von Menschenrechtsbildung zum Ausdruck, die einem auf den Menschenrechten gründenden Bildungsverständnis entspricht. Ein solcher Katalog von begrüßenswerten Prinzipien, die im Übrigen aus der Geschichte der Reformpädagogik gut bekannt sind, wirft allerdings Fragen nach seiner Realisierbarkeit auf, wenn er auf einen schulischen Lernbereich bezogen wird. Dabei wird schnell erkennbar, wie voraussetzungsreich solche Anforderungen hinsichtlich der institutionellen Rahmenbedingungen, aber auch hinsichtlich ihrer Erwartungen an die Lehrerinnen und Lehrer sind. Sollen diese Prinzipien nicht an den vorfindlichen Realitäten scheitern,

---

103 Z. B. Weinbrenner (wie Anmerkung 74), Fritzsche (wie Anmerkung 4), Hormel/Scherr (wie Anmerkung 77), Forum Menschenrechte, Standards (wie Anmerkung 76)
104 Vgl. das vom Europarat, der Bundeszentrale für politische Bildung und dem Deutschen Institut für Menschenrechte herausgegebene Handbuch „Kompass" (deutsche Ausgabe), Vorwort.

sind daher Überlegungen unverzichtbar, welche Voraussetzungen ‚vor Ort' gegeben sein müssen, um Menschenrechtsbildung mit diesen Ansprüchen realisieren zu können.

Andere Fragen stellen sich, wenn die genannten methodischen Standards mit den Anforderungen konfrontiert werden, die mit dem Programm einer „Bildung für die Einwanderungsgesellschaft" verbunden sind. So haben Hormel und Scherr im Blick auf die multikulturelle und multiethnische Schülerschaft zu Recht die Diskussionsbedürftigkeit der Menschenrechte unterstrichen und dafür plädiert, Menschenrechtsbildung als ein „offenes Diskursfeld" zu konzipieren. Sie und andere Autoren heben die Bedeutung des dialogischen Lernens in der Menschenrechtsbildung hervor, weil es gewissermaßen den Kern der Prinzipien und den spezifischen Charakter eines Bildungsprozesses markiert, der sich als ein Lernen „im Geist der Menschenrechte" versteht. Doch erst der genauere Bezug auf die pädagogischen Herausforderungen der Einwanderungsgesellschaft, wie sie insbesondere von der Interkulturellen Pädagogik dargestellt worden sind, macht deutlich, welche Anforderungen an die Lehrerinnen und Lehrer mit dem dialogischen Lernen und den anderen methodischen Standards konkret verbunden sind. Sie beziehen sich alle auf eine in ihrer Zusammensetzung grundlegend veränderte Schülerschaft und erhalten von daher erst ihre präzise Bedeutung. Dialog muss in diesem Zusammenhang dann „interkultureller Dialog" heißen und dieser erfordert auf Lehrerseite nach Auernheimer „das Eintreten für gleiche Rechte und Sozialchancen ungeachtet der Herkunft und die Haltung der Akzeptanz, des Respekts für Andersheit" und setzt die Fähigkeit zum „interkulturellen Verstehen" voraus.[105] Diese wiederum dürfte ohne die Fähigkeit zur kritischen Selbstreflexion in Bezug auf ethnozentrische und kulturalistische Denkweisen, die eine Grundvoraussetzung für einen nicht-diskriminierenden Umgang mit ethnisch-kultureller Differenz und Heterogenität darstellt, nicht zu erwerben sein. Solche Haltungen und Kompetenzen, die in der menschenrechtspädagogischen Literatur meist als gegeben unterstellt werden, sind auch bei Pädagogen keineswegs selbstverständlich.[106] Ähnliches gilt für das anspruchsvolle Prinzip der Anerkennung von ‚Vielfalt' und ‚Andersheit', das in pädagogischen wie in integrationspolitischen Zusammenhängen häufig mit der Forderung nach ‚Toleranz' gleichgesetzt bzw. verwechselt wird. Tolerante Einstellungen, so lässt sich der diesem Thema gewidmeten aktuellen philosophischen Debatte entnehmen, „sind gekennzeichnet durch die Duldung eines Andersdenkenden trotz gleichzeitiger

---

[105] Auernheimer, Einführung (wie Anmerkung 52), S. 21.
[106] Kalpaka, Annita: Pädagogische Professionalität in der Kulturalisierungsfalle – Über den Umgang mit ‚Kultur' in Verhältnissen von Differenz und Dominanz. In: Leiprecht/Kerber, Schule in der Einwanderungsgesellschaft (wie Anmerkung 48), S. 387-405.

Missbilligung seiner Überzeugungen und Praktiken"[107]. Unter den Bedingungen von Dominanzverhältnissen (z. B. Mehrheitsgesellschaft - kulturelle Minderheiten) kann Toleranz, pointiert formuliert, die „Entwürdigung des Tolerierten" bedeuten[108], weil sie ihm die rechtliche und vor allem die wertschätzende Anerkennung vorenthält. Im Kontext von Menschenrechtsbildung, wo es vielmehr darum gehen müsste, gemäß dem Gleichheitsprinzip von ‚bloßer' Toleranz zur Anerkennung von ‚Andersheit' zu gelangen, würde die Einebnung der Unterschiede zwischen den beiden Positionen eine fatale Verkehrung ihrer Ziele und Prinzipien bedeuten bzw. jene gesellschaftlichen und pädagogischen Herausforderungen unterlaufen, auf die speziell eine Bildung für die Einwanderungsgesellschaft Antworten zu entwickeln versucht.

Menschenrechtsbildung in der Schule, so sollte deutlich werden, ist ein in inhaltlicher wie in methodischer Hinsicht anspruchsvolles und voraussetzungsreiches Lernfeld, jedenfalls dann, wenn Menschenrechtslernen mehr als eine bloße „Akzeptanzbeschaffung für ein gegebenes Regelwerk"[109] oder eine Variante von Moralerziehung sein soll. Nimmt man diese Voraussetzungen und Anforderungen genauer in den Blick, gelangt man zu dem Schluss, dass es mit einer Realisierung der Forderung, Menschenrechtsbildung in der Schule zu verankern, allein nicht schon getan ist. Soll sie der „Kernbereich" sein, zu dem sie die deutsche Kultusministerkonferenz erklärt hat, müssten sich auch bestimmte Voraussetzungen in der Schule ändern. Nach den Vorstellungen des UN-Weltprogramms würde dies z. B. bedeuten, „eine Kultur der Menschenrechte (zu) fördern, in der die Menschenrechte innerhalb der Schulgemeinschaft und durch die Interaktion mit der sie umgebenden Gemeinschaft ausgeübt und gelebt werden", und sicher zu stellen, „dass Bildungsziele, -praktiken und die Organisation der Schulen mit den Werten und den Grundsätzen der Menschenrechte übereinstimmen."[110] Und wenn Lehrerinnen und Lehrer nicht nur motiviert werden, sondern auch in der Lage sein sollen, den Anforderungen gerecht zu werden, die dieser Lernbereich an sie stellt, dann muss Menschenrechtsbildung zu einem festen Bestandteil der Lehreraus- und fortbildung werden.

---

[107] Hartmann, Martin: Dulden oder Anerkennen? Varianten der Toleranzkritik. In: Kaufmann, M (Hrsg.): Integration oder Toleranz? Minderheiten als philosophisches Problem. Freiburg/Brsg. 2001, S. 119. Auf die aktuelle und vielschichtige Diskussion über Toleranz und Anerkennung kann hier nicht näher eingegangen, sondern nur verwiesen werden.
[108] Ebd., S. 125.
[109] Hormel/Scherr, Bildung (wie Anmerkung 77), S. 155.
[110] Deutsche Kultusministerkonferenz, Überarbeiteter Entwurf (wie Anmerkung 28), S. 30.

Literatur

Menschenrechte. Ihr internationaler Schutz. Herausgegeben von Bruno Simma und Ulrich Fastenrath. 4. neubearbeitete Auflage. München 1998 (Beck-Texte).

Menschenrechte. Eine Sammlung internationaler Dokumente zum Menschenrechtsschutz. Herausgegeben von Christian Tomuschat. 2., erweiterte Auflage. Bonn 2002 (DGVN-Texte 42).

Deutsche UNESCO-Kommission/Europäisches Universitätszentrum für Friedensstudien (Hrsg.): Erziehung für Frieden, Menschenrechte und Demokratie im UNESCO-Kontext. Sammelband ausgewählter Dokumente und Materialien. Bonn 1997

Darin: Weltaktionsplan für Erziehung und Unterricht über Menschenrechte und Demokratie (S. 81-94), Integrierter Rahmenaktionsplan zur Erziehung für Frieden, Menschenrechte und Demokratie (S. 68-80), Aktionsplan für die Dekade der Vereinten Nationen für Menschenrechtserziehung 1995-2005 (sic!) (Auszüge S. 142-155).

Vereinte Nationen: Weltprogramm für Menschenrechtsbildung. Überarbeiteter Entwurf des Aktionsplans für die erste Stufe (2005-2007). Arbeitsübersetzung des Sekretariats der Ständigen Konferenz der Kultusminister der Länder in der Bundesrepublik Deutschland. Bonn, 18. 10. 2005.

Alavi, Bettina: Geschichtsunterricht in der multiethnischen Gesellschaft. Frankfurt/M. 1998.

Auernheimer, Georg: Einführung in die Interkulturelle Pädagogik. 5., ergänzte Auflage. Darmstadt 2007.

Bielefeldt, Heiner: Menschenrechte als Antwort auf historische Unrechtserfahrungen. In: Jahrbuch Menschenrechte 2007. Frankfurt/M. 2006, S. 135-142.

Bielefeldt, Heiner: Menschenrechte in der Einwanderungsgesellschaft. Plädoyer für einen aufgeklärten Multikulturalismus. Bielefeld 2007.

Bobbio, Norberto: Das Zeitalter der Menschenrechte. Ist Toleranz durchsetzbar? Berlin 1998.

Borries, Bodo von: Interkulturelle Dimensionen des Geschichtsbewusstseins. In: Fechler, Erziehung nach Auschwitz, S. 119-139.

Brumlik, Micha: Erziehung nach „Auschwitz" und Pädagogik der Menschenrechte. In: Fechler, Erziehung nach Auschwitz, S. 47-58.

Brumlik, Micha: Aus Katastrophen lernen? Grundlagen zeitgeschichtlicher Bildung in menschenrechtlicher Absicht. Berlin/Wien 2004.

Deutsches Institut für Menschenrechte (Claudia Lohrenscheit und Oliver Trisch): Unterrichtsmaterialien für die Menschenrechtsbildung an Schulen. Berlin 2007.

Druba, Volker: Menschenrechte – ein Thema in deutschen Schulbüchern? In: Internationale Schulbuchforschung 28 (2006), S. 229-244.

Eckert, Reinhard: Friedens-, Demokratie- und Menschenrechtsbildung. Verwandte Konzepte und ihre Querverbindungen. In: Teaching Human Rights No. 19 (2004), S. 1-4.

Fechler, Bernd u. a. (Hrsg.): „Erziehung nach Auschwitz" in der multikulturellen Gesellschaft. Pädagogische und soziologische Annäherungen. München 2000.

Forum Menschenrechte (Hrsg.): Standards der Menschenrechtsbildung in Schulen. Berlin 2006.

Friedrichs, Peter-Michael (Hrsg.): Edition „Ich klage an!" Das Lehrerbuch. Menschenrechte im Unterricht. München 2002.

Frech, Siegfried/Haspel, Michael (Hrsg.): Menschenrechte. Schwalbach/Ts. 2005.

Fritzsche, K. Peter: Menschenrechte. Eine Einführung mit Dokumenten. Paderborn 2004.

Georgi, Viola B.: Entliehene Erinnerung. Geschichtsbilder junger Migranten in Deutschland. Hamburg 2003.

Gogolin, Ingrid: Das nationale Selbstverständnis der Bildung. Münster/New York 1994.

Gomolla, Mechtild/Radtke, Frank-Olaf: Institutionelle Diskriminierung. Die Herstellung ethnischer Differenz in der Schule. Opladen 2002.

Hartmann, Martin: Dulden oder Anerkennen? Varianten der Toleranzkritik. In: Kaufmann, M. (Hrsg.): Integration oder Toleranz? Minderheiten als philosophisches Problem. Freiburg/Brsg. 2001, S. 118-132.

Hormel, Ulrike/Scherr, Albert: Bildung für die Einwanderungsgesellschaft. Perspektiven der Auseinandersetzung mit struktureller, institutioneller und interaktioneller Diskriminierung. Wiesbaden 2004.

Hormel, Ulrike/Scherr, Albert: Migration als gesellschaftliche Lernprovokation – Programmatische Konturen einer offensiven Bildung für die Einwanderungsgesellschaft. In: Hamburger, Franz u. a. (Hrsg.): Migration und Bildung. Über das Verhältnis von Anerkennung und Zumutung in der Einwanderungsgesellschaft. Wiesbaden 2005, S. 295-310.

Hornberg, Sabine: Human Rights Education as an Integral Part of General Education. In: International Review of Education 48,3-4 (2002), S. 187-198.

Huhle, Rainer: Für eine historisch bewusste Menschenrechtsbildung. In: Jahrbuch Menschenrechte 2007. Frankfurt/M. 2006, S. 143-149.

Hutter, Franz-Josef: No rights. Menschenrechte als Fundament einer funktionierenden Weltordnung. Berlin 2003.

Ignatieff, Michael: Die Politik der Menschenrechte. Hamburg 2002.

Kalpaka, Annita: Pädagogische Professionalität in der Kulturalisierungsfalle – Über den Umgang mit ‚Kultur' in Verhältnissen von Differenz und Dominanz. In: Leiprecht/Kerber, Schule in der Einwanderungsgesellschaft, S. 387-405.

Kompass. Handbuch zur Menschenrechtsbildung für die schulische und außerschulische Bildungsarbeit. Hrsg. vom Deutschen Institut für Menschenrechte, Bundeszentrale für politische Bildung, Europarat. Paderborn 2005.

Krüger-Potratz, Marianne: Interkulturelle Bildung. Eine Einführung. Münster 2005.

Leiprecht, Rudolf/Kerber, Anne (Hrsg.): Schule in der Einwanderungsgesellschaft. Ein Handbuch. Schwalbach/Ts. 2005.

Lenhart, Volker unter Mitarbeit von Volker Druba und Katarina Batarilo: Pädagogik der Menschenrechte. 2., überarbeitete und aktualisierte Auflage. Wiesbaden 2006.

Lohrenscheit, Claudia: Das Recht auf Menschenrechtsbildung. Grundlagen und Ansätze einer Pädagogik der Menschenrechte. Frankfurt/M./London 2004.

Lohrenscheit, Claudia/Rosemann, Nils: Perspektiven entwickeln – Menschenrechtsbildung in Deutschland. Zusammenfassung der Ergebnisse zur Bestandsaufnahme und Positionsbestimmung des Deutschen Instituts für Menschenrechte. (Berlin) Februar 2003.

Mahler, Claudia/Mihr, Anja (Hrsg.): Menschenrechtsbildung. Bilanz und Perspektiven. Wiesbaden 2004.

Margalit, Avishai: Politik der Würde. Über Achtung und Verachtung. Frankfurt/M. 1999.

Menke, Christoph/Pollmann, Arnd: Philosophie der Menschenrechte zur Einführung. Hamburg 2007.

Messerschmidt, Astrid: Erinnerung jenseits nationaler Identitätsstiftung. Perspektiven für den Umgang mit dem Holocaust-Gedächtnis in der Bundesrepublik. In: Lenz, Claudia u. a. (Hrsg.): Erinnerungskulturen im Dialog. Hamburg/Münster 2002, S. 103-113.

Mihr, Anja: Demokratie, Menschenrechtskultur und Menschenrechtsbildung in Deutschland. In: Mahler/Mihr, Menschenrechtsbildung, S. 219-231.

Mihr, Anja: Die UN-Dekade für Menschenrechtsbildung – Eine Bilanz. In: Frech/Haspel, Menschenrechte, S. 189-209.

Mihr, Anja/Rosemann, Nils: Bildungsziel: Menschenrechte. Standards und Perspektiven für Deutschland. Schwalbach/Ts. 2004.

Motte, Jan/Ohliger, Rainer (Hrsg.): Geschichte und Gedächtnis in der Einwanderungsgesellschaft. Migration zwischen historischer Rekonstruktion und Erinnerungspolitik. Essen 2004.

Rosemann, Nils: Menschenrechtsbildung als Prävention gegen Rassismus und Diskriminierung. In: Mahler/Mihr, Menschenrechtsbildung, S. 207-218.

Schulte, Axel: Politische Bildung in der Einwanderungsgesellschaft. Pädagogische Aufgaben, sozialwissenschaftliche Grundlagen und Elemente der didaktisch-methodischen Umsetzung. In: Behrens, Heidi/Motte, Jan (Hrsg.): Politische Bildung in der Einwanderungsgesellschaft. Schwalbach/Ts. 2006, S. 43-81.

Sommer, Gerd/Stellmacher, Jost/Brähler, Elmar: Menschenrechte in Deutschland: Wissen, Einstellungen und Handlungsbereitschaft. In: Frech/Haspel, Menschenrechte, S. 211-230.

Weinbrenner, Peter unter Mitarbeit von K. Peter Fritzsche: Menschenrechtserziehung – ein Leitfaden zur Darstellung des Themas „Menschenrechte" in Schulbüchern und im Unterricht. Universität Bielefeld. Fakultät für Wirtschaftswissenschaften 1997.

Wetz, Franz Joseph: Die Würde des Menschen ist antastbar. Eine Provokation. Stuttgart 1998.

Zimmer, Hasko: Erinnerung im Horizont der Menschenrechte – Perspektiven der Erinnerungsarbeit im Rahmen der Globalisierung. In: Jahrbuch für Pädagogik 2003: Erinnerung, Bildung, Identität. Red. Hans-Jochen Gamm und Wolfgang Keim. Frankfurt/M. 2003, S. 247-269.

Zimmer. Hasko: Erinnerungsarbeit als Kritik am nationalen Gedächtnis. Zur Auseinandersetzung mit Nationalsozialismus, Holocaust und Kolonialismus in der deutschen Einwanderungsgesellschaft. In: Politisches Lernen 1-2/2006, S. 37-41.

Zimmer, Hasko: Menschenrechtsbildung in Deutschland – ein kritischer Literaturbericht zum Stand der Diskussion. In: Politisches Lernen 3-4/2007, S. 77-84.

Jörg Lange

Die Allgemeine Erklärung der Menschenrechte von 1948: Eine Menschenrechtserklärung für die Einwanderungsgesellschaft?

*„Rechte haben wir nur, weil wir die Erde zusammen
mit anderen Menschen bewohnen" (Hannah Arendt)*

1   Einleitung

Eleanor Roosevelt war eine der maßgeblichen Personen für die Ausarbeitung der Allgemeinen Erklärung der Menschenrechte von 1948 (AEMR)[1]. Im April des gleichen Jahres, rund acht Monate vor Verkündung der Erklärung, schrieb sie in der Zeitschrift Foreign Affairs über den zu erwartenden Nutzen der AEMR. Der Effekt sei, so Roosevelt, vorrangig ein erzieherischer; die Menschenrechtserklärung werde in spezifischer Weise dazu beitragen, die Bildung der Menschen weltweit zu befördern.[2] Etwa 60 Jahre nach Proklamation der Erklärung bedeutet Bildung im Sinne der Menschenrechte nicht zuletzt „Bildung für die Einwanderungsgesellschaft"[3]. Der vorliegende Beitrag geht der Frage nach, in welchem Ausmaß und in welcher Form die Deklaration von 1948 ursprünglich der Frage von Migration gewidmet war – und daraus folgend in einer deutlich anderen historischen Situation noch als Lerngegenstand herangezogen werden kann, in einer von Immigration und deren Folgen geprägten Gesellschaft.

Mit Blick auf die aktuellen Konzepte und Materialien der Menschenrechtsbildung scheint die Frage nach der aktuellen Verwendungsfähigkeit der AEMR allerdings bereits eindeutig beantwortet zu sein. Die von Peter Weinbrenner noch vor zehn Jahren aufgestellte Forderung, „als Kern der Menschenrechtserziehung[4]

---

[1]   Vgl. im Weiteren die im Anhang abgedruckte deutsche Übersetzung der AEMR, die ursprünglich in englischer und französischer Sprache verfasst ist.
[2]   Vgl. Glendon, Mary Ann: A world made new. Eleanor Roosevelt and the Universal Declaration of Human Rights. New York 2002, S. 236.
[3]   Vgl. Hormel, Ulrike/ Scherr, Albert: Bildung für die Einwanderungsgesellschaft. Bonn 2005.
[4]   Peter Weinbrenner spricht anstelle von „Menschenrechts*bildung*" noch von „Menschenrechts*erziehung*". Mittlerweile hat sich im deutschen Sprachraum die Bezeichnung Menschenrechtsbildung durchgesetzt, mit der die pädagogisch aktive Rolle des Adressaten akzentuiert werden soll (im Englischen, in der es diese begriffliche Unterscheidung so nicht gibt, wird allgemein von „Human Rights Education" gesprochen).

nur die Menschenrechte selbst", genauer: „Deklarationen und Konventionen"[5] zu wählen, ist längst realisiert. So zeigt eine von Ulrike Hormel und Albert Scherr durchgeführte Untersuchung, dass sowohl im deutschen als auch internationalen Bereich entsprechende Menschenrechtsdokumente fast immer die Grundlage pädagogischer Ansätze bilden. Eine Schlüsselposition nimmt dabei die AEMR ein.[6] Bereits der Titel der Erklärung, der auf einen universellen Geltungsanspruch verweist,[7] legt einen entsprechenden Stellenwert nahe; mehr noch aber die Tatsache, dass wohl kein anderes Menschenrechtsdokument weltweit so viel Zustimmung auf politischer und rechtlicher Ebene erhalten hat. Dies mögen einige Schlaglichter verdeutlichen:

Am 10. Dezember 1948 wurde die AEMR in New York von der Generalversammlung der Vereinten Nationen mit 48 Ja-Stimmen bei keiner Gegenstimme und acht Enthaltungen angenommen und verkündet.[8] Obwohl sie als „Deklaration" selbst keine völkerrechtlich verbindliche Qualität hatte, wurde die Menschenrechtserklärung zum Grundstein zahlreicher internationaler - rechtlich bindender - Verträge. So sind die wohl bedeutendsten völkerrechtlich geltenden Dokumente, die UN-Konvention über bürgerliche und politische Rechte sowie die UN-Konvention über wirtschaftliche, soziale und kulturelle Rechte (beide aus dem Jahr 1966), in enger inhaltlicher Rückbindung aus der AEMR hervorgegangen. Gemeinsam mit der Deklaration werden die beiden Konventionen heute als „Menschenrechts-Charta" bezeichnet. Auf der Wiener Menschenrechtskonferenz von 1993 bekräftigten Repräsentanten von 171 Ländern ihre Übereinstimmung mit den Absichten und Prinzipien der AEMR.[9] Horst Hannum hat Mitte der 90er Jahre etwa 50 internationale Menschenrechtsdokumente gezählt, die sich ausdrücklich auf die Erklärung von 1948 beziehen[10] – mittlerweile sind noch weitere hinzugekommen, so zuletzt

---

5 Weinbrenner, Peter: Menschenrechte lehren – Empfehlungen für die Entwicklung von Lehrbüchern zur Menschenrechtserziehung. In: Ders./ Fritzsche, K. Peter: Menschenrechtserziehung – ein Leitfaden zur Darstellung des Themas „Menschenrechte" in Schulbüchern und im Unterricht. Bielefeld 1997, S. 22.
6 Vgl. Hormel/ Scherr, Einwanderungsgesellschaft (wie Anmerkung 3), S. 158-201.
7 Deutlicher noch als in der deutschen Übersetzung wird der umfassende Anspruch ersichtlich aus der englischen Originalformulierung „*Universal* Declaration of Human Rights" (vgl. www.un.org/Overview/rights.html).
8 Zwei Staaten fehlten bei der Abstimmung: Honduras und der Jemen. - Die Staaten, die sich der Stimme enthielten, waren: die UdSSR, die Ukrainische SSR, die Weißrussische SSR, Polen, die CSSR, Jugoslawien, Saudi-Arabien und Südafrika. Mit den Enthaltungen brachten die jeweiligen Staaten zum Ausdruck, dass sie mit einzelnen Aspekten bzw. einzelnen Artikeln - auf die im Laufe der weiteren Ausführungen noch einzugehen sein wird - nicht einverstanden waren, zugleich aber die Deklaration als solche unterstützten. In diesem Zusammenhang ist anzumerken, dass die UdSSR in Form gesonderter ukrainischer und weißrussischer Delegierter faktisch dreifach vertreten war. Geltend gemacht wurde damit der föderale Charakter der Sowjetunion, während das tatsächliche Abstimmungsverhalten über einzelne Artikel wie auch über die Deklaration als Ganzes jedoch kaum als eigenständig bezeichnet werden kann (vgl. Morsink, Johannes: The Universal Declaration of Human Rights. Origins, Drafting & Intent. Philadelphia 1999, S. 21-28 u. Glendon, Roosevelt (wie Anmerkung 2), S. 169f.).
9 Glendon, Roosevelt (wie Anmerkung 2), S. 228.
10 Vgl. Hannum, Horst: The Status of the Universal Declaration of Human Rights in National and International Law. In: Georgia Journal of International and Comparative Law. Heft 1-2. 1995/25, S. 289.

das Internationale Übereinkommen zum Schutz aller Personen vor dem Verschwindenlassen vom 20. Dezember 2006.[11] Auf europäischer Ebene ist zuvorderst die rechtlich bindende Europäische Menschenrechtskonvention von 1950 zu nennen, die maßgeblich von der Menschenrechtserklärung beeinflusst wurde. Auch die KSZE-Schlussakte von Helsinki 1975 nimmt explizit Bezug auf die AEMR, womit im Übrigen die Sowjetunion und deren kommunistischen Verbündete nach den Enthaltungen bei der Abstimmung 1948 auch in diesem Rahmen ihre ausdrückliche Zustimmung bekundeten.[12] Schließlich hat die Deklaration auf der Ebene des nationalen Rechts deutliche Spuren hinterlassen: Die meisten Nachkriegsverfassungen weisen einen deutlichen inhaltlichen Bezug zur AEMR auf; insbesondere in den Verfassungstexten der unabhängig gewordenen Länder im postkolonialen Afrika lassen sich ausdrückliche Referenzen zur Erklärung finden.[13] Im bundesdeutschen Kontext belegen die Protokolle des Parlamentarischen Rates eine wiederholte Orientierung an der AEMR bzw. deren Entwürfen bei der Ausarbeitung der Grundrechtsartikel des Grundgesetzes von 1949.[14]

Diese Erfolgsbilanz täuscht jedoch leicht darüber hinweg, dass die Geltung der AEMR in globaler wie in nationaler Perspektive keinesfalls selbstverständlich ist. Das gilt für die rechtliche Ebene, auf der Rechtssetzung und Rechtspraxis häufig auseinander fallen. Zudem ist es ja keineswegs so, dass alle in der AEMR aufgeführten Menschenrechte in international oder national geltendes Recht überführt worden sind - das in Artikel 14 behandelte Asylrecht etwa, auf das noch an späterer Stelle einzugehen sein wird, taucht weder in den UN-Menschenrechtskonventionen von 1966 auf, noch wird es in der Europäischen Menschenrechtskonvention von 1950 berücksichtigt. Auf der politischen Ebene bleibt der Bezug auf die Menschenrechts-

---

[11] Die UN-Menschenrechtsabkommen in deutscher Übersetzung sind zugänglich unter www.institut-fuer-menschenrechte.de/webcom/show_page.php/_c-578/_nr-1/i.html; vgl. darüber hinaus die offizielle Seite der Vereinten Nationen: untreaty.un.org/English/treaty.asp.

[12] An der KSZE, der Konferenz für Sicherheit und Zusammenarbeit in Europa, die zwischen 1973 bis 1975 in Helsinki stattfand, nahmen sieben Staaten des Warschauer Paktes, 13 neutrale Staaten sowie die 15 Staaten der NATO teil. Sie war bereits 1967 vom Warschauer Pakt initiiert worden und sollte für eine politische Entspannung im geteilten Europa sorgen; zugleich beabsichtigten die Vertreter des Warschauer Paktes durch die Akzentsetzung auf einen europäischen Rahmen die Aufweichung der bestehenden Allianzen der USA. Auf Drängen der EG-Länder nahmen aber sowohl die USA als auch Kanada an der Konferenz teil. In der Schlussakte von 1975 wurden die Unverletzlichkeit bestehender Grenzen, die friedliche Regelung von Konflikten sowie die Anerkennung staatlicher Souveränität anerkannt - und ein Handeln „in Übereinstimmung mit den Zielen und Grundsätzen der Charta der Vereinten Nationen und mit der Allgemeinen Erklärung der Menschenrechte". Diese Verpflichtung schuf für die Bürger der Staaten des Warschauer Paktes eine neue wichtige Berufungsgrundlage bei der Einforderung individueller Rechte und spielte etwa während der Bürgerproteste in der Endphase der DDR als Argument eine starke Rolle (Der Gesamttext der KSZE-Schlussakte ist zu finden unter: www.osce.org/documents/mcs/1975/08/4044_de.pdf).

[13] Vgl. Glendon, Roosevelt (wie Anmerkung 2), S. 217 bzw. S. 228.

[14] Vgl. Parlamentarischer Rat: 1948-1949. Akten und Protokolle. Hrsg. für den Deutschen Bundestag und vom Bundesarchiv unter Leitung von Kurt Georg Wernicke und Hans Booms unter Mitw. von Walter Vogel. Ab Bd. 5 hrsg. unter Leitung von Rupert Schick. Bd. 1-12. Boppard am Rhein 1975-1999.

erklärung häufig da stehen, wo er nichts ‚kostet': im Bereich der Rhetorik; und dies bisweilen sogar in der Weise, dass mit Menschenrechten gegen Menschenrechte argumentiert wird. Ambivalent bleibt in rechtlicher wie politischer Hinsicht die Rolle des Staates: Aufgrund seines (beanspruchten) Gewaltmonopols von zentraler Bedeutung für den Schutz der Menschenrechte, ist er häufig auch deren größte Bedrohung. Zudem kann ebenso wenig von einem gesellschaftlichen Selbstverständnis ausgegangen werden, das menschenrechtlich geprägt ist. So hat eine 2003 durchgeführte repräsentative Umfrage in Deutschland gezeigt, dass es kaum gesicherte Kenntnisse zum Inhalt der AEMR gibt.[15]

Umso dringlicher mag es erscheinen, die Menschenrechtserklärung als Ausgangspunkt menschenrechtlicher Pädagogik heranzuziehen. Die Form, in der dies bisher in den meisten Fällen geschieht, ist jedoch problematisch. Denn der Zugriff auf die AEMR erfolgt üblicherweise als normative, nicht mehr zu diskutierende Setzung. Es wird so getan, als handele es sich um einen Katalog endgültiger Rechtsnormen und Werte, über die Grundkonsens herrsche.[16] Unberücksichtigt bleibt damit nicht nur die faktische Unselbstverständlichkeit der rechtlichen, politischen und sozialen Geltung. Es wird auch ignoriert, dass die AEMR Ergebnis eines politischen Aushandlungsprozesses in einer spezifischen historischen Situation ist, Machtinteressen bei ihrer Entstehung also ebenso eine Rolle spielten wie einschneidende Erfahrungen. So deutet der Verweis in der Präambel auf die „Akte der Barbarei", die „das Gewissen der Menschheit tief verletzt" hätten, auf die erschütternde Erfahrung insbesondere des Zweiten Weltkriegs und der NS-Verbrechen hin. Die Gestalter der AEMR waren sich sehr wohl bewusst, dass die Deklaration nicht das abschließende Wort zu den Menschen und ihren Rechten sein konnte und reklamierten dies auch nicht. Im Gegenteil: Ein Redner nach dem anderen verwies bei der abschließenden Diskussion am 9. Dezember 1948 darauf, dass die AEMR ein wichtiger Meilenstein, nicht aber perfekt sei.[17]

Vor diesem Hintergrund ist es verfehlt, den Schülerinnen und Schüler die Menschenrechtsartikel als ultimative Aussagen zu präsentieren, die es reflexions- bzw. kritiklos als Rechtsnorm zu befolgen und als Wert zu internalisieren gilt. Denn das pädagogische Ziel, den Wert der Menschenrechte zu erfassen und auf dieser Grundlage eine rechtliche Normierung anzuerkennen bzw. als anstrebenswert zu erachten, kann nicht schon vorausgesetzt bzw. verordnet werden. Nach Hans Joas

---

15 Vgl. Brähler, Elmar/ Sommer, Gert/ Stellmacher, Jost: Einstellung der Deutschen zu Menschenrechten. Ergebnisse einer zweiten repräsentativen Befragung. In Kooperation mit dem Deutschen Institut für Menschenrechte (DIMR) in Berlin. Berlin 2003 [Informationspapier zur Pressekonferenz am 9. Dezember 2003 im Haus der Bundespressekonferenz].
16 Vgl. Hormel/ Scherr, Einwanderungsgesellschaft (wie Anmerkung 3), S. 131 u. S. 162.
17 Vgl. Glendon, Roosevelt (wie Anmerkung 2), S. 231.

ist die Entstehung von Werten an grundlegende Erfahrungen und deren spezifische Deutung gebunden.[18] Da die Lebenswelt der Schülerinnen und Schüler, d.h. in unserem Zusammenhang: die deutsche Einwanderungsgesellschaft am Anfang des 21. Jahrhunderts, nicht durch dieselben Erfahrungen und Deutungsangebote geprägt ist, die der Menschenrechtserklärung von 1948 zugrunde lagen, kann auch nicht von einer selbstverständlichen, allenfalls noch zu ‚weckenden' Identifikationsbereitschaft mit dem Wertekomplex AEMR ausgegangen werden. Eine Pädagogik, die dennoch eine solche Identifikation umstandslos einfordert, vermittelt tatsächlich nicht Werte, sondern Normen, d.h. Gebote und Verbote, die nicht selten als „Moralisierungszumutung" empfunden und als solche abgewehrt werden.[19]

In der Konsequenz muss es darum gehen, die Menschenrechtserklärung historisch zu kontextualisieren, um sie als Katalog (quasi-)rechtlich kodifizierter Wertvorstellungen zu verstehen, der auf bestimmten Erfahrungen und deren Deutungen fußt. Auf diesem Weg wird die AEMR dann nicht nur als historisches Dokument besser verstehbar, sondern durch die Auseinandersetzung mit vergangenen sowie die Vergleichsmöglichkeit mit gegenwärtigen Erfahrungen und Deutungsangeboten als Werteoption bedeutsam. Das heißt allerdings zugleich, Herausforderungen der heutigen Gesellschaft, die sich nicht oder nur in unzureichender Weise mit der Menschenrechtserklärung beantworten lassen, bestimmbar und kritisierbar zu machen.

Auf Grundlage der bisherigen Überlegungen wird nachfolgend ein Zugang gewählt, in dem zunächst der für die Menschenrechtserklärung relevante migrationsspezifische Entstehungskontext umrissen werden soll und damit in einem größeren Umfang auch der historische Erfahrungshorizont (II.1.). Danach werden exemplarisch Migrationserfahrungen von Mitgliedern der UN-Menschenrechtskommission, die mit der Ausarbeitung der Menschenrechtserklärung befasst war, dargestellt (II.2.). Vor diesem Hintergrund wird dann eingehend erläutert, welche Migrationsfragen eine Rolle bei der Anfertigung der AEMR spielten und in welcher Weise der Umgang mit diesen Fragen Einfluss auf die Gestaltung der Deklaration nahm (II.3.). Diese Teile

---

18 Vgl. Joas, Hans: Die Entstehung der Werte. Frankfurt am Main 1999.
19 „Werte" werden als „attraktiv" empfunden, entziehen sich dem Gefühl inneren und äußeren Zwangs, sind etwas, „das uns ergreift" - im Gegensatz zu „Normen", die „restriktiv" wirken, indem sie bestimmte Mittel und Ziele des Handelns als moralisch oder rechtlich unzulässig ausschließen (vgl Joas, Hans: Die kulturellen Werte Europas. Eine Einleitung. In: Ders./ Wiegandt, Klaus (Hrsg.): Die kulturellen Werte Europas. Bonn 2005. S. 14f.). Deshalb kann es ‚verordnete Werte' in diesem Sinne gar nicht geben. Pädagogischen Handeln, das entsprechend widersprüchlich verfährt, ist daher sicherlich ein wichtiger Faktor für die häufige Abwehrhaltung seitens der Schülerinnen und Schüler. Diese Haltung „richtet sich nicht notwendig gegen den jeweiligen moralischen Grundsatz selbst, sondern der Möglichkeit nach gegen die Unterstellung einer fraglosen und nicht diskutierbaren normativen Übereinstimmung zwischen PädagogInnen und SchülerInnen, innerhalb einer Schulklasse oder Jugendgruppe, also gegen die implizite Vergemeinschaftszumutung" (Hormel/ Scherr, Einwanderungsgesellschaft (wie Anmerkung 3), S. 134f.).

bilden zusammen den Schwerpunkt des Beitrags; sie sind historisch-rekonstruktiv angelegt und geben in dieser Perspektive Antwort auf die Frage, inwiefern sich die Menschenrechtserklärung dem Thema Einwanderung bzw. Migration öffnete - und damit prinzipiell auch, welches Potential die AEMR für die Herausforderungen der heutigen Einwanderungsgesellschaft hat. Das daran anschließende Kapitel ist als systematische Ergänzung zu verstehen; es enthält weiterführende Überlegungen zu einer zentralen Problemstellung, die sich aus der historischen Betrachtung der Deklaration ergibt und im Hinblick auf die Frage der Einwanderungsgesellschaft eine besondere Herausforderung darstellt, nämlich dem Status von Migranten als Rechtspersonen (III.). Abschließend werden dann aus den vorangehenden Ausführungen Ansatzpunkte einer pädagogischen Thematisierung der AEMR zusammengestellt, über die eine Auseinandersetzung mit dem Verhältnis von Migration und Menschenrechtserklärung befördert werden kann (IV.).

2 Migration als Gegenstand der Menschenrechtserklärung von 1948

2.1 Migrationserfahrungen im historischen Kontext der Menschenrechtserklärung

Die Aufgabe, den für die Entstehung der AEMR relevanten historischen Kontext zu bestimmen, ist mit der Frage konfrontiert, was tatsächlich alles zu diesem Kontext gerechnet werden kann bzw. welche Erfahrungen und Deutungsmuster Relevanz für die Formulierung der Menschenrechtserklärung haben. Dies ist umso mehr ein Problem, als im vielfach so genannten „Jahrhundert der Migration" die Liste der potentiellen Migrationserfahrungen bis 1948 bereits endlos erscheint, ihre unmittelbare Bedeutung für die Fragestellung dieses Beitrags jedoch nur teilweise explizit aus den Quellen zur Genese der Menschenrechtserklärung bzw. der Erklärung selbst hervorgeht. Ohne Zweifel bildet der Zweite Weltkrieg, der mitsamt seiner Vorgeschichte sowie seiner Folgen Anlass für die „gewaltigsten Zwangs- und Fluchtwanderungen in der [europäischen] Geschichte"[20] war, den unmittelbaren historischen Bezugspunkt. Der Zwangscharakter von Migration, der sich zugleich verband mit staatlichen Restriktionen in Form regider Zu- und Auswanderungsbeschränkungen, reicht indes zeitlich weiter zurück. Nicht zufällig nennt Klaus J. Bade das „Zeitalter der Flüchtlinge" und das „Zeitalter der Weltkriege" in einem Atemzug.[21] Damit ist

---

20 Bade, Klaus J.: Europa in Bewegung. Migration vom späten 18. Jahrhundert bis zur Gegenwart. München 2000, S. 301.
21 Vgl. ders., S. 232.

bereits angedeutet, dass die migrationsspezifischen Problemlagen, die in der Erklärung von 1948 als Menschenrechtsprobleme reflektiert werden, teilweise bis 1914 (und darüber hinaus) zurückreichen.

2.1.1 Der Erste Weltkrieg und die Folgen

Der Erste Weltkrieg stellte für den euroatlantischen Raum in jedem Fall eine Zäsur dar, der die „Epoche liberaler Wanderungspolitik" beendete und an deren Stelle eine staatliche Interventions- und Restriktionspolitik trat,[22] mittels derer sich vor allem die europäischen Nationalstaaten zu „Flüchtlings-generierenden politischen Zwangsapparaten"[23] entwickelten.

Der Krieg selbst löste bereits massenhafte Wanderungsbewegungen aus: Millionenfach kam es zur Flucht der Zivilbevölkerung vor den Kampfhandlungen.[24] Das Deutsche Reich beschäftigte bei Kriegsende etwa zwei bis drei Millionen Ausländer in der Kriegswirtschaft,[25] von denen gut zwei Drittel als Kriegsgefangene Zwangsarbeit leisteten und teilweise aus den besetzten Gebieten verschleppt worden waren. Die Kolonialmächte rekrutierten neben europäischen Ausländern eine Million Afrikaner, weitere aus Asien kamen dazu.[26] Die Kriegspolitik beförderte überdies weitere Wanderungsbewegungen, indem es, genährt durch nationalistische Ressentiments, zu einer „Ausgrenzung ‚feindlicher' Minderheiten innerhalb nationaler Grenzen [kam], mit der die internationale Konfliktkonstellation gesellschaftlich nachvollzogen wurde".[27] Das Ende des Ersten Weltkriegs indes zog Folgemigrationen in noch größeren Dimensionen nach sich: So führten die Friedensverträge zu einer tief greifenden Veränderung der politischen Landkarte Europas und veranlassten unmittelbar die Migration von etwa fünf Millionen Menschen. Die drei europäischen Kaiserreiche (deutsches Kaiserreich, Österreich-Ungarn, russisches Zarenreich) existierten nicht mehr, vierzehn neue Staaten wurden gegründet, Grenzen verschoben, 11.000 Kilometer neue Grenzen kamen hinzu – und führten erneut zu Flucht, Vertreibung und ‚Umsiedlung'. Deutschland riegelte unmittelbar nach dem Krieg die Grenzen für ausländische Zuwanderungswillige ab,[28] nahm zugleich aber

---

22 Vgl. ders., S. 232f.
23 Hoerder, Dirk: Menschen, Kulturkontakte, Migrationssysteme. Das weltweite Wanderungsgeschehen im 19. und 20. Jahrhundert. In: GWU. Heft 10. 2005/56, S. 541.
24 Vgl. Bade, Bewegung (wie Anmerkung 20), S. 250-253.
25 Während Bade fast drei Millionen Ausländer annimmt (vgl. Bade, Bewegung (wie Anmerkung 20), S. 240), kommt Ulrich Herbert unter Hinweis auf ungenaue statistische Grundlagen auf einen Näherungswert von zwei Millionen (vgl. Herbert, Ulrich: Geschichte der Ausländerpolitik in Deutschland. Saisonarbeiter, Zwangsarbeiter, Gastarbeiter, Flüchtlinge. Bonn 2001, S. 118).
26 Vgl. Bade, Bewegung (wie Anmerkung 20), S. 234-241. Zur Zwangsarbeit im Deutschen Reich vgl. auch Herbert, Ausländerpolitik (wie Anmerkung 25), S. 86-117.
27 Bade, Bewegung (wie Anmerkung 20), S. 246.
28 Vgl. Herbert, Ausländerpolitik (wie Anmerkung 25), S. 119.

mit Österreich infolge der Gebietsverluste mindestens zwei Millionen Flüchtlinge auf, die aus den abgetretenen Staatsgebieten stammten. „Die europäische Nachkriegsordnung von 1919, sanktioniert durch die Pariser Vorortverträge, huldigte dem Prinzip der Ethnizität des Nationalstaates, trotz erheblicher Widersprüche in der Praxis"[29]. Namentlich US-Präsident Woodrow Wilson hatte angesichts der ‚ethnischen Säuberungen' des Ersten Weltkrieges erklärt, nichts störe den Frieden mehr als der diskriminierende Umgang mit Minderheiten und sich in der Folgezeit als zentraler Förderer verschiedener Völkerbund-Abkommen zu Minderheiten erwiesen.[30] In diesem Zusammenhang hatte Wilson das Selbstbestimmungsrecht der Völker zum Schlüssel der Befriedung erhoben, woraufhin die Siegermächte des Ersten Weltkriegs in Ostmitteleuropa und auf dem Balkan nationale Grenzziehungen vorgenommen hatten. Dies schuf jedoch mit den neuen Staaten auch neue Minderheiten; denn tatsächlich handelte es sich auch bei den neuen politischen Territorien um Vielvölkerstaaten, innerhalb derer für eine ethnische bzw. religiöse Gruppe das Selbstbestimmungsrecht relativ willkürliche Anwendung gefunden hatte, während es anderen Gruppen versagt blieb, was weitere Konflikte und unfreiwillige Wanderungen nach sich zog. Diese Problematik traf in besonderem Maße auch auf das Erbe des untergegangenen Osmanischen Reiches zu: Die Gründung der türkischen Republik etwa bedeutete nicht nur die Verweigerung des Selbstverwaltungsrechts der Kurden, in ihrem Vorfeld vollzog sich auch der Völkermord an mindestens 1,5 Millionen Armeniern[31] und führte einige Jahre später zwischen der Türkei und Griechenland zum vertraglich geregelten ‚Austausch' der jeweiligen Minderheit, von dem mehr als eine halbe Million Menschen betroffen waren.[32] Gleichwohl entsprach der Zwangsaustausch bemerkenswerter Weise der friedenspolitischen Räson der Zeit:[33] Bei den Verhandlungen auf der Konferenz von Lausanne 1922/23 stützte sich der Verhandlungsvorsitzende, der britische Außenminister Lord Curzon, ausdrücklich auf ein Konzept, dass zur Vermeidung internationaler Konflikte auf die ‚Homogenisierung' bzw. ‚Entmischung' von Nationalstaaten setzte - und

---

29 Benz, Wolfgang: Ausgrenzung. Vertreibung. Völkermord. Genozid im 20. Jahrhundert. München 2006, S. 108.
30 Vgl. Morsink, Declaration (wie Anmerkung 8), S. 271. Insgesamt wurden 14 Abkommen geschlossen, an denen insgesamt 17 Länder beteiligt waren. - Mit Blick auf die Äußerungen Wilsons soll allerdings daran erinnert werden, dass es zum damaligen Zeitpunkt auch in den USA insbesondere in Form rassistischer Unterdrückung der schwarzen Bevölkerung ein offenkundiges Minderheitenproblem gab.
31 Vgl. Benz, Ausgrenzung (wie Anmerkung 29), S. 54-70.
32 Der vertraglich geregelte ‚Austausch' von Menschen geht zurück in die Zeit der Balkankriege, in denen insgesamt ca. 900.000 Menschen flüchteten oder ‚umgesiedelt' wurden. Die oft erzwungene Wanderung von Muslimen in die Türkei hatte neben Griechenland ihren Ausgangspunkt vor allem in Jugoslawien, Rumänien und Bulgarien und betraf bis Ende der 1920er Jahre etwa eine Million Menschen (vgl. Bade, Bewegung (wie Anmerkung 20), S. 249f. u. S. 277f.).
33 Vgl. Benz, Ausgrenzung (wie Anmerkung 29), S. 108.

auf das sich bereits Fridtjof Nansen, Friedensnobelpreisträger von 1922 und erster Flüchtlingshochkommissar des Völkerbunds, berufen hatte.[34]

Auch der Bürgerkrieg zwischen Bolschewiki, Zaristen und Nationalisten im untergehenden russischen Zarenreich führte aufgrund der Kriegshandlungen und Kollektivierungen zu großen Zwangswanderungen, infolge dessen es zudem Pogrome gegen die jüdische Bevölkerung gab; weiterer Fluchtgrund war zudem ein gravierender Mangel an Nahrung. Mit ca. zwei Millionen Menschen bildeten die aus Russland stammenden Zwangsmigranten die größte Gruppe der insgesamt 9,5 Millionen Flüchtlinge und unfreiwilligen Umsiedler in Europa Mitte der 1920er Jahre.[35]

Parallel zu Flucht und Vertreibung als im weiteren Zuwachs begriffenes Massenphänomen verschärften sich die Zuwanderungsregelungen in den potentiellen Aufnahmestaaten. So erließen die Vereinigten Staaten als das ‚klassische' Einwanderungsland seit 1917 in zunehmendem Maße Immigrationsbeschränkungen. Anstelle liberaler Zuwanderung trat in den USA - wie auch in Europa - eine staatlich kontrollierte, häufig durch bilaterale Verträge abgesicherte Anwerbepolitik von Arbeitskräften. Dabei spielten kulturalistische bzw. rassistische Motive offenkundig eine Rolle, denn die amerikanischen Regelungen schlossen die Immigration von Süd- und Osteuropäern zu großen Teilen, die Einwanderung aus Asien vollständig aus.[36] Tiefere Ursache dafür war offensichtlich „ein neuer nativistischer Fundamentalismus, gepaart mit einem durch xenophobe Hetze gegen alles ‚Unamerikanische' im Krieg angefachten Rassismus, zu dem auch der Wiederaufstieg des ‚Ku-Klux-Klan' gehörte".[37] In Frankreich als wichtigstem europäischen Einwanderungsland nach dem Ersten Weltkrieg betraf eine entsprechend restriktive Einwanderungspolitik vor allem nicht-europäische Menschen aus den französischen Kolonien - mit der Begründung, ihr Nutzen als Arbeitskraft habe sich im Krieg als vergleichsweise zu gering erwiesen.[38] In Deutschland hatte es schon vor dem Krieg Restriktionen vor allem gegen Polen gegeben: Aus Angst vor Akkulturation waren diese zwar als Arbeitskräfte angeworben worden, hatten jedoch als Saisonarbeiter jedes Jahr Deutschland wieder verlassen müssen.[39] In diesem Zusammenhang war unter dem Begriff „Fremdarbeiter" ein Rotationsprinzip etabliert worden, dass dem Anspruch

---

34   Vgl. Bade, Bewegung (wie Anmerkung 20), S. 254 u. S. 275-277. - Allerdings stellte Lord Curzon trotz Betonung der Alternativlosigkeit dieser Sichtweise zugleich fest, die Welt werde die nächsten hundert Jahre die Strafe dafür zahlen müssen (vgl. ders., S. 276).
35   Vgl. ders., S. 277f.; Hoerder, Menschen (wie Anmerkung 23), S. 543.
36   Vgl. Hoerder, Menschen (wie Anmerkung 23), S. 542. - Der Ausschluss von Menschen aus Asien rührt schon aus den 1880er Jahren; im Zuge der „proletarischen Massenwanderungen" des 19. Jahrhunderts kam es überdies bereits zu einer an ethnischen bzw. rassistischen Kriterien orientierten Klassifizierung von Zuwanderern (vgl. ders., S. 539-541).
37   Bade, Bewegung (wie Anmerkung 20), S. 263.
38   Vgl. ders., S. 237f.
39   Vgl. Herbert, Ausländerpolitik (wie Anmerkung 25), S. 13-84.

nach auch ab 1955 für den „Gastarbeiter" Anwendung finden sollte. Insgesamt war die Chance auf Einwanderung und die Position von Migranten in der Empfängergesellschaft zu dieser Zeit bestimmt durch „Rassen-, Hautfarben- und Lohndiskurse". Dies galt für den euroatlantischen Raum, traf aber beispielsweise auch für Japan zu.[40]

Korrespondierend zu den Einwanderungsbeschränkungen versuchten in Europa einige Länder in unterschiedlicher Form, die Auswanderung von eigenen Staatsangehörigen zu beschränken oder ganz zu verhindern. In der Sowjetunion etwa wurden gezielt bürokratische Hindernisse wie das Vorlegen schwer erhältlicher Dokumente oder hohe Gebühren errichtet. Angesichts eines umfassenden Industrialisierungsprogramms lag der primäre Zweck dieser Maßnahmen offensichtlich in der Eindämmung eines Verlusts an Arbeitskräften. In Italien galt dem 1922 an die Macht gekommenen faschistischen Regime die Auswanderung von Landsleuten neben dem befürchteten wirtschaftlichen Schaden vor allem als ‚nationale Schande'. Zur Verhinderung der Emigration versuchte man zunächst, wanderungswillige Landsleute in den italienischen Kolonien anzusiedeln. Dies geschah jedoch nur mit mäßigem Erfolg und hatte ein restriktiveres Vorgehen, etwa durch die Verweigerung der Ausstellung von Reisepässen, zur Folge. Im Deutschland der Weimarer Republik konnten aufgrund der verfassungsrechtlich garantierten Auswanderungsfreiheit nur mittelbar Maßnahmen zur Begrenzung der Auswanderung getroffen werden. Zentrale Bedeutung hatte dabei das Reichswanderungsamt, das offiziell der Beratung von Wanderungswilligen diente, das aber zugleich die Funktion übernahm, Wanderungsströme zu lenken bzw. nach Möglichkeit abzuschwächen.[41]

In Anbetracht der staatlichen Migrationspolitik kam der Ungar Imre Ferenczi, der Untersuchungen zu historischen Wanderungsbewegungen durchführte, 1927 zu der ernüchternden Einschätzung: „Die Mehrzahl der Länder regelt seit dem Weltkrieg rücksichtslos nach eigenem Gutdünken das Recht der Auswanderung der Staatsbürger und die Einwanderung der Fremden."[42] Dabei hatte es durchaus internationale Bemühungen um eine Regelung von Ein- und Auswanderungen gegeben. Verschiedene Konferenzen seit 1919 widmeten sich speziell der Arbeitswanderung oder umfassend globalen Wanderungsprozessen, doch letztlich scheiterten sie an den widersprüchlichen nationalen Interessenlagen.[43] Die massiven sozialen Probleme, die sich unter anderem für die große Zahl an russischen Flüchtlingen, aber gerade auch deren Zielländer ergab, führten allerdings zu einem „Novum im Völkerrecht"[44]: der Einrichtung eines vom Völkerbund gegründeten Hochkommis-

---

40 Vgl. Hoerder, Menschen (wie Anmerkung 23), S. 541f.
41 Vgl. Bade, Bewegung (wie Anmerkung 20), S. 260-263.
42 Zitiert nach ders., S. 274.
43 Vgl. ders., S. 274f.
44 Ders., S. 279.

sariats für die russischen Flüchtlinge, dem bald weitere Flüchtlingsorganisationen etwa für griechische oder bulgarische und ab 1933 auch für jüdische Flüchtlinge folgten. 1930 wurden diese Organisationen zusammengefasst im nach dem gerade verstorbenen Friedtjof Nansen (s.o.) benannten Internationalen Nansen-Amt für Flüchtlinge. Zudem wurde ein „Nansen-Pass" für staatenlose - vor allem russische - Flüchtlinge eingeführt, der ihnen international eine gewisse Rechtssicherheit verschaffen sollte.[45]

2.1.2 NS-Verfolgung und Zweiter Weltkrieg: Migration seit den 1930er Jahren

Während die Zahl der ‚freiwilligen', d.h. aus ökonomischen Gründen veranlassten Wanderungen in der Zeit zwischen den beiden Weltkriegen vergleichsweise gering blieb, kam es seit den 1930er Jahren vor allem aufgrund der stalinistischen Politik in der Sowjetunion, des Machtantritts der Nationalsozialisten in Deutschland und der imperialistischen Politik Japans zu einer erneuten, sprunghaften Steigerung erzwungener Migration;[46] doch auch der spanische Bürgerkrieg hatte an dieser Situation beispielsweise seinen Anteil.[47]

In Deutschland wurde bereits mit dem Beginn der NS-Herrschaft im Jahr 1933 eine erste Auswanderungswelle ausgelöst, motiviert durch politische Verfolgung, rassistische Hetze und Gewalttaten sowie antisemitische Gesetzgebung. Zu einer zweiten Welle kam es aufgrund der Nürnberger Gesetze von 1935, gefolgt von einem letztmaligen Schub nach den November-Pogromen 1938. Es emigrierten politische Gegner, mit Berufsverboten belegte Menschen sowie rassistisch oder religiösweltanschaulich Verfolgte.[48] Juden standen im Mittelpunkt nationalsozialistischer Diskriminierung und bildeten bis zum Krieg mit 450.000-600.000 Menschen die größte Gruppe unter den Emigranten.[49]

Bedeutete die Emigration häufig den schmerzhaften Verlust der Heimat, war das Verlassen des eigenen Landes doch zugleich für zahlreiche Menschen die Rettung vor (weiterem) Leid und Tod. Aber längst nicht allen gelang die Auswanderung.

---

45 Vgl. ebd.
46 Vgl. Hoerder, Menschen (wie Anmerkung 23), S. 543.
47 Drei Millionen Menschen flohen vor den Kriegshandlungen, ein halbe Million davon als politische Flüchtlinge nach Frankreich. Dort gerieten sie seit 1940 unter deutsche Besatzung bzw. die Vichy-Regierung, schlossen sich teils dem französischen Widerstand an und wurden nicht selten in deutsche Konzentrationslager deportiert (vgl. Bade, Bewegung (wie Anmerkung 20), S. 283f.).
48 Vgl. Bade, Bewegung (wie Anmerkung 20), S. 280-283.
49 Vgl. ders., S. 281f. Genaue Zahlen sind nicht zu ermitteln, da viele Emigranten sich als einfache ‚Reisende' tarnten und sich damit vielfach auch den Statistiken entzogen. In die Zahlen eingerechnet sind diejenigen Juden, die nach den Annexionen Österreichs und tschechoslowakischer Gebiete auswanderten. Ohne die Annexionen lag die Zahl der Emigrationen bei etwa 280.000-330.000. Wolfgang Benz geht davon aus, dass von den 1933 in Deutschland lebenden 537.000 Juden bis 1939 etwa 278.000 Menschen auswanderten (vgl. Benz, Ausgrenzung (wie Anmerkung 29), S. 71 u. S. 83).

Zum einen kam es seitens der NS-Politik trotz der bis 1941 geltenden Maxime, die jüdische Bevölkerung aus Deutschland zu vertreiben, zu einer massiven Be- bzw. Verhinderung von Emigration.[50] Zum anderen scheiterten nicht wenige Menschen an den Zuwanderungsbeschränkungen in potentiellen Asylländern[51] - „im zermürbenden Kampf um Aus-, Einwanderungspapiere und Transitvisa blieben viele hilflos zurück, wurden interniert, nach Deutschland deportiert oder begingen Selbstmord, um diesem Schicksal zu entrinnen"[52]. Die begrenzten Möglichkeiten legaler Zuwanderung und die daraus resultierenden Versuche, es auf illegalem Wege zu versuchen, sorgten angesichts der Massenemigration aus Deutschland seit 1933 für eine internationale „Asylkrise"[53]. Nach der Angliederung Österreichs im Frühjahr 1938 drohte sich diese Situation durch die erwartete Flüchtlingswelle erneut zu verschärfen. Während einige Staaten darauf mit weiterten Einwanderungsrestriktionen reagierten,[54] initiierte der amerikanische Präsident Franklin D. Roosevelt eine internationale Konferenz zur Lösung des Flüchtlingsproblems.[55] An der im Juli 1938 abgehaltenen Flüchtlings-Konferenz im französischen Evian nahmen 32 Regierungen und 39 Flüchtlingsorganisationen - davon 20 jüdische - teil. Das Konzept des von Roosevelt zur Konferenz-Vorbereitung beauftragten stellvertretenden Außenministers Sumner Welles sah einen neuartigen Flüchtlingsbegriff vor: Nicht nur solche Menschen sollten als Flüchtlinge gelten, die schon ausgewandert waren, sondern - und das war die Innovation - auch diejenigen, die in Deutschland verfolgt wurden und auswandern wollten. Damit ging Welles über die im Februar 1938 im Rahmen des Völkerbundes geschlossene Vereinbarung ebenso hinaus wie über die heute völkerrechtlich gültige Formulierung der Genfer Flüchtlingskonvention von

---

50 Vgl. Benz, Ausgrenzung (wie Anmerkung 29), S. 91.
51 Vgl. Benz, Wolfgang: Der Holocaust. 6. Aufl. München 2005, S. 31f.
52 Bade, Bewegung (wie Anmerkung 20), S. 282.
53 Caestecker, Frank: Tradition und Tendenzen europäischer Flüchtlingspolitik. In: Wolfgang Benz (Hrsg.): Umgang mit Flüchtlingen. Ein humanitäres Problem. München 2006, S. 74. - Frank Caestecker spricht in diesem Zusammenhang sogar von der ersten wirklichen Asylkrise, da zwar auch schon die große Anzahl von russischen Flüchtlingen nach dem Ersten Weltkrieg eine große Herausforderung für die einzelnen Asylländer dargestellt habe (s.o.), es aber im Gegensatz zur Situation ab 1933 ‚nur' um Maßnahmen für bereits in diesen Ländern befindliche Flüchtlinge gegangen und das Recht der Staaten auf den Schutz ihrer Grenzen nicht infrage gestellt worden sei (vgl. ders., S. 89). Diese Beschreibung der Situation nach dem Ersten Weltkrieg verkennt aber meines Erachtens zum einen die krisenhafte Dimension der sozialen Belastung für die damaligen Aufnahmeländer; zum anderen bezieht es die existentiell bedrohliche, häufig durch faktische Staatenlosigkeit gekennzeichnete Situation der russischen Flüchtlinge nicht mit ein - eine Asylkrise, die überhaupt erst die Einrichtung des Völkerbund-Hochkommissariats für Flüchtlinge und die Einführung des Nansen-Passes hervorrief.
54 Die Schweiz etwa erließ einen Visumzwang für Inhaber österreichischer Pässe. Aus Angst vor dem internationalen Vorwurf des Antisemitismus bei gewaltsamen Abweisungen von Juden an der Grenze drang man auf alternative Kontrollmethoden. Zu diesem Zweck kam es zu schweizerisch-deutschen Verhandlungen, zu deren Ergebnissen auf schweizerische Anregung hin die Kennzeichnung der Pässe von deutschen und österreichischen ‚Juden' mit einem „J" gehörte (vgl. Kieffer, Fritz: Die Flüchtlings-Konferenz von Evian 1938. In: Wolfgang Benz (Hrsg.): Umgang mit Flüchtlingen. Ein humanitäres Problem. München 2006, S. 28 u. Benz, Ausgrenzung (wie Anmerkung 29), S. 85).
55 Zum Verlauf und den Ergebnissen der Konferenz vgl. Kieffer, Flüchtlings-Konferenz (wie Anmerkung 54), S. 27-49.

1951. Bereits 1936 hatte der damalige Hohe Kommissar des Völkerbundes für die Flüchtlinge in Deutschland, der amerikanische Jurist James G. McDonald, versucht, Einwanderungsmöglichkeiten für die in Deutschland Verfolgten zu schaffen. Sowohl McDonald als auch Welles sollten jedoch an der Zustimmung der jeweiligen Staaten scheitern. Zum einen stand dabei dem Anspruch auf sofortige Hilfe der Einwand entgegen, die Nazis bei der Vertreibung von Juden aus Deutschland zu unterstützen. Zudem hatten schon 1936 die Briten die Position eingenommen, eine Verhandlung über die Umsiedlung von Menschen produziere nur weitere Flüchtlinge. Vor allem aber wurde McDonald und Welles die Zustimmung verweigert, weil diese, im Gegensatz zur internationalen Regelung des russischen Flüchtlingsproblems in den 1920er Jahren (s.o.), nunmehr am souveränen Recht der Staaten auf den Schutz ihrer Grenzen rührten. Denn eine Anerkennung von noch in Deutschland lebenden Menschen als Flüchtlinge hätte die Verpflichtung impliziert, diese auch als solche zu behandeln, konkret: ihnen Asyl zu gewähren. Ein solch umfassender rechtlicher Anspruch auf Asyl war aber bisher weder international noch national fixiert worden, weder im Völkerbund noch in den USA, in Großbritannien oder Frankreich,[56] und es gab auch nicht den politischen Willen, dies zu ändern. Das Grundprinzip staatlicher Souveränität blieb unangetastet, und es war in diesem Sinne nur konsequent, dass nach der Konferenz der französische Botschaftsrat in einer Note an die deutsche Regierung erklärte, die Behandlung der Juden in Deutschland sei ausschließlich eine innere deutsche Angelegenheit.[57] Hinzu kam, dass es mit Ausnahme des französischen und belgischen - äußerst strikt gehandhabten - Flüchtlingsrechts keine formal geregelten Asylverfahren in Europa oder in den USA gab und damit auch auf staatlicher Ebene keine verlässliche und hinreichende Definition dafür, was ein Flüchtling sei - behördlicher Willkür war entsprechend Tür und Tor geöffnet. Überdies war in der ersten Hälfte des 20. Jahrhunderts das Hauptkriterium für die Zuerkennung des Flüchtlingsstatus die Bedrohung von Leben oder Freiheit einer Person aufgrund ihrer politischen Handlungen oder Überzeugungen. Juden, da prinzipiell verfolgt aufgrund dessen, was sie (vermeintlich) waren und nicht aufgrund dessen, was sie taten, befanden sich deshalb außerhalb dieser Flüchtlingsdefinition. Entsprechend wurde ihre Flucht offiziell als freiwillige Auswanderung interpretiert, sie erhielten in den Aufnahmeländern Duldungsstatus und wurden seit 1939 zunehmend als illegale Einwanderer behandelt. Diese tief greifende Asylproblematik sollte, wie zu zeigen sein wird, auch bei der Ausarbeitung der AEMR von 1948 zu den zentralen

---

56 Vgl. ders., S. 30.
57 Vgl. ders., S. 44; zur französischen Flüchtlingspolitik sowie allgemein zum Verhältnis von nationaler Souveränität und Flüchtlingsproblematik in den 1930er Jahren vgl. auch Hoffmann, Stefan-Ludwig: Jewish Refugees and Human Rights in the Age of Global War. In: German Historical Institute London Bulletin. Heft 2. 2004/XXVI, S. 45-49.

Problemstellungen von Migration gehören. Evian aber bedeutete eine - weitere - Enttäuschung für jüdische Emigrationshoffnungen.[58] Sicherlich lassen sich für die von Dirk Hoerder formulierte Bilanz, nach 1933 seien „die flüchtlingsgenerierenden Diktaturen umgeben [gewesen] von flüchtlingsabweisenden Demokratien"[59], stichhaltige Einwände festmachen: So ließ etwa Großbritannien nach den erschütternden Eindrücken der Novemberpogrome 1938 noch einmal ca. 40.000 jüdische Flüchtlinge ins Land und organisierte unbürokratisch Transporte von jüdischen Kindern, die Tausenden das Leben rettete. Die USA blieben trotz starker Restriktionen das wichtigste Einwanderungsland, in dem allein über 130.000 deutsche und österreichische Juden Zuflucht fanden. Weltweit nahmen mehr als 80 Staaten die NS-Flüchtlinge auf.[60] Dennoch bedeuteten die limitierten Auswanderungsmöglichkeiten vor allem für allzu viele Juden „[d]ie Katastrophe vor der Katastrophe"[61], deren Tragik sich mit einem Paradigmenwechsel in der nationalsozialistischen ‚Judenpolitik' zum Äußersten steigerte. Denn während bis 1941 die Vertreibung der als jüdisch klassifizierten Menschen primäres Ziel nationalsozialistischer Politik gewesen war, sollte es ab Sommer 1941 der Völkermord sein.[62] Hatten etwa die Pogrome 1938 bewusst den Auswanderungsdruck erhöhen sollen,[63] wurde durch Erlass des Reichssicherheitshauptamtes vom 23. Oktober 1941 die Auswanderung von Juden aus Deutschland verboten und durch einen Runderlass Heinrich Himmlers Anfang Januar 1942 mit Blick auf die angestrebte ‚Endlösung der Judenfrage' ultimativ bekräftigt.[64] Im Herbst 1941 begann die systematische und bürokratisch geregelte Deportation

---

58 Zwar wurde das Intergovernmental Committee for Refugees mit Sitz in London eingerichtet, das aber aufgrund der staatlichen Vorbehalte und des Unwillens der Staaten, verbindliche Zusagen zu machen, relativ wirkungslos blieb.
59 Hoerder, Menschen (wie Anmerkung 23), S. 543.
60 Vgl. Benz, Holocaust (wie Anmerkung 51), S. 32 u. Bade, Bewegung (wie Anmerkung 20), S. 82. - Für die USA erscheint dies schon deshalb nicht als selbstverständlich, da sich in dem von Massenarbeitslosigkeit geschüttelten Land laut einer Meinungsumfrage im Sommer 1938 die überwältigende Mehrheit von 75 Prozent der Bevölkerung gegen eine Aufnahme jüdischer Flüchtlinge ausgesprochen hatte.
61 Vgl. Diner, Dan: Die Katastrophe vor der Katastrophe: Auswanderung ohne Einwanderung. In: Ders./ Blasius, Dirk (Hrsg.): Zerbrochene Geschichte. Leben und Selbstverständnis der Juden in Deutschland. Frankfurt/M. 1991, S. 138-160.
62 Vgl. Benz, Ausgrenzung (wie Anmerkung 29), S. 91.
63 Vgl. ders., S. 87. Zu den im Zuge der Pogrome deportierten 26.000 Juden gehörten vor allem gut situierte Personen, die freigelassen wurden, sobald ihre Angehörigen eine Emigrationsmöglichkeit - und diese erhöhte sich durch eine entsprechende gesellschaftliche Stellung und größere finanzielle Mittel - nachweisen konnten. - Ein weiteres Beispiel für die zahlreichen NS-Maßnahmen zur Zwangsmigration von Juden stellte der Versuch im Oktober 1938 dar, 17.000 Juden polnischer Nationalität nach ihrer Deportation an die polnische Grenze nach Polen zu vertreiben. Dies misslang jedoch bezeichnenderweise, da die Juden von polnischer Seite mit Waffengewalt und unter antisemitischen Beschimpfungen davon abgehalten wurden, woraufhin die Vertreibung von deutscher Seite in der nachfolgenden Zeit heimlich durchgeführt wurde. Die Aktion im Oktober war indirekt Auslöser für die November-Pogrome, denn die von den Nationalsozialisten zum Anlass genommene Erschießung des Legationssekretärs Ernst Eduard vom Rath durch den polnischen Juden Herschel Grynszpan in Paris war eine Protestaktion gegen die gewaltsame Abschiebung von Grynszpans Familie nach Polen (vgl. ders., S. 86).
64 Ders., S. 89.

aus Deutschland und den besetzten Ländern in Ghettos, Konzentrations- und Vernichtungslager zum Zwecke des Genozids. Zugleich starben Unzählige bereits während dieser Zwangswanderungen - auf Fußmärschen, bei Lkw-Transporten oder eingepfercht in Eisenbahnwagen, gezielt getötet oder umgekommen vor Hunger und Erschöpfung.[65] Insgesamt wurden mehr als sechs Millionen europäische Juden ermordet.[66]

Ebenso wie die nationalsozialistische ‚Judenpolitik' mündete die „‚Zigeunerpolitik' im Völkermord", der seinerseits in der „Ausnutzung uralter Vorurteile zur Stigmatisierung der Angehörigen einer nicht assimilierten kulturellen Minorität" gründete, „die über den Zusammenbruch des NS-Staates hinaus" wirkten.[67] So ist es auffällig, dass Sinti und Roma - wie beispielsweise auch Homosexuelle - noch weniger auf nationale oder internationale Hilfe hoffen konnten, als dies für die jüdische Bevölkerung der Fall war. Schon vor 1933 waren sich die Behörden in Deutschland und Österreich darüber einig gewesen, ‚die Zigeuner' zu Sesshaftigkeit und gesellschaftlicher Anpassung zu zwingen - doch auf keinen Fall in der eigenen lokalen Umgebung. Verachtung und Diskriminierung gegenüber der Minderheit der Sinti und Roma setzten sich nach 1933 zunächst in tradierter Weise fort, steigerten sich dann jedoch in Form rassistisch motivierter Verfolgungsmaßnahmen.[68] Im September 1939 wurde das Umherziehen im Grenzgebiet des Reiches unter Strafe gestellt und beschlossen, die 30.000 auf deutschem Boden vermuteten Sinti und Roma nach Polen zu deportieren - ehe Ende 1942 durch die Anordnung Himmlers zur Deportation nach Auschwitz die Vernichtung beschlossen wurde, der insgesamt mehr als 200.000 Menschen zum Opfer fallen sollten.[69]

Mit dem Beginn des Krieges erlangten ‚Fremdarbeiter' zunehmend Bedeutung für die deutsche Kriegswirtschaft und führten zu einem riesigen Menschenraub in den besetzten Gebieten. Wahrscheinlich mehr als acht Millionen ausländische Zwangsarbeiter, etwa sechs Millionen Zivilisten und etwa zwei Millionen Kriegsgefangene, aus 26 Ländern kamen nach Deutschland; davon ca. 2,8 Millionen aus der UdSSR, etwa 1,7 Millionen aus Polen und ca. 1,2 Millionen aus Frankreich, die in mehr als 20.000 Lagern untergebracht waren. Die Behandlung der Zwangsarbeiter war abhängig von ihrem Platz in der NS-Rassenideologie, wobei sich grob zwei

---

65 Vgl. Bade, Bewegung (wie Anmerkung 20), S. 295f. u. Benz, Ausgrenzung (wie Anmerkung 29), S. 90.
66 Vgl. Benz, Holocaust (wie Anmerkung 51), S. 116.
67 Benz, Ausgrenzung (wie Anmerkung 29), S. 95f.
68 So hatte Heinrich Himmler etwa am 8. Dezember 1938 verfügt, die „Zigeunerfrage aus dem Wesen der Rasse heraus" zu regeln. Überdies hat Wolfgang Benz zum Beispiel darauf hingewiesen, dass die Sinti und Roma in den Nürnberger Gesetzen zwar nicht ausdrücklich erwähnt werden, durch diese aber formal ebenso zu Bürgern minderen Rechts wurden (vgl. ders., S. 99).
69 Vgl. ders. S. 103f. Die Zahl der Opfer unter den Sinti und Roma ist noch schwieriger zu schätzen als diejenige der ermordeten Juden. Es ist jedoch gesichert, dass mehr als 200.000 Menschen umgebracht wurden; manche Schätzungen gehen indes von bis zu einer halben Million Opfer aus (vgl. Benz, Holocaust (wie Anmerkung 51), S. 100).

Gruppen unterscheiden lassen: Grundsätzlich ‚besser' behandelt wurden diejenigen aus dem Westen, grundsätzlich schlechter diejenigen aus dem Osten.[70]

Die Kriegszüge in Ost- und Ostmitteleuropa zogen überdies massive Vertreibungen und Deportationen nach sich, die gemäß rassistischer Ordnungsvorstellungen der Umsiedlung ganzer Bevölkerungsgruppen dienten. Etwa neun Millionen Menschen waren hiervon betroffen. Zugleich wurden etwa eine Million Menschen deutscher Herkunft vor allem aus Gebieten in Südost-, Ostmittel- und Osteuropa ‚heim ins Reich' geholt, d.h. in den dem Reich einverleibten Regionen angesiedelt, was jedoch meistenteils unfreiwillig geschah.[71] Stalin demgegenüber hatte nach dem deutschen Überfall 1941 nicht nur Wolgadeutsche hunderttausendfach nach Sibirien deportieren lassen; auch andere Minderheiten, die unter deutscher Besatzung gelebt hatten, wurden der Kollaboration verdächtigt und deportiert.[72]

Das Vordringen der sowjetischen Truppen veranlasste zugleich die Flucht von Deutschen nach Westen. Noch während des Kriegs war auf den Konferenzen von Teheran 1943 und Jalta 1945 im Zuge der Planung neuer Grenzziehungen die möglichst humane ‚Aussiedlung' der deutschen Bevölkerung aus den Ostgebieten des Reiches beschlossen worden. Wie bereits auf der Konferenz von Lausanne 1922/23 galt auch am Ende des Zweiten Weltkriegs die ethnische ‚Entmischung' als Schlüssel zur Friedensstiftung und damit auch die geplante Vertreibung Menschen deutscher Herkunft nach den Worten Winston Churchills als „das befriedigendste und dauerhafteste Mittel".[73] Davon betroffen waren zu einem größeren Teil die deutschen Minderheiten in Polen und der Tschechoslowakei. An ihrer Stelle wurden nunmehr Menschen der polnischen bzw. tschechischen Mehrheitsbevölkerung angesiedelt. Vermieden werden sollten in Zukunft Minderheitenkonflikte und politische Instrumentalisierung wie in der NS-Zeit: Die Nationalsozialisten hatten bei der Begründung ihres Einmarsches in die Tschechoslowakei sowie beim Überfall auf Polen ausdrücklich mit der Situation der jeweils dortigen deutschen Minderheiten argumentiert - und Angehörige dieser Minderheiten teilweise solch völkische Rhetorik begrüßt und unterstützt. Im polnischen Fall siedelten sich letztlich drei Millionen Menschen aus Zentralpolen in den neuen Gebieten an, von denen eine Million aus den an die Sowjetunion abgetretenen polnischen Ostgebieten stammten. Im Sudetenland waren es etwa 1,8 Millionen neu angesiedelte Tschechen und Slowaken. Flucht und Vertreibung Richtung Westen, aber auch die Deportation nach Osten am Ende des Krieges betrafen wohl etwa 14 bis 16 Millionen Deutsche

---

70 Vgl. Bade, Bewegung (wie Anmerkung 20), S. 287-290 u. Herbert, Ausländerpolitik (wie Anmerkung 25), S. 129-189.
71 Vgl. Benz, Ausgrenzung (wie Anmerkung 29), S. 108-124, S. 126-131.
72 Vgl. Bade, Bewegung (wie Anmerkung 20), S. 286.
73 Vgl. Benz, Ausgrenzung (wie Anmerkung 29), S. 132.

bzw. Menschen deutscher Herkunft, von denen nach neuesten Forschungen etwa 30.000 Menschen infolge von Racheakten, Verfolgung und schlechter Behandlung während der Zwangsmigration starben.[74]

Die schier unendlich scheinende Menge von erzwungenen Wanderungen, die insbesondere gegen Ende des Krieges kaum noch verlässlich in Zahlen zu erfassen gewesen war, lässt nur Näherungswerte zu. Insgesamt kann aber für den Zweiten Weltkrieg und seine unmittelbaren Folgeerscheinungen von 50-60 Millionen Zwangsmigranten ausgegangen werden, was mehr als zehn Prozent der Bevölkerung Europas entsprach.[75]

2.1.3 Migration in der Folge des Zweiten Weltkrieges

Deutschland war in der Nachkriegszeit „eine Drehscheibe gewaltiger transnationaler und interner Migrationen". Neben den Flüchtlingen und Vertriebenen kamen als zweitgrößte Gruppe etwa elf Millionen „Displaced Persons" hinzu. Hierbei handelte es sich zum größten Teil um ehemalige Zwangsarbeiter, deren Rückführung in ihr Herkunftsland oder Weiterwanderung Monate oder sogar Jahre dauerte. Die Rückführung der aus der Sowjetunion stammenden Menschen hatte dabei hauptsächlich den Charakter einer Zwangsrepatriierung; denn den meisten drohte, wie auch den sowjetischen Soldaten, die in deutsche Kriegsgefangenschaft geraten waren, die Einweisung in Lager, da sie als Kollaborateure verdächtigt wurden. Diesem Schicksal versuchten viele durch Flucht oder Selbstmord zu entgehen.[76]

Zu den Folgen von Zweitem Weltkrieg und NS-Herrschaft gehörte auch die vermehrte Auswanderung von Juden nach Palästina. Seit 1920 war den Briten Palästina vom Völkerbund als Mandatsgebiet anvertraut gewesen, ein Gebiet, in dem muslimische Araber die Mehrheit bildeten, während Juden, Christen und Drusen in der Minderheit waren. Der Mandatsauftrag hatte die Errichtung einer nationalen Heimstatt für die Juden unter Wahrung der bürgerlichen und religiösen Rechte aller nichtjüdischen Gemeinschaften vorgesehen. Arabischer Widerstand gegen dieses Vorhaben führte zu einer britischen Politik des Changierens, was wiederum jüdische Proteste hervorrief. War Palästina ursprünglich nur das Ziel der vergleichsweise kleinen Gruppe von Zionisten gewesen, entwickelte es sich mit wachsender NS-Verfolgung und zunehmenden Zuwanderungsbeschränkungen potentieller Asylstaaten zum wichtigsten Exilland nach den USA. Großbritannien sah aber durch

---

74 Vgl. Bade, Bewegung (wie Anmerkung 20), S. 297-300 u. Benz, Ausgrenzung (wie Anmerkung 29), S. 131-144.
75 Vgl. Bade, Bewegung (wie Anmerkung 20), S. 285.
76 Vgl. ders., S. 299 - Eine besondere Gruppe sind auch die zehn Millionen Menschen, die vor den Bomben aus den Städten geflohen waren; ebenso sind die ab 1945 zurückkehrenden fünf Millionen der insgesamt neun Millionen Soldaten zu nennen, die in alliierter Kriegsgefangenschaft gewesen waren.

eine unkontrollierte Immigration seine Interessen im Nahen Osten bedroht, unter anderem forciert durch den gegen die jüdische Einwanderung gerichteten Arabischen Aufstand 1936-1939. Die Strafbestimmungen bei illegaler Einreise wurden verschärft, Immigrationsquoten festgelegt und beschlossen, ohne arabische Zustimmung keine Einwanderung mehr zuzulassen. Doch infolge existenzieller Bedrohungen versuchten es neben den 60.000 zwischen 1933 und 1941 legal nach Palästina gekommenen Juden auch Tausende auf illegalem Wege - auf gefährlichen Schiffüberfahrten, die zum Teil durch Feindes- bzw. Kriegsgebiet führten und nicht selten tragisch ausgingen. Mit dem Ende des Zweiten Weltkriegs wurden viele der Juden, die KZ und Vernichtungslager überlebt hatten oder in den Untergrund abgetaucht waren, zu „Displaced Persons", denen Palästina als Chance auf einen neuen Lebensanfang galt - und mit der anvisierten Gründung des Staates Israel eine Überwindung der Staatenlosigkeit bei Zuerkennung verlässlicher, nationalstaatlicher Rechte versprach.[77] Doch weiterhin war die Palästina-Frage ungelöst und die Briten unternahmen erneut Anstrengungen, die Immigration streng zu reglementieren. Aber letztlich zeigte sich die Abwehrpolitik der britischen Mandatsregierung gegenüber der massenhaften Migrationsbewegung unterlegen - nicht zuletzt aus moralischen Gründen, erschien doch das mitunter gewaltsame Vorgehen gegen Überlebende des Genozids an den europäischen Juden, über den die Weltöffentlichkeit gerade ins Bild gesetzt worden war, auf Dauer als kaum vermittelbar.[78] Eine UN-Kommission empfahl im September 1947 die Aufteilung Palästinas in einen arabischen und einen jüdischen Staat, während Jerusalem unter die Treuhand der Vereinten Nationen gestellt werden sollte. Während nicht nur die meisten jüdischen Organisationen und, machtpolitisch wichtiger noch, die USA und die Sowjetunion aus unterschiedlichen Motiven heraus eine Teilung begrüßten, kritisierten die arabischen Nachbarstaaten diesen Plan scharf. Ablehnung äußerten zudem mehrere kleinere UN-Mitgliedsstaaten. General Carlos Romulo, UN-Vertreter der Philippinen und wichtiger Akteur bei der Erarbeitung der AEMR, etwa vertrat die Ansicht, die Errichtung eines neuen Staates auf einem bereits durch verschiedene Volksgruppen besiedelten Gebiet verschärfe die bestehenden Konflikte nur noch weiter statt sie zu lösen. Damit fokussierte er implizit die Probleme der in den vorangegangenen Jahren wiederholt formulierten friedenspolitischen Vorstellungen von Homogenisierung und Ethnisierung, die sich im Nachkriegs-Europa in Form ethnisch homogener Nationalstaaten niederschlugen[79] und auch in Palästina als Denkmuster und praktische Konsequenz der Teilungspläne erkennbar waren. Doch offensichtlich unter dem Druck der USA stimmten letztlich

---

77 Vgl. Hoffmann, Jewish Refugees (wie Anmerkung 57), S. 53f.
78 Ders., S. 54.
79 Ders., S. 56.

die Philippinen und weitere sich ursprünglich oppositionell verhaltende Staaten den Teilungsplänen bei der Abstimmung der UN-Generalversammlung am 29. November 1947 zu. Als 1948 ein Krieg absehbar wurde, wollten die USA angesichts einer Bedrohung ihrer Interessen im ölreichen arabischen Raum die Unterstützung der Pläne revidieren und ganz Palästina bis zu einer friedlichen Lösung unter UN-Treuhand gestellt sehen. Dies stieß auf den Widerstand von Eleanor Roosevelt, Witwe des vorherigen amerikanischen Präsidenten und als US-Vertreterin bei der UNO zugleich Vorsitzende der Menschenrechtskommission, die mit der Ausarbeitung der Menschenrechtserklärung beschäftigt war. Sie hatte sich angesichts der jüdischen Erfahrungen von Verfolgung und Flucht für einen Staat Israel eingesetzt und drohte nun aufgrund des Kurswechsels ihrer Regierung zwischenzeitlich mit dem Rücktritt von ihren Ämtern. Neben Roosevelt und Romulo gab es mit dem jüdischen Franzosen René Cassin und dem arabisch-christlichen Libanesen Charles Malik weitere Mitglieder der Menschenrechtskommission, für die die Palästina-Frage eine noch größere - persönliche - Herausforderung darstellte (s.u.). Diese Herausforderung steigerte sich weiter, als mit dem Auslaufen des britischen Mandats am 14. Mai 1948 zugleich der neue Staat Israel ausgerufen wurde. Noch in der Nacht zum darauffolgenden Tag begann der - für Israel siegreich verlaufende - Krieg mit den arabischen Nachbarstaaten und sorgte für eine Welle von etwa einer halben Million arabischer Flüchtlinge - eine Situation, die in friedens- bzw. flüchtlingspolitischer Hinsicht bis heute als ungelöst erscheint[80] und deutliche Spuren bei der Erarbeitung der AEMR hinterlassen sollte (s.u.).[81]

Eine ‚Homogenisierungs-' und ‚Ethnisierungspolitik', wie sie in Europa und Palästina zu verfolgen war, fand zeitgleich auch bei der Teilung Britisch-Indiens 1947 in die zwei Staaten Pakistan und Indien statt. Die Aufteilung der ehemaligen britischen Kronkolonie wurde offiziell über die Religion definiert, was einmal mehr die Zwangsumsiedlung ganzer Bevölkerungsgruppen zur Folge hatte. Zugleich ist diese Teilung im Kontext beginnender Dekolonisierungsprozesse und der damit einhergehenden Bildung weiterer Nationalstaaten in Asien und Afrika zu betrachten, die sich zwar größtenteils erst nach der Proklamation der Menschenrechtserklärung 1948 vollzogen, aber hier bereits exemplarisch sichtbar wurden. Absehbar waren damit auch in diesem Fall die Probleme, die es bedeuten sollte, homogene nationale Einheiten zu reklamieren, die aus zahlreichen Menschen rassistisch und kulturalistisch

---

80 Deutlicher Ausdruck dafür ist unter anderem die von der UN-Generalversammlung am 8. Dezember 1949 eingerichtete United Nations Relief and Works Agency for Palestine Refugees in the Near East (UNRWA), die immer noch existiert als gegenwärtig größtes UN-Projekt im Nahen Osten und derzeit etwa 4,4 Millionen Flüchtlinge betreut (vgl. 157150.195.10/unrwa/ (16. Oktober 2007)).
81 Vgl. Benz, Ausgrenzung (wie Anmerkung 29), S. 146-172 u. Glendon, Roosevelt (wie Anmerkung 2), S. 102-106 u. S. 152.

diskriminierte Minderheiten machten und zur Auswanderung zwangen - in Länder, die vielfach ebenfalls durch homogenisierende Vorstellungen geprägt waren.[82]

2.2 Migrationserfahrungen von Mitgliedern der Menschenrechtskommission

Die geschilderten Wanderungsbewegungen bedeuteten für diejenigen Personen, die mit dem Entwurf der Menschenrechtserklärung befasst waren, zu größeren Teilen eine präsente Erfahrung. Der Erste Weltkrieg war 1948 gerade dreißig Jahren vorbei und wurde zumindest von den Älteren unter ihnen schon als Erwachsene erlebt. Als Delegierte ihrer Länder brachten die Gestalter der AEMR in der Regel schon Erfahrungen auf dem Gebiet der internationalen Politik mit und hatten bereits auf diese Weise einen besonderen Zugang zu den Ereignissen. Doch nicht nur in dieser Hinsicht waren sie mehr als gewöhnliche Zeitzeugen: Manche machten im gesteigerten Maße persönliche Erfahrungen mit dem Unrecht und der - menschenrechtlichen - Herausforderung, die Migration bedeuten konnte. Einige dieser Personen sollen nachfolgend skizziert werden.

Eleanor Roosevelt, die Witwe des im April 1945 verstorbenen US-Präsidenten Franklin Delano Roosevelt, war Vorsitzende der Kommission, die mit dem Entwurf einer Menschenrechtserklärung beauftragt worden war. Bereits vor dieser Arbeit war sie als Delegierte der USA bei der UNO befasst mit dem Problem der Millionen von Kriegsflüchtlingen, die in Lagern für „Displaced Persons" lebten. In diesen Menschen sah sie einen neuen Typ von politischem Flüchtling, verschleppt durch einen fremden Staat und gleichzeitig vom eigenen Staat oftmals mit dem Tode bedroht. Roosevelt setzte sich für den Schutz der „Displaced Persons" ein und geriet darüber in starke Konflikte mit sowjetischen Delegierten, die behaupteten, bei den Flüchtlingen, die nicht zurückkehren wollten, handle es sich um Kollaborateure und Landesverräter. Während der Zeit der Ausarbeitung der Deklaration besuchte sie mehrfach Lager in Europa, um sich persönlich über die Situation der Flüchtlinge zu informieren.[83] In der Palästina-Frage setzte sich Eleanor Roosevelt wie erwähnt ausdrücklich für die jüdischen Ansprüche ein - und das vor allem in kritischer Reaktion auf den Widerwillen vieler Länder einschließlich der USA, jüdische Kriegsflüchtlinge aufzunehmen.

John P. Humphrey, kanadischer Rechtswissenschaftler, war Sekretär der Human Rights Division, der die Menschenrechtskommission unterstand. Von ihm stammt der erste offizielle Entwurf der AEMR, der auch das Grundgerüst für die Erklärung von 1948 abgeben sollte. Humphrey war im Krieg schwer verwundet worden und

---

82 Vgl. Hoerder, Menschen (wie Anmerkung 23), S. 543f.
83 Vgl. Glendon, Roosevelt (wie Anmerkung 2), S. 29f. u.152.

hatte einen Arm verloren. Berufen worden war er vom Franzosen Henri Laugier, dem Leiter des Ressorts für soziale Fragen und Menschenrechte im Wirtschafts- und Sozialrat der UNO. Die beiden kannten sich bereits aus der Zeit des Zweiten Weltkriegs: Laugier war während des Krieges vor den Nazis nach Kanada geflüchtet und hatte dort Freundschaft zu Humphrey geschlossen, der ihm half, ein neues Leben in der Emigration aufzubauen.[84] Einer der persönlichen Referenten Laugiers war Stéphane Hessel. Dieser war als französischer Widerstandskämpfer von der Gestapo verhaftet worden und als KZ-Häftling in die Konzentrationslager Buchenwald und Dora gekommen, hatte sich dann aber gegen Kriegsende bei einem Häftlingstransport zu den vorrückenden amerikanischen Truppen flüchten können. Hessel war beteiligt an der Redaktion des ersten Teils der Deklaration. Er arbeitete im weiteren Verlauf seines Lebens in verschiedenen Funktionen bei der UNO, vertrat dabei Frankreich unter anderem noch Anfang der 1990er Jahre in der Menschenrechtskommission sowie beim Weltgipfel 1993 in Wien.[85]

Ebenfalls vor den Nazis geflohen war ein anderer Franzose, der maßgebliche Bedeutung für die Entwicklung der Menschenrechtserklärung hatte: René Cassin. Er war im engen Kreis derjenigen, die unmittelbar für die Formulierung der Menschenrechtsartikel verantwortlich war und galt überdies als einer der bedeutendsten Diplomaten und internationalen Juristen seiner Zeit. 1968 wurde ihm aufgrund seiner Verdienste um die Menschenrechte der Friedensnobelpreis verliehen. Cassins Eltern hatten ihren Sohn jüdisch-orthodox erziehen lassen, gleichwohl die Haltung des Vaters eher antireligiös im Geiste der Französischen Revolution war. Cassin betonte überdies den starken Einfluss seiner katholischen Freunde und artikulierte immer wieder seinen großen Respekt vor Religion und Christentum. Sich selbst bezeichnete er gleichwohl als säkular. Im Krieg war es dem Juden Cassin gerade noch gelungen, mit dem letzten englischen Schiff nach London zu fliehen, wo er als Rechtsberater von Charles de Gaulles Teil der französischen Exilregierung wurde. Die Vichy-Regierung erkannte ihm die französische Staatsangehörigkeit ab und verurteilte ihn in seiner Abwesenheit zum Tode. 29 seiner Angehörigen wurden von den Nazis umgebracht. Nach dem Krieg setzte er sich für die Schaffung eines jüdischen Staates in Palästina ein und verteidigte das Existenzrecht Israels. Vor diesem Hintergrund kam es 1967 zum Bruch mit de Gaulles, als dieser ein Embargo gegen Israel verhängte.[86]

---

84   Vgl. dies., S. XX u. S. 48; Hessel, Stéphane: Tanz mit dem Jahrhundert. Erinnerungen. Aus dem Französischen von Roseli und Saskia Bontjes van Beek. Frankfurt am Main/ Wien 1998, S. 134.
85   Vgl. Hessel, Erinnerungen (wie Anmerkung 84), insbes. S. 91-156.
86   Vgl. Glendon, Roosevelt (wie Anmerkung 2), S. 53, S. 61-63 u. S. 209.

Die Palästina-Frage wurde noch für ein anderes Mitglied der Menschenrechtskommisson zur biographischen Herausforderung, nämlich für Charles Malik, den Delegierten des gerade in die Unabhängigkeit entlassenen Libanon. Malik war Berichterstatter der Kommission, wurde 1948 zum Präsidenten des Wirtschafts- und Sozialrats gewählt, dem die Kommission die Menschenrechtserklärung unterbreiten sollte; ebenso wählte man ihn zum Vorsitzenden des Komitees für Soziale, Humanitäre und Kulturelle Angelegenheiten, das die Erklärung der Generalversammlung zur Abstimmung vorlegte. 1958 wurde er zum Präsidenten der Generalversammlung gewählt, zudem vertrat er sein Land im UN-Sicherheitsrat. Als Mitglied der griechisch-orthodoxen Kirche gehörte Malik einer christlichen Minderheit im Libanon an. Er wuchs auf in einer Gesellschaft, die geprägt war durch verschiedene religiöse und kulturelle, d.h. vor allem islamische, christliche, arabische und französische Einflüsse. Sein Sohn ging auf eine amerikanisch-protestantische Missionsschule, er selbst studierte in den USA Philosophie, 1935 unterbrochen von einem Studium bei Martin Heidegger in Freiburg. Die Erlebnisse im nationalsozialistischen Deutschland, Rassismus, Antisemitismus, Hass gegen Franzosen und die Verfolgung von Kommunisten, hinterließen tiefen Eindruck - er selbst wurde auf der Straße wegen seines ‚semitischen' Aussehens tätlich angegriffen. 1937 kehrte er aus den USA in seine Heimat zurück und lehrte bis 1945 an der American University of Beirut. Dort versammelte Malik eine Gruppe junger Professoren um sich, die religiös bzw. weltanschaulich unterschiedlich geprägt waren: christlich, islamisch, jüdisch, aber auch marxistisch und radikal säkular. Sein Ziel war es Führungspersonen auszubilden, die Mittler zwischen ‚Nahem Osten' und den westlichen Kulturen sein sollten. Er selbst hatte sich diese vermittelnde Perspektive längst zu Eigen gemacht, was auch sein Engagement als libanesischer Delegierter bei der UNO prägen sollte. Neben seiner Tätigkeit in der Menschenrechtskommission war er zu dieser Zeit auch Sprecher der Arabischen Liga. Dies war mit Blick auf die Palästina-Frage eine oft belastende Funktion. Malik selbst hatte unmittelbar vor Ausbruch des Krieges 1948 eine Stellungnahme für die Arabische Liga ausgearbeitet, in der er für einen kooperativen Ausgleich vor Ort plädierte: Den Juden wurde ein Existenzrecht zugesprochen, das sie vor Diskriminierung schützen sollte, zugleich wurde aber jede Art von „Viktimisierung" der Juden kritisiert; unter Schutz gestellt werden sollten zudem die Heiligen Stätten in Jerusalem. Durch den Ausbruch des Krieges war die Stellungnahme jedoch noch vor ihrer Veröffentlichung Makulatur geworden. Die Ausrufung des Staates Israel, der Krieg und die große Zahl arabischer Flüchtlinge belasteten auch die Arbeit in der Menschenrechtskommission, zudem sich ja René Cassin und Eleanor Roosevelt für die jüdischen Ansprüche einsetzten. Dennoch war man sich über die Notwendigkeit einer kooperativen Lösung einig - und darüber, die Verpflichtung der Menschenrechtserklärung nicht durch diese Ereignisse beschädigen zu lassen. Charles Malik setzte sich in den darauf folgenden Jahren wiederholt für die Idee ein, Jerusalem zu internationalisieren, mit der er sich allerdings bei Arabern wie bei Juden Gegner schuf. Durch die palästinensische Immigration in den Libanon und den christlichen Exodus von dort begann die Balance zwischen den vielen ethnischen und religiösen Gruppen im Libanon zu wanken und führte letztlich dazu, dass das von Malik erhoffte Modell einer multikulturell harmonischen Gesellschaft in seiner Heimat scheiterte.[87]

Wie sein libanesischer Kollege galt auch der Chinese Peng-chun Chang als „Übersetzer zwischen den Kulturen". Chang war Philosoph, Diplomat und einflussreiches Mitglied der Menschenrechtskommission, auf den zum Beispiel der Bezug auf das „Gewissen" in der Präambel, der gemeinhin als Beweis für den Einfluss christlich-jüdischen Denkens gedeutet wird, zurückgeht. Als Junge erlebte er die Niederschlagung des Boxeraufstandes 1898 durch die britischen, französischen, russischen, amerikanischen, deutschen und japanischen Armeen. Mittels eines amerikanischen Stipendiums studierte er in den USA unter anderem bei John Dewey und kehrte dann nach China zurück, wo er sich als Pädagoge, Theaterschriftsteller und Literaturkritiker höchstes Ansehen erwarb. Nach dem Überfall Japans auf China ging Chang 1937 in den Widerstand, musste aber bald in größter Bedrängnis fliehen. Während des Krieges noch wurde er von der chinesischen Regierung beauftragt, die Aufmerksamkeit der Europäer und Amerikaner auf japanische Kriegsverbrechen wie etwa das Nanking-Massaker von 1937 zu lenken. Als Botschafter in der Türkei und in Chile bemühte er sich um die Vermittlung von chinesischer Kultur und der Kultur des Gastlandes. Nach dem Krieg äußerte sich Chang tief enttäuscht über das Desinteresse des Westens gegenüber dem Schicksal Chinas angesichts erlittener Kriegsqualen und der drohenden kommunistischen Revolution.[88]

2.3 Die Bedeutung von Migrationsfragen in der Entstehungsphase der Menschenrechtserklärung

2.3.1 Staat und Menschenrechte

Die Zwangswanderungen in der ersten Hälfte des 20. Jahrhunderts und die persönlichen Migrationserfahrungen der Gestalter der AEMR hinterließen deutliche Spuren in der Erklärung. Das Dokument, das am 10. Dezember 1948 verabschiedet wurde, war kein Ausdruck des Triumphes der Menschenrechte, sondern zeugte

---

87 Vgl. Glendon, Roosevelt (wie Anmerkung 2), S. 14, S. 53, S. 108-110, S. 124-126, S. 128 u. S. 210.
88 Vgl. Glendon, Roosevelt (wie Anmerkung 2), S. XX u. S. 132f.

von Erschütterung durch die vorangegangenen Katastrophen, die laut Präambel „das Gewissen der Menschheit tief verletzt" hatten. Weniger von Optimismus als von Hoffnung getragen, Menschenrechtsverletzungen in der erlebten Monumentalität zukünftig zu verhindern, erarbeiteten die Vertreter verschiedener UN-Mitgliedsstaaten eine Deklaration, die auf der Ebene internationaler Übereinkünfte erstmals das Individuum und nicht den Staat in den Mittelpunkt stellte. Dies ist umso bemerkenswerter, als es der Staat gewesen war, der - das hatte gerade auch die Migrationsgeschichte des bisherigen Jahrhunderts gezeigt - die zentrale Rolle bei Menschenrechtsverletzungen spielte. Es waren primär staatliche Maßnahmen, die für Flucht, Vertreibung, ‚Umsiedlung', Deportation, Beschränkung oder Verbot von Ein- und Auswanderung sorgten. Den Einzelnen vor dieser Allmacht des Staates zu schützen, hieß damit zugleich die Hauptursache für Zwangsmigration bzw. die Verhinderung von beabsichtigter Migration zu bekämpfen. Die Vertrauenskrise gegenüber dem Staat, die spätestens die Erfahrungen von Zweitem Weltkrieg und NS-Verbrechen ausgelöst hatten und deren bester Beleg das Artikulationsbedürfnis einer universellen Menschenrechtserklärung ist, konnte aber wiederum nicht jenseits des Staates bewältigt werden: In einer Welt, deren politische Ordnung durch Staatlichkeit bestimmt wurde, waren Staaten durch ihr beanspruchtes bzw. faktisches Gewaltmonopol nicht nur die primären Verletzer von Menschenrechten, sondern potentiell auch deren wirksamstes Schutzinstrument. Folgerichtig ist im Blick zu behalten, dass es sich bei den Mitgliedern der Menschenrechtskommission um Delegierte verschiedener Staaten handelte, die im Regelfall auch als deren Interessenvertreter agierten - im Rahmen einer Organisation, die ein Bündnis von Staaten war. In der Konsequenz konnte es also nicht um die Frage gehen, ob die Menschenrechte mit oder ohne bzw. genauer: gegen den Staat realisiert werden sollten, sondern in welcher Form der Staat beim Schutz der Menschenrechte in die Verantwortung zu nehmen sei. Dieser Anspruch kommt explizit in der Präambel der AEMR zum Ausdruck, in der es heißt, dass „die Mitgliedstaaten sich verpflichtet haben, in Zusammenarbeit mit den Vereinten Nationen auf die allgemeine Achtung und Einhaltung der Menschenrechte und Grundfreiheiten hinzuwirken". Des Weiteren solle „durch fortschreitende nationale und internationale Maßnahmen ihre allgemeine und tatsächliche Anerkennung und Einhaltung" gewährleistet werden. Damit war zum einen die Aufforderung zu internationaler Kooperation grundgelegt, andererseits wurde den einzelnen Staaten aber auch Spielraum bei der Wahl der als geeignet angesehenen Maßnahmen eingeräumt. Hiermit übereinstimmend vertrat etwa René Cassin, obwohl auf Grund der NS-Erfahrungen entschiedener Gegner umfassender nationaler Souveränitätsansprüche, zugleich den Standpunkt, dass Staaten die primären Verteidiger der Menschenrechte seien und deshalb in der

AEMR für ein ausreichendes Maß an jeweilig staatlicher Interpretation und Implementierungsmöglichkeiten Platz eingeräumt werden müsse.[89]

Während der Erarbeitung der Menschenrechtserklärung gab es allerdings massive Auseinandersetzungen darüber, ob die Staaten bei ihrem Engagement für Menschenrechte in einem absoluten Sinn souverän blieben und sich damit im Zweifelsfall auch das Recht vorbehalten konnten, Menschenrechte zu bewilligen oder nicht. Eine Beschränkung staatlicher Machtbefugnis erschien bereits deshalb als spannungsgeladen, da in der UN-Charta von 1945 staatliche Souveränität prinzipiell festgeschrieben worden war[90] - und dies aus zunächst nahe liegenden Gründen: Der gerade beendete Krieg hatte in bisher unbekanntem Maße zur Verletzung der Souveränitätsrechte zahlreicher Staaten geführt; gegen geltendes Völkerrecht waren Länder angegriffen, besetzt und verheert worden. Und vielfach war die Verletzung von Landesgrenzen Vorbedingung bzw. unmittelbarer Auslöser von Zwangsmigration gewesen. Im Zusammenhang mit der UN-Charta hatte das Souveränitätsprinzip noch einen weiteren, emanzipatorischen Akzent gehabt, insofern es korrelierte mit dem auf die Friedensordnung nach dem Ersten Weltkrieg zurückgehenden Selbstbestimmungsrecht der Völker und nunmehr den Anspruch verschiedener Länder auf Befreiung von kolonialer Herrschaft begründete. Allerdings verbanden sich mit dem Selbstbestimmungsrecht zugleich Ethnisierungs- bzw. Homogenisierungsvorstellungen, die ihrerseits für die Diskriminierung und Vertreibung von Minderheiten sorgten - das hatte sich nach dem Ersten Weltkrieg gezeigt und sollte ebenso zum Muster des Dekolonialisierungsprozesses nach dem Zweiten Weltkrieg werden (s.o.).

Die Sowjetunion und ihre kommunistischen Verbündeten erwiesen sich während der Arbeit an der AEMR als Verfechter eines absoluten staatlichen Souveränitätsanspruchs, was im Hinblick auf ihre Erfahrung mit der deutschen Kriegspolitik im Osten auch einiges Verständnis hervorrufen mochte. Allerdings wurde schnell offensichtlich, dass diese Position vor allem der kommunistischen Herrschaftslegitimation bzw. der Abwehr menschenrechtlicher Kritik diente.[91] Demgegenüber hatte etwa Charles Malik bereits während der Ersten Sitzung der Menschenrechts-

---

89 Vgl. Glendon, Roosevelt (wie Anmerkung 2), S. 69.
90 Von den in Artikel 2 der UN-Charta formulierten Prinzipien der Vereinten Nationen wird als erster Grundsatz die souveräne Gleichheit aller Mitgliedsstaaten genannt. Allerdings gibt es in diesem Dokument auch mehrfach explizite Verweise auf die Menschenrechte sowie in der Präambel den ausdrücklichen Bezug auf „die Grundrechte des Menschen" und „Würde und Wert der menschlichen Persönlichkeit" (vgl. www.lpb-bw.de/charta.htm).
91 Vgl. Glendon, Roosevelt (wie Anmerkung 2), S. 215. - Bei der Verteidigung des staatlichen Vorrangs machte die Sowjetunion ideologisch geltend, dass in der eigenen, auf den Kommunismus hin angelegten Gesellschaft die Differenz von Individuum und Staat aufgehoben sei. Entsprechend seien im sowjetischen Staat die Interessen aller Individuen repräsentiert und damit auch die Menschenrechte angemessen vom Staat aus zu denken (vgl. Morsink, Declaration (wie Anmerkung 8), S. 21f.).

kommission in pointierter, biblisch konnotierter Wendung bemerkt, der Mensch sei nicht um des Staates Willen geschaffen worden, sondern der Staat bestehe um des Menschen Willen.[92] Entsprechend sollte der Staat nicht als oberstes Prinzip bzw. letzter Zweck angesehen werden, sondern als politisches Mittel zum Schutz der Menschenrechte. René Cassin, zugleich wohl wissend um den kommunistischen Unterdrückungsapparat, rief die fatale Reaktion der Staatenwelt auf die NS-Verbrechen in Deutschland nach 1933 in Erinnerung, als den Nazis - man denke etwa an Evian 1938 (s.o.) - nationale Souveränität zugebilligt worden war.[93] Insbesondere diese Erfahrung veranlasste die Mehrheit der Menschenrechtskommission, der AEMR die Beschränkung staatlicher Machtbefugnisse an verschiedenen Stellen einzuschreiben: Indem etwa bereits eingangs der Präambel die Menschenrechte als „unveräußerlich" charakterisiert wurden, waren sie definitorisch dem souveränen Zugriff des Staates entzogen.[94] Ein weiteres Beispiel ist das in Artikel 3 benannte „Recht auf Leben, Freiheit und Sicherheit": Die sowjetische Forderung, dieses Recht durch den Zusatz eines staatlichen Vorbehalts zu beschränken, wurde mit dem Hinweis auf die NS-Zeit mehrheitlich abgewiesen.[95] Konsequenterweise war es letztlich die Beschneidung staatlicher Souveränität, die zu den bereits erwähnten Stimmenthaltungen der Sowjetunion und weiterer kommunistischer Staaten führen sollte.[96]

---

92 Vgl. Morsink, Declaration (wie Anmerkung 8), S. 243. - Bezugspunkt ist offensichtlich ein dem biblischen Jesus zugeschriebenes Zitat aus dem Markus-Evangelium: „Der Sabbat ist für den Menschen da, nicht der Mensch für den Sabbat" (Mk 2,27). Damit wird ein bloß formales Befolgen von göttlichen Gesetzesvorschriften kritisiert, das den zugrunde liegenden Zweck, nämlich dem Menschen (in seiner Beziehung zu Gott) zu Gute zu kommen, außer Acht lässt.

93 Vgl. Glendon, Roosevelt (wie Anmerkung 2), S. 60. - Dieser Anspruch auf nationale Souveränität galt auch für die Dauer des Zweiten Weltkrieges - allerdings nunmehr auch für die angegriffenen Staaten, die ihr Recht auf Selbstverteidigung in Anspruch nahmen. Die Bedeutung des Prinzips nationaler Souveränität spiegelte sich dann auch in den Nürnberger Prozessen wider, insofern der Fokus auf Verbrechen lag, die mit dem Krieg, also der Verletzung der Souveränität anderer Staaten, zusammenhing. Entsprechend verband sich der Anklagepunkt „crimes against humanity" durchgehend mit weiteren, auf den Krieg bezogenen Anklagepunkten, während die Verbrechen vor Kriegsausbruch als innere Angelegenheit Deutschlands angesehen und nur nachgeordnet zur Beweisführung herangezogen wurden (vgl. Weinke, Annette: Die Nürnberger Prozesse. München 2006, S. 22f., S. 35, S. 51, S. 55 u. S. 57).

94 Die Formulierung „unveräußerlich" legt nahe, dass diese Rechte nicht nur nicht angetastet werden durften, sondern im Wortsinn auch nicht angetastet werden konnten. Diese Vorstellung von unveräußerlichen Menschenrechten stand und steht immer wieder im Zentrum vor allem philosophischer Theorie bzw. Kritik, kann aber an dieser Stelle nicht weiter ausgeführt werden (vgl. bspw. Bielefeldt, Heiner: Philosophie der Menschenrechte. Grundlagen eines weltweiten Freiheitsethos. Darmstadt 1998; zuletzt Menke, Christoph/ Pollmann, Arnd: Philosophie der Menschenrechte zur Einführung. Hamburg 2007). Es mag deshalb der Hinweis genügen, dass sich mit der Vorstellung einer Unverfügbarkeit solcher Rechte die Annahme verbindet, Staaten - oder auch einzelne Mitmenschen - könnten genau genommen Menschenrechte nicht verletzen, sondern nur missachten. Das allerdings wirft die Frage auf, warum man dann überhaupt eine Erklärung zu ihrem Schutz erarbeiten sollte. Die an der Erarbeitung Beteiligten gingen indes sehr wohl davon aus, dass Menschenrechte verletzt werden konnten - und zwar primär durch den Staat.

95 Vgl. Morsink, Declaration (wie Anmerkung 8), S. 39.

96 Vgl. ders., S. 21-24.

2.3.2 Die „internationalen Rechte" (René Cassin)

Hinsichtlich des Umgangs mit Migration ist allerdings festzustellen, dass der Vorrang des einzelnen Menschen vor dem Staat innerhalb der AEMR ebenfalls - im wörtlichen wie im übertragenen Sinn - an Grenzen stieß. Dies gilt insbesondere für drei Rechte, die unmittelbare Bedeutung für Migranten hatten: das Recht auf Freizügigkeit (Artikel 13), das Recht auf Asyl (Artikel 14) und das Recht auf Staatsangehörigkeit (Artikel 15). Es verwundert nicht, dass René Cassin angesichts seiner Flucht aus Frankreich, der Gewährung von Asyl in England und der Aberkennung der französischen Staatsangehörigkeit bei gleichzeitiger Verurteilung zum Tode in Abwesenheit diese Rechte in einen unmittelbaren Zusammenhang mit dem Recht auf Leben und Freiheit (vgl. Artikel 3) brachte.[97] Er bezeichnete sie als „internationale Rechte", da sie im Unterschied etwa zum Recht auf Bildung (Artikel 26) die Kooperation von Ländern erforderten und zugleich ihre Souveränität beschnitten.[98]

2.3.2.1 Das Recht auf Freizügigkeit

Das in Artikel 13 formulierte Recht auf „Freizügigkeit innerhalb eines Staates", „Verlassen eines Staates sowie Rückkehr in sein Land" reagierte auf spezifische Problemlagen: Die freie Entscheidung des Einzelnen über Migration innerhalb eines Staates kann als Antwort auf die Zwangsumsiedlungen beispielsweise von Minderheiten in der Sowjetunion gelesen werden. Das Recht auf Verlassen eines Landes war das Echo auf die Auswanderungsbeschränkungen bzw. -verbote der Zwischenkriegszeit, insbesondere aber auch während der Zeit des Nationalsozialismus. Dieses Recht erstreckte sich zudem auf einen, d.h. potentiell jeden Staat und wurde historisch anschaulich im Hinblick auf die millionenfache Erfahrung des Festhaltens von Menschen in einem fremden Land in Form von Zwangsarbeit. Schließlich war das Recht auf die Rückkehr in sein Land unter dem Eindruck der großen Anzahl palästinensischer Flüchtlinge vom Libanon erfolgreich eingebracht worden.[99] Umfassender noch ist es aber als Reaktion auf das Dauerproblem von Flucht und Vertreibung zu sehen, das mit Artikel 9 korrespondierte, in dem auf Vorschlag des sowjetischen Vertreters der Schutz vor willkürlicher Verbannung fixiert worden war. Zugleich ging der Sowjetunion dieses Recht des Individuums gegenüber dem Staat - wie auch diejenigen Rechte bezüglich Freizügigkeit und Asyl - aber zu weit. Alexei Pavlov als sowjetischer Vertreter stellte konkret infrage, dass ein Individuum sein Herkunftsland unabhängig von dessen Gesetzen und Interes-

---

97 Vgl. Glendon, Roosevelt (wie Anmerkung 2), S. 96.
98 Vgl. Morsink, Declaration (wie Anmerkung 8), S. 72f. - Entsprechend waren diese drei Artikel die zentralen Gegenstände des Widerstandes der Sowjetunion (vgl. Glendon, Roosevelt (wie Anmerkung 2), S. 59, S. 96 u. S. 167).
99 Vgl. Glendon, Roosevelt (wie Anmerkung 2), S. 153.

sen verlassen und die Staatsangehörigkeit eines anderen Landes annehmen dürfe.[100] Dieser Einwand wurde jedoch von der Mehrheit der Kommissionsmitglieder kritisiert und zurückgewiesen. Eine Freizügigkeit ohne jegliche Einschränkungen, für die ausgerechnet Indien, das in dieser Zeit mit Pakistan den Zwangsaustausch der jeweiligen religiösen Minderheit durchführte (s.o.), ein Plädoyer hielt, fand indess ebenfalls keine Mehrheit.[101] Vielmehr bezog sich das Recht allein auf die Einreise in sein Land, d.h. in das Land, dessen Staatsangehörigkeit man besaß. Die Einreise in ein anderes Land war hingegen ebenso wenig garantiert wie der dortige dauerhafte Aufenthalt. Staat und Staatsangehörigkeit bildeten damit, wenn auch in gegenüber den sowjetischen Wünschen abgeschwächter Weise, besonders wichtige Maßstäbe für den menschenrechtlich begründeten Anspruch von Freizügigkeit.

2.3.2.2 Das Recht auf Asyl

Die Aufnahme eines eigenen Asylrechtsartikels in die AEMR war eine bemerkenswerte Innovation auf der Ebene zwischenstaatlicher Vereinbarungen, die in keinem nachfolgend entstandenen internationalen Dokument eine Entsprechung fand. Dass dieser Artikel in der damaligen Situation zustande kam, lässt sich zu einem guten Teil mit den noch präsenten Erfahrungen einer international restriktiven Asylpraxis erklären, die gerade für Juden, aber auch andere Gruppen und Personen katastrophale Folgen hatte. Entsprechend traten Vertreter des Jüdischen Weltkongresses für ein bedingungsloses Asylrecht ein und argumentierten, dessen Verweigerung für jüdische Flüchtlinge im Zweiten Weltkrieg sei gleichbedeutend mit der Verweigerung des Lebensrechts gewesen. Der Vertreter Uruguays, dessen Land im Zweiten Weltkrieg viele Juden aufgenommen hatte, folgerte aus diesem historischen Vermächtnis indes die Pflicht, in gleicher Weise den arabischen Flüchtlingen aus Palästina Asyl zu gewähren. Karim Azkoul, wie Charles Malik aus dem Libanon kommend, in dem viele Palästinenser Zuflucht fanden, gehörte ebenfalls zu den Vorkämpfern eines unbegrenzten Asylrechts. Er bestand darauf, dass das Recht auf Asyl zu den angeborenen Rechten des Menschen gehöre und deshalb ohne Einschränkung garantiert werden müsse. Unterstützung erhielt er dabei unter anderem aus Pakistan und von der International Refugee Organisation. Mit der Palästina-Frage war indes ein wunder Punkt der Asyldebatte berührt,[102] aus dem nicht alle

---

100 Vgl. Morsink, Declaration (wie Anmerkung 8), S. 74. - In einer UN-Resolution aus dem Jahr 1949 wurde die Sowjetunion konkret gerügt, weil es sowjetischen Frauen, die mit ausländischen Männern verheiratet waren, nicht gestattet wurde, ihr Land zu verlassen (vgl. Glendon, Roosevelt (wie Anmerkung 2), S. 194).
101 Vgl. Morsink, Declaration (wie Anmerkung 8), S. 50, S. 74 u. S. 95 u. Glendon, Roosevelt (wie Anmerkung 2), S. 182.
102 Ein UN-Vertreter informierte die an der Gestaltung der AEMR beteiligten Personen detailliert über die Situation der eine halbe Million Flüchtlinge, die aus Palästina geflohen waren und jetzt Zuflucht in den Nach-

dieselben Folgerungen zogen wie Azkoul: Saudi-Arabien etwa, dass die Hauptlast der palästinensischen Flüchtlinge zu tragen hatte, zeigte sich gegenüber einem weit reichenden Recht offen ablehnend. Großbritannien, unter dessen Verwaltung das UN-Mandatsgebiet Palästina bis Mitte Mai 1948 gestanden hatte, votierte gleichfalls gegen eine uneingeschränkte Garantie. Die Gegner eines unbegrenzten Asylrechts hatten dabei ein massives, mit Blick auf den Palästina-Konflikt und die Situation der „Displaced Persons" sich bestätigendes Problem vor Augen: die soziale Belastung eines Landes durch Hunderttausende geflohener Menschen, deren Asylanspruch faktisch zum Bleiberecht auf Dauer, d.h. zur Einwanderung werden konnte. René Cassin hatte, um der Identifizierung von Asylsuchenden mit Einwanderern zu entgehen, gemahnt, die Zubilligung zu vieler Rechte während des Aufenthalts im Asylland werde die Zugangschancen von Asylsuchenden drastisch minimieren. Er mühte sich dabei unzweifelhaft um eine praktische Lösung für das Recht auf Leben - allerdings zu Ungunsten rechtlicher Gleichheit.[103] Vor allem aber beinhaltete das in Artikel 14 festgeschriebene Recht, „in anderen Ländern vor Verfolgung Asyl zu suchen und zu genießen", einen gravierenden Vorbehalt. Denn der Artikel überließ grundsätzlich dem jeweiligen Staat die Entscheidung über die Gewährung von Asyl. So hatte der ursprüngliche Entwurf das Recht auf Asyl noch „garantiert", war also ein umfassender Rechtsanspruch des Asylsuchenden gegenüber dem jeweiligen Staat. Auf mehrheitliche Zustimmung stoßend, war aber etwa von britischer Seite aus geltend gemacht worden, eine Garantie auf Asyl widerspreche den Einwanderungsbestimmungen fast sämtlicher Länder.[104] In der Konsequenz war es Flüchtlingen nunmehr lediglich gestattet, dieses Recht zu suchen, d.h. den betreffenden Staat darum zu bitten. Erst wenn dieser Staat die Bitte positiv beschied, folgte daraus das Recht, das Asyl auch zu genießen, d.h. unter anderem die Menschenrechte, so weit sie nicht an die Staatsangehörigkeit geknüpft waren (s.u.), in Anspruch zu nehmen. Dem Recht auf die Inanspruchnahme von Asyl war damit aber die staatliche Entscheidung über dessen Gewährung vorgängig. Diese Gewährung wiederum setzte die Anerkennung des Asylsuchenden als Verfolgter voraus, d.h. die Zuerkennung des Flüchtlingsstatus. Die Konferenz von Evian im Jahr 1938 hatte exemplarisch vor Augen geführt, in welch engen Grenzen sich die Zuerkennung vor dem Zweiten Weltkrieg bewegte. Gemäß Artikel 14 der AEMR waren nunmehr diejenigen Menschen vom Flüchtlingsstatus auszunehmen, die „auf Grund von Verbrechen nichtpolitischer Art" oder „gegen die Ziele und Grundsätze der Vereinten Nationen" gerichteter Handlungen Asyl beantragten. Die Formulierung „nichtpolitischer Art" rückte im Umkehrschluss den in

barländern suchten (vgl. Glendon, Roosevelt (wie Anmerkung 2), S. 152).
103 Vgl. Morsink, Declaration (wie Anmerkung 8), S. 74-79.
104 Vgl. Glendon, Roosevelt (wie Anmerkung 2), S. 153.

der ersten Hälfte des 20. Jahrhunderts primär legitimierten Typus des politischen Flüchtlings in den Fokus, was sich etwa für jüdische Emigranten als hoch problematisch herausgestellt hatte (s.o.). Damit aber fiel die Menschenrechtserklärung tendenziell hinter die Definition der International Refugee Organisation von 1946 zurück, die als akzeptiertes Fluchtmotiv begründete Einwände gegen Rückkehr in das Herkunftsland, einschließlich der „begründete[n] Furcht vor Verfolgung wegen Rasse, Religion, Nationalität oder politischer Meinung" benannte.[105] Zugleich eröffnete das Ausschlusskriterium „nichtpolitische Verbrechen" großen staatlichen Interpretationsspielraum und massive Beweisnot für den einzelnen Antragssteller - die Verfolgung aufgrund politischer Überzeugung musste nachgewiesen, entsprechende Handlungen als nicht durch die Gesetze des Landes strafbar klassifiziert bzw. die gesetzlichen Regelungen als Unrecht bestimmt und/ oder die vorgesehene Bestrafung als besonders grausam nachgewiesen werden.[106] Die Relevanz dieses Problems lässt sich exemplarisch am Disput Eleanor Roosevelts mit dem Delegierten der Sowjetunion hinsichtlich des Status der „Displaced Persons" verdeutlichen: Während Roosevelt die Rechtmäßigkeit des Anspruchs der betroffenen Menschen auf Asyl verteidigte, wurde von sowjetischer Seite der Asylanspruch für diejenigen bestritten, die vorgeblich Landesverrat, also eine kriminelle, weil ungesetzliche Tat, begangen hätten.[107]

2.3.2.3 Das Recht auf Staatsangehörigkeit

Sowohl in Artikel 13 als auch in Artikel 14 waren die Ansprüche des Individuums gegenüber dem Staat deutlich beschränkt: Die Asylfrage setzte die Nicht-Staatsangehörigkeit sui generis voraus, und auch das Ausmaß des Rechtsanspruchs auf Freizügigkeit wurde entsprechend bemessen. Besonders deutlich wird dies auch an Artikel 21, demzufolge das Recht auf politische Beteiligung den Staatsangehörigen des jeweiligen Landes vorbehalten war. Deshalb kam Artikel 15, in dem das Recht auf Staatsangehörigkeit formuliert worden war, besonderer Stellenwert innerhalb der Menschenrechtserklärung zu. Geschrieben wurde der Artikel nicht zuletzt aufgrund der Erfahrung des Nürnberger Reichsbürgergesetzes von 1935, das für alle Juden ei-

---

105 Vgl. Caestecker, Flüchtlingspolitik (wie Anmerkung 53), S. 91.
106 Der Unrechtscharakter von Gesetzen war auch problematischer Gegenstand der Nürnberger Kriegsverbrecherprozesse 1945/46, als den Angeklagten nachgewiesen werden musste, dass sie gegen geltendes Staats- und Völkerrecht verstoßen hatten. Der Anklagepunkt „crimes against humanity" war deshalb nicht unproblematisch, da er sich nicht auf Rechtsverträge stützen konnte; stattdessen argumentierten die Ankläger zu einem gewissen Maß mit dem „Gewohnheitsrecht der Völker", was später als Bruch mit dem Grundsatz „nulla poena sine lege" (lat. „keine Strafe ohne Gesetz") kritisiert wurde (vgl. Weinke, Nürnberger Prozesse (wie Anmerkung 93), S. 15, 22, 51, 54f. u. 57). Dieser Grundsatz ist im Übrigen auch in Artikel 11 (2) der AEMR verankert und verschärft damit das Problem.
107 Vgl. Glendon, Roosevelt (wie Anmerkung 2), S. 92.

nen zentralen Schritt beim Verlust ihrer Staatsangehörigkeit bedeutet hatte.[108] Doch darüber hinaus war den Verfassern bewusst, dass Staatenlosigkeit zu den zentralen Merkmalen der Migrationsgeschichte des bisherigen Jahrhunderts gehörte: Die Situation der russischen Flüchtlinge im Gefolge der Oktoberrevolution oder das ungewisse Schicksal der „Displaced Persons" nach dem Zweiten Weltkrieg etwa führten dies besonders nachdrücklich vor Augen. René Cassin, dem während des Krieges die französische Staatsbürgerschaft aberkannt worden war, hatte in seinem eigenen Entwurf zu Artikel 15 formuliert, es sei die Pflicht der Vereinten Nationen und der Mitgliedsstaaten Staatenlosigkeit zu verhindern, da dieser Zustand im Widerspruch zu den Menschenrechten und dem Interesse der menschlichen Gemeinschaft stehen würde.[109] Diese umfassende Beschreibung musste letztlich einer schlichteren Endfassung weichen, die überdies den Zusatz enthielt, die Staatsangehörigkeit dürfe nicht „willkürlich" entzogen werden. Dies bedeutete insofern eine Abschwächung, als damit allein eine ungesetzliche Aberkennung untersagt wurde, nicht aber eine rechtlich geregelte. Jedoch schrieb der erste Satz unmissverständlich das Recht auf Staatsangehörigkeit fest und damit implizit auch das Verbot, eine Person durch die Aberkennung der Staatsangehörigkeit staatenlos zu machen. So blieb die inhaltliche Stoßrichtung von Cassins Entwurf erhalten: Unter dem Dach der UN-Staatengemeinschaft sollten die einzelnen Staaten ihrer Schutzfunktion für die Menschenrechte zunächst dadurch nachkommen, dass sie die besondere Fürsorgepflicht für die Staatsangehörigen ihres Landes übernahmen, und das hieß grundlegend, die Staatsangehörigkeit selbst nicht infrage zu stellen. Dieser Schlüsselfunktion entsprechend führte erst die Staatsangehörigkeit zu einem umfassenden Rechtsanspruch - nicht gegenüber dem Staat, sondern gegenüber ‚seinem' Staat - d.h. die Menschenrechte realisierten sich in toto als staatsbürgerliche Rechte. Das zeigte sich nicht nur beim Recht auf Freizügigkeit, sondern ebenso in Artikel 21, in dem das Recht auf politische Beteiligung geregelt war. Danach waren die Beteiligung „an der Gestaltung der öffentlichen Angelegenheiten" sowie der gleichberechtigte „Zugang zu öffentlichen Ämtern" auf ‚sein' Land beschränkt. Nun ließe sich auch hier einwenden, diese Einschränkungen stünden in einem inneren Widerspruch zum Recht auf Nicht-Diskriminierung (Artikel 2) und Gleichheit vor dem Gesetz (Artikel 7). Doch diesem Einwand wäre zunächst entgegen halten, dass alle Menschen die

---

108 Mit dem Reichsbürgergesetz wurde unterschieden zwischen Vollbürgern des Deutschen Reiches mit politischen Rechten und „Nicht-Ariern" als „Staatsangehörigen" ohne politische Rechte (Vgl. Benz, Ausgrenzung (wie Anmerkung 29), S. 85). An diesem Beispiel wird gleichermaßen der Unterschied und innere Zusammenhang von „Staats*angehörigkeit*" und „Staats*bürgerschaft*" deutlich: Während „Staats*angehörigkeit*" die Zugehörigkeit einer Person *zu* einem Staat meint, wird mit „Staats*bürgerschaft*" der sich aus dieser Zugehörigkeit ergebende Rechtsanspruch *in* diesem Staat bezeichnet.
109 Vgl. Glendon, Roosevelt (wie Anmerkung 2), S. 64.

gleichen Rechte zugesprochen bekamen, aber nicht in jeder Hinsicht den gleichen Adressaten. Das heißt, dass auch Menschen, die sich als Nicht-Staatsangehörige in einem Land aufhalten, alle Menschenrechte besitzen; jedoch können sie nicht alle Rechte, die sie besitzen, gegenüber diesem Staat geltend machen. Überdies ließe sich auf historischer Ebene anführen, dass in klassischen Einwanderungsländern wie den USA oder Großbritannien Immigranten vielfach als zukünftige Staatsangehörige wahrgenommen wurden. Allerdings wurde ja einerseits genau deshalb die Zusprechung des Immigranten-Status insbesondere nach dem Ersten Weltkrieg so regide gehandhabt und bewusst vom Asyl unterschieden; und andererseits war diese Verbindung zwischen Immigration und Staatsangehörigkeit international eben keine Selbstverständlichkeit - und ist es bis heute nicht, wie sich etwa mit Blick auf Deutschland zeigt. Demgegenüber kann für die AEMR vielmehr gefolgert werden, dass der Schwerpunkt staatlicher Verpflichtung zum Menschenrechtsschutz nicht auf der Bewältigung von Migrationsfolgen lag, d.h. der automatischen Gewährung des Bleiberechts sowie der rechtlichen Gleichstellung mit Staatsangehörigen durch die Aufnahmeländer. Stattdessen sollten vorrangig die Herkunftsländer der Flüchtlinge zur Anerkennung der Staatsangehörigkeit mitsamt den sich daraus ergebenden staatsbürgerlichen bzw. menschenrechtlichen Konsequenzen verpflichtet werden - und damit zur Beseitigung der Migrationsursachen.

2.3.3 Das Diskriminierungsverbot

Als besonders wichtiger Schlüssel zur Beseitigung der Migrationsursachen kann das Diskriminierungsverbot in Artikel 2 gelesen werden. Allerdings entbehrt es nicht eines bitteren Beigeschmacks, dass das Verbot von Diskriminierung ausgerechnet von der sowjetischen Delegation initiiert wurde, Vertretern des Staates, der in starkem Maße ursächlich an der damaligen Flüchtlingssituation beteiligt war. Die sowjetische Seite verstand den Artikel als Reaktion auf die nationalsozialistische Weltanschauung, da mit dieser die grundsätzliche Gleichheit aller Menschen bestritten worden sei. Nach Ansicht von Alexei Pavlov, Vertreter der Sowjetunion, war dieser Artikel der wichtigste von allen und von grundlegender Notwendigkeit in der damaligen historischen Situation.[110] In der UN-Charta von 1945 und in früheren Entwürfen der AEMR bezog sich das Verbot der Diskriminierung allein auf „Rasse", „Geschlecht", „Sprache" und „Religion"; diese Aspekte waren nach eingehenden Gesprächen jedoch ergänzt worden um „Hautfarbe", „politische Überzeugung", „nationale oder soziale Herkunft", „Vermögen", „Geburt" und „sonstigen Stand" sowie die „politische, rechtliche oder internationale Stellung des Heimatlandes oder -gebietes" - und

---

110 Vgl. Morsink, Declaration (wie Anmerkung 8), S. 39 u. S. 93.

zeugte von dem Problembewusstsein für die Vielfalt der Diskriminierungsmotive, die historisch erfahrbar geworden waren.[111] Der Hinweis auf „Rasse" war unter dem Eindruck der NS-Rassenlehre und -praxis formuliert worden. Pavlov nahm diesen Aspekt bzw. den der „Hautfarbe" überdies zum Anlass, die Diskriminierung von Schwarzen in Südafrika und in den USA vehement zu kritisieren. Tatsächlich sollten die Apartheidpolitik und die damit einhergehenden Vorstellungen rassischer Ungleichheit dann den Ausschlag dafür geben, dass sich Südafrika bei der Abstimmung über die AEMR der Stimme enthielt.[112] In Kontrast zur rassistischen Politik der Nationalsozialisten stand auch das Heiratsrecht in Artikel 16, hatte doch 1935 das Nürnberger „Gesetz zum Schutze des deutschen Blutes und der deutschen Ehre" die Heirat von Juden und Nicht-Juden unter Strafe gestellt.[113] Überdies billigte der Artikel in Übereinstimmung mit dem Verbot geschlechtsspezifischer Diskriminierung in Artikel 2 Mann und Frau gleiche Rechte beim Schließen, Führen und Auflösen einer Ehe zu. Letzteres sowie die im zweiten Artikel grundgelegte und in Artikel 18 festgeschriebene „Freiheit, seine Religion oder Weltanschauung zu wechseln", stießen bei den muslimischen Delegationen auf schwere Einwände und führte wiederum dazu, dass bei der Abstimmung am 10. Dezember 1948 Saudi-Arabien mit Enthaltung votierte.[114] Dass das Diskriminierungsverbot aufgrund der Religion, das ja schon in der UN-Charta verankert worden war, zwar höchste Relevanz besaß, bisher aber eine äußerst begrenzte Reichweite hatte, zeigte sich bereits in der Entstehungszeit der AEMR, als es in den unabhängig gewordenen Staaten Indien und Pakistan 1947 zu einem Zwangsaustausch von Muslimen und Hindus kam (s.o.). Die praktische Problematik, die sich aus dem Diskriminierungsmotiv „politische Überzeugung" ergab, wurde bereits im Kontext des Rechts auf Asyl besprochen. Zugleich war es aber schon aufgrund biographischer Erfahrungen im Bewusstsein verschiedener Kommissionsmitglieder verankert. Weitergehend warf die sowjetische Delegation insbesondere den französischen und britischen Vertretern vor, deren Kolonialpolitik diskriminiere per se die originären Einwohner der Kolonien und forderte einen ausdrücklich kolonialen Bezug in Artikel 2. Frankreich und Großbritannien wiesen die Vorwürfe zwar zurück, in dem Diskriminierungsverbot hinsichtlich der Stellung des Heimatlandes bzw. -gebietes klingt dieser Aspekt aber zumindest in verklausulierter Form durch.[115]

---

111 Vgl. Glendon, Roosevelt (wie Anmerkung 2), S. 276.
112 Vgl. Morsink, Declaration (wie Anmerkung 8), S. 26-28, S. 94 u. S. 102.
113 Dieses Heiratsverbot galt formell auch - wie bereits erwähnt - für Sinti und Roma (vgl. Anmerkung 68).
114 Vgl. Morsink, Declaration (wie Anmerkung 8), S. 24-26, S. 88 u. S. 261f.
115 Vgl. Morsink, Declaration (wie Anmerkung 8), S. 96-101.

2.3.4 Die Frage des Minderheitenschutzes

Das Diskriminierungsverbot im Blick auf Sprache zielte ebenso wie Religion und Rasse bzw. Hautfarbe auf den Schutz von Angehörigen religiös und ‚ethnisch' definierter Minderheiten; ebenso meinte der Aspekt „nationale Herkunft" im zweiten Artikel nicht etwa die - fremde - Staatsangehörigkeit, sondern die ‚ethnische' Zugehörigkeit.[116] Dieser Zusammenhang mit Minderheiten wird auch angesichts der Tatsache deutlich, dass die exakte Formulierung von Artikel 2 zum größten Teil auf den Vorschlag der UN-Subkommission zur Prävention von Diskriminierung und dem Schutz von Minderheiten zurückging.[117] Damit wurde ein wichtiges Merkmal von Diskriminierung fokussiert, dass gleichwohl den potentiell diskriminierenden Aspekten wie Religion, Sprache oder Rasse schon eingeschrieben war, nämlich die Erfahrung, dass Menschen fast immer als Angehörige einer Gruppe benachteiligt und verfolgt wurden. Griechenland und die Türkei hatten Anfang der 1920er Jahre einen Zwangsaustausch von Menschen vollzogen, weil sie der griechischen bzw. türkischen Minderheit angehörten, Stalin hatte in Reaktion auf den deutschen Überfall Einwohner der Sowjetunion nach Sibirien deportieren lassen, weil sie der Minderheit der Wolgadeutschen angehörten. Häufig geschahen solche Maßnahmen unabhängig davon, ob ein Mensch sich dieser Gruppe zugehörig fühlte oder nicht. So entschieden während der NS-Zeit ja beispielsweise nicht Juden darüber, wer Jude ist, sondern die Nazis.

Für die erste Hälfte des 20. Jahrhunderts hat Wolfgang Benz drei bestimmende Denkfiguren im Umgang mit Minderheiten ausgemacht, die in der Diskussion über die Art und Relevanz des menschenrechtlichen Minderheitenschutzes zumindest in Teilen wieder auftauchten: „1. das Postulat der Assimilation, also das vollständige Aufgehen der Minderheit in der jeweiligen Mehrheit, 2. das Instrument des Minderheitenschutzes durch rechtliche Vereinbarungen unter internationaler Kontrolle und 3. Grenzziehung unter ethnisch-nationalen Gesichtspunkten, gegebenenfalls unter Bevölkerungsaustausch und nach Abstimmung."[118] Hinsichtlich eines durch rechtliche Vereinbarungen gewährleisteten Minderheitenschutzes war die Aussage des australischen Vertreters William Hodgson potentiell am weitreichendsten, insofern er auf die sich selbst gestellte rhetorische Frage, was der Begriff „Menschenrechte" eigentlich meine, antwortete, man denke dabei unmittelbar an Minderheiten.[119] So verstanden musste die gesamte Menschenrechtserklärung primär zum Zwecke des Minderheitenschutzes angelegt werden. Etwas zurückhaltender im Anspruch,

---

116 Vgl. ders., 103-109.
117 Vgl. Glendon, Roosevelt (wie Anmerkung 2), S. 178.
118 Benz, Ausgrenzung (wie Anmerkung 29), S. 108.
119 Vgl. Morsink, Declaration (wie Anmerkung 8), S. 270.

setzten sich mehrere Kommissionsmitglieder für einen eigenen Artikel zum Schutz von Minderheiten ein und akzentuierten dabei zugleich deren Recht auf Eigenständigkeit. So verwies etwa der Kanadier John P. Humphrey, selbst aus einem Land kommend, das auf kulturell unterschiedlichen Traditionen fußte, darauf, dass der Schutz von Minderheiten sowohl den Schutz vor Diskriminierung als auch den Schutz vor Assimilation bedeute. Die indische Delegierte Hansa Metha betonte in Übereinstimmung mit Humphrey, dass Inder, Japaner, Chinesen und alle anderen Personen, die fern ihrer Herkunftsländer leben würden, vor Assimilation geschützt werden sollten. Diese Sichtweise stützten neben dem Nicht-Diskriminierungsartikel sowohl der Artikel 18 zur freien Religionsausübung als auch der Artikel 26, in dem das vorrangige Recht der Eltern gegenüber dem Staat fixiert war, über die Art der Bildung ihrer Kinder zu entscheiden.[120] Während aber diese Artikel auf die Anerkennung der qualitativen Gleichrangigkeit von Minderheiten im Verhältnis zur Mehrheit einer Gesellschaft hindeuten, ist dem Artikel 27, in dem es um die kulturelle Teilhabe geht, die Denkfigur des Assimilationspostulats eingeschrieben. Dort ist im doppelten Singular vom Recht auf die Teilnahme „am kulturellen Leben der Gemeinschaft"[121] die Rede. Zum Ausdruck kommt damit die Vorstellung der einen, vorherrschenden Kultur der Mehrheit. Diese Kultur wiederum ist nicht bloß die Kultur einer, sondern der Gemeinschaft. Das Recht auf kulturelle Teilhabe bedeutet dann aber aus Perspektive der Minderheiten ein Assimilationsangebot zu Lasten kultureller Eigenheiten. Nun lässt sich dieser Lesart entgegen halten, „kulturelles Leben" sei nicht gleichbedeutend mit einer Kultur, sondern umfasse - potentiell gleichberechtigt - verschiedene kulturelle Einflüsse. Warum aber wird dann ausgerechnet an dieser Stelle von „Gemeinschaft" und nicht, wie an anderen Stellen, von „Gesellschaft" (vgl. Präambel, Art. 16, Art. 22, Art. 29) gesprochen? Johannes Morsink, der diesen Artikel als die größte Schwäche der Menschenrechtserklärung beurteilt, sieht hierin eine problematische Identifikation des Staates mit dem gemeinschaftlich gedachten National-Staat bzw. der Identifikation der Nation mit der Kulturnation, während die Sensibilität für die Vielfalt kultureller Traditionen in einer Gesellschaft, für Multikulturalismus und Pluralismus fehle. Ausgegangen werde von einer dominanten Mehrheitskultur, die auch deshalb kritisch zu betrachten sei, weil sie das politische Handeln präge, während das jeweilige kulturelle Leben einer religiösen, ethnischen oder sprachlichen Minderheit diesen Einfluss auf den Staat nicht habe.[122] Damit scheint als dritte Denkfigur zugleich eine - in diesem Fall allerdings nur gedanklich vollzogene - Grenzziehung unter ethnisch-nationalen Gesichtspunkten auf. Diese

---

120 Vgl. ders., S. 105 u. S. 263-269 u. S. 270.
121 Durch den zweifachen bestimmten Artikel im englischen Original wird der Problemaspekt noch deutlicher: „to participate in *the* cultural life of *the* community" (vgl. www.un.org/Overview/rights.html).
122 Vgl. Morsink, Declaration (wie Anmerkung 8), S. 269.

spiegelte gleichwohl die Minderheitenpolitik der vergangenen Jahrzehnte insofern wider, da kulturelle Differenz eben nicht als gesellschaftlicher Normalfall aufgefasst wurde, sondern - das hatten die friedenspolitischen Erwägungen auf der Konferenz von Lausanne 1922/23 ebenso gezeigt wie diejenigen der Konferenzen von Teheran 1943 und Jalta 1945 (s.o.) - als Problem an sich, dem mit einer ‚Homogenisierungs'-Politik zu begegnen war.

Die Angriffe des weißrussischen Delegierten Kaminsky gegen die australische, amerikanische und koloniale Minderheitenpolitik bildeten offenbar den unmittelbaren Anlass für das Scheitern eines eigenständigen Minderheitenartikels. Neben tagespolitisch motivierter Agitation im Horizont des beginnenden Kalten Krieges gab es jedoch noch weitere Motive für Kritik an einem potentiellen Minderheitenartikel. So hatte der australische Delegierte Watts, der sich in Übereinstimmung mit der Position insbesondere der südamerikanischen Länder sah, erklärt, er zöge die Zerstreuung von Gruppen einer Formierung von Minderheiten vor.[123] Das hier abermals zum Ausdruck kommende Homogenitätsdenken muss gewiss als einer der tieferen Gründe für das Nichtzustandekommen eines eigenständigen Artikels zum Schutz der Minderheiten angesehen werden. Überdies gab es im Großteil der Verfassungen der UN-Mitgliedsstaaten in den späten 1940er Jahren keinen solchen Artikel und damit nur begrenzt eine nationale Rechtstradition, aus der sich schöpfen ließ.[124] Zudem mag auf internationaler Ebene die Erinnerung an das Scheitern der Bemühungen des Völkerbunds um eine Lösung der Minderheitenfrage, für die sich der damalige amerikanische Präsident Wilson nach dem Ersten Weltkrieg unter Bezug auf das Selbstbestimmungsrecht der Völker eingesetzt hatte, einen defensiven Umgang mit diesem Problem befördert haben. Und schließlich führte die Erfahrung der Instrumentalisierung deutscher Minderheiten durch die Nazis bei der Besetzung der Tschechoslowakei und dem Überfall auf Polen zu grundsätzlichen Bedenken. Insbesondere die beiden letztgenannten Gründe hatten bereits zur Folge gehabt, sich in der UN-Charta auf den allgemeinen Aspekt der Nicht-Diskriminierung zurückzuziehen. Diese Position machte sich auch die amerikanische Delegation zu Eigen, indem sie darauf verwies, für den Schutz der Minderheitenrechte sei die Genozid-

---

123 Vgl. ders., S. 277 - Kaminsky hatte mit der diskriminierenden Minderheitenpolitik der genannten drei Länder die Notwendigkeit eines entsprechenden Artikels begründet, was jedoch im Gegenteil zu weiter abnehmender Unterstützung führte.

124 Eigenständige Artikel zum Schutz von Minderheiten gab es allein in den Verfassungen der CSSR und Chinas; allerdings wiesen einige Länder wie Belgien, Kanada, Finnland, Südafrika, die Schweiz und die UdSSR konstitutionelle Garantien für religiöse und sprachliche Minderheiten auf (vgl. ders. S. 270). Dass sich daraus nicht automatisch Rückschlüsse auf eine entsprechende Minderheitenpraxis ziehen lassen, wird etwa mit Blick auf die Apartheidpolitik Südafrikas deutlich oder hinsichtlich der Vertreibungen der deutschen Minderheit in der Tschechoslowakei unmittelbar nach dem Krieg.

Konvention[125] und nicht die AEMR der richtige Platz. In diesem Zusammenhang setzte sich die Argumentationslinie durch, dass es bei der Menschenrechtserklärung nicht um den Schutz von Gruppen als solchen gehen dürfe, sondern um deren Angehörige als Individuen; da dies aber ohnehin Ziel der Menschenrechtserklärung sei, bedürfe es auch keines eigenen Minderheitenartikels.[126] Das galt umso mehr angesichts einer NS-Politik, die gezeigt hatte, dass Gruppenzuordnungen einen politisch hoch wirksamen Charakter annehmen können: Durch die Überbetonung des gemeinsamen Eigenen bei Negierung der Unterschiede innerhalb der Gruppe einerseits und die Akzentuierung des fremden Anderen bei Ignorierung von übergreifenden Gemeinsamkeiten andererseits ließen sich die deutschen Minderheiten im Ausland als Kriegsargument ebenso instrumentalisieren wie ‚die Juden' als Minderheit diskriminieren.

Bei der Bekämpfung der Ursachen erzwungener Migration hatte sich somit gezeigt, dass Minderheiten aus unterschiedlichen Gründen nur begrenzt bzw. mittelbar ein Schutzanspruch gewährt wurde. Die dabei feststellbare Tendenz zur Nicht-Akzeptanz von Differenz hatte dabei allerdings ambivalenten Charakter: Einerseits wurde die Erfahrung nationalsozialistischer Minderheitenpolitik zum Anlass genommen, ein auf Exklusion bzw. Inklusion basierendes Differenzmodell zu kritisieren. Andererseits zielten die in den Diskussionen sowie auch in Artikel 27 zum Ausdruck kommenden Homogenitätsvorstellungen auf eine Nivellierung von Differenz durch Assimilation. Zu dieser Spannung trug auch Artikel 2 bei: Er schützte zum einen vor Diskriminierung aufgrund von Differenz. Zum anderen schrieb er aber durch eine auf kollektive Identifizierung zielende Aspektierung („Rasse", „nationale Herkunft" etc.) selbst Differenzen fest, was wiederum eigenes Diskriminierungspotential in sich trug.

2.3.5 Der Status von Einwanderung

Die sich aus der Minderheitenfrage ergebende Differenz-Problematik hatte unmittelbar Bedeutung für den menschenrechtlichen Stellenwert von Einwanderung. René Cassin etwa diskutierte die Frage von Minderheiten ausdrücklich vor dem Hintergrund der Tradition Frankreichs als Einwanderungsland. Und Hernán Santa Cruz aus Chile wies darauf hin, dass die Entstehung der meisten Länder Amerikas durch Einwanderung Anlass sei, einen möglichen Minderheitenartikel besonders sorgsam zu erörtern.[127] Im Verlauf der Diskussion wurde von der amerikanischen

---

125 Die Konvention über die Verhütung und Bestrafung des Völkermordes wurde am 9. Dezember 1948, einen Tag vor Verabschiedung der AEMR, beschlossen und trat am 12. Januar 1951 in Kraft.
126 Vgl. Morsink, Declaration (wie Anmerkung 8), S. 274 u. 276.
127 Vgl. Morsink, Declaration (wie Anmerkung 8), S. 271f.

Delegation gegen einen entsprechenden Artikel ins Feld geführt, dass Immigrantengruppen sich in einer Form auf solche Rechte berufen würden, welche die Einheit der Länder gefährde und der angestrebten Einbindung in die Aufnahmegesellschaft entgegen stünde. Der brasilianische Delegierte Austregesilo de Athayde bemerkte, dass Immigranten aufgrund des Rechts, ihre Muttersprache in Schulen, bei Gericht oder in anderen Situationen zu benutzen, wenig Bereitschaft zeigen würden, Portugiesisch zu lernen und sich schnellst möglich zu assimilieren; ähnlich äußerten sich weitere Delegierte aus südamerikanischen Ländern und aus Kanada.[128] Der belgische Vertreter Ferdinand Dehousse - aus einer Gesellschaft stammend, in der die Minderheitenfrage durch die Aufteilung des Landes in Flamen und Wallonen von besonderer Relevanz war - entgegnete darauf, es gäbe einen Unterschied zwischen Minderheiten und Immigranten, da es sich bei Minderheiten um historisch konstituierte Gruppen handele, die in einem oder mehreren bestimmten Gebieten ansässig seien.[129] Hinsichtlich des Rechtes auf Differenz ist hier die qualitative Unterscheidung zwischen Minderheiten und Immigranten bemerkenswert, die sich aus dem Kriterium historischer ‚Verwurzelung' ergab und eine gesteigerte Assimilationspflicht für Einwanderer implizierte. Ein weiteres Kriterium zur Unterscheidung wurde von Cassin bemüht: Er schlug vor, in einem Minderheitenartikel nicht einfach von einer besonderen Gruppe von Personen zu sprechen, sondern von Staatsbürgern des Landes, in dem diese ansässig waren.[130] In dieselbe Richtung zielte auch der sowjetische Delegierte Borisov, der sich in der Diskussion um den Diskriminierungsartikel gegen das Wahlrecht für Nicht-Staatsangehörige aussprach, zugleich aber einen besonderen Rechtsschutz für Minderheiten forderte, da diese ja Angehörige des jeweiligen Landes seien.[131] Auch in diesem Kontext wurde also die Staatsangehörigkeit zum entscheidenden Maßstab für die volle - staatsbürgerliche - Mitgliedschaft in einer Rechtsgemeinschaft. Allerdings bedeutete (und bedeutet), wie schon angesprochen, Immigration in den meisten Ländern - entgegen dem heutzutage in Deutschland noch anzutreffenden Verständnis - die Aufnahme zukünftiger Staatsangehöriger. Wohl gerade deshalb waren die jeweiligen Staaten an einer möglichst souveränen Selektion Einreisewilliger interessiert. Und vor diesem Hintergrund ist auch die Diskussion um das Asylrecht zu sehen: Die britische Delegation etwa, die wie geschildert eine abwehrende Haltung zum weitgehenden Anspruch auf Asyl einnahm, diskutierte die Asylfrage als Frage von Immigration - was ihr aus Uruguay die Kritik

---

[128] Vgl. ders., S. 276.
[129] Vgl. ders., S. 276f.
[130] Vgl. ders., S. 272.
[131] Vgl. ders., S. 104.

einbrachte, man müsse diese beiden Fragen deutlich trennen.[132] Doch tatsächlich lag nicht nur in britischer Perspektive aufgrund der bisherigen Migrationserfahrungen ein solcher Zusammenhang nahe - und mit ihm die Angst vor der sozialen Belastung sowie möglicherweise die Befürchtung, die große Zahl von Immigranten könne für unerwünschte kulturelle und politische Heterogenität sorgen.

2.3.6 Fazit

Es hat sich gezeigt, dass die Formulierung der Menschenrechtserklärung von 1948 primär auf die Rechtsansprüche eines Menschen gegenüber dem Staat, dessen Angehöriger er ist, zielte. Das bedeutet freilich nicht, dass dem Einzelnen nur innerhalb ‚seines' Staates Menschenrechte zugesprochen wurden. Die Deklaration fixierte dahingehend den grundlegenden Schutz jedes Menschen als Mensch in jedem Staat. Die Präambel oder etwa das in Artikel 3 ohne jede Einschränkung oder Aspektierung formulierte Recht auf „Leben, Freiheit und Sicherheit der Person" bringen dies unmissverständlich zum Ausdruck. Ebenso bildet sich in der AEMR eine hohe Sensibilität für zeitgenössische Fragen ab, die auf die Situation von Menschen im Kräftefeld verschiedener Staaten Bezug nehmen. Zentral erscheinen dabei Fragen erzwungener (Nicht-)Migration - und in diesem Zusammenhang zeugt beispielsweise die bloße Existenz des Asylrechtsartikels von einem Willen zur Lösung dieses Problems, der allen nachfolgenden internationalen Menschenrechtsdokumenten fehlen sollte. Demgegenüber hat allerdings Stefan-Ludwig Hoffmann konstatiert, dass diese Deklaration aufgrund fehlender Rechtsverbindlichkeit ebenso wenig Schutz vor Zwangsmigration gebracht habe wie die internationalen Regelungen aus der Zeit des Völkerbundes.[133] Auch wenn sich diese Einschätzung mit Blick auf die langfristige Wirkung der AEMR - zumal auf das Völkerrecht - zumindest relativieren lässt; eine genauere Betrachtung der Menschenrechtserklärung gibt ihm weitgehend Recht in dem Urteil, dass erst Staatsbürgerschaft grundlegende Menschenrechte garantiere.[134] So wurde etwa am Inhalt des Asylrechtsartikels und dessen Diskussion wie auch an weiteren Artikeln zugleich deutlich, dass das Kriterium Staatsangehörigkeit, aber auch Vorstellungen von Differenz bzw. Homogenität den menschenrechtlichen Antwortversuchen auf Migrationsprobleme Grenzen setzten.

Während in den vorangehenden Ausführungen vor allem die Abwehrrechte gegen den Staat (grundlegend das Verbot individueller und kollektiver Diskriminierung), aber auch die Teilhaberechte im Staat (z.B. das Recht auf politische Beteiligung)

---

132 Vgl. ders., S. 78f. - In diesem Zusammenhang muss auch die Ermahnung René Cassins gesehen werden, Asylanten nur begrenzt Rechte zu gewähren (s.o.).
133 Vgl. Hoffmann, Jewish Refugees (wie Anmerkung 57), S. 55.
134 Vgl. ebd.

als Antwort auf spezifische Ursachen von Migration diskutiert wurden, mussten die an den Staat gerichteten Leistungsrechte (beispielsweise das Recht auf soziale Sicherheit in Artikel 22) in diesem Kontext unberücksichtigt bleiben.[135] An dieser Stelle sei allein der gewiss unzureichende Hinweis gegeben, dass das 19. und 20. Jahrhundert voll von Geschichten über wirtschaftliche Not als Ursache einer Vielzahl von Migrationen war, und die umfassende Berücksichtigung wirtschaftlicher und sozialer Menschenrechte in der AEMR (vgl. Artikel 22-25) von dem Bewusstsein der Gestalter für diese Probleme zeugt.

Zu resümieren bleibt, dass die Menschenrechtserklärung von 1948 ursprünglich auf eine Verhinderung erzwungener Emigration sowie der Ermöglichung freiwilliger Remigration von Staatsangehörigen hin verfasst wurde - nicht aber hinsichtlich einer Einwanderung von Nicht-Staatsangehörigen. Entsprechend versuchte sie im Horizont spezifischer Migrationserfahrungen primär Antworten zu geben auf Migrationsursachen im Herkunftsland und nicht auf Migrationsfolgen im Einwanderungsland.[136]

3 Das „Recht, Rechte zu haben" (Hannah Arendt) - Überlegungen zur Anerkennung von Migranten als Rechtspersonen in der Einwanderungsgesellschaft

Staatsangehörigkeit als Schlüssel zur Behebung von Migrationsursachen stellt zwangsläufig keine hinreichende Perspektive für den Umgang mit Menschenrechtsfragen in der Einwanderungsgesellschaft dar. Denn hier stehen demgegenüber die Migrationsfolgen im Mittelpunkt - und mit ihnen Menschen, die als Migranten im Regelfall keine Staatsangehörige des (potentiellen) Zielstaates sind. Umso mehr ist die Frage aufgeworfen, welche Menschenrechte diesen Menschen in dieser Situation zustehen; d.h. nicht der Verweis auf die ‚eigentlichen' Rechtsverpflichtungen des Herkunftsstaates, sondern die menschenrechtlich begründbaren Ansprüche eines Migranten als Rechtsperson in der Einwanderungsgesellschaft müssen in kritischer Auseinandersetzung mit den Inhalten der AEMR fokussiert werden. Dabei geht es zunächst ganz grundsätzlich um die Frage, inwieweit einem Menschen überhaupt der Status als Rechtsperson zugesprochen wird – oder mit den Worten Hannah Arendts um das „Recht, Rechte zu haben"[137]. Welche Rechte sich im Zusammen-

---

[135] Zu Unterscheidung und Zusammenhang von Abwehr-, Teilhabe- und Leistungsrechten vgl. auch S. .
[136] Selbstverständlich rücken etwa bei der Deportation von Menschen in Konzentrationslager zwangsläufig die Folgen dieser Zwangsmigration in den Blickpunkt; die Menschenrechtserklärung wendet sich aber auch hier insofern gegen die Ursachen, als Deportation und KZ-Haft ihren Ausgang in rassistisch oder anders begründeter Diskriminierung und Entrechtung nehmen.
[137] Arendt, Hannah: Es gibt nur ein einziges Menschenrecht. In: Die Wandlung 1949/4, S. 760.

hang mit diesem grundlegenden Recht ergeben, ist dann in einem zweiten Schritt zu klären.

Den sich anschließenden Überlegungen seien zwei Bemerkungen vorangestellt: Erstens sollen mit „Migranten" primär diejenigen Menschen in den Blick genommen werden, die sich auf Dauer bzw. faktisch langfristig in einem Zuwanderungsland aufhalten oder einen solchen Aufenthalt dort anstreben, ohne ursprünglich dessen Staatsangehörigkeit zu besitzen. Damit reicht das Spektrum vom Asylsuchenden bis zum bereits sesshaft gewordenen, mit einer unbefristeten Aufenthaltsgenehmigung ausgestatteten Nicht-Staatsangehörigen. Überdies gibt es auch Menschen mit „Migrationshintergrund", die als Nachfahren von Migranten etwa bereits in der dritten Generation in einem Staat leben, ohne Angehörige eben dieses Staates zu sein. Da sie ebenfalls von der Frage nach Anerkennung als Rechtsperson betroffen sind, sollen sie nachfolgend gleichsam mitgedacht werden.

Zweitens sei angemerkt, dass in den sich anschließenden Überlegungen der Status von Migranten als Rechtspersonen im Hinblick auf ein menschenrechtlich wünschenswertes Ideal diskutiert wird - und nicht im Hinblick auf einen unter den gegebenen gesellschaftlichen bzw. politischen Verhältnissen bestmöglichen Kompromiss. Dieser Hinweis erscheint mir bereits deshalb als wichtig, um die in diesem Zusammenhang geäußerte Kritik an der Menschenrechtserklärung in gerechten Bahnen verlaufen zu lassen. Denn schließlich handelt es sich bei der Erklärung nicht um einen ‚bloß theoretischen' Text, sondern um ein historisches Dokument der internationalen Politik. Entsprechend sind die einzelnen Artikel, wie bereits gezeigt, als - epochales - Ergebnis eines zähen politischen Ringens im Rahmen bestimmter historischer Umstände wahrzunehmen. Gleichwohl ist die AEMR einem in der Präambel explizit erwähnten, menschenrechtlichen Ideal verpflichtet, das in den einzelnen Menschenrechtsartikeln bereits angelegt ist, zugleich aber über sie hinausgeht. Nach einem solchen Ideal beständig zu fragen und darin zugleich den Maßstab menschenrechtlicher (Selbst-)Kritik zu sehen, erscheint mir als bestes Korrektiv einer Sichtweise, die in den Rechtsformulierungen der AEMR selbst ungebrochen das Ideal erblickt und dadurch blind bleibt für historisch bedingte Sichtweisen bzw. damit verbundene inhaltliche Grenzen und Schwächen. Genau von hier aus ist auch die Frage nach dem Status von Migranten als Rechtspersonen motiviert. Aus dieser Herangehensweise erfolgt gewiss nicht der Anspruch, nunmehr abschließende Antworten zu liefern; vielmehr soll zum Nachdenken angeregt werden über die migrationsspezifischen Konsequenzen einer Rede von Rechten, die Menschen als Menschen haben.

3.1 Das Recht, Mitglied einer Rechtsgemeinschaft zu sein

Für Migranten als Nicht-Staatsangehörige bedeutet die in der AEMR enthaltene enge Verbindung von Staatsangehörigkeit und Rechtsansprüchen notwendig eine Beschränkung ihrer Rechtsansprüche gegenüber dem Aufnahmestaat. Zugleich wurde aber bereits darauf hingewiesen, dass sich nach dem Selbstverständnis der Menschenrechtserklärung daraus kein prinzipielles Ungleichgewicht der Rechtsansprüche ergebe, sondern lediglich verschiedene staatliche Adressaten dieser Ansprüche. Die Präambel beinhaltet dementsprechend die rechtsethische Grundposition, dass allen Menschen aufgrund ihres Menschseins und damit unterschiedslos Menschenrechte zukommen. Daraus abgeleitet wird der rechtliche Geltungsanspruch, jeder Mensch sei eine Rechtsperson; in Artikel 6 heißt es: „Jeder hat das Recht, überall als rechtsfähig anerkannt zu werden". Der Stellenwert dieses Rechtsanspruchs wird zudem dadurch untermauert, dass die nachfolgenden Artikel 7-11 allesamt der Konkretisierung bzw. Differenzierung von Artikel 6 gewidmet sind.

Obwohl der gleichrangige Status von Migranten als Rechtspersonen damit anerkannt wird, ist deren rechtliche Situation als Nicht-Staatsangehörige jedoch alles andere als unproblematisch. Denn die Beschränkung ihrer Rechtsansprüche bezieht sich nicht nur auf die Situation innerhalb des Aufnahmestaates (etwa hinsichtlich der Möglichkeit politischer Beteiligung); vielmehr reicht sie grundlegend bis zur Verweigerung des bloßen Zugangs zu diesem Staat bzw. des dauerhaften Aufenthalts dort, wie aus den Darlegungen zum Asyl (Artikel 14) und zur Freizügigkeit (Artikel 13) bereits deutlich wurde. Die geforderte Anerkennung des universell geltenden Status als Rechtsperson steht insofern im Kontrast zu einem räumlichen und zeitlichen Vorbehalt. Diese Spannung innerhalb der Menschenrechtserklärung zeigt sich exemplarisch auch anhand der Artikel 8 und 9, die ja grundsätzlich der genaueren Charakterisierung des Rechtsanspruchs auf Behandlung als Rechtsperson dienen sollen. Der in Artikel 8 fixierte Anspruch auf „einen wirksamen Rechtsbehelf" bezieht sich allein auf „Handlungen, durch die seine ihm nach der Verfassung oder nach dem Gesetz zustehenden Grundrechte verletzt werden", d.h. Maßgabe sind zunächst einmal die innerstaatlichen Regelungen. Doch auch ein Verweis darauf, dass die erwähnten Grundrechte - idealerweise - identisch mit den in der AEMR genannten Menschenrechten sein sollten, verbessert die rechtliche Situation nur begrenzt, da Freizügigkeit und Asyl eben auch dort nicht frei von staatlichen Vorbehalten sind. In dieser Linie ist auch Artikel 9 formuliert, der vorschreibt, dass niemand „willkürlich [...] festgenommen, in Haft gehalten oder des Landes verwiesen werden" dürfe. Der negative Maßstab „willkürlich" bedeutet jedoch allein, dass eine Ausweisung rechtlich geregelt sein müsse, schützt also nicht per se vor eben dieser. Im Falle von

Flüchtlingen und Asylbewerbern bedeutet eine solch weit reichende Limitierung ein besonderes rechtliches Dilemma, da Ursache bzw. Folge ihrer Migration häufig der formelle oder faktische Verlust von Staatsangehörigkeit und staatsbürgerlicher Rechte ist. Dieser Zustand der Staatenlosigkeit wiederum hat zur Folge, dass es in Richtung des Herkunftsstaates faktisch keinen Adressaten für die Rechtsansprüche der Flüchtlinge und in Richtung des Zielstaates rechtlich keinen solchen gibt. Hannah Arendt hat diese Situation - unter konkreter Bezugnahme auf die kaum übersehbare Anzahl von Staatenlosen in der ersten Hälfte des 20. Jahrhunderts, zu denen sie als vor den Nazis geflohene Jüdin selbst zählte - in den Blick genommen und für solche Menschen einen Status vollkommener Rechtlosigkeit konstatiert, da ihnen „der Standort in der Welt entzogen"[138] worden sei.[139] Ausgehend von dieser historischen Erfahrung bzw. ihrer Deutung als rechtlose Situation wirft Arendt die Frage auf, „ob es überhaupt unabdingbare ‚Menschenrechte'" gäbe, „das heißt Rechte [...], die unabhängig von jedem besonderen politischen Status sind und einzig der bloßen Tatsache des Menschseins entspringen"[140]. Ihre Antwort darauf ist, dass tatsächlich nur „ein einziges Menschenrecht"[141] existiere: das „Recht, Rechte zu haben", d.h. das „Recht, einer politisch organisierten Gemeinschaft zuzugehören"[142] und damit „das Recht niemals seiner Staatsbürgerschaft beraubt zu werden"[143]. Alle anderen Rechte, die „des Lebens, der Freiheit, des Strebens nach Glück, der Gleichheit vor dem Gesetz oder der Meinungsfreiheit", seien entworfen worden, „um Probleme *innerhalb* gegebener Gemeinschaften zu lösen [Hervorhebung, J.L.]". Die Rechtlosigkeit der Staatenlosen entspringe aber gerade der „Tatsache, daß sie zu *keiner* irgendwie gearteten Gemeinschaft gehören [Hervorhebung, J.L.]"[144]. Ebenso wie in der Menschenrechtserklärung wird der Staatsangehörigkeit damit besondere Bedeutung zugemessen. Arendt allerdings spitzt die Frage staatlicher Zugehörigkeit insofern zu, als im Unterschied zur AEMR das Recht auf Staatsangehörigkeit, d.h. das Recht, Rechte zu haben, das einzige Menschenrecht sei. Die Anerkennung dieses Rechtes ist danach gleichbedeutend mit der Anerkennung eines Menschen als Rechtsperson. Erst dieser Status eröffnet den Anspruch auf weitere Rechte. Wie aber begründet Arendt den Rechtsanspruch auf Staatsangehörigkeit? Angesichts der Menschheitskatastrophen ihrer Zeit zeigt sie sich skeptisch gegenüber Letztbe-

---

138 Arendt, Menschenrecht (wie Anmerkung 137), S. 760.
139 Vgl. dies. - Hannah Arendt hatte den zugrunde liegenden Aufsatz bereits im selben Jahr in den USA veröffentlicht (Arendt, Hannah: „The Rights of Man". What are they? In: Modern Review. Heft 1. 1949/3. S. 24-37.) und dann auch in erweiterter Form im Rahmen ihres Werkes „Elemente und Ursprünge totaler Herrschaft" (vgl. Arendt, Hannah: Elemente und Ursprünge totaler Herrschaft. Frankfurt am Main 1955, S. 430-484) verarbeitet.
140 Arendt, Menschenrecht (wie Anmerkung 137), S. 756. Dies., S. 760.
141 Vgl. entsprechend bereits den Titel ihres Aufsatzes „Es gibt nur ein einziges Menschenrecht" (dies., S. 754).
142 Dies., S. 760.
143 Dies., S. 767.
144 Dies., S. 759.

gründungen, die etwa unter Verweis auf die Vernunftfähigkeit oder die Gottesebenbildlichkeit in selbstverständlicher Weise eine besondere Qualität des Menschen, mit anderen Worten: eine Menschenwürde behaupten.[145] Vielmehr spricht aus ihren Darlegungen die Hoffnung, dass sich angesichts der erschütternden Erfahrungen des millionenfachen Leids von Menschen, d.h. ex negativo statt ex positivo, eine neue menschenrechtliche Perspektive eröffnet.[146] Die in den Leiderfahrungen radikal sichtbar gewordenen Formen sozialer Abhängigkeit nimmt Arendt zum Anlass, um das gesicherte Leben in einer Gemeinschaft als Existenzbedingung eines jeden Menschen zu fokussieren: Der Mensch sei - so bereits Aristoteles - ein politisches Wesen, „das durch Gemeinschaft definiert ist"[147]. Folgt man Arendt in dieser Beschreibung des Menschen und erkennt einem jeweiligen Menschen seinen Status als Mensch zu, so ergibt sich daraus auch der mit allen anderen Menschen gleichermaßen geteilte, auf die soziale Bedingtheit zurückführbare Rechtsanspruch, Mitglied einer Gemeinschaft zu sein - und damit auch das Recht, eine Staatsangehörigkeit zu haben.[148] Denn, so lässt sich im Sinne Arendts folgern, in einer staatlich verfassten Welt sorgt nur die Zugehörigkeit zu einer eben so verfassten Gemeinschaft für einen rechtlich gesicherten und damit - das sei speziell im Hinblick auf die Situation von Staatenlosen gesagt - dauerhaften Platz. Dieses Recht lasse sich, so Arendt, allerdings gerade auch deshalb als Menschenrecht charakterisieren, weil es allein „von der Gemeinschaft der Nationen" also der in staatlichen Gemeinwesen organisierten Menschheit, „garantiert werden kann"[149].

Ob das Recht auf Staatsangehörigkeit allerdings das einzige Menschenrecht ist, es sich bei den Rechten innerhalb eines Staates also um ‚bloße' Staatsbürgerrechte und nicht ebenfalls um Menschenrechte handelt, lässt sich infrage stellen. Denn teilen alle Menschen in gleichem Maße den Anspruch, den Status als Rechtspersonen einzunehmen, so hat dies auch inhaltliche Konsequenzen für die innerhalb einer staatlichen Gemeinschaft geltenden Rechte. Den Mitgliedern einer staatlich verfassten Gemeinschaft kommen dann nämlich die gleichen Rechte zu, frei zu handeln; um nichts anderes aber als um die Artikulation dieses universellen Anspruchs,

---

145 Vgl. dies, S. 766. - Dahingehend spricht sie sich auch für einen Bruch mit den Begründungsmustern der Menschenrechte im 18. Jahrhundert aus (vgl. ebd.); zur Problematik der Begründung vgl. auch Anmerkung 94.
146 Ebd. - Entgegen Arendts deutlich skeptischer, allerdings auch spürbar uninformierter Beurteilung der AEMR (vgl. dies. S. 769) ist der Menschenrechtserklärung - wie schon angemerkt - die Perspektive ex negativo bereits mit der Präambel explizit eingeschrieben.
147 Dies., S. 761.
148 Undiskutiert bleiben müssen an dieser Stelle freilich Positionen, die gerade nicht die soziale Bedingtheit des Menschen, sondern etwa seine individuelle Freiheit - wie im Naturrecht - als Ansatzpunkt menschenrechtlicher Begründungen wählen bzw. deren Verhältnis zu der Position Arendts (vgl. dazu auch Anmerkung 94). Überdies setzt die Anerkennung eines menschenrechtlichen Anspruchs voraus, den Anderen überhaupt als Menschen anzuerkennen - gerade dieser Status als Mensch wurde jedoch etwa von den Nazis bestimmten Verfolgtengruppen zumindest graduell abgesprochen.
149 Arendt, Menschenrecht (wie Anmerkung 137), S. 770.

der sich traditionell mit den Begriffen Freiheit, Gleichheit und Solidarität verbindet, geht es im Kern bei den Menschenrechten. In diesem Sinne ist der Staat partikular Adressat eines universellen Rechtsanspruchs, der eben nicht staatlicherseits beliebig festsetzbar ist. Um auszudrücken, dass bestimmte Rechte einerseits an Staatsangehörigkeit gebunden sind, andererseits aber eine menschenrechtliche Qualität haben, hat Heiner Bielefeldt vorgeschlagen, von „mittelbaren Menschenrechten" zu sprechen.[150] Das wirft allerdings die Frage auf, was dann als „unmittelbare Menschenrechte" verstanden werden kann. In der Konsequenz der Bielefeldtschen Position sind es diejenigen Menschenrechte, die nicht an die Staatsangehörigkeit gebunden sind, d.h. jene Rechte, die auch gemäß der AEMR dem Menschen direkt aus seinem Menschsein erwachsen. Nun ist aber in Auseinandersetzung mit der Position Hannah Arendts deutlich geworden, dass die Gewährleistung von Rechten die staatliche Anerkennung eines Menschen als Rechtsperson in dem Sinne voraussetzt, dass dieser einen gleichrangigen, dauerhaften Platz innerhalb der staatlichen Gemeinschaft erhält, was bei Arendt gleichbedeutend mit der Anerkennung als Staatsangehöriger ist.[151] Menschenrechte wäre so verstanden immer „mittelbare Menschenrechte". Wenn nun der Grundgedanke Arendts beibehalten, zugleich aber mit der AEMR davon ausgegangen werden soll, dass Menschenrechte gleichermaßen Migranten im Sinne von Nicht-Staatsangehörigen zukommen und dass Migranten im selben Maße Anspruch auf den Status als Rechtspersonen haben, dann ist zumindest für Menschen, deren Rechtsstatus im Herkunftsland als gefährdet eingestuft wird, eine staatlich souveräne Verweigerung von Asyl nicht mehr begründbar. Überdies ist zu fragen, inwieweit eine staatliche Verweigerung des dauerhaften Aufenthalts von Migranten, die sich bereits im Einwanderungsland befinden, nicht deren Status als Rechtspersonen verletzt, da der Anspruch auf Gewährung dieses Rechtsstatus für die Dauer des Aufenthalts ja eben gegenüber diesem Land geltend gemacht wird. Weiter führend nachzudenken wäre in diesem Zusammenhang über die jeweilig partikulare bzw. territoriale Bindung des gleichsam universellen Anspruchs auf den Status als Rechtsperson. Mit Blick auf die AEMR ließe sich die oben bereits aufgezeigte Spannung zwischen dem Recht auf Anerkennung der Rechtsfähigkeit (Artikel 6) und den Artikeln zu Freizügigkeit (Artikel 13) sowie Asyl (Artikel 14) entsprechend thematisieren.

---

[150] Vgl. Bielefeldt, Heiner: Menschenrechte in der Einwanderungsgesellschaft. Plädoyer für einen aufgeklärten Pluralismus. Bielefeld 2007, S. 185-189.

[151] Mit Blick auf die der Darstellung Arendts zugrunde liegenden historischen Migrationserfahrungen lässt sich folgern, dass sie - in Übereinstimmung mit der AEMR - primär auf die Migrationsursachen, d.h. den Verlust von Staatsangehörigkeit im Herkunftsland, fokussiert war.

3.2 Rechte innerhalb einer Rechtsgemeinschaft

Betreffen die bisherigen Überlegungen allein den Aufenthaltsstatus von Migranten, so sind weiter gehend die Konsequenzen der Anerkennung als Rechtsperson für den innerstaatlichen Bereich zu thematisieren. Da die universelle Gleichheit des Anspruchs auf Behandlung als Rechtsperson Grundlage eines menschenrechtlichen Verständnisses ist, wäre danach zu fragen, inwieweit es dann überhaupt noch eine Unterscheidung der beanspruchbaren Rechte zwischen Staatsangehörigen und Nicht-Staatsangehörigen geben kann. Hilfreich erscheint in diesem Zusammenhang ein Bezug auf den österreichischen Rechtsgelehrten Georg Jellinek, der sich bereits am Übergang vom 19. zum 20. Jahrhunderts nicht nur mit der Frage der Menschenrechte beschäftigte,[152] sondern auch mit dem Menschen als Rechtsperson. Bei ausdrücklicher Ablehnung eines Zustandes „der Unterwerfung, in dem es [das Individuum; J.L.], der Persönlichkeit entkleidet, bloßes Subjekt von Pflichten ist"[153], sieht Jellinek demgegenüber in der „Anerkennung des einzelnen als [Rechts-]Person [...] die Grundlage aller Rechtsverhältnisse"[154]. Um den Status als Rechtsperson genauer zu kennzeichnen, unterscheidet er drei Kategorien, aus denen sich jeweils verschiedene Rechte ergeben: den status negativus, d.h. Abwehrrechte gegenüber dem Staat (z.B. Schutz der Privatsphäre), den status activus, d.h. Mitwirkungsrechte im Staat (z.B. Wahlrecht) und den status positivus, d.h. Leistungsrechte, die durch den Staat gewährleistet werden (z.B. Bereitstellung von Sozialleistungen).[155] Diese Unterscheidung wurde zur Systematisierung des deutschen Grundgesetzes herangezogen und ist auch deshalb von Bedeutung, weil auf ihrer Grundlage eine Klassifizierung der Menschenrechte, wie sie in der AEMR artikuliert sind, vorgenommen werden kann.[156] Mit Jellinek lässt sich nun feststellen, dass erst die Anerkennung aller drei Kategorien und der sich daraus ableitenden Rechte gleichbedeutend ist mit der umfassenden Anerkennung als Rechtsperson. Dies bestärkend haben Menke/Pollmann darauf verwiesen, dass die mit dem jeweiligen Status verbundenen Rechte faktisch nicht immer trennscharf zuzuordnen seien und überdies in einem inneren Zusammenhang stünden.[157] Daraus aber

---

152 Vgl. seine 1895 erstmals erschienene und gegenwärtig wieder Beachtung findende Abhandlung zur „Entstehung der Menschen- und Bürgerrechte" (vgl. Jellinek, Georg: Die Erklärung der Menschen- und Bürgerrechte. Saarbrücken 2006 [Nachdruck der 3. Aufl. v. 1919; Erstpublikation 1895]).
153 Jellinek, Georg: Allgemeine Staatsrechtslehre. 3. Aufl. Berlin 1914. [Erstpublikation 1900], S. 426.
154 Ders., S. 419.
155 Vgl. ders., S. 419-424. - Diese Statuslehre wurde von Georg Jellinek erstmals 1892 in seiner Abhandlung „System der subjektiven öffentlichen Rechte" (vgl. Jellinek, Georg: System der subjektiven öffentlichen Rechte. Freiburg i. Br 1892.) dargestellt.
156 Vgl. Menke/Pollmann, Philosophie (wie Anmerkung 94), S. 113-124.
157 Vgl. dies., S. 115-118. - Als Beispiel für die Verbindung von Abwehr- und Mitwirkungsrechten nennen Menke/Pollmann das Recht auf Meinungsfreiheit, das ursprünglich ein Abwehrrecht sei, aber gleichzeitig Voraussetzung für politische Meinungsbildungsprozesse darstelle. Andererseits sei etwa die Bedingung für politisches Engagement eine soziale Grundsicherung, womit sich potentiell auch eine Verbindung zu staatlichen Leistungsrechten als drittem Typus ergibt.

müsste folgen, dass ebenso Migranten Anspruch auf die Gewährung all dieser Rechte innerhalb eines den Menschenrechten verpflichteten Aufnahmestaates haben. Der Staat wäre dann gleichermaßen Adressat der Rechtsansprüche von Staatsangehörigen wie von Nicht-Staatsangehörigen – womit sich aus dieser Perspektive zugleich die Frage nach dem grundsätzlichen Anspruchsrecht aller Migranten auf Staatsangehörigkeit bzw. Staatbürgerschaft stellt. Auch wenn diese Frage hier nicht eingehender erörtert werden kann,[158] sei zum einen daran erinnert, dass ein klassisches Einwanderungsland wie die USA sich - unbesehen aller historischen und aktuellen Problematik - immer schon durch diesen prinzipiellen Blick auf Einwanderer als zukünftige Staatsangehörige auszeichnete; zum anderen sei auf Georg Jellineks bereits vor hundert Jahren artikulierte Einschätzung verwiesen, derzufolge der Nicht-Staatsangehörige „auch als civis temporius [Staatsbürger auf Zeit; J.L.] betrachtet"[159] werden müsse, also den prinzipiell gleichen Rechtsanspruch gegenüber dem ‚fremden' Staat habe wie ein Staatsangehöriger. Nun hatte Jellinek dabei zwar allein eine „vorübergehend" im Land befindliche Person im Blick;[160] aber das hieße doch gerade, dass ein längerfristiger bzw. dauerhafter Aufenthalt umso mehr entsprechende Rechtsansprüche begründen würde.

Was solch eine Perspektive konkret für die Rechtsansprüche von Migranten bzw. Immigrierten (und deren Nachkommen) bedeutet, soll im Folgenden entlang der drei dargestellten Status- bzw. Rechtskategorien exemplarisch diskutiert werden. Dabei hat sich eine grundsätzliche Orientierung an Heiner Bielefeldt angeboten, dessen Publikation „Menschenrechte in der Einwanderungsgesellschaft" in der gegenwärtigen Diskussion um Immigration sehr erhellend wirkt und gleichsam wichtige Hinweise für die hier aufgeworfene Problemstellung bereit hält.[161]

Zunächst ansetzend beim status negativus bzw. den Abwehrrechten soll es um die Frage nach dem Anspruch auf die Wahrung und Entfaltung kultureller bzw. religiöser Eigenheiten gehen. Die Auseinandersetzung mit der AEMR hat gezeigt, dass es dahingehend starke Diskussionen um Homogenität, die Grenzen von Differenz oder etwa die Pflicht zur Assimilation gab. Dass damit verbundene Vorstellungen auch Eingang in die Menschenrechtserklärung gefunden haben, wurde zum Beispiel deutlich an Artikel 27, in dem die Vorrangstellung einer bestimmten „Kultur" zum Ausdruck kommt. Diese Tendenz kontrastierend geht Heiner Bielefeldt davon aus, dass eine „an den Menschenrechten orientierte freiheitliche Gesellschaft [...] immer eine religiös, weltanschaulich und kulturell pluralistische Gesellschaft sein" müsse;

---
158 Vgl. dazu auch Bielefeldt, Einwanderungsgesellschaft (wie Anmerkung 150), S. 185-189.
159 Jellinek, Staatsrechtslehre (wie Anmerkung 153), S. 408.
160 Vgl. ebd.
161 Vgl. Bielefeldt, Einwanderungsgesellschaft (wie Anmerkung 150).

dies gelte „erst recht unter den Bedingungen moderner Wanderungsbewegungen"[162]. Entsprechend gehörten in einer solchen Gesellschaft zum „Respekt grundlegender Freiheitsrechte […] auch solche Freiheitsrechte, die den Menschen den Raum zur Entfaltung unterschiedlicher kultureller Lebensformen garantieren"[163]. So schließe das - auch in den Artikeln 22 und 26 der AEMR enthaltene - „Recht auf freie Entfaltung der Persönlichkeit […] kulturelle Aspekte der Lebensgestaltung" mit ein, zu denen „etwa die Pflege der Herkunftssprache" zähle sowie „vor allem die Religions- und Weltanschauungsfreiheit".[164] Bielefeldt beruft sich dabei auf Artikel 4 des Grundgesetzes, Artikel 9 der Europäischen Menschenrechtskonvention sowie Artikel 18 der UN-Konvention über bürgerliche und politische Rechte, die sich allesamt der Glaubens- und Gewissensfreiheit widmen.[165] Bemerkenswert erscheint in diesem Zusammenhang auch der internationale Stand des Minderheitenschutzes: War bei der Formulierung der AEMR ein eigener Artikel noch gescheitert, fand ein solcher dann doch Eingang in die gerade genannte UN-Konvention;[166] und während sich eine Identifikation von schützenswerten Minderheiten mit Einwanderern im Kontext der Menschenrechtserklärung als hoch problematisch erwiesen hatte, war der Minderheiten-Artikel der UN-Konvention „nach Auffassung des Menschenrechtsausschusses der Vereinten Nationen prinzipiell auch auf in jüngerer Zeit zugewanderte religiöse, kulturelle und sprachliche Minderheiten anwendbar"[167]. Vor dem Hintergrund dieser Ausführungen wendet sich Bielefeldt gegen den Begriff der „Leitkultur"[168] und plädiert stattdessen für einen „aufgeklärten Multikulturalismus" als menschenrechtlich angemessenes Konzept für die Einwanderungsgesellschaft.[169] Unter „aufgeklärt" sei dabei grundlegend ein „behutsamer und reflektierter Umgang mit dem Kulturbegriff"[170] zu verstehen. So müsse unter anderem die historische Gewordenheit sowie der Konstruktionscharakter von Kulturen berücksichtigt und, daraus folgend, ein essentieller, quasi-natürlicher Kultur-Begriff abgelehnt werden.[171] Dementsprechend sei auch der in den Menschenrechten geforderte „Respekt für eine Vielfalt kultureller Ausdrucks-

---

162 Ders., S. 64.
163 Ders., S. 18.
164 Ders., S. 64.
165 Vgl. ebd.
166 Vgl. Art. 27 der UN-Kovention über bürgerliche und politische Rechte (vgl. institut-fuer-menschenrechte.de/dav/Bibliothek/Dokumente/UN-Dokumente%20deutschsprachig/ICCPR.pdf
167 Bielefeldt, Einwanderungsgesellschaft (wie Anmerkung 150), S. 65.
168 Vgl. ders., S. 71-73.
169 Vgl. den Titel des Buches (ders.).
170 Ders., S. 19.
171 Vgl. ders., S. 19f.; vgl. auch Hormel/ Scherr, Einwanderungsgesellschaft (wie Anmerkung 3), S. 12f. u. S. 123-125. - Der von Bielefeldt unternommene Verweis auf „kulturelle Konstrukte" (Bielefeldt, Einwanderungsgesellschaft (wie Anmerkung 150), S. 19) ist allerdings insofern problematisch, als der Begriff „Konstrukt" in einem umfassenden Sinn die *willentliche* bzw. *bewusste* Schaffung von Kultur suggeriert. Unterbelichtet bleibt damit aber der passivische Charakter bzw. das als selbstverständlich empfundene Gebundensein, das wesentlich für kulturelle bzw. religiöse Bindungen ist (vgl. Joas, Werte (wie Anmerkung 19), S. 13-16).

und Lebensformen [...] kein Selbstzweck", sondern nehme seinen Ausgangspunkt bei der „Freiheit und Gleichberechtigung der Menschen, die die eigentlichen Subjekte menschenrechtlicher Ansprüche sind"; dieser menschenrechtliche Maßstab bestimme dann auch die „Grenzen dessen, was im Namen kultureller Vielfalt akzeptiert werden"[172] könne.[173] Damit argumentiert Bielefeldt zunächst prinzipiell genauso wie die Gegner eines eigenständigen Minderheitenartikels in die AEMR - ohne diesen dann aber in ihren Konsequenzen zu folgen. Vielmehr hebt er zugleich Bedeutung und Wert von Kultur bzw. Religion für den einzelnen Menschen hervor. Diese Wertschätzung kommt gerade auch im Zusammenhang mit Überlegungen zu einem menschenrechtlichen Verständnis des staatlichen Neutralitätsprinzips zum Ausdruck, das mit „respektvolle Nicht-Identifikation" auf den Begriff gebracht wird. Gemeint ist damit ein staatliches Selbstverständnis, das sich selbst prinzipiell einer bestimmten weltanschaulichen bzw. religiösen Position enthält, zugleich aber - legitimiert durch die Rechtsunterworfenen - das gleiche Recht aller frei zu sein ermöglicht und damit auch die Freiheit kultureller bzw. religiöser Orientierung.[174] In diesem Sinne gehe es auch nicht um eine „,Höherwertigkeit' des säkularen Rechts gegenüber religiösem Recht und den sie tragenden religiösen Wertvorstellungen", sondern allein um einen menschenrechtlich begründbaren, „praktischen (nicht weltanschaulichen!) Geltungsvorrang".[175] In diesem Zusammenhang erscheint es wichtig, die Bedeutung der kulturellen bzw. religiösen Orientierungen von Menschen in einem weiter gehenden, grundlegenden Sinn hervorzuheben: So kann die Vorrangstellung der Menschenrechte als normative Grundlage für das Zusammenleben kulturell bzw. religiös unterschiedlich geprägter Menschen ihre faktische Geltungskraft allein aus den Werthaltungen der Mitglieder dieser Rechtsgemeinschaft schöpfen; d.h. die Anerkennung der Menschenrechte hängt ab vom universellen Potential der gleichsam kulturell bzw. religiös partikularen Werthaltungen.[176]

In Konsequenz dieser Perspektive zielt der Rechtsanspruch auf Religions- und Weltanschauungsfreiheit immer auch auf Öffentlichkeit. Religiöse und weltanschauliche Gemeinschaften sind kraft ihrer einzelnen Mitglieder Teil einer Gesellschaft, und entsprechend steht ihnen auch das Recht zu, sich kulturell bzw. religiös in das öffentliche Leben einzubringen - eine Folgerung, die gleichermaßen im Grundgesetz

---

[172] Bielefeldt, Einwanderungsgesellschaft (wie Anmerkung 150), S. 20; vgl. auch Hormel/ Scherr, Einwanderungsgesellschaft (wie Anmerkung 3), S. 14.
[173] Bielefeldt veranschaulicht dies unter anderem am Beispiel des Umgangs mit dem islamischen Kopftuch: Es gehe aus menschenrechtlicher Sicht nicht um die Anerkennung der Kultur bzw. Religion an sich, sondern um die freie Entscheidung muslimischer Frauen, das Kopftuch öffentlich zu tragen bzw. nicht zu tragen (vgl. Bielefeldt, Einwanderungsgesellschaft (wie Anmerkung 150), S. 66).
[174] Vgl. ders., S. 79.
[175] Ders., S. 80. - Bielefeldt merkt entsprechend an: „Es wäre beispielsweise absurd, in Deutschland lebenden Muslimen heutzutage ein Bekenntnis abzuverlangen, dass sie der säkularen Verfassungsordnung eine höhere Dignität zuerkennen als dem Koran und der Sunna." (Ebd.).
[176] Zum Verhältnis von Wert und Norm im Sinne vom Guten und von Rechten vgl. Joas, Entstehung (wie Anmerkung 18), S. 252-293.

(Artikel 4), in der Europäischen Menschenrechtskonvention (Artikel 9) und der AEMR (Artikel 18) verankert ist, zugleich aber in Spannung zu Artikel 27 (s.o.) steht.[177] Dieser Rechtsanspruch auf öffentliche Präsenz „schließt darüber hinaus die politische Öffentlichkeit ein"[178], womit sich zugleich der Übergang zum status activus, also den politischen Teilhaberechten, ergibt. Hannah Arendt hat deshalb das Recht, Rechte zu haben, nicht umsonst als Recht, Teil einer politischen Gemeinschaft zu sein, bestimmt (s.o.). Dem liegt die Auffassung zugrunde, dass es prinzipiell zum Status einer Rechtsperson gehört, an der Gestaltung von Recht und Politik mitzuwirken, d.h. nicht nur den gegebenen Verhältnissen unterworfen zu sein, sondern auch selbst auf sie Einfluss nehmen zu können - genau darauf zielt ja das Wort „activus" im Jellinekschen Status-Begriff. Jellinek hat in diesem Kontext auf antikes Denken verwiesen, demnach „der Zustand des Aktivbürgers [...] mit dem des Bürgers überhaupt zusammenfiel"[179]. Daraus folgend müsste Immigranten und den durch sie repräsentierten Gruppen ein Recht auf umfassende politische Beteiligung notwendig zukommen; Mitglieder religiöser Gruppen wären somit als gleichberechtigte Akteure im öffentlich-politischen Diskurs anzuerkennen. Eine häufig zu hörende (und bisweilen anti-religiös motivierte) Forderung nach Trennung von Politik und Religion wäre demgegenüber nichts anderes als die „Absage an ein freiheitliches Politikverständnis"[180]. In dieser Perspektive ließe sich dann auch die in Artikel 21 der AEMR formulierte Beschränkung politischer Beteiligung auf Staatsangehörige problematisieren.

Artikel 22 der Menschenrechtserklärung weist eine solche Beschränkung auf Staatsangehörige hingegen nicht auf; ihm zufolge hat „[j]eder als Mitglied der Gesellschaft das Recht auf soziale Sicherheit", also Anspruch auf Leistungsrechte im Sinne des status positivus. Diese sollen „durch innerstaatliche Maßnahmen und internationale Zusammenarbeit sowie unter Berücksichtigung der Organisation und der Mittel jedes Staates" dem Einzelnen die Grundlage schaffen für „den Genuss der wirtschaftlichen, sozialen und kulturellen Rechte, die für die Würde und die freie Entwicklung seiner Persönlichkeit unentbehrlich sind". Deutlich wird hier unter anderem der innere Zusammenhang zwischen Leistungsrechten und Abwehrrechten (und damit auch die Verbindung zu den Teilhaberechten[181]); so ist etwa die Realisierung kultureller Rechte gegründet auf ein bestimmtes Maß an sozialer Sicherheit, das von staatlicher Seite gewährleistet sein soll. Der ausdrückliche Bezug auf die internationale Zusammenarbeit macht zudem deutlich, dass sich das Verständnis der Rechtsgemeinschaft als Solidargemeinschaft nicht auf den einzelnen Staat beschränkt, gleichwohl dieser

---

177 Vgl. Bielefeldt, Einwanderungsgesellschaft (wie Anmerkung 150), S. 80.
178 Ders., S. 81.
179 Jellinek, Staatsrechtslehre (wie Anmerkung 153), S. 423.
180 Bielefeldt, Einwanderungsgesellschaft (wie Anmerkung 150), S. 81.
181 Vgl. dazu auch Anmerkung 157.

zentraler Akteur bleibt. Mit Blick auf die Situation von Immigranten ist der Fokus auf die sozialen Rechte aber noch aus einem anderen Grund wichtig: Die Akzentuierung sozialer Faktoren als Grundlage von kulturellem Leben oder etwa politischer Beteiligung macht darauf aufmerksam, dass sich hinter vermeintlich kulturell problematischen Differenzen bisweilen soziale Benachteiligungen verbergen. So lassen sich Phänomene wie Gewaltbereitschaft oder Abschottung bestimmter religiöser bzw. kultureller Gruppen - deren faktische Homogenität überdies zu hinterfragen wäre - oftmals nur unzureichend aus der jeweiligen Religion bzw. Kultur selbst erklären; stattdessen erscheint es vielfach ratsam, die sozialen Diskriminierungserfahrungen und die sich daraus ergebenden Wechselwirkungen mit religiösem bzw. kulturellem Denken und Handeln in Augenschein zu nehmen. Nicht ,die Kultur' oder ,die Religion' sorgen in solchen Fällen ursächlich für eine problematische Differenz, sondern soziale Ungleichheit.[182]

4 Ansatzpunkte eines pädagogischen Umgangs mit der Menschenrechtserklärung

Die vorangehenden Ausführungen haben gezeigt, dass die Menschenrechtserklärung von 1948 einerseits einen beeindruckenden Antwortversuch auf die Unrechtserfahrungen ihrer Zeit darstellt, andererseits aber auch geprägt und begrenzt ist durch die damaligen politischen und kulturellen Interessen, Denktraditionen und Deutungsmuster - oder pointiert gesagt: Die Deklaration ist ebenso in einem emphatischen wie in einem kritischen Sinn des Wortes ein historisches Dokument. Entsprechend ist es Aufgabe eines pädagogischen Zugriffs, die AEMR als wichtigen Teil einer „unabgeschlossene[n] Lerngeschichte"[183] der Menschenrechte zu begreifen, d.h. ihre Historizität offen zu legen und auf diesem Wege u.a. zu zeigen, dass die Erklärung

- durchgehend aus Formulierungen besteht, die ihre besondere Geschichte haben;

- historisch als Reaktion auf die Unrechtserfahrungen in der ersten Hälfte des 20. Jahrhunderts - insbesondere der des Nationalsozialismus und des Zweiten Weltkriegs - zu verstehen ist;

- im Rahmen einer staatlich verfassten Organisation von Delegierten verschiedener Staaten ausgehandelt wurde;

---

182 Vgl. Bielefeldt, Einwanderungsgesellschaft (wie Anmerkung 150), S. 14; Hormel/ Scherr, Einwanderungsgesellschaft (wie Anmerkung 3), S. 12-14. - In diesem Sinne ist im Übrigen auch die PISA-Studie zu betrachten, die für Deutschland einen engen Zusammenhang zwischen Migrationshintergrund, sozial problematischer Situation und geringeren Bildungschancen ergeben hat. Die von Hormel/Scherr konzeptualisierte „Bildung für die Einwanderungsgesellschaft" (dies.) nimmt hier einen ihrer - kontrastierenden - Ausgangspunkte (vgl. dies., S. 11).
183 Vgl. Bielefeldt, Einwanderungsgesellschaft (wie Anmerkung 150), S. 48-53.

- von Personen verfasst wurde, die neben den Interessen des eigenen Staates ihre persönlichen Erfahrungen einbrachten;
- durch überkommene Denkmuster und Werte beeinflusst wurde;
- infolge spezifischer Unrechtserfahrungen und deren Deutung auf der Ebene internationaler Übereinkünfte gleichsam einen neuen Wertkomplex darstellt, insofern mit universellem Anspruch erstmals der einzelne Mensch zum Gegenstand dieser Übereinkunft gemacht und seine prinzipielle Vorrangigkeit vor dem Staat festgestellt wird;
- auf ein zeitlich wie räumlich universelles Ideal hin orientiert ist;
- eine global sichtbare Bedeutung erlangt hat und als solche einen Meilenstein in der Geschichte der Menschenrechte darstellt;
- ein Wertkomplex ist, in dem verschiedene, teilweise (potentiell) zu einander in Spannung stehende Werte (z.B. Vorrang des einzelnen Menschen - Staatsangehörigkeit) enthalten sind;
- Rechtsformulierungen enthält, die zumindest in ihren praktischen Konsequenzen zu einer inneren Spannung führen (z.B. Recht auf Leben, Freiheit, Sicherheit - Asylanspruch unter staatlichem Vorbehalt).

Mit Blick auf die Frage von Einwanderung ist grundlegend zu thematisieren:
- die Schlüsselrolle der Staatsangehörigkeit als - staatsbürgerlicher - Schutz vor Menschenrechtsverletzungen im Sinne der Bekämpfung von Migrationsursachen;
- die Schlüsselrolle der Staatsangehörigkeit als Hindernis beim Schutz vor Menschenrechtsverletzungen im Sinne der Bewältigung von Migrationsfolgen;
- die in die Erklärung eingegangenen Homogenitätsvorstellungen, die dafür sorgen, dass Einwanderung bzw. Migrationsfolgen notwendig als Problem im Sinne der Konfrontation mit Differenz wahrgenommen werden;
- die grundsätzliche Anerkennung von Migranten als Rechtspersonen im Sinne eines „Rechtes, Rechte zu haben";
- die sich aus dem Status als Rechtsperson ergebenden Rechte von Migranten innerhalb der Einwanderungsgesellschaft.

Zu diesem Zweck sind nachfolgend noch einmal relevante Themen und Artikel sowie Diskussionspunkte aus der Gestaltungsphase der AEMR schematisch aufgeführt, die als Grundlage einer kritischen Auseinandersetzung dienen können:

Vorrang des Individuums vor dem Staat (vgl. S. 79-82)

Positionen in der Gestaltungsphase der AEMR	
Pro	Contra
• Präambel: *Anerkennung der angeborenen Würde und der gleichen und unveräußerlichen Rechte aller Mitglieder der Gemeinschaft der Menschen*	• UN-Charta von 1945: in Artikel 2 staatliche Souveränität als zuerst genanntes Prinzip
• Artikel 3: *Recht auf Leben, Freiheit und Sicherheit*	• Einschränkung durch staatliche Gesetze
» prinzipieller Vorrang des Individuums vor dem Staat	» prinzipieller Vorrang des Staates vor dem Individuum
• Der Mensch ist nicht um des Staates Willen da, sondern der Staat um des Menschen Willen	• laut Präambel staatlicher Gestaltungsspielraum bei Umsetzung der Menschenrechte
• Spannung Schutz des Individuums vor dem Staat als Verletzer der Menschenrechte - Staat als Schützer des Individuums vor Menschenrechtsverletzungen	

Freizügigkeit (vgl. S. 83f.)

Artikel 13

1. *Jeder hat das Recht, sich innerhalb eines Staates frei zu bewegen und seinen Aufenthaltsort frei zu wählen.*

2. *Jeder hat das Recht, jedes Land, einschließlich seines eigenen, zu verlassen und in sein Land zurückzukehren.*

» Rückkehr nur in das Land, dessen Staatsangehörigkeit man besitzt

Positionen in der Gestaltungsphase der AEMR	
Pro	Contra
• Freizügigkeit ohne jegliche Einschränkungen	• ein Individuum darf sein Herkunftsland nicht unabhängig von dessen Gesetzen und Interessen verlassen und die Staatsangehörigkeit eines anderen Landes annehmen

Asyl (vgl. S. 84-86)

Artikel 14

1. Jeder hat das Recht, in anderen Ländern vor Verfolgung Asyl zu suchen und zu genießen.

» dem Recht auf die Inanspruchnahme von Asyl ist die staatliche Entscheidung über dessen Gewährung vorgängig

2. Dieses Recht kann nicht in Anspruch genommen werden im Falle einer Strafverfolgung, die tatsächlich auf Grund von Verbrechen nichtpolitischer Art oder auf Grund von Handlungen erfolgt, die gegen die Ziele und Grundsätze der Vereinten Nationen verstoßen.

» Einengung auf Typus des politischen Flüchtlings

» Ausschlusskriterium „nichtpolitische Verbrechen" bedeutet großen staatlichen Interpretationsspielraum und massive Beweisnot für den einzelnen Antragsteller

Positionen in der Gestaltungsphase der AEMR	
Pro	Contra
• unbegrenztes Asylrecht als angeborenes Recht • unbegrenztes Asylrecht als Recht auf Leben	• Begrenzung des Asylrechts als Schutz des jeweiligen Staates vor zu großer sozialer Belastung • Begrenzung des Asylrechts als Schutz vor faktischer Immigration → zugleich Schutz vor - ungewollter - kultureller bzw. politischer Heterogenität
• Begrenzung bestimmter Rechte zur Erhöhung der Zugangschancen von Asylbewerbern	

Staatsangehörigkeit (vgl. S. 86-88)

Artikel 15

1. Jeder hat das Recht auf eine Staatsangehörigkeit.

2. Niemandem darf seine Staatsangehörigkeit willkürlich entzogen noch das Recht versagt werden, seine Staatsanghörigkeit zu wechseln.

» Staatsangehörigkeit als Schlüssel zur umfassenden Inanspruchnahme von Menschenrechten

» besondere Fürsorgepflicht des jeweiligen Staates für die ‚eigenen' Staatsangehörigen

Diskriminierungsverbot (vgl. S. 88f.)

Artikel 2

Jeder hat Anspruch auf die in dieser Erklärung verkündeten Rechte und Freiheiten ohne irgendeinen Unterschied, etwa nach Rasse, Hautfarbe, Geschlecht, Sprache, Religion, politischer oder sonstiger Überzeugung, nationaler oder sozialer Herkunft, Vermögen, Geburt oder sonstigem Stand. [...]

» Schlüssel zur Beseitigung der Migrationsursachen

» Bewusstsein für die Vielfalt der Diskriminierungsmotive

» durch eine auf kollektive Identifizierung von Menschen zielende Aspektierung („Rasse", „Herkunft" etc.) werden Differenzen fixiert, die eigenes Diskriminierungspotential enthalten (vgl. dazu auch S. 93f.)

Minderheitenschutz (vgl. S. 90-93)

Positionen in der Gestaltungsphase der AEMR	
Pro	Contra
• Menschenrechtsschutz bedeutet Schutz von Minderheiten • Schutz von Minderheiten bedeutet Schutz vor Diskriminierung und Schutz vor Assimilation	• Menschenrechte sollen nicht Gruppen, sondern Individuen schützen • Minderheiten gefährden die Einheit der jeweiligen Länder

Kulturelle Teilhabe (vgl. S. 91)

Artikel 27

1. Jeder hat das Recht, am kulturellen Leben der Gemeinschaft frei teilzunehmen, sich an den Künsten zu erfreuen und am wissenschaftlichen Fortschritt und dessen Errungenschaften teilzuhaben.

» Vorstellung der einen, vorherrschenden Kultur der einen Gemeinschaft

» Recht auf kulturelle Teilhabe aus der Perspektive von Minderheiten als Assimilationsangebot zu Lasten kultureller Eigenheiten

Status von Einwanderung (vgl. S. 93-95f.)

Positionen in der Gestaltungsphase der AEMR	
• Minderheiten sind zu unterscheiden von Immigranten; sie haben anders als Immigranten ein besonderes Recht auf Schutz vor Assimilation, weil es sich um historisch ansässige Gruppen handelt • Minderheiten haben anders als Immigranten ein besonderes Recht auf Schutz vor Assimilation, weil es sich um Staatsangehörige handelt • Das Recht von Immigranten auf Verwendung ihrer Muttersprache ist problematisch, weil es mangelnde Bereitschaft zur Assimilation mit sich bringt	
Pro	Contra
• Asyl ist zu unterscheiden von Immigration	• Asyl bedeutet faktisch Immigration

Ergänzend: Status von Einwanderern als Rechtspersonen (vgl. III, S. 96-107)

Artikel 6

Jeder hat das Recht, überall als rechtsfähig anerkannt zu werden.

« » konkrete Rechtsansprüche in starkem Maße an Staatsangehörigkeit (vgl. Art. 15) gebunden; vgl. Art. 8 (Rechtsbehelf), Art. 9 (Verbot willkürlicher Ausweisung), Art. 13 (Freizügigkeit), Art. 14 (Asyl), Art. 21 (politische Beteiligung)

« » faktisch Staatenlosigkeit = Rechtlosigkeit

» potentiell menschenrechtlich notwendige Konsequenzen:

- Anspruch auf Anerkennung als Rechtsperson = Anspruch auf dauerhaften Platz in einer Rechtsgemeinschaft
- rechtliche Gleichstellung von Staatsangehörigen und Nicht-Staatsangehörigen
- Anspruch von Einwanderern auf Staatsangehörigkeit
- umfassende Anerkennung als Rechtsperson = Anerkennung folgender Kategorien:
  - *status negativus*, d.h. Abwehrrechte
    » Glaubens- und Gewissensfreiheit (vgl. Art. 18)
    » Recht auf freie Entfaltung der Persönlichkeit, zu dem auch kulturelle bzw. religiöse Aspekte der Lebensgestaltung gehören (vgl. Art. 22 u. Art. 26)

- *status activus*, d.h. Teilhaberechte
  - » Teilhabe am öffentlichen Leben (vgl. Art. 18) « » Art. 27 (Teilhabe an der Kultur)
  - » Teilhabe am politischen Leben « » Art. 21 (politische Beteiligung aufgrund von Staatsangehörigkeit)
- *status positivus*, d.h. Leistungsrechte
  - » sozial gesicherter Status als Grundlage der Wahrnehmung von Abwehr- und Teilhaberechten (vgl. Art. 22)

» innerer Zusammenhang dieser drei Kategorien.

Literatur:

Arendt, Hannah: Elemente und Ursprünge totaler Herrschaft. Frankfurt am Main 1955.

Arendt, Hannah: Es gibt nur ein einziges Menschenrecht. In: Die Wandlung 1949/4, S. 754-770.

Arendt, Hannah: „The Rights of Man". What are they? In: Modern Review. Heft 1. 1949/3, S. 24-37.

Bade, Klaus J.: Europa in Bewegung. Migration vom späten 18. Jahrhundert bis zur Gegenwart. München 2000.

Benz, Wolfgang: Ausgrenzung. Vertreibung. Völkermord. Genozid im 20. Jahrhundert. München 2006.

Benz, Wolfgang: Der Holocaust. 6. Aufl. München 2005.

Bielefeldt, Heiner: Menschenrechte in der Einwanderungsgesellschaft. Plädoyer für einen aufgeklärten Pluralismus. Bielefeld 2007.

Bielefeldt, Heiner: Philosophie der Menschenrechte. Grundlagen eines weltweiten Freiheitsethos. Darmstadt 1998.

Brähler, Elmar/ Sommer, Gert/ Stellmacher, Jost: Einstellung der Deutschen zu Menschenrechten. Ergebnisse einer zweiten repräsentativen Befragung. In Kooperation mit dem Deutschen Institut für Menschenrechte (DIMR) in Berlin. Berlin 2003 [Informationspapier zur Pressekonferenz am 9. Dezember 2003 im Haus der Bundespressekonferenz].

Caestecker, Frank: Tradition und Tendenzen europäischer Flüchtlingspolitik. In: Wolfgang Benz (Hrsg.): Umgang mit Flüchtlingen. Ein humanitäres Problem. München 2006, S. 73-92.

Diner, Dan: Die Katastrophe vor der Katastrophe: Auswanderung ohne Einwanderung. In: Ders./ Blasius, Dirk (Hrsg.): Zerbrochene Geschichte. Leben und Selbstverständnis der Juden in Deutschland. Frankfurt/M. 1991, S. 138-160.

Glendon, Mary Ann: A world made new. Eleanor Roosevelt and the Universal Declaration of Human Rights. New York 2002.

Hannum, Horst: The Status of the Universal Declaration of Human Rights in National and International Law. In: Georgia Journal of International and Comparative Law. Heft 1-2. 1995/25, S. 287-397.

Herbert, Ulrich: Geschichte der Ausländerpolitik in Deutschland. Saisonarbeiter, Zwangsarbeiter, Gastarbeiter, Flüchtlinge. Bonn 2001.

Hessel, Stéphane: Tanz mit dem Jahrhundert. Erinnerungen. Aus dem Französischen von Roseli und Saskia Bontjes van Beek. Frankfurt am Main/ Wien 1998.

Hoerder, Dirk: Menschen, Kulturkontakte, Migrationssysteme. Das weltweite Wanderungsgeschehen im 19. und 20. Jahrhundert. In: GWU. Heft 10. 2005/56, S. 532-546.

Hoffmann, Stefan-Ludwig: Jewish Refugees and Human Rights in the Age of Global War. In: German Historical Institute London Bulletin. Heft 2. 2004/XXVI, S. 43-56.

Hormel, Ulrike/ Scherr, Albert: Bildung für die Einwanderungsgesellschaft. Bonn 2005.

Jellinek, Georg: Die Erklärung der Menschen- und Bürgerrechte. Saarbrücken 2006 [Nachdruck der 3. Aufl. v. 1919; Erstpublikation 1895].

Jellinek, Georg: Allgemeine Staatsrechtslehre. 3. Aufl. Berlin 1914 [Erstpublikation 1900].

Jellinek, Georg: System der subjektiven öffentlichen Rechte. Freiburg i. Br. 1892.

Joas, Hans: Die kulturellen Werte Europas. Eine Einleitung. In: Ders./ Wiegandt, Klaus (Hrsg.): Die kulturellen Werte Europas. Bonn 2005, S. 11-39.

Joas, Hans: Die Entstehung der Werte. Frankfurt am Main 1999.

Kieffer, Fritz: Die Flüchtlings-Konferenz von Evian 1938. In: Wolfgang Benz (Hrsg.): Umgang mit Flüchtlingen. Ein humanitäres Problem. München 2006, S. 27-54.

Menke, Christoph/ Pollmann, Arnd: Philosophie der Menschenrechte zur Einführung. Hamburg 2007.

Morsink, Johannes: The Universal Declaration of Human Rights. Origins, Drafting & Intent. Philadelphia 1999.

Parlamentarischer Rat: 1948-1949. Akten und Protokolle. Hrsg. für den Deutschen Bundestag und vom Bundesarchiv unter Leitung von Kurt Georg Wernicke und Hans Booms unter Mitw. von Walter Vogel. Ab Bd. 5 hrsg. unter Leitung von Rupert Schick. Bd. 1-12. Boppard am Rhein 1975-1999.

Weinbrenner, Peter: Menschenrechte lehren – Empfehlungen für die Entwicklung von Lehrbüchern zur Menschenrechtserziehung. In: Ders./ Fritzsche, K. Peter: Menschenrechtserziehung – ein Leitfaden zur Darstellung des Themas „Menschenrechte" in Schulbüchern und im Unterricht. Bielefeld 1997, S. 4-27.

Weinke, Annette: Die Nürnberger Prozesse. München 2006.

www.un.org/Overview/rights.html [englische Originalfassung der AEMR]

untreaty.un.org/English/treaty.asp [Verzeichnis sämtlicher UN-Menschrechtsabkommen auf der offiziellen Seite der Vereinten Nationen]

www.institut-fuer-menschenrechte.de/webcom/show_page.php/_c-578/_nr-1/i.html [Verzeichnis der UN-Menschrechtsabkommen in deutscher Übersetzung]

institut-fuer-menschenrechte.de/dav/Bibliothek/Dokumente/UNDokumente%20deutschsprachig/ICCPR.pdf [deutsche Fassung der UN-Konvention über bürgerliche und politische Rechte]

www.lpb-bw.de/charta.htm [deutsche Fassung der UN-Charta von 1945]

www.osce.org/documents/mcs/1975/08/4044_de.pdf [Text der KSZE-Schlussakte, Helsinki 1975]

Die Allgemeine Erklärung der Menschenrechte
UN-Resolution 217 A (III) vom 10.12.1948

Präambel

Da die Anerkennung der angeborenen Würde und der gleichen und unveräußerlichen Rechte aller Mitglieder der Gemeinschaft der Menschen die Grundlage von Freiheit, Gerechtigkeit und Frieden in der Welt bildet,

da die Nichtanerkennung und Verachtung der Menschenrechte zu Akten der Barbarei geführt haben, die das Gewissen der Menschheit mit Empörung erfüllen, und da verkündet worden ist, dass einer Welt, in der die Menschen Rede- und Glaubensfreiheit und Freiheit von Furcht und Not genießen, das höchste Streben des Menschen gilt,

da es notwendig ist, die Menschenrechte durch die Herrschaft des Rechtes zu schützen, damit der Mensch nicht gezwungen wird, als letztes Mittel zum Aufstand gegen Tyrannei und Unterdrückung zu greifen,

da es notwendig ist, die Entwicklung freundschaftlicher Beziehungen zwischen den Nationen zu fördern,

da die Völker der Vereinten Nationen in der Charta ihren Glauben an die grundlegenden Menschenrechte, an die Würde und den Wert der menschlichen Person und an die Gleichberechtigung von Mann und Frau erneut bekräftigt und beschlossen haben, den sozialen Forschritt und bessere Lebensbedingungen in größerer Freiheit zu fördern,

da die Mitgliedstaaten sich verpflichtet haben, in Zusammenarbeit mit den Vereinten Nationen auf die allgemeine Achtung und Einhaltung der Menschenrechte und Grundfreiheiten hinzuwirken,

da ein gemeinsames Verständnis dieser Rechte und Freiheiten von größter Wichtigkeit für die volle Erfüllung dieser Verpflichtung ist,

verkündet die Generalversammlung

diese Allgemeine Erklärung der Menschenrechte als das von allen Völkern und Nationen zu erreichende gemeinsame Ideal, damit jeder einzelne und alle Organe der Gesellschaft sich diese Erklärung stets gegenwärtig halten und sich bemühen, durch Unterricht und Erziehung die Achtung vor diesen Rechten und Freiheiten zu fördern und durch fortschreitende nationale und internationale Maßnahmen ihre allgemeine und tatsächliche Anerkennung und Einhaltung durch die Bevölkerung der Mitgliedstaaten selbst wie auch durch die Bevölkerung der ihrer Hoheitsgewalt unterstehenden Gebiete zu gewährleisten.

Artikel 1
Alle Menschen sind frei und gleich an Würde und Rechten geboren. Sie sind mit Vernunft und Gewissen begabt und sollen einander im Geist der Brüderlichkeit begegnen.

Artikel 2
Jeder hat Anspruch auf die in dieser Erklärung verkündeten Rechte und Freiheiten ohne irgendeinen Unterschied, etwa nach Rasse, Hautfarbe, Geschlecht, Sprache, Religion, politischer oder sonstiger Überzeugung, nationaler oder sozialer Herkunft, Vermögen, Geburt oder sonstigem Stand.
Des weiteren darf kein Unterschied gemacht werden auf Grund der politischen, rechtlichen oder internationalen Stellung des Landes oder Gebiets, dem eine Person angehört, gleichgültig ob dieses unabhängig ist, unter Treuhandschaft steht, keine Selbstregierung besitzt oder sonst in seiner Souveränität eingeschränkt ist.

Artikel 3
Jeder hat das Recht auf Leben, Freiheit und Sicherheit der Person.

Artikel 4
Niemand darf in Sklaverei oder Leibeigenschaft gehalten werden; Sklaverei und Sklavenhandel sind in allen ihren Formen verboten.

Artikel 5
Niemand darf der Folter oder grausamer, unmenschlicher oder erniedrigender Behandlung oder Strafe unterworfen werden.

Artikel 6
Jeder hat das Recht, überall als rechtsfähig anerkannt zu werden.

Artikel 7
Alle Menschen sind vor dem Gesetz gleich und haben ohne Unterschied Anspruch auf gleichen Schutz durch das Gesetz. Alle haben Anspruch auf gleichen Schutz gegen jede Diskriminierung, die gegen diese Erklärung verstößt, und gegen jede Aufhetzung zu einer derartigen Diskriminierung.

Artikel 8
Jeder hat Anspruch auf einen wirksamen Rechtsbehelf bei den zuständigen innerstaatlichen Gerichten gegen Handlungen, durch die seine ihm nach der Verfassung oder nach dem Gesetz zustehenden Grundrechte verletzt werden.

Artikel 9
Niemand darf willkürlich festgenommen, in Haft gehalten oder des Landes verwiesen werden.

Artikel 10
Jeder hat bei der Feststellung seiner Rechte und Pflichten sowie bei einer gegen ihn erhobenen strafrechtlichen Beschuldigung in voller Gleichheit Anspruch auf ein gerechtes und öffentliches Verfahren vor einem unabhängigen und unparteiischen Gericht.

Artikel 11
1. Jeder, der wegen einer strafbaren Handlung beschuldigt wird, hat das Recht, als unschuldig zu gelten, solange seine Schuld nicht in einem öffentlichen Verfahren, in dem er alle für seine Verteidigung notwendigen Garantien gehabt hat, gemäß dem Gesetz nachgewiesen ist.
2. Niemand darf wegen einer Handlung oder Unterlassung verurteilt werden, die zur Zeit ihrer Begehung nach innerstaatlichem oder internationalem Recht nicht strafbar war. Ebenso darf keine schwerere Strafe als die zum Zeitpunkt der Begehung der strafbaren Handlung angedrohte Strafe verhängt werden.

Artikel 12
Niemand darf willkürlichen Eingriffen in sein Privatleben, seine Familie, seine Wohnung und seinen Schriftverkehr oder Beeinträchtigungen seiner Ehre und seines Rufes ausgesetzt werden. Jeder hat Anspruch auf rechtlichen Schutz gegen solche Eingriffe oder Beeinträchtigungen.

Artikel 13
1. Jeder hat das Recht, sich innerhalb eines Staates frei zu bewegen und seinen Aufenthaltsort frei zu wählen.
2. Jeder hat das Recht, jedes Land, einschließlich seines eigenen, zu verlassen und in sein Land zurückzukehren.

Artikel 14
1. Jeder hat das Recht, in anderen Ländern vor Verfolgung Asyl zu suchen und zu genießen.
2. Dieses Recht kann nicht in Anspruch genommen werden im Falle einer Strafverfolgung, die tatsächlich auf Grund von Verbrechen nichtpolitischer Art oder auf Grund von Handlungen erfolgt, die gegen die Ziele und Grundsätze der Vereinten Nationen verstoßen.

Artikel 15
1. Jeder hat das Recht auf eine Staatsangehörigkeit.
2. Niemandem darf seine Staatsangehörigkeit willkürlich entzogen noch das Recht versagt werden, seine Staatsanghörigkeit zu wechseln.

Artikel 16
1. Heiratsfähige Frauen und Männer haben ohne Beschränkung auf Grund der Rasse, der Staatsangehörigkeit oder der Religion das Recht zu heiraten und eine Familie zu gründen. Sie haben bei der Eheschließung, während der Ehe und bei deren Auflösung gleiche Rechte.
2. Eine Ehe darf nur bei freier und uneingeschränkter Willenseinigung der künftigen Ehegatten geschlossen werden.
3. Die Familie ist die natürliche Grundeinheit der Gesellschaft und hat Anspruch auf Schutz durch Gesellschaft und Staat.

Artikel 17
1. Jeder hat das Recht, sowohl allein als auch in Gemeinschaft mit anderen Eigentum innezuhaben.
2. Niemand darf willkürlich seines Eigentums beraubt werden.

Artikel 18
Jeder hat das Recht auf Gedanken-, Gewissens- und Religionsfreiheit; dieses Recht schließt die Freiheit ein, seine Religion oder Überzeugung zu wechseln, sowie die Freiheit, seine Religion oder Weltanschauung allein oder in
Gemeinschaft mit anderen, öffentlich oder privat durch Lehre, Ausübung, Gottesdienst und Kulthandlungen zu bekennen.

Artikel 19
Jeder hat das Recht auf Meinungsfreiheit und freie Meinungsäußerung; dieses Recht schließt die Freiheit ein, Meinungen ungehindert anzuhängen sowie über Medien jeder Art und ohne Rücksicht auf Grenzen Informationen und Gedankengut zu suchen, zu empfangen und zu verbreiten.

Artikel 20
1. Alle Menschen haben das Recht, sich friedlich zu versammeln und zu Vereinigungen zusammenzuschließen.
2. Niemand darf gezwungen werden, einer Vereinigung anzugehören.

Artikel 21
1. Jeder hat das Recht, an der Gestaltung der öffentlichen Angelegenheiten seines Landes unmittelbar oder durch frei gewählte Vertreter mitzuwirken.
2. Jeder hat das Recht auf gleichen Zugang zu öffentlichen Ämtern in seinem Lande.
3. Der Wille des Volkes bildet die Grundlage für die Autorität der öffentlichen Gewalt; dieser Wille muss durch regelmäßige, unverfälschte, allgemeine und gleiche Wahlen mit geheimer Stimmabgabe oder in einem gleichwertigen freien Wahlverfahren zum Ausdruck kommen.

Artikel 22
Jeder hat als Mitglied der Gesellschaft das Recht auf soziale Sicherheit und Anspruch darauf, durch innerstaatliche Maßnahmen und internationale Zusammenarbeit sowie unter Berücksichtigung der Organisation und der Mittel jedes Staates in den Genuss der wirtschaftlichen, sozialen und kulturellen Rechte zu gelangen, die für seine Würde und die freie Entwicklung seiner Persönlichkeit unentbehrlich sind.

Artikel 23
1. Jeder hat das Recht auf Arbeit, auf freie Berufswahl, auf gerechte und befriedigende Arbeitsbedingungen sowie auf Schutz vor Arbeitslosigkeit.
2. Jeder, ohne Unterschied, hat das Recht auf gleichen Lohn für gleiche Arbeit.
3. Jeder, der arbeitet, hat das Recht auf gerechte und befriedigende Entlohnung, die ihm und seiner Familie eine der menschlichen Würde entsprechende Existenz sichert, gegebenenfalls ergänzt durch andere soziale Schutzmaßnahmen.
4. Jeder hat das Recht, zum Schutz seiner Interessen Gewerkschaften zu bilden und solchen beizutreten.

Artikel 24
Jeder hat das Recht auf Erholung und Freizeit und insbesondere auf eine vernünftige Begrenzung der Arbeitszeit und regelmäßigen bezahlten Urlaub.

Artikel 25
1. Jeder hat das Recht auf einen Lebensstandard, der seine und seiner Familie Gesundheit und Wohl gewährleistet, einschließlich Nahrung, Kleidung, Wohnung, ärztliche Versorgung und notwendige soziale Leistungen gewährleistet sowie das Recht auf Sicherheit im Falle von Arbeitslosigkeit, Krankheit, Invalidität oder Verwitwung, im Alter sowie bei anderweitigem Verlust seiner Unterhaltsmittel durch unverschuldete Umstände.
2. Mütter und Kinder haben Anspruch auf besondere Fürsorge und Unterstützung. Alle Kinder, eheliche wie außereheliche, genießen den gleichen sozialen Schutz.

Artikel 26
1. Jeder hat das Recht auf Bildung. Die Bildung ist unentgeltlich, zum mindesten der Grundschulunterricht und die grundlegende Bildung. Der Grundschulunterricht ist obligatorisch. Fach- und Berufsschulunterricht müssen allgemein verfügbar gemacht werden, und der Hochschulunterricht muss allen gleichermaßen entsprechend ihren Fähigkeiten offenstehen.
2. Die Bildung muss auf die volle Entfaltung der menschlichen Persönlichkeit und auf die Stärkung der Achtung vor den Menschenrechten und Grundfreiheiten gerichtet sein. Sie muss zu Verständnis, Toleranz und Freundschaft zwischen allen Nationen

und allen rassischen oder religiösen Gruppen beitragen und der Tätigkeit der Vereinten Nationen für die Wahrung des Friedens förderlich sein.

3. Die Eltern haben ein vorrangiges Recht, die Art der Bildung zu wählen, die ihren Kindern zuteil werden soll.

Artikel 27

1. Jeder hat das Recht, am kulturellen Leben der Gemeinschaft frei teilzunehmen, sich an den Künsten zu erfreuen und am wissenschaftlichen Fortschritt und dessen Errungenschaften teilzuhaben.

2. Jeder hat das Recht auf Schutz der geistigen und materiellen Interessen, die ihm als Urheber von Werken der Wissenschaft, Literatur oder Kunst erwachsen.

Artikel 28

Jeder hat Anspruch auf eine soziale und internationale Ordnung, in der die in dieser Erklärung verkündeten Rechte und Freiheiten voll verwirklicht werden können.

Artikel 29

1. Jeder hat Pflichten gegenüber der Gemeinschaft, in der allein die freie und volle Entfaltung seiner Persönlichkeit möglich ist.

2. Jeder ist bei der Ausübung seiner Rechte und Freiheiten nur den Beschränkungen unterworfen, die das Gesetz ausschließlich zu dem Zweck vorsieht, die Anerkennung und Achtung der Rechte und Freiheiten anderer zu sichern und den gerechten Anforderungen der Moral, der öffentlichen Ordnung und des allgemeinen Wohles in einer demokratischen Gesellschaft zu genügen.

3. Diese Rechte und Freiheiten dürfen in keinem Fall im Widerspruch zu den Zielen und Grundsätzen der Vereinten Nationen ausgeübt werden.

Artikel 30

Keine Bestimmung dieser Erklärung darf dahin ausgelegt werden, dass sie für einen Staat, eine Gruppe oder eine Person irgendein Recht begründet, eine Tätigkeit auszuüben oder eine Handlung zu begehen, welche die Beseitigung der in dieser Erklärung verkündeten Rechte und Freiheiten zum Ziel hat.

Roman Böckmann

Die Welt zu Gast bei Freunden? Flucht und Asyl als Gegenstand der Menschenrechtsbildung[1]

1 Einleitung

„Die Welt zu Gast bei Freunden" hieß es im Sommer 2006, als Deutschland begeisterter Ausrichter der Fußballweltmeisterschaft war. Die Stimmung im ganzen Land war fröhlich und ausgelassen. „Die Deutschen" wurden weit über die Landesgrenzen hinaus als weltoffen, humorvoll und gastfreundlich wahrgenommen. Rund um den Globus schienen sich die Menschen vor lauter Verwunderung über das neue Gesicht „der Deutschen" die Augen zu reiben. Frauen und Männer aus allen Ländern tanzten und feierten gemeinsam in den vielen neu errichteten Sportstätten, auf deutschen Straßen und in deutschen Kneipen. Tatsächlich schien es, als sei die Welt zu Gast bei Freunden. Eigentlich kein schlechtes Motto also, nicht nur für zahlungskräftige Fans, einflussreiche Sportfunktionäre und Hochleistungssportler aus aller Welt. Unter den teilnehmenden Mannschaften waren aber auch Länder wie Angola, Elfenbeinküste, Iran, Serbien-Montenegro oder Togo. Menschen, die aus diesen Herkunftsländern nicht als Fußballfans sondern als Flüchtlinge nach Deutschland kommen, können in aller Regel nicht mit einer ähnlich begeisterten Gastfreundschaft rechnen. Wenn hierzulande von Menschenrechtsverletzungen die Rede ist, dann geht es zumeist um Verbrechen, die in anderen Staaten geschehen. Dieser Artikel beschäftigt sich jedoch nicht mit Menschenrechtsverletzungen in anderen, weit entfernten Ländern, sondern mit der Behandlung von Flüchtlingen und Asylsuchenden in der Bundesrepublik Deutschland.

Im Folgenden soll die Bedeutung des Asylrechts und der Umgang mit Flüchtlingen in Deutschland als Lerngegenstand einer Menschenrechtsbildung für die Einwanderungsgesellschaft analysiert werden. Dabei soll der Frage nachgegangen werden, welche Rolle die internationalen Menschenrechtsdokumente für die Veran-

---

[1] Der sachanalytische Teil dieses Beitrages ist eine überarbeitete und erweiterte Version meines Artikels „Die abgeschobene Verantwortung. Das deutsche Asylrecht als Gegenstand der Menschenrechtsbildung", der in einem Schwerpunktheft zu Menschenrechten und Politischer Bildung in der Zeitschrift Politisches Lernen 3-4/07 erschienen ist.

kerung des Asylrechts spielen und inwieweit die Menschenrechte von Flüchtlingen und Asylbewerbern in Deutschland gewährleistet sind. Hierzu wird zunächst in kurzer Form ein Verständnis von Menschenrechtsbildung skizziert, das als Grundlage für die Erarbeitung dieses Themas dienen könnte. Daran anknüpfend werden die wichtigsten internationalen Dokumente und Deklarationen benannt und hinsichtlich ihres Schutzgehalts für Asylsuchende und Flüchtlinge erläutert. In einem dritten Schritt wird die Entwicklung des deutschen Asylrechts von der Konstitution bis zur Deformation dargelegt. Darauf aufbauend wird gezeigt, dass insbesondere im nationalen Verfahrensrecht eine Reihe ernstzunehmender Menschenrechtsverletzungen institutionell und gesetzlich verankert sind.

Der Artikel beinhaltet fortlaufend Kommentierungen und Verweise auf die zusammengestellten Unterrichtsmaterialien, die sich im Anhang dieses Beitrages befinden. Der Hinweis auf die durchnummerierten Materialien erfolgt an den passenden Textstellen mit einem fettgedruckten **„M"** und der entsprechenden Ziffer. Die im Fließtext verwendeten Zitate können ebenfalls als Unterrichts- und Vorbereitungsmaterial verwendet werden. Zur besseren Übersichtlichkeit sind sie *kursiv* gedruckt.

2   Menschenrechtsbildung und das Thema Asyl

Menschenrechtsbildung ist ein junges Arbeitsfeld der Pädagogik. Weitgehende Einigkeit besteht dabei über die Aufgaben und Ziele der Menschenrechtsbildung, die häufig mit den drei Bereichen „Lernen über die Menschenrechte" (Wissen und Verstehen), „Lernen durch die Menschenrechte" (Einstellungen und Werte) und „Lernen für die Menschenrechte" (Kompetenzen und Fertigkeiten) beschrieben werden[2]. Über diesen Konsens hinaus gibt es jedoch eine Vielzahl divergierender Konzepte von Menschenrechtsbildung, die keineswegs auf ein gemeinsames Verständnis der Menscherechte und des ihnen zugrunde liegenden Bildungsauftrags schließen lassen[3]. Im Folgenden soll das hier zugrundegelegte Verständnis von Menschenrechtsbildung kurz skizziert werden.

In diesem Artikel wird von einem Konzept der Menschenrechtsbildung ausgegangen, das auf der einen Seite die Menschenrechte zum zentralen Bezugspunkt macht,

---

[2]   Deutsches Institut für Menschenrechte/ Bundeszentrale für politische Bildung/ Europarat: Kompass. Handbuch zur Menschenrechtsbildung für die schulische und außerschulische Bildungsarbeit. Berlin/Bonn/Budapest 2005. S. 18-19.

[3]   Lehnhart, Volker: Pädagogik der Menschenrechte. Opladen 2003; Fritzsche, Peter K.: Menschenrechte. Eine Einführung mit Dokumentationen. Paderborn 2004; Lohrenscheit, Claudia: Das Recht auf Menschenrechtsbildung. Frankfurt/London 2004; Hormel, Ulrike/Scherr, Albert: Bildung für die Einwanderungsgesellschaft. Perspektiven der Auseinandersetzung mit struktureller, institutioneller und interaktioneller Diskriminierung. Bonn 2005.

diese jedoch nicht als feststehenden Wertekanon betrachtet, sondern als das Ergebnis historischer Unrechtserfahrungen[4]. Die Allgemeine Erklärung der Menschenrechte und die Folgedeklarationen sollen daher nicht als endgültige Ausformulierung der Menschenwürde gelten, sondern als Ergebnis historisch bedingter und politischer Aushandlungsprozesse[5]. Damit ist zunächst einmal solchen Argumentationen der Boden entzogen, die die Menschenrechtserklärungen als normative und in ihrem Kern nicht diskussionsbedürftige Rechtsgrundlagen darstellen. Menschenrechtsbildung sollte daher nicht als bloße „Moralerziehung" begriffen werden, sondern auf die Erarbeitung von Kriterien zielen, anhand derer sich Entwürdigung, Demütigung und strukturelle Diskriminierung festmachen lassen. Eine solche Verständigung unter Lehrenden und Lernenden ist jedoch sehr voraussetzungsvoll. Menschenrechtsbildung kann nur dann eine akzeptierte Gestaltungsperspektive bieten, wenn ihr die Erarbeitung gemeinsamer Kriterien vorausgegangen ist, anhand derer sich entwürdigende und diskriminierende Handlungen bewerten lassen. Dabei kann weder von einem geteilten menschenrechtlichen Grundwissen unter Lehrenden und Lernenden ausgegangen werden, noch von einem Konsens über die moralische Verwerflichkeit bestimmter Formen der Diskriminierung.[6] Das Potential der Menschenrechtsbildung in der Einwanderungsgesellschaft liegt darin, Lehrenden und Lernenden ein Diskussionsforum zur Erarbeitung normativer Grundlagen für ein gerechtes und menschenwürdiges Zusammenleben zu bieten. Die Menschenrechtsidee als unabgeschlossene Lerngeschichte zu begreifen unterstreicht nicht zuletzt die Bedeutung für einen interkulturellen Menschenrechtsdiskurs[7]. Die Lernenden sollten daher zunächst einmal die Gelegenheit erhalten, sich über eigene Grundhaltungen zum Thema Flucht und Asyl klar zuwerden **(M1)**.

Die Erarbeitung des Themenkomplexes Flucht und Asyl kann bei Lernenden starke Emotionen hervorrufen. Diese können einerseits durch eigene Fluchterfahrungen verursacht werden oder auch durch die Bekanntschaft zu Menschen, die aus ihrer Heimat fliehen mussten. Andererseits können auch schlechte persönliche Erfahrungen oder starke Ängste gegenüber Angehörigen anderer ethnischer Gruppen ein hohes Maß an Emotionalität erzeugen. Deshalb ist es wichtig, dass Diskussionen sachlich und ohne persönliche Anfeindungen geführt werden und jeder Schüler das Recht erhält, seine Meinung kundzutun.[8] Mögliche Betroffenheiten sind auch bei der Auswahl der Unterrichtsmethoden zu bedenken. So ist es wenig sinnvoll, bei Kindern

---

4   Bielefeldt, Heiner: Menschenrechte in der Einwanderungsgesellschaft. Plädoyer für einen aufgeklärten Multikulturalismus. Bielefeld 2007, S. 49
5   Hormel/Scherr, Bildung (wie Anmerkung 2), S. 146
6   Hormel/Scherr, Bildung (wie Anmerkung 2), S. 132-134
7   Bielefeldt, Multikulturalismus (wie Anmerkung 4), S. 52
8   Folkvord, Gerald Kador: Ideen für den Unterricht. In: Teaching Human Rights. Informationen zur Menschenrechtsbildung. Juni 2005/22: Fluchtwege frei? Das Recht auf Asyl. S. I-IV.

mit entsprechendem Migrationshintergrund ihre Diskriminierungserfahrungen zu aktualisieren, indem z.B. durch ein visualisiertes Soziogramm ihre Außenseiterrolle sichtbar gestärkt wird. Ähnliches gilt für das Kriterium der Kulturspezifität, das vor allem dort beachtet werden sollte, wo die Lernenden nicht voraussetzungslos dieselbe kulturelle Lebenswelt teilen. Körperberührungen beim Rollenspiel sind z.B. nicht in allen kulturellen Kontexten selbstverständlich.[9]

Blättert man durch Schulbücher und Unterrichtsmaterialien, so stellt man fest, dass häufig Menschenrechtsverletzungen in anderen Ländern zum Lerngegenstand gemacht werden. Eine solche Herangehensweise legt nahe, dass die Menschenrechte im eigenen Land verwirklicht sind, wohingegen andere Staaten noch ihre „Hausaufgaben" zu machen haben. Gegen eine solche Sicht spricht, dass Menschenrechtsverletzungen auch in modernen, demokratisch verfassten Gesellschaften vorkommen und ihren Ausdruck in strukturellen und institutionellen Formen der Diskriminierung finden[10]. Aufgabe der Menschenrechtsbildung ist es, eine kritische Auseinandersetzung mit Prozessen der Ausgrenzung und Diskriminierung zu ermöglichen. Pädagogische Konzepte, die sich mit Fremdenfeindlichkeit und Mechanismen der Ausgrenzung beschäftigen, können nicht darauf verzichten, sozioökonomische und rechtliche Benachteiligungen von Migranten in den Fokus zu nehmen, die sich als Folge einer nicht wahrgenommenen politischen Gestaltung der Einwanderungsgesellschaft ergeben.

Während auf politischer Ebene mit deutlicher Verzögerung die Einsicht gewachsen ist, dass Deutschland de facto ein Einwanderungsland ist, sieht sich die Institution Schule schon seit Jahrzehnten mit dem Faktum der Migration und der multikulturellen Gesellschaft konfrontiert. Integraler Bestandteil einer Menschenrechtsbildung in der Einwanderungsgesellschaft sollte es sein, den Umgang mit Migration, die strukturelle Benachteiligung von Migranten sowie migrationsbedingte Prozesse sozialer Differenzierung zu ihrem Gegenstand zu machen. Hierbei ist zwischen „normaler" Arbeitsmigration und Zwangsmigration zu unterscheiden. Eine der schwächsten Gruppen, an der sich strukturelle und institutionalisierte Diskriminierung festmachen lässt, ist die der Flüchtlinge und Asylsuchenden. Aus diesem Grund ist es unverzichtbar, die Gewährleistung der Menschenwürde von Asylsuchenden und Flüchtlingen zum kritischen Maßstab einer „gerechten Gesellschaft" zu machen. Dabei sollten sowohl die internationalen Menschenrechtserklärungen in den Blick genommen werden, als auch die gegenwärtige Umsetzung in nationales Recht und die Diskrepanz zwischen kodifizierten Rechten und sozialer Realität.

---

9   Lenhart, Pädagogik (wie Anmerkung 2), S. 82-83
10 Hormel/Scherr, Bildung (wie Anmerkung 2), S. 131

3 Der Flüchtlingsschutz im Völkerrecht

Der Schutz von Asylsuchenden und Flüchtlingen ist in zahlreichen internationalen Dokumenten niedergelegt. Zu den wichtigsten Konventionen gehören hier vor allem die Allgemeine Erklärung der Menschenrechte (AEMR), die Genfer Flüchtlingskonvention (GFK) und die Europäische Menschenrechtskonvention (EMRK). Von Bedeutung sind darüber hinaus die Konvention gegen Folter und die Konvention über die Rechte des Kindes.

In Artikel 14 der AEMR von 1948 heißt es: „Jeder Mensch hat das Recht, in anderen Ländern vor Verfolgung Asyl zu suchen und zu genießen". Diese Formulierung ist juristisch recht unverbindlich, da sich aus ihr keine Rechtspflicht des Staates auf Asylgewährung ableiten lässt. Sie ist allgemein dahingehend ausgelegt worden, dass damit kein Individualrecht des politisch Verfolgten gemeint ist, sondern nur das Recht der souveränen Staaten, Asyl zu gewähren. Nur wenn das Aufnahmeland Asyl gewährt, können Flüchtlinge dieses auch genießen[11]. In der AEMR ist die menschenrechtliche Verankerung des Asylrechts damit recht schwach ausgestaltet.

Ein weiteres Dokument, das Flüchtlinge schützen soll, ist die GFK. Zielgruppe der GFK von 1951 waren zunächst einmal nur Personen, die infolge von Krieg und Verfolgung vor 1951 zu Flüchtlingen innerhalb von Europa wurden. Erst das Zusatzprotokoll von 1967 machte die GFK allgemein gültig und hob geographische und zeitliche Eingrenzungen auf. Die GFK verpflichtet die Unterzeichnerstaaten, den Antrag eines Asylbewerbers in einem objektiven und effektiven Verfahren zu prüfen. Während des Verfahrens ist dem Antragsteller ein vorläufiges Bleiberecht zu gewähren. Eine wichtige Regelung stellt das sogenannte Non-Refoulement-Gebot in Artikel 33 der GFK dar.[12] Es bedeutet, dass kein Flüchtling auf irgendeine Weise in einen Staat abgeschoben oder zurückgewiesen werden darf, in dem sein Leben oder seine Freiheit bedroht ist. Darüber hinaus beinhaltet es auch das Verbot der Kettenabschiebung. Das bedeutet, dass kein Flüchtling in einen Staat abgeschoben werden darf, in dem er der Gefahr der weiteren Abschiebung ausgesetzt ist. Die GFK schützt jedoch weder Binnenvertriebene noch Umwelt- oder Bürgerkriegsflüchtlinge[13] (**M2**).

Die EMRK weist keine ausdrücklichen Bestimmungen zur Behandlung von Flüchtlingen auf und garantiert auch kein Asylrecht. Ganz im Gegenteil hat es das Ministerkomitee im Jahre 1961 sogar ausdrücklich abgelehnt, einen expliziten Asyl-

---

[11] Kopp, Karl: Asyl. Hamburg 2002. S. 18; Göbel-Zimmermann, Ralph: Asyl und Flüchtlingsrecht. München 1999. S. 14
[12] Fritzsche, Menschenrechte (wie Anmerkung 2), S. 126-127
[13] Fritzsche, Menschenrechte (wie Anmerkung 2), S. 127

artikel in ein Zusatzprotokoll aufzunehmen[14]. Trotzdem garantiert die Konvention einen indirekten Flüchtlingsschutz. In Artikel 3 der EMRK heißt es: „Niemand darf der Folter oder unmenschlicher oder erniedrigender Strafe oder Behandlung unterworfen werden." Das Verbot der Folter stellt für die Asylgewährung eine entscheidende menschenrechtliche Grundlage dar. Es führt in Fällen abgelehnter Asylanträge vor allem dann zu einem erweiterten Abschiebungsschutz, wenn dem Asylbewerber im Herkunfts- oder Drittstaat Folter sowie unmenschliche oder erniedrigende Behandlung drohen[15]. Der Europäische Gerichtshof für Menschenrechte in Straßburg ist für die Überwachung der EMRK zuständig. Er hat die Unterzeichnerstaaten wiederholt ermahnt, dass Artikel 3 der EMRK indirekt auch dann verletzt wird, wenn Personen in einen Staat abgeschoben werden, in dem Folter und unmenschliche Behandlung drohen[16].

Auch die Konvention gegen Folter aus dem Jahr 1984 besagt in Artikel 3: „Ein Vertragsstaat darf eine Person nicht in einen anderen Staat ausweisen, abschieben oder an diesen ausliefern, wenn stichhaltige Gründe für die Annahme bestehen, dass sie dort Gefahr liefe, gefoltert zu werden." Diese Regelung ist direkt an alle diejenigen Staaten adressiert, die Flüchtlinge und Asylsuchende aufnehmen- auch wenn in diesen Staaten selbst nicht gefoltert wird. Es dient der präventiven Absicherung gegen Folter und dehnt die Reichweite des Folterverbots in zeitlicher und räumlicher Hinsicht aus.[17]

Besonderer Erwähnung bedarf die Kinderrechtskonvention von 1989, die mittlerweile fast alle Staaten der Welt unterzeichnet haben (außer Somalia und die USA). Als Kinder im Sinne der Konvention gelten Jugendliche bis zur Vollendung des 18. Lebensjahres. In Artikel 22 der Kinderrechtskonvention werden die Rechte von Flüchtlingskindern geregelt. Dort heißt es, dass einem Kind „angemessener Schutz" und „humanitäre Hilfe" gewährt werden muss, „und zwar unabhängig davon, ob es sich in Begleitung seiner Eltern oder einer anderen Person befindet oder nicht". In den Artikeln 28 und 29 der Kinderrechtskonvention sind außerdem die Rechte jedes Kindes auf Bildung festgelegt. Die Bundesrepublik hat mit Blick auf minderjährige Flüchtlinge und Asylsuchende einen Vorbehalt formuliert, auf den später noch näher eingegangen werden soll.

---

14 Ulmer, Mathias: Asylrecht und Menschenwürde. Zur Problematik der „Sicheren Drittstaaten" nach Art. 16a Abs. 2 und 5 GG und die Harmonisierung des Asylrechts in Europa. Frankfurt am Main 1996. S. 67
15 Weber, Albrecht: Zur Entwicklung des europäischen Asylrechts. In: Bundesamt für die Anerkennung ausländischer Flüchtlinge (Hrsg.): Zuwanderung und Asyl. Nürnberg 2001. S. 95
16 Kopp, Asyl (wie Anmerkung 11), S. 24
17 Bruha, Thomas/ Tams, Christian J.: Folter und Völkerrecht. In: Aus Politik und Zeitgeschichte 36/2006. Beilage zur Wochenzeitschrift Das Parlament. Bonn 2006. S. 20

4 Das Asylrecht im deutschen Grundgesetz

4.1 Die Konstitution des Grundrechts auf Asyl

„Politisch Verfolgte genießen Asylrecht" lautete die schlichte Formulierung des Artikel 16 Grundgesetz (GG) in der Fassung vom 23. Mai 1949. In der deutschen Rechtsgeschichte hatte es ein solches Grundrecht auf Asyl bis zu diesem Zeitpunkt nicht gegeben. Weder in der Reichsverfassung von 1871 noch in der Weimarer Reichsverfassung von 1919 existierte ein solches Grundrecht[18]. Dass der Wortlaut des Art. 16 GG vom Parlamentarischen Rat ohne weitere Einschränkungen gewählt wurde, dürfte vor allem darauf zurückzuführen sein, dass die Mitglieder zu dieser Zeit noch unter dem Eindruck von Flucht und Vertreibung als Folge der nationalsozialistischen Schreckensherrschaft gestanden haben. Ursächlich verantwortlich für die massenhaften Fluchtbewegungen war die kriegerische Ausbreitung Deutschlands. Allein für die militärische Expansionsphase Nazi-Deutschlands von 1939 bis 1943 wird die Zahl der Flüchtlinge, Vertriebenen und Deportierten auf europaweit 30 Millionen Menschen geschätzt. Für die Kriegsphase zwischen 1943 und 1945 wird von weiteren 20-30 Millionen Massenzwangswanderungen ausgegangen.[19] Viele Menschen, die vor Misshandlung, Folter und Tod geflohen sind, konnten ihr Leben nur dadurch retten, dass sie von anderen Ländern aufgenommen wurden. Unzähligen Menschen war die erfolgreiche Flucht unmöglich, weil sie kein Aufnahmeland gefunden hatten oder an den Grenzen abgewiesen wurden.

Auch die unmittelbare Nachkriegssituation war geprägt durch massenhafte Fluchtbewegungen. In den ehemaligen Ostgebieten des Deutschen Reiches lebten vor Beginn des Zweiten Weltkrieges rund 18 Millionen Reichsdeutsche und „Volksdeutsche", von denen 14 Millionen in der Endphase des Krieges Richtung Westen flüchteten oder nach Kriegsende deportiert wurden. Die Volkszählung von 1950 ergab, dass insgesamt knapp 12,5 Millionen Flüchtlinge und Vertriebene aus den ehemaligen Ostgebieten und aus den Siedlungsgebieten der „Volksdeutschen" in die BRD und die DDR gelangt waren. Rund zwei Millionen Deutsche hatten Flucht, Vertreibung und Deportationen nicht überlebt. Etwa eine Million Menschen wurden in die UdSSR deportiert.[20] Flucht und Vertreibung waren im unmittelbaren Nachkriegsdeutschland aber nur eine von mehreren Zwangswanderungen. Rund zehn Millionen Menschen sind im Gebiet der späteren vier Besatzungszonen vor

---

18 Höfling-Semnar, Bettina: Flucht und deutsche Asylpolitik. Von der Krise des Asylrechts zur Perfektionierung der Zugangsverhinderung. Münster 1995. S. 96
19 Bade, Klaus J./Oltmer, Jochen: Normalfall Migration. Bonn 2004. S. 43
20 Bade/Oltmer, Migration (wie Anmerkung 19), S. 52-53

den Bombenangriffen in ländlichere Regionen geflohen oder evakuiert worden. Hinzu kamen rund acht Millionen „Displaced Persons", die während des Krieges nach Deutschland verschleppt worden waren. Zu dieser Gruppe zählten ehemalige Zwangsarbeiter, Kriegsgefangene und Häftlinge der Konzentrationslager.[21]

Den 65 Mitgliedern des Parlamentarischen Rates war die Bedeutung der Schutzgewährung ebenso bewusst wie die Tatsache, dass viele Verfolgte an den Grenzen zurückgewiesen worden waren oder kein Aufnahmeland gefunden hatten.[22] Trotzdem war die Frage nach der genauen Formulierung dieses Grundgesetzartikels schon damals Gegenstand kontroverser Auseinandersetzungen. In den stenographischen Berichten des Parlamentarischen Rates kommt jedoch eines deutlich zum Ausdruck: Den Diskutierenden war die Tragweite ihrer Entscheidungen sehr bewusst. Einer der Parlamentarier war Friedrich Wilhelm Wagner (SPD). Er gehörte von 1930 bis 1933 dem Reichstag an und floh nach der Machtergreifung durch die Nationalsozialisten über Frankreich in die Vereinigten Staaten. Im Jahr 1946 kehrte er nach Deutschland zurück und wurde Mitglied des Parlamentarischen Rates. In der Verhandlung um eine mögliche Einschränkung des Asylrechts gibt Friedrich Wilhelm Wagner zu bedenken:

> *„Ich glaube, man sollte da vorsichtig sein mit dem Versuch, dieses Asylrecht einzuschränken und seine Gewährung von unserer eigenen Sympathie oder Antipathie und von der politischen Gesinnung dessen abhängig zu machen, der zu uns kommt. Das wäre dann kein unbedingtes Asylrecht mehr, das wäre ein Asylrecht mit Voraussetzungen, mit Bedingungen, und eine solche Regelung wäre in meinen Augen der Beginn des Endes des Prinzips des Asylrechts überhaupt."*[23]

Aber auch aus dem konservativen Lager kamen kritische Stimmen hinsichtlich einer möglichen Abschwächung des Asylrechtsparagraphen. Hermann von Mangoldt (CDU) antwortete auf den Vorschlag, Beschränkungen in den Art. 16 GG aufzunehmen:

> *„Damit wird das Asylrecht unwirksam. Wir haben dafür Erfahrungen aus dem letzten Krieg, namentlich von der Schweiz her. Man kann das Asylrecht nur halten, wenn man die Bestimmung ganz einfach und schlicht faßt: Politisch Verfolgte genießen Asylrecht."*[24]

---

21 Bade/Oltmer, Migration (wie Anmerkung 19), S. 64
22 Kopp, Asyl (wie Anmerkung 11), S. 25
23 Friedrich Wilhelm Wagner (SPD) 1949 zitiert nach Kreuzberg, Hans/ Wahrendorf, Volker: Grundrecht auf Asyl. Materialien zur Entstehungsgeschichte. Köln, Berlin, Bonn, München 1992. S. 51
24 Hermann von. Mangoldt 1949, zitiert nach Kreuzberg/Wahrendorf, Grundrecht (wie Anmerkung 23), S. 40

Die Formulierung „Politisch Verfolgte genießen Asylrecht" wurde schließlich ohne weitere Einschränkungen in das neue Grundgesetz der Bundesrepublik Deutschland aufgenommen und somit zu einem subjektiven Recht des politisch Verfolgten auf Schutzgewährung ausgebaut. Das im internationalen Vergleich sehr liberale Asylrecht ist daher auch als unmittelbare Folge der Flucht- und Unrechtserfahrungen während und nach der Nazi-Diktatur zu betrachten und stellt zweifelsohne eine bewusste Entscheidung des Parlamentarischen Rates dar. Allerdings wurde der Begriff der „politischen Verfolgung" nicht im Grundgesetz definiert, sondern später durch die Rechtssprechung der Gerichte festgeschrieben[25]. Damit kam der Interpretation und Ausformulierung des politischen Verfolgungsbegriffs eine zentrale Bedeutung bei.

4.2 Die semantische Offenheit der „Politischen Verfolgung"

Bis zu Beginn der 1970er Jahre stammten die meisten Flüchtlinge aus den „Ostblockstaaten". Ihre Aufnahme galt als humanitäre Aufgabe. Darüber hinaus hatte sie zugleich eine politisch-ideologische Legitimationsfunktion: Ost-West-Flüchtlinge waren willkommene Überläufer im Wettstreit der Systeme, lieferten sie doch durch „Abstimmung mit den Füßen" unübersehbare Nachweise für die Anziehungskraft des Westens.[26] Im Gegensatz zu anderen Flüchtlingsgruppen wurden diese Flüchtlinge bevorzugt behandelt. So erhielten sie schneller und häufiger Asyl als Bewerber aus anderen Regionen und wurden auch dann nicht zurückgeschickt, wenn der Antrag auf Asyl nicht anerkannt war.[27] Gegen Ende der 1970er Jahre änderte sich jedoch zusehends die ethnische Zusammensetzung der Asylbewerber. Nicht mehr die Flüchtlinge aus Osteuropa, sondern aus der „Dritten Welt" stellten die größte Gruppe der Asylbewerber dar. Die Veränderung der Flüchtlingsstruktur fiel zeitlich mit den ersten Anzeichen der beginnenden Arbeitsmarktkrise zusammen.[28] In der Bundesrepublik vollzog sich Mitte der 1970er Jahre mit der Wirtschaftskrise eine sozial- und gesellschaftspolitische Wende. Diese Entwicklung bedeutete zwar keineswegs das Ende des Wohlfahrtsstaates, stellte aber zumindest einen Scheitelpunkt wohlfahrtsstaatlicher Expansionspolitik dar[29]. Die Zahl der Arbeitslosen stieg und die Einnahmen der Sozialversicherungen gingen zurück, was bei vielen Menschen zu sozialen Ängsten geführt haben dürfte. Obwohl aufgrund von Arbeitsverboten für Asylbewerber diese Konkurrenzängste am Arbeitsmarkt als überzeichnet gelten

---

25 Herrmann, Axel: Menschenwürde, Menschenrechte. Thema im Unterricht. Lehrerheft. Bonn 1997. S. 16; Höfling-Semnar, Flucht (wie Anmerkung 18), S. 96-97
26 Bade/Oltmer, Migration (wie Anmerkung 19), S. 86
27 Herbert, Ulrich: Geschichte der Ausländerpolitik in Deutschland. Saisonarbeiter, Zwangsarbeiter, Gastarbeiter, Flüchtlinge. Bonn 2003. S. 273-274
28 Bade/Oltmer, Migration (wie Anmerkung 19), S. 86-87
29 Butterwegge, Christoph: Krise und Zukunft des Sozialstaates. Wiesbaden 2005. S. 72

können, nahmen Fremdenfeindlichkeit und die Debatten um „Scheinasylanten", „Sozialschmarotzer" und „Wirtschaftsflüchtlinge" immer mehr zu[30].

Im Laufe der Jahre wurde auch der zentrale Begriff der „politischen Verfolgung" zunehmend restriktiver ausgelegt. Dabei kam es immer weniger auf die Fluchtmotive der Verfolgten an, sondern vielmehr auf die Gründe, aus denen der Verfolgerstaat die Verfolgung betrieb. Nach dieser Auffassung stellt eine Menschenrechtsverletzung an sich noch kein hinreichendes Kriterium für „politische Verfolgung" dar. Daher werden Folter und andere Verfolgungsmaßnahmen nur dann als asylrelevant anerkannt, wenn sie nach ihrer Intensität und Schwere die Menschenwürde verletzen und über das hinausgehen, was die Bewohner des Heimatstaates aufgrund des dort herrschenden Systems allgemein hinzunehmen haben[31]. Paradoxerweise verleiht dies dem Verfolgerstaat die Definitionsmacht über den Gehalt politischer Verfolgung, was in der Vergangenheit zu einer Reihe menschenrechtlich fragwürdiger Gerichtsentscheidungen in Deutschland geführt hat. So hat 1981 der Hessische Verwaltungsgerichtshof Folter in der Türkei als „kriminaltechnische Besonderheit" im Rahmen „normaler" strafrechtlicher, also nicht politischer und daher asylbegründender Verfolgung dargestellt[32] **(M3)**. Eine solche Rechtsprechung steht jedoch in deutlichem Widerspruch zu den Deklarationen, insbesondere zur Anti-Folter-Konvention und zur EMRK. Der Verfolgungsbegriff wird bis heute restriktiv ausgelegt. Die Verfolgung muss den Bewerber in seinen Rechten mit einer „gewissen Intensität" treffen, ihn selbst erfassen (nicht nur allgemein seine Partei, Gewerkschaft oder Kirche), an die ihm zugeschriebene Rasse, Ethnie, Religion, Nationalität, seine Zugehörigkeit zu einer bestimmten sozialen Gruppe oder politischen Überzeugung anknüpfen und ihn im ganzen Gebiet des Verfolgerstaates treffen- es darf also keine inländische Fluchtalternative existieren.

Ein weiteres Problem bestand in der Tatsache, dass das Kriterium der politischen Verfolgung- im engen Definitionssinn der deutschen Justiz- auf die Verfolgungswirklichkeit vieler Flüchtlinge nicht mehr zutraf. Vielfach kamen nun Bürgerkriegsflüchtlinge nach Deutschland, die jedoch die restriktiven Kriterien nicht erfüllen konnten. Da diese Flüchtlinge aber laut der GFK nicht abgeschoben werden durften, wenn ihnen Gefahr für Leib und Leben drohte, wurden sie vielfach als De-facto-Flüchtlinge geduldet.[33] Unter der Bedingung, dass der Begriff der politischen Verfolgung von der Justiz zusehends enger ausgelegt wurde, kam der Ausnutzung der politischen Gestaltungsspielräume eine große Bedeutung zu. Das Arbeitsverbot bei gleichzeiti-

---

30 Bade/Oltmer, Migration (wie Anmerkung 19), S. 87
31 Feldhoff, Jürgen: Was heißt Flüchtling heute? In: Appel, Roland / Roth, Claudia (Hrsg.): Die Asyl-Lüge. Ein Handbuch gegen Fremdenfeindlichkeit und Rassismus. Köln 1992. S. 80
32 Höfling-Semnar, Flucht (wie Anmerkung 18), S. 103
33 Herbert, Geschichte (wie Anmerkung 27), S. 264-265

ger Gewährung von Sozialleistungen dürfte wesentlich zur Legitimation einer durch Politik und Medien gestützten Konstruktion des „Wirtschaftsflüchtlings" beigetragen haben. Dieses galt umso mehr, als die hohen Ablehnungsquoten der Asylanträge diese Sichtweise in weiten Teilen der Bevölkerung zu bestätigen schienen.

In den 1980er Jahren kam es zu einem erneuten Anstieg der Asylbewerberzahlen. Weitere restriktive Steuerungsversuche waren die Beschränkung der Einreisemöglichkeiten über Ost-Berlin und die Verschärfung der Visavorschriften für Menschen aus einigen asiatischen und afrikanischen Hauptherkunftsländern[34]. Zu dieser Zeit errangen rechte Parteien wieder beachtliche Wahlerfolge. Mit dem erklärten Ziel, Wählerstimmen zurück zu gewinnen, schwangen sich insbesondere die Unionsparteien zum Vorreiter einer gegen Asylbewerber gerichteten Kampagne auf. Durch die sich abzeichnenden Umwälzungen in Osteuropa kam es zu einer neuerlichen Veränderung der ethnischen Flüchtlingsstruktur, denn zu Beginn der 1990er Jahre kamen die meisten Flüchtlinge wieder aus den Staaten des ehemaligen „Ostblocks". Da der Kalte Krieg aber vorbei war, waren diese Flüchtlingsströme in den Augen vieler Deutscher nicht mehr nur Nachweis westlicher Überlegenheit, sondern vor allem Beschleuniger einer sich mehr und mehr verschärfenden Sozialstaatskrise.[35] Insbesondere für die konservativen Kräfte waren die Flüchtlinge aus Osteuropa zwar einerseits sichtbare Bestätigung für den Sieg über den Kommunismus, andererseits aber stand eine wirtschaftlich motivierte Zuwanderung in solch hoher Zahl dem erklärten Ziel der Reduzierung von „Wirtschaftsflüchtlingen" entgegen.

4.3 Die Deformation des Grundrechts auf Asyl

Mit den tiefgreifenden Veränderungen in den ost- und mittelosteuropäischen Staaten und dem Beginn des Bürgerkriegs in Jugoslawien stiegen die Asylbewerberzahlen in den frühen 1990er Jahren deutlich an. Diese Zuwanderung war Gegenstand kontroverser und bisweilen polemisch geführter Debatten. Sie wurde begleitet von einer Welle der Gewalt gegenüber Ausländern und Asylbewerbern und unterstützt von einer Hetzkampagne der Boulevardpresse[36]. Einen ersten traurigen Höhepunkt einer ganzen Reihe von fremdenfeindlichen Anschlägen bildeten vom 17.-22. September 1991 die Übergriffe in Hoyerswerda, wo Asylsuchende aus ihren Unterkünften vertrieben und noch beim Abtransport in Bussen mit Steinen beworfen wurden. Das ganze geschah unter den Augen Beifall klatschender Passanten. Am 03. Oktober 1991 wurden in Hünxe vier libanesische Flüchtlingskinder nach einem Brandanschlag mit schweren Verbrennungen in ein Krankenhaus eingeliefert. Im

---
34 Bade/Oltmer, Migration (wie Anmerkung 19), S. 88
35 Bade/Oltmer, Migration (wie Anmerkung 19), S. 106
36 Herbert, Geschichte (wie Anmerkung 27), S. 296ff.

selben Monat griffen mehr als 200 Hooligans nach einem Fußballspiel in Greifswald ein Asylbewerberheim an. 35 Menschen wurden dabei zum Teil schwer verletzt.[37] Vom 23.-27. August 1992 erlangte Rostock-Lichtenhagen traurige Berühmtheit, als ein Asylbewerberheim belagert und in Brand gesteckt wurde. Zeitweise versuchten mehr als 1000 Jugendliche, das von der Polizei nur notdürftig gesicherte Ausländer- und Asylbewerberwohnheim zu stürmen. Unter dem Beifall der aufgebrachten Menge wurde das Haus in Brand gesteckt und die völlig überforderte Polizei dazu gezwungen, die in dem Wohnheim lebenden Menschen zu evakuieren.[38] Am 23. November 1992 steckten in Mölln zwei Jugendliche ein von Türken bewohntes Haus in Brand. Eine Frau und zwei Mädchen verbrannten. In Solingen kamen am 29. Mai 1993 drei Kinder und zwei Erwachsene bei einem neuerlichen Brandanschlag qualvoll ums Leben.[39]

Im Jahr 1993 kam es schließlich zur Einschränkung des Grundrechts auf Asyl in Art. 16 GG und einer Neuregelung des Asylverfahrens. Die wesentliche Änderung bestand darin, dass sich ein Asylsuchender nicht mehr auf dieses Grundrecht berufen kann, wenn er aus einem sogenannten „sicheren Drittstaat" oder „verfolgungsfreien Herkunftsland" einreist **(M4)**. Sichere Drittstaaten sind aus deutscher Sicht alle Länder der Europäischen Union sowie Norwegen und die Schweiz. Da Deutschland ausschließlich von sicheren Drittstaaten umgeben ist, können asylsuchende Flüchtlinge auf dem Landweg nicht mehr rechtmäßig in die Bundesrepublik einreisen. Sichere Herkunftsländer werden per Gesetz von Bundestag und Bundesrat definiert.[40] Die Asylgewährung hängt damit weniger von den Fluchtgründen als vielmehr vom Fluchtweg und der Wahl des Transportmittels ab. Viele Flüchtlinge aus Afrika gelangen vor allem auf dem Seeweg an die europäischen Außengrenzen, wodurch die Verantwortung hauptsächlich auf die südeuropäischen Länder abgewälzt wird. Die wiederum begegnen den Flüchtlingen mit einer zunehmenden Befestigung ihrer Grenzen, einer mitunter brutalen Abwehrpolitik und einer wachsenden Ignoranz gegenüber dem Leid der Menschen (M5). Für Asylsuchende, die auf dem Luftweg aus „sicheren Herkunftsländern" oder ohne Personaldokumente nach Deutschland einreisen möchten, gilt das sogenannte Flughafenverfahren. Es bildet eine gesetzliche Grundlage, um das Asylverfahren schon vor der Einreise im Transitbereich des Flughafens durchzuführen. Ziel dieser Maßnahme ist es, dass bei „offensichtlich

---

37 Herbert, Geschichte (wie Anmerkung 27), S. 304
38 Herbert, Geschichte (wie Anmerkung 27), S. 314-315
39 Die Entstehungsprozesse und politischen Rahmenbedingungen dieser Entwicklung sind anschaulich und ausführlich bei Herbert, Geschichte (wie Anmerkung 27), S. 231-334 nachzulesen.
40 Bundesministerium des Innern (Hrsg.): Migrationsbericht des Bundesamtes für Migration und Flüchtlinge im Auftrag der Bundesregierung. Migrationsbericht 2005. Berlin 2005. S. 51

unbegründeten" Asylanträgen eine schnelle Rückführung in den Staat des Abflughafens erfolgen kann.[41] **(M6)**

Die Änderung des Art. 16 GG wurde im Mai 1996 vom Bundesverfassungsgericht in Karlsruhe mit einer knappen 5:3 Entscheidung als verfassungskonform bestätigt. Die höchstrichterliche Absegnung des Asylkompromisses ist von vielen Beobachtern insbesondere aus menschenrechtlicher Perspektive kritisiert worden[42]. Ebenso kritikwürdig wie die neuen Regelungsinhalte selbst waren auch die politischen Rahmenbedingungen und die gesellschaftliche Akzeptanz dieser Entscheidung:

> „Selbst unter dem Schutz höchster institutioneller Hürden ist es möglich, Grundrechte bis an die Grenze ihrer Unantastbarkeit- und vielleicht darüber hinaus- zu verändern, wenn nur der Kontext der Politik und die Akzeptanz grundlegender Werte sich wandeln. Auch Grundrechte bleiben in ihrer Umsetzung und Auslegung abhängig von Interpretationen. [...] In letzter Instanz sind es die Menschen selber, die in ihrer Aufgeklärtheit, ihrer Umsicht und ihrer Entschiedenheit dafür verantwortlich sind, wie die Menschenrechte geschützt und umgesetzt werden können. Aus der Perspektive der Asylbewerber- und man kann mit Recht auch sagen: aus der Perspektive des Menschenrechtsschutzes- war die Änderung des Artikels 16 ein Rückschritt."[43]

Der Flüchtlingsschutz war und ist in der AEMR eher schwach ausgeprägt, wohingegen das deutsche Asylrecht in seiner Fassung von 1949 zunächst deutlich über das völkerrechtlich geforderte Maß hinausging. Das liberale Asylrecht bei gleichzeitig restriktiver Einwanderungsgesetzgebung und exklusivem Staatsangehörigkeitsrecht dürfte viele potentielle Immigranten dazu veranlasst haben, unter Bezugnahme auf das Asylrecht in die Bundesrepublik einzuwandern[44]. Ob das Asylrecht jedoch ein so massenhaft missbrauchtes Recht war, wie es von Politik und Medien zu Beginn der 1990er Jahre dargestellt wurde, darf ernsthaft bezweifelt werden. Weniger umstritten ist aus heutiger Perspektive, dass die gezielte Politisierung und Skandalisierung migrationspolitischer Fragen in undifferenzierter Vermengung mit dem Flüchtlingsproblem („Asylantenschwemme", „Wirtschaftsflüchtlinge", „Asylschmarotzer")

---

41   Das Flughafenverfahren ist nicht Bestandteil des reformierten Grundgesetzartikels, sondern ist im Asylverfahrensgesetz (§ 18a) geregelt (Avenarius, Herrmann: Die Rechtordnung der Bundesrepublik Deutschland. Eine Einführung. Bonn 2002. S. 129).
42   Fritzsche, Menschenrechte (wie Anmerkung 2), S. 131; Kopp, Asyl (wie Anmerkung 11), S. 42; Hutter, Franz-Josef: Deutschland auf dem Weg zur Bürgergesellschaft? In: Hutter, Franz-Josef u.a. (Hrsg.): Das gemeinsame Haus Europa. Menschenrechte zwischen Atlantik und Ural. Baden-Baden 1998. S. 113-114
43   Fritzsche, Menschenrechte (wie Anmerkung 2), S. 131-132
44   Leggewie, Claus: Deutschland ist ein weltoffenes, tolerantes Land, und das soll so bleiben. Asylrecht zwischen unpopulärer Generosität und populistischer Staatsräson. In: Hutter, Franz-Josef/ Tessmer, Carsten (Hrsg.): Menschenrechte und Bürgergesellschaft in Deutschland. Opladen 1999. S. 85

wesentlich zur Legitimation der Asylrechtsänderung beigetragen haben dürfte[45]. Wie immer man die Reform des Asylrechts beurteilen mag- mit der Änderung des Grundgesetzes hat zumindest eine gewaltige Deformation dieses Grundrechtes stattgefunden. Diese konnte sich mit dem ausdrücklichen Ziel der Zugangsverhinderung auf die Akzeptanz einer breiten Mehrheit in Bundestag, Bundesrat und Bevölkerung stützen. In dieser Hinsicht blieb das neue Asylrecht auch nicht ohne Wirkung. Die Zahl der Asylbewerber ist vom historischen Höchststand von knapp 440.000 Anträgen im Jahr 1992 auf 43.000 Anträge im Jahr 2005 abgesunken. Entschieden hat das Bundesamt für Migration und Flüchtlinge (BAMF) im Jahr 2005 über 48.102 Asylanträge, von denen gerade einmal 411 Menschen politisches Asyl in Deutschland erhalten haben. Das entspricht einer Anerkennungsquote von 0,9 Prozent[46].

Auch wenn unter den veränderten Bedingungen die Chance auf Asylgewährung gering ist, müssen Flüchtlinge in Deutschland nicht völlig ohne Schutz sein. Denn obwohl das Kriterium der „politischen Verfolgung" nur auf wenige Flüchtlinge zutrifft, können Gründe existieren, Flüchtlinge nicht in ihr Heimatland abzuschieben. In Deutschland können Flüchtlinge daher einen unterschiedlichen Rechtsstatus haben. Seit dem Inkrafttreten des neuen Zuwanderungsgesetzes im Jahr 2005 gibt es vier unterschiedliche Aufenthaltstitel: (1) Die Aufenthaltsgestattung zur Durchführung des Asylverfahrens, (2) die auf drei Jahre befristete Aufenthaltserlaubnis für Asylberechtigte und GFK-Flüchtlinge, (3) die Niederlassungserlaubnis nach drei Jahren, wenn nicht abgeschoben werden kann und (4) die Duldung aus völkerrechtlichen oder humanitären Gründen.[47] Das neue Zuwanderungsgesetz beinhaltet für Flüchtlinge und Asylsuchende in vielen Punkten deutliche Verschlechterungen. So erhalten Asylberechtigte z.B. keine unbefristete Aufenthaltsgenehmigung mehr, sondern nur noch eine auf drei Jahre begrenzte Aufenthaltserlaubnis.[48] Aus integrationspolitischer Perspektive sind die verschärften Neuregelungen durchaus problematisch, denn durch die befristeten Aufenthaltsgenehmigungen über vergleichsweise kurze Zeiträume leben die Betroffenen in stetiger Angst und Unsicherheit vor Abschiebung und Behördenwillkür. Eine Überwindung des „Gaststatus" mit dem Ziel einer gelungenen Integration in die neue Gesellschaft ist unter diesen Umständen kaum möglich. Auf der anderen Seite bietet das neue Zuwanderungsgesetz Opfern von nichtstaatlicher und geschlechtsspezifischer Verfolgung zum Teil Verbesserungen. Die prinzipiell zu begrüßende Berücksichtigung geschlechtsspezifischer und nichtstaatlicher Verfolgung spiegelt sich gegenwärtig jedoch nicht in einer erhöhten Zahl

---

45 Bade/Oltmer, Migration (wie Anmerkung 19), S. 110
46 Bundesamt für Migration und Flüchtlinge: Neuerungen um Asylverfahren durch das Zuwanderungsgesetz. Nürnberg 2005. S. 57-58
47 Bundesamt für Migration und Flüchtlinge, Asylverfahrensgesetz (wie Anmerkung 46), S. 17-19
48 Bundesministerium des Innern, Migrationsbericht (wie Anmerkung 40), S. 50

der Asylberechtigten wider, denn auch im letzten Jahr sind die Anerkennungszahlen wieder gesunken. Sie folgen damit unverändert einem seit 1993 anhaltenden Trend.

5 Flüchtlinge als Menschen zweiter Klasse

Kein Mensch auf der Welt flieht freiwillig und grundlos aus seiner Heimat. Die häufigsten Ursachen von weltweiten Fluchtbewegungen sind Folter, Misshandlung, Verfolgung, Hungersnot, existenzgefährdende Armut oder Umweltkatastrophen. Zur politischen Dimension von Flucht und Vertreibung gehört auch die Tatsache, dass Deutschland und viele der reichen Länder Waffen und Landminen in die verschiedensten Fluchtgebiete liefern[49]. Dieses führt nicht zu „politischer" Verfolgung im engen Definitionssinn der reichen Länder, ist aber ebenso eine politische Dimension des Problems wie die Tatsache, dass weltweite Flüchtlingsprobleme auch die Folge ungleicher Verteilung von Ressourcen und Reichtümern sind. Letztlich ist aber gerade die Verteilung von Ressourcen eine politisch gestaltbare Aufgabe (**M7**).

Allen Flüchtlingen gemeinsam ist zunächst einmal, dass sie das Opfer von Menschenrechtsverletzungen sind, wenn z.B. das Recht auf freie Entfaltung der Persönlichkeit, das Recht auf körperliche Unversehrtheit oder das Recht auf freie Meinungsäußerung verletzt wurde. Mit der erfolgreichen Flucht aus den Krisengebieten der Welt kommen für die Flüchtlinge in der Regel neue Probleme hinzu. Sie mussten ihre Heimat, ihren Besitz und ihr Haus verlassen. Die Lebensumstände in Notunterkünften, Sammellagern und Gemeinschaftsunterkünften sind angesichts erlittenen Unrechts und strapaziöser Flucht nicht frei von Belastungen. Zu diesem Zustand der Entwurzelung kommt häufig die Sorge um zurückgelassene Familienangehörige und Freunde. Erschwerend können sich auch Sprachschwierigkeiten, „fremdes" Aussehen oder kulturelle Differenzen auf die neue Situation auswirken. Häufig bedeuten Flucht und Neuanfang auch eine Entwertung schulischer oder beruflicher Qualifikationen. Im schlimmsten Fall droht den Flüchtlingen sogar in den Aufnahmeländern weitere Verfolgung oder die Fortsetzung institutionalisierter Diskriminierung.

5.1 Freiheitsrechte und die Praxis der Abschiebungshaft

Ein aus menschenrechtlicher Perspektive relevanter Aspekt ist die deutsche Abschiebepraxis, die allein der Durchsetzung der Ausreisepflicht durch Abschiebung dient. Die Abschiebungshaft selbst kann bis zu 18 Monate dauern. Eine strafrechtliche

---

[49] Hutter, Franz-Josef: No rights. Menschenrechte als Fundament einer funktionierenden Weltordnung. Berlin 2003. S. 213-218

Verurteilung muss ihr nicht vorangehen[50]. Im Jahr 2004 wurden aus Deutschland ca. 22.000 Menschen abgeschoben. Die Abschiebungen finden teilweise in Polizeibegleitung statt, bei der manchmal auch Zwangsmaßnahmen wie Fesselungen und ruhigstellende Medikamente verwendet werden[51]. Die Abschiebungshaft sowie die Haftbedingungen, unter denen Flüchtlinge in deutschen Gefängnissen sitzen, bedeuten für die betroffenen Menschen eine erhebliche Verletzung ihrer Menschenwürde. Problematisch ist vor allem, dass Menschen in ihrem Grundrecht auf persönliche Freiheit und Sicherheit, auf Rechtsschutz und gerichtliches Gehör sowie in ihrem Recht der Freiheit von Folter und erniedrigender Strafe verletzt werden[52]. Von allen diskriminierenden Maßnahmen, denen Flüchtlinge in Deutschland ausgesetzt sind, stellen die Bedingungen und Durchführungen der Abschiebungshaft die schwerwiegendste Form der institutionalisierten Ausgrenzung dar. Flüchtlinge werden inhaftiert, ohne dass sie eine Straftat begangen hätten. Sie werden allein deshalb gefangen genommen, weil man sie außer Landes bringen will. Viele Häftlinge dürften nicht verstehen, warum sie ausgerechnet in Deutschland inhaftiert werden. Gerade die Angst vor unbegründetem Freiheitsentzug, vor unmenschlicher oder erniedrigender Strafe und vor dem Status des rechtlosen Nichtstaatsbürgers eines Verfolgerstaates kennzeichnen häufig die hoffnungslose Situation des Flüchtlings[53].

Seit Inkrafttreten des neuen Asylrechts im Jahre 1993 sind immer wieder Menschen in der Abschiebehaft durch Suizid ums Leben gekommen. Am 6. Mai 2000 erhängte sich die Algerierin Naimah Hajar in der Dusche der Flüchtlingsunterkunft im Frankfurter Flughafen. Die Frau war seit acht Monaten in der Bundesrepublik bis ihr Asylantrag abgelehnt wurde. Im Transitbereich des Flughafens, in Abschiebungshaft und nach einem psychischen Zusammenbruch in der Psychiatrie wartete sie monatelang auf ihre Abschiebung.[54] Auf einige gravierende Todesfälle, die auf das harte Durchgreifen deutscher Beamten zurückzuführen sind, hat auch die Menschenrechtsorganisation Amnesty International (AI) in ihren Jahresberichten immer wieder hingewiesen. Der Nigerianer Kola Bankole starb am 30. August 1994 an den Folgen einer Knebelung und einer verabreichten Beruhigungsspritze an Bord einer Lufthansamaschine in Frankfurt. Er hatte zuvor einen Antrag auf Asyl gestellt, der von den deutschen Behörden abgelehnt worden war. Bei seiner Verhaftung leistete er den Beamten des Bundesgrenzschutzes zu heftige Gegenwehr.[55] Der Sudanese

---

50 Heinhold, Hubert: Abschiebungshaft in Deutschland. Eine Situationsbeschreibung. Karlsruhe 1997. S. 11-12
51 Pro Asyl: Asyl von A bis Z. [URL: http://www.proasyl.de/de/informationen/asyl-von-a-bis-z/index.html] (aufgerufen am 24.09.2007).
52 Kauffmann, Heiko: Menschenrechte, Asyl und Abschiebungshaft in Deutschland. In: Hutter, Franz-Josef u.a. (Hrsg.): Menschen auf der Flucht. Opladen 1999. S. 217-218
53 Kauffmann, Abschiebungshaft (wie Anmerkung 52) S. 219
54 Kopp, Asyl (wie Anmerkung 11), S. 43
55 Amnesty International: Jahresbericht 1997. Frankfurt 1997. S. 179

Aamir Ageeb starb am 28. Mai 1999 während eines Lufthansafluges von Frankfurt über Kairo nach Khartum. Sein Erstickungstod wurde AI-Berichten zufolge dadurch ausgelöst, dass er von drei Grenzschutzbeamten auf seinem Sitz mit Kopf und Oberkörper gewaltsam nach vorne auf die Knie gedrückt wurde. Durch den Druck auf seinen Oberkörper hat er einen mehrfachen Rippenbruch davongetragen, der den Erstickungstod ausgelöst hat. Er hatte zuvor einen Antrag auf Asyl gestellt, der von den deutschen Behörden abgelehnt worden war.[56] Dass solche Todesfälle in oder aufgrund der angeordneten Abschiebehaft keine Einzelfälle sind, zeigen die Arbeiten von Herzog/Wälde, in denen eine Bilanz der Abschiebepraxis seit der Grundgesetzänderung 1993 gezogen wird:

> „Bundesweit begingen mindestens 111 Flüchtlinge wegen ihrer drohenden Abschiebung Suizid oder starben bei dem Versuch zu fliehen, 47 davon in Abschiebehaft. Mindestens 493 Menschen haben sich selbst verletzt oder versucht umzubringen, davon 329 in Abschiebehaft, 5 starben während der Abschiebung, 234 wurden während der Abschiebung verletzt."[57] **(M8)**

5.2 Kinderrechte und Flüchtlingskinderrechte

Die Bundesrepublik hat die Kinderrechtskonvention zwar 1992 ratifiziert, jedoch fünf Vorbehalte formuliert[58]. Einer dieser Vorbehalte bezieht sich auf das deutsche Ausländer- und Asylrecht. Demzufolge darf keine Bestimmung der Kinderrechtskonvention so ausgelegt werden, dass sie „das Recht der Bundesrepublik beschränkt, Gesetze und Verordnungen über die Einreise von Ausländern und die Bedingungen ihres Aufenthaltes zu erlassen oder Unterschiede zwischen Inländern und Ausländern zu machen"[59].

Dieser Vorbehalt hat Konsequenzen für den Umgang der Deutschen mit minderjährigen Flüchtlingen. Die Ausnahme des Asylrechts von den Schutzbestimmungen der Kinderrechtskonvention führt dazu, dass unbegleiteten minderjährigen Flüchtlingen nicht der erforderliche Schutz gewährt wird. Somit werden entgegen den internationalen Schutzbestimmungen bereits Kinder mit 16 Jahren (und nicht erst ab 18 Jahren) wie Erwachsene behandelt. Auch die Drittstaatenregelung und das Flughafenverfahren werden bei minderjährigen Flüchtlingen angewandt.

---

56 Amnesty International: Jahresbericht 2002. Frankfurt 2002. S. 164
57 Herzog, Heike/ Wälde, Eva: Sie suchten das Leben. Suizide als Folge deutscher Abschiebepolitik. Hamburg/ Münster 2004. S. 15
58 Salazar-Volkmann, Christian: Brauchen Kinder Rechte? Einige Anmerkungen zur Kinderrechtsdebatte in Deutschland. In: Hutter, Franz-Josef/ Tessmer, Carsten (Hrsg.): Menschenrechte und Bürgergesellschaft in Deutschland. Opladen 1999. S. 72
59 Fritzsche, Menschenrechte (wie Anmerkung 2), S. 121

Schon im Jahr 1995 ist die Bundesrepublik Deutschland für diese Haltung vom UN-Kinderrechtskomitee kritisiert worden. Einer der Kritikpunkte bezog sich dabei auf den Widerspruch zwischen der Konvention und dem deutschen Ausländer- und Asylrecht. Schon damals wurde eine Überprüfung der einschlägigen Vorschriften mit der Kinderrechtskonvention angeregt.[60] Bis heute hat sich an dieser Gesetzeslage allerdings nichts geändert.

Ein weiterer Kritikpunkt betrifft den zum Teil diskriminierenden Zugang zu Bildungseinrichtungen. Hier wurde immer wieder kritisiert, dass in manchen Bundesländern keine Schulpflicht für asylsuchende Kinder und Jugendliche besteht. Stattdessen wird ihnen ein Schulbesuchsrecht eingeräumt. Was zunächst nicht sonderlich diskriminierend klingt, ist in der Realität jedoch mit einigen Benachteiligungen verbunden. So besteht ein großes Hindernis des Schulbesuchsrechts darin, dass Erziehungsberechtigte und Kinder nicht immer über die Möglichkeit des Schulbesuchs informiert sind. Für nicht-schulpflichtige Kinder ist auch der Anspruch auf Fördermaßnahmen nicht vorgesehen; dieser hängt vom Wohlwollen der Sozialämter ab. Dies betrifft z.B. Sprachkurse, Nachhilfeunterricht oder die Teilnahme an Klassenfahrten.[61] Noch problematischer sind die Zugangsbarrieren für Kinder und Jugendliche, die keinen aufenthaltsrechtlichen Status haben. Sie müssen befürchten, dass ihr „illegaler" Aufenthalt durch den Schulbesuch auffällt. Sobald die Schule Kenntnis darüber hat, dass kein aufenthaltsrechtlicher Titel vorliegt, besteht eine Mitteilungspflicht gegenüber den Behörden.[62]. Hier zeigt sich eine deutliche Diskrepanz zwischen dem universalen Anspruch der Menschenrechte und den als Staatsbürgerrechten gewährten Grundrechten in Deutschland.

5.3 Soziale Grundrechte und soziale Realität

Aus menschenrechtlicher Perspektive diskussionsbedürftig sind auch die „sozialen" Leistungen, die Asylbewerbern hierzulande gewährt werden. Lange Zeit dominierte die Ansicht, dass die Fluchtmotivation weniger durch die Verhältnisse in den Krisenregionen zustande kam („Push-Faktoren"), als vielmehr durch die sozialpolitische und ökonomische Verlockung der westeuropäischen Länder („Pull-Faktoren"). Vor dem Hintergrund einer mitunter verzerrten Wahrnehmung der Fluchtgründe kam es schon im Vorfeld der Grundgesetzänderung zu einer Reihe politisch mo-

---

[60] Salazar-Volkmann, Kinder (wie Anmerkung 58), S. 78
[61] Motakef, Mona: Das Menschenrecht auf Bildung und der Schutz vor Diskriminierung. Exklusionsrisiken und Inklusionschancen. Berlin 2006. S. 31-32; Riedelsheimer, Albert: Die Rechte von Flüchtlingskindern stärken. In: Deutsches Institut für Menschenrechte (Hrsg.): Die Menschenrechte von Kindern und Jugendlichen stärken: Dokumentation eines Fachgesprächs über die Umsetzung der Kinderrechtskonvention in Deutschland. Berlin 2006. S. 27
[62] Motakef, Diskriminierung (wie Anmerkung 61), S. 32

tivierter Einschränkungen sozialer Rechte. Um die erwünschte Verringerung der Asylbewerberzahlen zu erreichen, wurden die Verfahren beschleunigt, die Kriterien für die Asylgewährung verschärft, die Zugangsmöglichkeiten in die Bundesrepublik erschwert, abgelehnte Bewerber schnell ausgewiesen oder die Lebensbedingungen in Deutschland verschlechtert. In ihrer Wirkung blieben diese Instrumente weitgehend erfolglos.[63] Problematisch war diese Fehleinschätzung vor allem für diejenigen Flüchtlinge, die auf die Hilfe der asylgewährenden Länder angewiesen waren. Darüber hinaus erwiesen sich diese Steuerungsinstrumente als ebenso kostspielig wie integrationshemmend. Sie sind letztendlich als Resultat einer politisch motivierten Überbetonung der sogenannten Pull-Faktoren zu sehen, wobei diejenigen, die das Asylrecht tatsächlich als Zugang zum illegalen Arbeitsmarkt benutzt haben, von diesen Maßnahmen ebenso wenig beeindruckt waren wie kriminelle Schleuser, Schlepper und Menschenhändler.[64]

Im Zuge der Grundgesetzänderung hatte der Bundestag 1993 auch das Asylbewerberleistungsgesetz (AsylbLG) verabschiedet. Während bis dahin auch für Asylbewerber das Bundessozialhilfegesetz (BSHG) gegolten hatte, war es ausdrückliches Ziel dieses Gesetzes, fortan Sozialhilfeleistungen deutlich abzusenken. Das BSHG soll allen Menschen in Deutschland ein menschenwürdiges Leben ermöglichen. Daher ist die Sozialhilfe als staatliche Leistung für Menschen in Not zu begreifen, die sich nicht aus eigener Kraft und mit eigenen Mitteln helfen können. Die Gewährung der Sozialhilfe erfolgt bedarfsabhängig und hat das notwendige Existenzminimum zu sichern. Das Asylbewerberleistungsgesetz weicht von diesem Sozialkonsens ab, indem es Asylbewerber aus der allgemeinen sozialrechtlichen Versorgung ausgrenzt.[65] Damit gibt es in Deutschland zwei als menschenwürdig erachtete Existenzminima, nämlich eines für deutsche Staatsangehörige und eines für Asylbewerber. Auch in diesem Fall wird der Widerspruch zwischen universalem Anspruch der Menschenrechte und der Unterscheidung nach Staatsbürgerschaft deutlich. In Artikel 9 des Internationalen Paktes über wirtschaftliche, soziale und kulturelle Rechte (ICESCR) heißt es: „Die Vertragsstaaten erkennen das Recht eines jeden auf Soziale Sicherheit an; diese schließt die Sozialversicherung ein." Das Asylbewerberleistungsgesetz bestimmt außerdem, dass der notwendige Bedarf an Ernährung, Unterkunft, Kleidung, Gesundheits- und Körperpflege sowie Gebrauchs- und Verbrauchsgütern des Haushalts durch Sachleistungen gedeckt werden soll. Auch medizinische Leistungen werden nur zur „Behandlung akuter

---

63 Herbert, Geschichte (wie Anmerkung 27), S. 264
64 Bade/Oltmer, Migration (wie Anmerkung 19), S. 87
65 Leuninger, Herbert: Vom Rechtssubjekt zum Objekt des Staates. Das neue Asylrecht als Entrechtung des Flüchtlings. In: Basso-Sekretariat Berlin (Hrsg.): Festung Europa auf der Anklagebank. Dokumentation des Basso-Tribunals zum Asylrecht in Europa. Münster 1995. S. 77-78

Erkrankungen und Schmerzzustände" durch Erlaubnis der zuständigen Behörde gewährt (AsylbLG § 4). Artikel 12, Absatz 1 und 2d des ICESCR formuliert einen anderen Anspruch:

> *„(1) Die Vertragsstaaten erkennen das Recht eines jeden auf das für ihn erreichbare Höchstmaß an körperlicher und geistiger Gesundheit an. (2) Die von den Vertragsstaaten zu unternehmenden Schritte zur vollen Verwirklichung dieses Rechts umfassen die erforderlichen Maßnahmen [...] d) zur Schaffung der Vorraussetzungen, die für jedermann im Krankheitsfall den Genuß medizinischer Einrichtungen und ärztlicher Betreuung sicherstellen."* **(M9)**

Neben der sozialen Ausgrenzung durch geringe materielle Zuwendung lassen sich noch weitere integrationshemmende Aspekte anführen, die das soziale Zusammenleben erschweren. Hierzu zählt z.B. die Tatsache, dass Asylbewerber nach § 61 Asylverfahrensgesetz (AsylVfG) keine Arbeitserlaubnis erhalten, bzw. diese erst nach einem Jahr erlangen können- und zwar ausschließlich unter dem Vorbehalt, dass diese Arbeit nicht von „Inländern" nachgefragt wird. Artikel 7c der ICESCR hingegen formuliert:

> *„Die Vertragsstaaten erkennen das Recht eines jeden auf gerechte und günstige Arbeitsbedingungen an, durch die insbesondere gewährleistet wird, [...] c) gleiche Möglichkeiten für jedermann, in seiner beruflichen Tätigkeit entsprechend aufzusteigen, wobei keine anderen Gesichtspunkte als Beschäftigungsdauer und Befähigung ausschlaggebend sein dürfen."*

Die Arbeitsverbote tragen zum Vorwurf des „Schmarotzertums" bei, wohingegen arbeitende Asylbewerber mit dem Vorwurf leben müssen, den Deutschen die ohnehin knappen Arbeitsplätze wegzunehmen. Die gegenwärtige Gesetzeslage trägt nicht wesentlich zur Entschärfung der Problematik bei. **(M10)**

Darüber hinaus gilt für Asylbewerber die sogenannte Residenzpflicht. Sie besagt, dass Asylsuchende und Geduldete verpflichtet sind, ihren Wohnsitz in der Stadt bzw. dem Landkreis oder Bundesland zu nehmen, in dem die zuständige Ausländerbehörde sitzt. Wollen sie diesen Bereich verlassen, müssen sie vorher um eine schriftliche Erlaubnis bitten. Ein Verstoß gegen die Residenzpflicht wird mit einem Bußgeld bestraft.[66] Die Residenzpflicht läuft der Forderung des Artikel 13 der AEMR zuwider, in der es heißt, dass jeder Mensch das Recht hat, „sich innerhalb eines Staates frei zu bewegen und seinen Wohnsitz frei zu wählen". **(M11)**

---

66 Pro Asyl, Asyl (wie Anmerkung 51)

Die Residenzpflicht, die faktischen Arbeitsverbote, die restriktive Gewährung von „sozialen" Sachleistungen und medizinischer Minimalversorgung bedeuten letztendlich auch eine erhebliche Einschränkung des Rechts auf freie Entfaltung der Persönlichkeit. Asylbewerber haben kaum eigene finanzielle Mittel und stark eingeschränkte Freiheitsrechte. Die Gestaltungsspielräume hinsichtlich einer eigenständigen Lebensführung sind somit außerordentlich gering. Die Europäische Kommission gegen Rassismus und Intoleranz (ECRI) hat 2004 in ihrem „Bericht über Deutschland" auf diese Problematik hingewiesen und den deutschen Behörden empfohlen, dafür zu sorgen, dass Asylbewerber nicht mittellos dastehen und sich im Bundesgebiet frei bewegen können. Außerdem solle der Zugang zum Arbeitsmarkt auch für Asylbewerber geöffnet werden.[67] Problematisch ist in diesem Zusammenhang jedoch nicht nur die faktische Einschränkung der Freiheitsrechte selbst, sondern vor allem auch die feindselige Botschaft, die von einer solchen Gesetzgebung ausgeht. Sie unterstellt Flüchtlingen, dass nicht tatsächliche Bedrohungen im Verfolgerstaat, sondern die Verlockungen der reicheren Länder ausschlaggebender Grund für die Flucht sind. Der restriktiven Gewährung von sozialen Leistungen und Rechten liegt die grundsätzliche Annahme missbräuchlicher Inanspruchnahme zugrunde. Damit geht von vornherein auch die fehlende Anerkennung erlittenen Leids einher, die sich in jeder Hinsicht belastend auf den psychischen Zustand der Verfolgten auswirken muss. **(M12)**

Fazit: Asyl und Menschenrechtsbildung

Zu Beginn dieses Beitrags wurde ein Verständnis von Menschenrechtsbildung skizziert, das von der Unabgeschlossenheit der Menschenrechtserklärungen ausgeht. Vor diesem Hintergrund sind die Dokumente als zeitgeschichtliche Erklärungen zu lesen, die es immer wieder erforderlich machen, menschenrechtliche Ansprüche in aktuelle politische und soziale Zusammenhänge zu stellen. Es wurde gezeigt, dass den verschiedenen Formen der Entwürdigung, Demütigung und Entrechtung eine besondere Bedeutung im Kontext einer Menschenrechtsbildung für die Einwanderungsgesellschaft beikommt. Als Lerngegenstand einer so verstandenen Menschenrechtsbildung können folglich die einschlägigen Dokumente und Deklarationen nicht ausreichen.

Am Beispiel des Asylrechts lässt sich exemplarisch sowohl die Unabgeschlossenheit der Menschenrechte (z.B. anhand der Weiterentwicklung der Dokumente und Deklarationen), die prinzipielle Diskussionsbedürftigkeit menschenrechtlicher

---

67 Europäische Kommission gegen Rassismus und Intoleranz: Dritter Bericht über Deutschland. Straßburg 2004. S. 17-18

Prinzipien (z.B. die schwache Verankerung des Flüchtlingsschutzes in der AEMR) als auch die mitunter problematische Umsetzung in nationales Verfassungsrecht thematisieren (Drittstaatenregelung, Definition sicherer Herkunftsländer, restriktive Auslegung des politischen Verfolgungsbegriffs). Als kritischer Maßstab sind die Menschenrechte auch geeignet, den Universalismusanspruch mit der Differenzierung von Staatsbürger- und Menschenrechten zu kontrastieren (Vorbehalte bezüglich der universalen Kinderrechte, selektiver Bildungszugang, Abschiebepraxis, Residenzpflicht etc.). Die Asylthematik unterstreicht vor diesem Hintergrund den politischen und historischen Charakter der Menschenrechte.

Menschenrechtsbildung in der Einwanderungsgesellschaft kann nicht auf die kritische Auseinandersetzung mit der Flüchtlingsthematik verzichten. Sie stellt damit nicht zuletzt die zentrale Frage, wie in unserer Gesellschaft ganz allgemein mit Schwächeren umgegangen werden soll. Für die Bildung einer weltoffenen, demokratischen und von gegenseitigem Respekt geprägten Gesellschaft ist diese Auseinandersetzung mehr als nur ein Mittel zum Zweck. Sie ist Ausdruck wahrgenommener Verantwortung eines jeden Einzelnen für ein menschliches Zusammenleben in Würde und Freiheit.

Literatur

Amnesty International: Jahresbericht 1997. Frankfurt 1997.

Amnesty International: Jahresbericht 2002. Frankfurt 2002.

Avenarius, Herrmann: Die Rechtsordnung der Bundesrepublik Deutschland. Eine Einführung. Bonn 2002.

Bade, Klaus J. / Oltmer, Jochen: Normalfall Migration. Bonn 2004.

Bielefeldt, Heiner: Menschenrechte in der Einwanderungsgesellschaft. Plädoyer für einen aufgeklärten Multikulturalismus. Bielefeld 2007.

Bruha, Thomas/ Tams, Christian J.: Folter und Völkerrecht. In: Aus Politik und Zeitgeschichte 36/2006. Beilage zur Wochenzeitschrift Das Parlament. Bonn 2006. S. 16-22.

Bundesamt für Migration und Flüchtlinge: Neuerungen im Asylverfahren durch das Zuwanderungsgesetz. Nürnberg 2005.

Bundesministerium des Innern (Hrsg.): Migrationsbericht des Bundesamtes für Migration und Flüchtlinge im Auftrag der Bundesregierung. Migrationsbericht 2005. Berlin 2005.

Bundeszentrale für politische Bildung (Hrsg.): Menschenrechte. Dokumente und Deklarationen. Bonn 2004.

Butterwegge, Christoph: Krise und Zukunft des Sozialstaates. Wiesbaden 2005.

Deutsches Institut für Menschenrechte/ Bundeszentrale für politische Bildung/ Europarat: Kompass. Handbuch zur Menschenrechtsbildung für die schulische und außerschulische Bildungsarbeit. Berlin/Bonn/Budapest 2005.

Europäische Kommission gegen Rassismus und Intoleranz: Dritter Bericht über Deutschland. Straßburg 2004.

Feldhoff, Jürgen: Was heißt Flüchtling heute? In: Appel, Roland / Roth, Claudia (Hrsg.): Die Asyl-Lüge. Ein Handbuch gegen Fremdenfeindlichkeit und Rassismus. Köln 1992. S. 75-86.

Folkvord, Gerald Kador: Ideen für den Unterricht. In: Teaching Human Rights. Informationen zur Menschenrechtsbildung. Juni 2005/22: Fluchtwege frei? Das Recht auf Asyl. S. I-IV.

Fritzsche, Peter K.: Menschenrechte. Eine Einführung mit Dokumenten. Paderborn 2004.

Göbel-Zimmermann, Ralph: Asyl- und Flüchtlingsrecht. München 1999.

Heinhold, Hubert: Abschiebungshaft in Deutschland. Eine Situationsbeschreibung. Karlsruhe 1997.

Herbert, Ulrich: Geschichte der Ausländerpolitik in Deutschland. Saisonarbeiter, Zwangsarbeiter, Gastarbeiter, Flüchtlinge. Bonn 2003.

Herrmann, Axel: Menschenwürde, Menschenrechte. Thema im Unterricht. Lehrerheft. Bonn 1997.

Herzog, Heike/ Wälde, Eva: Sie suchten das Leben. Suizide als Folge deutscher Abschiebepolitik. Hamburg/Münster 2004.

Höfling-Semnar, Bettina: Flucht und deutsche Asylpolitik. Von der Krise des Asylrechts zur Perfektionierung der Zugangsverhinderung. Münster 1995.

Hormel, Ulrike/ Scherr, Albert: Bildung für die Einwanderungsgesellschaft. Perspektiven der Auseinandersetzung mit struktureller, institutioneller und interaktioneller Diskriminierung. Bonn 2005. (Lizenzausgabe für die Bundeszentrale für Politische Bildung).

Hutter, Franz-Josef: Deutschland auf dem Weg zur Bürgergesellschaft? In: Hutter, Franz-Josef u.a. (Hrsg.): Das gemeinsame Haus Europa. Menschenrechte zwischen Atlantik und Ural. Baden-Baden 1998. S. 103-121.

Hutter, Franz-Josef: No rights. Menschenrechte als Fundament einer funktionierenden Weltordnung. Berlin 2003.

Kauffmann, Heiko: Menschenrechte, Asyl und Abschiebungshaft in Deutschland. In: Hutter, Franz-Josef u.a. (Hrsg.): Menschen auf der Flucht. Opladen 1999. S. 215-231.

Kopp, Karl: Asyl. Hamburg 2002.

Kreuzberg, Hans/ Wahrendorf, Volker: Grundrecht auf Asyl. Materialien zur Entstehungsgeschichte. Köln, Berlin, Bonn, München 1992.

Leggewie, Claus: Deutschland ist ein weltoffenes, tolerantes Land, und das soll so bleiben. Asylrecht zwischen unpopulärer Generosität und populistischer Staatsräson. In: Hutter, Franz-Josef/ Tessmer, Carsten (Hrsg.): Menschenrechte und Bürgergesellschaft in Deutschland. Opladen 1999. S. 83-99.

Lehnhart, Volker: Pädagogik der Menschenrechte. Opladen 2003.

Leuninger, Herbert: Vom Rechtssubjekt zum Objekt des Staates. Das neue Asylrecht als Entrechtung des Flüchtlings. In: Basso-Sekretariat Berlin (Hrsg.): Festung Europa auf der Anklagebank. Dokumentation des Basso-Tribunals zum Asylrecht in Europa. Münster 1995. S. 74-81.

Lohrenscheit, Claudia: Das Recht auf Menschenrechtsbildung. Frankfurt/London 2004.

Motakef, Mona: Das Menschenrecht auf Bildung und der Schutz vor Diskriminierung. Exklusionsrisiken und Inklusionschancen. Berlin 2006.

Pro Asyl: Asyl von A bis Z. [URL: http://www.proasyl.de/de/informationen/asyl-von-a-bis-z/index.html] (aufgerufen am 24.09.2007).

Riedelsheimer, Albert: Die Rechte von Flüchtlingskindern stärken. In: Deutsches Institut für Menschenrechte (Hrsg.): Die Menschenrechte von Kindern und Jugendlichen stärken: Dokumentation eines Fachgesprächs über die Umsetzung der Kinderrechtskonvention in Deutschland. Berlin 2006.

Salazar-Volkmann, Christian: Brauchen Kinder Rechte? Einige Anmerkungen zur Kinderrechtsdebatte in Deutschland. In: Hutter, Franz-Josef/ Tessmer, Carsten (Hrsg.): Menschenrechte und Bürgergesellschaft in Deutschland. Opladen 1999. S. 71-81.

Ulmer, Mathias: Asylrecht und Menschenwürde. Zur Problematik der „Sicheren Drittstaaten" nach Art. 16a Abs. 2 und 5 GG und die Harmonisierung des Asylrechts in Europa. Frankfurt am Main 1996.

Weber, Albrecht: Zur Entwicklung des europäischen Asylrechts. In: Bundesamt für die Anerkennung ausländischer Flüchtlinge (Hrsg.): Zuwanderung und Asyl. Nürnberg 2001.

Kommentierte Weblinks:

Amnesty International (www.amnesty.de)
Offizielle Seite der deutschen Sektion von Amnesty International. Beinhaltet viele Länderberichte, Pressemitteilungen und Informationen. Die Themen umfassen nicht nur Flucht und Asyl, sondern auch viele andere menschenrechtsrelevante Bereiche und sind daher auch für weitergehende Recherchen geeignet. Außerdem gibt es eine Job- und Praktikumsbörse sowie verschiedene Möglichkeiten, sich für den Schutz der Menschenrechte einzusetzen.

Bundeszentrale für politische Bildung (www.bpb.de)
Die Bundeszentrale für politische Bildung hält ein breites Angebot an kostenlosen und günstigen Materialien zu vielen politischen und gesellschaftlichen Fragen bereit. Unter anderem finden sich gute Informationen zu Migration und Menschenrechten, die zum Teil auch Angaben zum Thema Flucht und Asyl beinhalten. Material, das sich ausschließlich mit dieser Thematik beschäftigt, ist allerdings rar. Trotzdem sind die vielen Unterrichtmaterialien und Informationen zu Menschenrechten empfehlenswert, da sich mit ihrer Hilfe das Thema Flucht und Asyl in einen größeren Zusammenhang stellen lässt.

Deutsches Institut für Menschenrechte (www.institut-fuer-menschenrechte.de)
Das 2001 gegründete Deutsche Institut für Menschenrechte hat sich der Förderung der Menschenrechtsbildung verschrieben. Das Angebot des Instituts zeichnet sich durch eine große Themenvielfalt aus. Unter dem Themenkomplex Migration finden sich zahlreiche Informationen, Diskussionspapiere und Materialien für ein vertiefendes Studium (z.B. die Publikation „Menschenrechte an der EU-Außengrenze" von Ruth Weinzierl und Urszula Lisson). Außerdem gibt es Unterrichtsmaterialien, die frei zugänglich sind und zum kostenlosen Download bereitgestellt werden. Diese beinhalten zwar keinen expliziten Zuschnitt auf den Themenkomplex Flucht und Asyl in Deutschland, sind aber trotzdem gut geeignet, das eine oder andere Thema zu vertiefen oder zu erweitern (z.B. „Kinderrechte", „Frauenrechte" oder „Schutz vor Diskriminierung").

Flüchtlingskommissariat der Vereinten Nationen/UNHCR (www.unhcr.de)
Die offizielle Seite des UNHCR beinhaltet eine Vielzahl nützlicher und hervorragend aufbereiteter Informationen, Statistiken und Gesetzestexte. Außerdem enthält die

Seite eine eigene Rubrik, in der Schulmaterialien zum kostenlosen Download zur Verfügung stehen. Neben altersspezifischen Unterrichtseinheiten stehen auch größer angelegte Rollenspiele zur Verfügung, für die jedoch etwas mehr Zeit eingeplant werden sollte (z.B. im Rahmen von Projekttagen). Die Materialien sind gut durchdacht und lehrerfreundlich aufbereitet. Eine insgesamt sehr empfehlenswerte Seite.

Pro Asyl (www.proasyl.de)
Der Internetauftritt des Fördervereins Pro Asyl beinhaltet viele Informationen rund um das Thema Flucht und Asyl, die unter anderem in einem kleinen Online-Lexikon aufbereitet sind. Im vereinseigenen Online-Shop gibt es auch Unterrichtsmaterialien, Broschüren und Bücher. Einige Broschüren und Flyer können auch kostenlos als pdf-Dokument heruntergeladen werden; die Unterrichtsmaterialien erhält man gegen eine geringe Gebühr.

Material M1

Sticky Dots

Anmerkung:	Das Material M1 ist einer österreichischen Publikation entnommen (siehe Quellenangabe). Die Vorschläge zu den Aussagen sind im Original z.T. auf Österreich bezogen. Sie wurden daher von mir für das deutsche Beispiel modifiziert. Ansonsten entspricht der Methodenvorschlag dem Original. R.B.
Ziel:	Durch anonymisierte Stellungnahmen entsteht ein Haltungsbarometer für die Klasse.
Alter:	ab der 6. Schulstufe
Zeit:	10-15 Minuten
Material:	Flipchartbögen oder andere, größere Papierbögen; selbstklebende rote und grüne Punkte (wenn möglich ca. 2 cm Durchmesser oder größer) oder kleine „Post it"- Zettel in zwei gut unterscheidbaren Farben.

Schreiben Sie in die obere Hälfte eines Flipchartbogens eine einzelne Aussage zum Thema. Es kann sich dabei entweder um eine Meinungsäußerung oder eine Tatsachenbehauptung handeln. Teilen Sie die untere Hälfte des Bogens senkrecht in zwei Spalten. Schreiben Sie „stimme zu" über die linke und „stimme nicht zu" über die rechte Spalte. Fertigen Sie eine beliebige Zahl solcher Bögen, jeweils mit einer Aussage, an und befestigen Sie diese gut sichtbar und gut zugänglich an den Wänden des Klassenzimmers.

Nun erhält jede Schülerin bzw. jeder Schüler genauso viele rote und grüne Klebepunkte, wie Plakate aufgehängt sind. (D.h. z.B. bei fünf Plakaten erhält jede/r fünf rote und fünf grüne Punkte.) Die Schüler sollen nun im Raum herumgehen und die Aussagen auf den Plakaten lesen. Wenn sie einer Aussage zustimmen, kleben sie einen grünen Punkt in die linke, „stimme zu"-Spalte. Anderenfalls kleben sie einen roten Punkt in die rechte, „stimme nicht zu"-Spalte.

Wählen Sie selbst, wie weit Sie Diskussionen vor den Plakaten zulassen wollen. In den meisten Fällen macht es nichts, wenn schon zu diesem Zeitpunkt das eine oder andere heiße Thema andiskutiert wird - das steigert das Interesse, später genauer darauf einzugehen. Gleichzeitig sollte die Übung aber relativ zügig vor sich gehen, damit nicht jene, die schneller fertig werden, allzu lange tatenlos herumsitzen müssen.

Keinesfalls sollten Schüler in ihrem Recht, ihre eigene Meinung zu markieren, beeinträchtigt werden.

Die beklebten Plakate erfüllen verschiedene Zwecke. Zum einen vermitteln sie ein anschauliches Meinungsbild der Klasse: Wo sind sich alle einig? Wo sind die Meinungen stark geteilt? Wo gibt es einzelne abweichende Meinungen, vielleicht von Schüler, die über mehr Informationen verfügen oder eingehender reflektiert haben? Zum anderen ist die Herausforderung, durch das Setzen eines Klebepunktes deutlich und physisch Stellung zu beziehen, ein Ansporn, sich über die eigene Haltung klar zu werden und diese vielleicht sogar zu hinterfragen. Darüber hinaus werden einzelne Fragestellungen im Gedächtnis bleiben und ein Ansporn zu späterer Diskussion sein.

Sie können entweder auf die einzelnen Aussagen auf den Plakaten sofort eingehen oder diese nach und nach im Zuge der weiteren Auseinandersetzung mit dem Thema aufgreifen. Kehren Sie auch, wenn Sie das Thema fertig behandelt haben, nochmals zu den Plakaten zurück und fragen Sie die Schüler, inwieweit sich die dort markierten Meinungen geändert haben oder welche Missverständnisse oder Irrtümer ausgeräumt wurden.

Vorschläge für Aussagen auf den Plakaten, formuliert für ältere Schüler:

- Wenn wir die Menschenrechte für wichtig halten, müssen wir auch jenen Zuflucht geben, deren Rechte bedroht sind.
- Wir sollten nur Flüchtlinge aufnehmen, die für unsere Wirtschaft nützlich sind.
- Wir sind ein demokratisches Land. Wenn die Mehrheit keine Flüchtlinge haben will, dann dürfen wir auch keine aufnehmen.
- Wenn einer weiß, dass er in seinem Land für seine Meinung im Gefängnis landen kann, soll er eben den Mund halten.
- Die Parteien sollten ihren Kampf um Wählerstimmen nicht auf dem Rücken verfolgter Menschen austragen.
- Wenn wir schon mit Diktator Geschäfte machen, müssen wir zumindest versuchen, ihren Opfern zu helfen.
- Wer illegal nach Deutschland gekommen ist, sollte auf keinen Fall Asyl bekommen.
- Mit dem Geld, das uns Flüchtlinge kosten, sollte man lieber Krankenhäuser für Deutsche bauen.

- Rassismus und Intoleranz zu fördern, um damit Wählerstimmen zu ködern oder Zeitungen zu verkaufen, ist einfach schäbig.
- Flüchtlinge nehmen den Deutschen Arbeitsplätze weg.
- Durch die besseren Verkehrsverbindungen kommen Jahr für Jahr mehr Asylwerber zu uns. (Anm.: Faktisch falsch. Die Zahl der Asylwerber ist in Deutschland und den meisten westeuropäischen Ländern eher rückläufig.)
- Die große Mehrzahl der Flüchtlinge in der Welt kommt nach Westeuropa und Nordamerika. (Anm.: Faktisch falsch.)
- Wenn ich die Möglichkeit habe, einem Verfolgten Schutz zu bieten, ist es einfach eine Sache des Anstandes, dass ich das auch tue.

Anmerkung: Dies sind wirklich nur Vorschläge. Versuchen Sie, bei der Formulierung der Aussagen aktuelle, lokale Problemstellungen oder bekannte Haltungen unter ihren Schüler zu berücksichtigen.

Variante 1: Fragebogen

Jeder Schüler und jede Schülerin bekommt ein A4-Blatt ausgehändigt, auf dem verschiedene Aussagen zum Thema aufgelistet sind. Neben jeder Aussage gibt es drei Möglichkeiten zum Ankreuzen: „stimme zu", „stimme nicht zu" oder „unsicher". Die Schüler sollen jetzt in relativ kurzer Zeit (ca. 10 bis 15 Sekunden pro Aussage) das ankreuzen, was ihrer spontanen Meinung entspricht. Erklären Sie gleich zu Beginn, dass die Fragebögen nicht eingesammelt werden und auch sonst nicht Anderen gezeigt werden sollen. Es ist aber wichtig, dass jede/r das Ausfüllen ernst nimmt und den ausgefüllten Bogen gut für später aufhebt.

Wenn die Klasse später die Arbeit zum Thema abgeschlossen hat, holen alle ihre ausgefüllten Fragebögen wieder hervor und überdenken nochmals die angekreuzten Meinungen. Diskutieren Sie noch einmal kurz das Ergebnis mit der Klasse: Haben viele ihre Meinung zu dem einen oder anderen Punkt geändert? Will jemand ein Beispiel geben? (Rückmeldungen sollen immer nur freiwillig erfolgen.) Was hat solche Meinungsänderungen veranlasst?

Viele werden durch diese Übung überrascht feststellen, wie stark auch ihre Haltungen von Vorurteilen beeinflusst werden und erkennen, wie wichtig es ist, dass die eigene Meinungsbildung auf Vernunft und seriöser Information basiert.

Variante 2: Standpunkt beziehen

Anders als in den vorhergegangenen Übungen sollen die Schüler hier für alle sichtbar Standpunkt beziehen. Hängen Sie an verschiedenen Orten des Raumes (zum Beispiel in den vier Ecken) vier Plakate mit Smiley-Gesichtern auf. Eines mit den Mundwinkeln nach oben (lachend), eines mit den Mundwinkeln nach unten (verärgert), eines mit geradem Mund (neutral) und eines ohne Mund und mit einem Fragezeichen im Gesicht.

Sammeln Sie alle Schüler in der Mitte des Raumes. Lesen Sie nun eine Aussage zum Thema Flüchtlinge vor, die entweder eine Meinung ausdrückt oder eine (angebliche) Fakteninformation beinhaltet. Die Schüler sollen sich nun je nachdem, was sie von der Aussage halten, zu einem der vier Smileys stellen: zum Lachenden, wenn sie der Aussage zustimmen, zum Ärgerlichen, wenn sie nicht zustimmen, zum Neutralen, wenn sie unsicher sind, oder zum Fragezeichen, wenn sie mit der Aussage nichts anzufangen wissen.

Analysieren Sie gemeinsam mit den Schüler kurz das Ergebnis jeder Runde: Ist das Ergebnis überraschend? Ist es typisch für die öffentliche Meinung in Österreich? Hätten andere Gruppen sich anders positioniert? Hat die Art der Fragestellung das Ergebnis beeinflusst? Fragen Sie auch einzelne Personen, warum sie dort stehen, wo sie stehen. Informieren Sie abschließend über die Richtigkeit der Tatsachenbehauptungen.

In dieser Übung beziehen die Schüler nicht nur persönlich Position, es kommt dabei auch automatisch zur Bildung von Gruppen, was eine eigene Dynamik erzeugen kann. Wenn Sie die individuellen Haltungen der Schüler stärker in den Vordergrund rükken wollen, können Sie die Übung wie folgt abändern: Markieren Sie deutlich einen zentralen Punkt etwa in der Mitte des Raumes und lassen sie die Schüler in einigem Abstand im Kreis um dieses Zentrum Aufstellung nehmen. Verlesen Sie nun einzelne Aussagen wie oben. Je nachdem, wie sehr sie der jeweiligen Aussage zustimmen, rücken die Schüler näher zum Zentrum oder entfernen sich davon. Dies lässt eine nuancenreichere Stellungnahme zu als die Smiley-Plakate und ermöglicht es den Teilnehmer, sich mit der Meinung, für die das Zentrum steht, auch physisch zu assoziieren bzw. von ihr Abstand zu nehmen. Der Nachteil dieser Variante ist, dass sich kein so klares Meinungsbild ergibt wie bei den Smiley-Plakaten, weil Personen mit derselben Haltung nicht unbedingt in gleicher Entfernung vom Zentrum stehen werden.

Quelle: Folkvord, Gerald Kador (2005): Ideen für den Unterricht. In: Teaching Human Rights. Informationen zur Menschenrechtsbildung. Juni 2005/22: Fluchtwege frei? Das Recht auf Asyl. I-IV.

Material M2

Flucht vor Gewalt und Dürre

Als die Vereinten Nationen vor 57 Jahren das Amt eines Hochkommissars für Flüchtlinge (UNHCR) schufen, war es einfach, echte Flüchtlinge zu erkennen. Sie kamen aus Osteuropa und flohen vor dem stalinistischen Terror. Andere Flüchtlinge gab es nicht. Gemäß der 1951 verabschiedeten Flüchtlingskonvention hat jeder Mensch, der sein Land wegen politischer, religiöser oder rassistischer Verfolgung verlässt, Anspruch auf Asyl. Die kommunistischen Regierungen boykottierten das UNHCR drei Jahrzehnte lang. Es war ihren Augen ein politisches Instrument des Westens.

Mittlerweile ist das kommunistische System zerfallen. Innerhalb Europas gibt es seit langem keine Flüchtlingsströme mehr. Selbst weltweit nimmt die Zahl der international anerkannten Flüchtlinge ab. Von 15 Millionen in den 1970er Jahren ist ihre Gesamtzahl auf weniger als zehn Millionen gesunken. Dieser Abwärtstrend wurde in jüngster Zeit durch die zwei Millionen Iraker gestoppt, die vor der täglichen Gewalt ins benachbarte Ausland flohen.

Also alles unter Kontrolle? Die Statistiken wirken nur auf den ersten Blick beruhigend; denn sie spiegeln nur einen Teil der Realität wider. Die Zahl der Binnenflüchtlinge und –vertriebenen, die als Opfer bewaffneter Konflikte im eigenen Land herumirren, übersteigt bei weitem jene der Asylbewerber im Ausland. Das UNHCR schätzt sie weltweit auf 24,5 Millionen, was eine Rekordmarke darstellt. 13 Millionen Binnenflüchtlinge werden vom UNHCR unterstützt, obwohl sie nicht unter das Mandat des Hilfswerks fallen.

An „Hungerflüchtlinge" hat 1951 niemand gedacht.
Die Forderung, ihnen Asyl zu gewähren scheitert an der Festung Europa.

Wer an Flüchtlingselend denkt, der sieht natürlich Afrika und in erster Linie den Darfur-Konflikt, der zur Vertreibung von zweieinhalb Millionen Menschen führte. Um fast sechs Millionen andere prekäre Fälle hat sich bisher überhaupt niemand gekümmert. Es handelt sich um die Staatenlosen, die keine Lobby und oft nicht einmal eine amtliche Existenz haben. Jetzt hat sie der UN-Flüchtlingskommissar auf die Agenda gesetzt.

Als eine neue Kategorie ist der Umweltflüchtling aufgetaucht. Anhaltende Dürre, Überschwemmungen und Wirbelstürme erschweren das Überleben in etlichen

Regionen. Das Ansteigen des Meeresspiegels als Folge der Klimaerwärmung könnte die Räumung ganzer Inselgruppen erfordern.

Die Flüchtlingskonvention hat solche Eventualitäten nicht vorgesehen. Ein Sonderberichterstatter des UN-Menschenrechtsrats, Jean Ziegler, hat in der vergangenen Woche ein Asylrecht für Hungerflüchtlinge vorgeschlagen. Wer bei seiner illegalen Einreise in einem europäischen Land beweisen kann, dass er seine Heimat wegen Nahrungsmittelmangel verlassen hat, dürfe nicht abgewiesen werden, verlangte der Genfer Soziologieprofessor und Bestsellerautor.

Der Vorschlag Zieglers hat allerdings keine Chancen, umgesetzt zu werden. Derzeit ist die „Festung Europa" damit beschäftigt, unerwünschte Einwanderer abzuwehren. Das UNHCR bedauert, dass die Europäer immer mehr Zäune errichten und oft die Flüchtlingskonvention verletzen. Eine vernünftige Einwanderungspolitik- die einzige Alternative zum Immigrantenchaos- will noch nicht in die Köpfe rein.

Quelle: Pierre Simonitsch; Frankfurter Rundschau vom 20.07.2007

Material M3

"Wir wollen Sie nicht länger auf die Folter spannen...!!"

Beschluss: Abschiebung in die Türkei

Quelle: Pro Asyl (Hrsg.) (2002): Herzlich Willkommen. Karikaturen von Gerhard Mester, Thomas Plassmann, Klaus Stuttmann. Frankfurt am Main.

Material M4

Artikel 16a [Asylrecht]

(1) Politisch Verfolgte genießen Asylrecht.

(2) Auf Absatz 1 kann sich nicht berufen, wer aus einem Mitgliedstaat der Europäischen Gemeinschaften oder aus einem anderen Drittstaat einreist, in dem die Anwendung des Abkommens über die Rechtsstellung der Flüchtlinge und der Konvention zum Schutze der Menschenrechte und Grundfreiheiten sichergestellt ist. Die Staaten außerhalb der Europäischen Gemeinschaften, auf die die Voraussetzungen des Satzes 1 zutreffen, werden durch Gesetz, das der Zustimmung des Bundesrates bedarf, bestimmt. In den Fällen des Satzes 1 können aufenthaltsbeendende Maßnahmen unabhängig von einem hiergegen eingelegten Rechtsbehelf vollzogen werden.

(3) Durch Gesetz, das der Zustimmung des Bundesrates bedarf, können Staaten bestimmt werden, bei denen auf Grund der Rechtslage, der Rechtsanwendung und der allgemeinen politischen Verhältnisse gewährleistet erscheint, daß dort weder politische Verfolgung noch unmenschliche oder erniedrigende Bestrafung oder Behandlung stattfindet. Es wird vermutet, daß ein Ausländer aus einem solchen Staat nicht verfolgt wird, solange er nicht Tatsachen vorträgt, die die Annahme begründen, daß er entgegen dieser Vermutung politisch verfolgt wird.

(4) Die Vollziehung aufenthaltsbeendender Maßnahmen wird in den Fällen des Absatzes 3 und in anderen Fällen, die offensichtlich unbegründet sind oder als offensichtlich unbegründet gelten, durch das Gericht nur ausgesetzt, wenn ernstliche Zweifel an der Rechtmäßigkeit der Maßnahme bestehen; der Prüfungsumfang kann eingeschränkt werden und verspätetes Vorbringen unberücksichtigt bleiben. Das Nähere ist durch Gesetz zu bestimmen.

(5) Die Absätze 1 bis 4 stehen völkerrechtlichen Verträgen von Mitgliedstaaten der Europäischen Gemeinschaften untereinander und mit dritten Staaten nicht entgegen, die unter Beachtung der Verpflichtungen aus dem Abkommen über die Rechtsstellung der Flüchtlinge und der Konvention zum Schutze der Menschenrechte und Grundfreiheiten, deren Anwendung in den Vertragsstaaten sichergestellt sein muß, Zuständigkeitsregelungen für die Prüfung von Asylbegehren einschließlich der gegenseitigen Anerkennung von Asylentscheidungen treffen.

Quelle:	Grundgesetz für die Bundesrepublik Deutschland. Textausgabe. Stand: Juli 2002. Herausgegeben von der Bundeszentrale für politische Bildung. Bonn.

Material M5

Beifang

**Flüchtlinge, gefangen im Netz von Mittelmeerfischern.
Regierungen, die zusehen. Eine Schande für Europa.**

Mir geht ein Foto, das Pfingsten durch die Weltpresse ging, nicht aus dem Kopf: blaue See, der weite Ring eines riesigen Tunfischkäfigs, an den sich 27 Afrikaner klammern. Wenn man mit den Schiffbrüchigen eine Million Dollar verdienen könnte, wer weiß, vielleicht hätte der Kapitän des Trawlers sie doch noch aus dem Mittelmeer gefischt. So viel war nämlich die tierische Fracht wert, die er zusammen mit den Flüchtlingen drei Tage lang vor der maltesischen Küste im Schlepptau hatte. Doch lebende wie tote Migranten bringen ja statt Geld nur Ärger. So sahen der christliche Seefahrer wie viele vorbeifahrende Schiffscrews dabei zu, wie lange sich die Schwarzen noch am Käfigrand halten würden. Hätten sich die Afrikaner als kostbare Speisefische getarnt, die Wertschätzung der Malteser wäre ihnen sicher gewesen.

Auch deren Regierung schaute zu. An der südlichsten Grenze Europas kennt man seine ständig kenternden Pappenheimer vom schwarzen Kontinent. Nur Gänsehaut-Touristen sind sie noch einen Schnappschuss wert. Maltas Behörden hingegen reagierten wie gewohnt auf den Rettungsruf: mit dem Abwälzen der Verantwortung auf Libyen, von dessen Küste aus die Kameruner, Ghanaer und Nigerianer gestartet waren. Letztlich erbarmten sich italienische Marinesoldaten ihrer. Wer wie einer der Geretteten glaubte, der Gott des christlichen Abendlandes habe an Pfingsten „ein Wunder vollbracht", der kennt den mageren Service für Pauschalflüchtlinge auf der Ferieninsel Lampedusa nicht. Denn in Italien wie Malta lautet die Flüchtlingsformel: besser abgeschoben als gut aufgehoben.

Auf Malta hat das Abwehren lästiger Eindringlinge Tradition. 1565 schlugen die christlichen Ritter des Malteserordens die Osmanen in die Flucht und befestigten die Insel zum Schild Europas. Knapp 450 Jahre später sitzen die erzkatholischen Staatsmänner von Malta den verzweifelten Ansturm der Afrikaner friedlich aus. Dem kleinsten EU-Staat ist der Schild mittlerweile zu schwer geworden, und so ruft er in der Brüsseler Festungszentrale nach Verstärkung. Sprich, nach verschärften und vermehrten Grenzpatrouillen.

Dort zeigt man sich über die Flüchtlingsdramen zwar öffentlich schockiert. Doch EU-Kommissar Frattini bleibt eisern: Das Land der Erstaufnahme bleibt für Asylbewerber erste Wahl. Vor einem flüchtlingsfreundlichen Verteilungsschlüssel ist ihm genauso bange wie unserem Innenminister. So schiebt einer dem anderen den schwarzen Flüchtling zu, bis er ertrinkt, seine Leiche sich in Fischernetzen verfängt oder ans Ufer geschwemmt wird. Für einen Sinneswandel könnten höchstens die Fischer sorgen. Die beklagen sich schon länger über zu viele tote Flüchtlinge in ihren Netzen. Und auch an Südeuropas Stränden sieht man lieber Schnaps- als Wasserleichen.

Dabei verstärken die Euro-Fischer selbst den Flüchtlingsstrom. Seitdem sie die westafrikanischen Gewässer mit Hightech-Kuttern leerfischen, verkaufen die um ihre Fanggründe gebrachten Afrikaner ihre maroden Boote an illegale Auswanderer oder schippern gleich selbst ins gelobte EU-Land. Dem geraubten Reichtum hinterher. Genau diese Politik müssen die Flüchtlinge im wahrsten Sinne des Wortes ausbaden.

Wenn die EU diesen Problem aussitzt, dann kann ich nur mit dem britischen Independent titeln: „Europa schäm dich". Bis du dich gefangen hast.

Quelle: Klaus Staeck; Frankfurter Rundschau vom 23.06.2007

Material M6

Asyl - nur noch für Außerirdische?

Wenn man es genau bedenkt, dann gibt es für deutsche Behörden und Gerichte nur noch einen idealen Asylbewerber: Er hat einen Kopf von Form und Farbe einer Kartoffel, kugelrunde Kulleraugen und spindeldürre Spargelfinger. Sein Name: E.T. Für ihn spricht zweierlei: Er will nach Hause, hat also kein Interesse daran, dem deutschen Steuerzahler auf Dauer auf der Tasche zu liegen oder ihm einen Arbeitsplatz abspenstig zu machen. Außerdem ist er nicht auf dem Landweg eingereist, sondern aus dem All, wo es keine sicheren Drittstaaten gibt.

Man kann sich in der Tat nur noch in Sarkasmus flüchten angesichts der jüngsten Entscheidung des Bundesverwaltungsgerichts. Die Berliner Richter haben nämlich soeben die bizarre Drittstaatenklausel bekräftigt, welche das deutsche Asylrecht wie eine krumme Krücke abstützt. Diese Klausel besagt, dass die Bundesrepublik von einem Ring an Pufferstaaten umgeben ist, die mindestens ebenso asylwürdig sind wie Deutschland. Wer sich also auf dem Landweg bis an die schwarz-rot-goldenen Grenzpfähle durchgeschlagen hat - ob im Inneren eines Kühlwaggons oder eines Containers - muss zwangsläufig durch einen Drittstaat gekommen sein. Ausnahmen sind allenfalls Besucher aus dem Kosmos, vielleicht noch Schiffbrüchige.

Ein toller Einfall, diese Klausel. So toll, dass die Drittstaaten von Deutschlands Gnaden ihrerseits Drittstaaten rings um ihre Grenzen ernannt haben. Dem Asylbewerber kann es geschehen, dass er von Drittstaat zu Drittstaat weitergereicht wird, immer weiter nach Osten, wo die Menschenrechte immer weniger eingehalten werden. Irgendwann landet er dann in Nordkorea, dem Sicheren Drittstaat der Russischen Föderation.

Quelle: Süddeutsche Zeitung vom 09.11.1995, zitiert nach Herrmann, Axel (1997): Menschenwürde, Menschenrechte. Thema im Unterricht (Bundeszentrale für politische Bildung). Bonn.

Material M7

Quelle: Pro Asyl (Hrsg.) (2002): Herzlich Willkommen. Karikaturen von Gerhard Mester, Thomas Plassmann, Klaus Stuttmann. Frankfurt am Main.

Material M8

"...und plötzlich hat er mir-nix-dir-nix aufgehört zu atmen!!"

ABFLUG

(Klarer Fall von behördlichem Herzversagen)

Quelle: Pro Asyl (Hrsg.) (2002): Herzlich Willkommen. Karikaturen von Gerhard Mester, Thomas Plassmann, Klaus Stuttmann. Frankfurt am Main.

Material M9

Versorgung light

Quelle: Pro Asyl (Hrsg.) (2002): Herzlich Willkommen. Karikaturen von Gerhard Mester, Thomas Plassmann, Klaus Stuttmann. Frankfurt am Main.

Material M10

Quelle: Pro Asyl (Hrsg.) (2002): Herzlich Willkommen. Karikaturen von Gerhard Mester, Thomas Plassmann, Klaus Stuttmann. Frankfurt am Main.

Material M11

(RESIDENZPFLICHT)

Quelle: Pro Asyl (Hrsg.) (2002): Herzlich Willkommen. Karikaturen von Gerhard Mester, Thomas Plassmann, Klaus Stuttmann. Frankfurt am Main.

Material M12

Leben im Asylbewerberheim

„Die Menschen sollen zermürbt werden"

Nächtliche Razzien, defekte Toiletten, nur eine einzige funktionierende Männerdusche: Wie Asylbewerber in München leben - trotz der Reform des Zuwanderungsgesetzes.

Tritt Uche Akpulu aus seinem Zimmer und schaut durch die Tür am Ende des Korridors von Baracke Nummer vier, sieht er einen Zaun mit Stacheldraht. Eine Frau und ihre junge Tochter gehen hinter dem Zaun an der Tür vorbei. Einen Moment unterbrechen sie ihr Gespräch, der Blick des blonden Mädchens trifft Uche Akpulu. „Die Leute, die hier entlang kommen, denken doch, hier wohnen Kriminelle", sagt er, nachdem die beiden Frauen weitergegangen sind.

Uche Akpulu ist kein Krimineller. Er ist Asylbewerber und lebt in einer Gemeinschaftsunterkunft für Asylsuchende in der Emma-Ihrer-Straße. Das Eingangstor zu dem Gelände mit den sechs Holzbaracken steht offen, als sei der Stacheldrahtzaun purer Hohn.

15 Quadratmeter für drei Personen

Vor mehr als dreieinhalb Jahren kam Uche Akpulu nach Bayern und bat um Asyl, weil ihn die Polizei in seiner Heimat Nigeria verfolgte. Genaueres mag der 40-Jährige nicht sagen, denn sein Asylverfahren läuft noch. Seit Januar 2004 wohnt er mit bis zu drei anderen Menschen in einem Zimmer in der Emma-Ihrer-Straße - auf weniger als 15 Quadratmetern. Momentan sind sie nur zu dritt. „Derzeit ist die Unterkunft nicht ausgelastet", sagt Uche Akpulu. Aber auch mit nur drei Betten ist es eng. Dazu noch ein Schreibtisch, ein Kühlschrank und zwei ausrangierte Bundeswehrspinde, da bleibt nur noch Platz für einen schmalen Gang durch das Zimmer. Vor das einzige Fenster passt gerade noch ein Fernseher. Für ihre Habseligkeiten haben die drei Bewohner nur die Spinde. Manche Flüchtlinge lagern ihr Eigentum teilweise auf dem Korridor der Baracke: Laken, Handtücher und Schuhe stapeln sich an den Wänden. Drei Menschen und die materiellen Reste ihrer Biografien auf weniger als 15 Quadratmetern. „Ein Chaos", sagt Uche Akpulu.

Bayern besonders strikt

Wo und wie ein Asylbewerber in Deutschland wohnt, entscheidet jedes Bundesland selbst. Nach dem Asylverfahrensgesetz des Bundes soll er möglichst in einer Gemeinschaftsunterkunft ein Quartier beziehen. Bayern setzt das besonders konsequent um.

Nach einer Untersuchung des Politikwissenschaftlers Tobias Pieper von der Freien Universität Berlin beherbergt der Freistaat von allen Ländern mit 87 Prozent den größten Anteil an Asylbewerbern in solchen Einrichtungen. Außerdem bringt Bayern diese Klientel so lange wie möglich in einer der 154 Gemeinschaftsunterkünfte des Freistaats unter. Auch Flüchtlinge, die nach dem neuen Bleiberecht eine Aufenthaltsgenehmigung bekommen können und noch keine eigene Wohnung haben, sollen dort weiterhin wohnen. Das ermöglicht eine Öffnungsklausel, die vor allem auf Drängen Bayerns für das neue Bleiberecht vereinbart wurde. Sie erlaubt es, bedürftige Flüchtlinge trotz Aufenthaltsgenehmigung weiterhin mit Sachleistungen statt Geld zu versorgen - Asylheim statt Hartz IV. Das spare Geld im dreistelligen Millionenbereich, behauptet die bayerische Regierung. „Die Sozialkassen sind belastet. Dafür hat jeder Verständnis", sagt auch Bruno Lischke, zuständiger Referatsleiter im bayerischen Sozialministerium.

Schwierige Jobsuche

Für einen Asylbewerber wie Uche Akpulu verschärft aber gerade das Leben im Heim die Abhängigkeit von staatlicher Hilfe. „Für Flüchtlinge ist es ohnehin schwierig, Arbeit zu finden", sagt Wilhelm Dräxler von der Münchner Caritas, seit 20 Jahren im Bereich Migration tätig. Denn die Arbeitsagentur muss einen Job vorrangig an einen arbeitslosen Deutschen oder EU-Ausländer vergeben. Trotz unzähliger Bewerbungen hatte Uche Akpulu nur einmal Glück. Da bekam der Biochemiker aus Nigeria eine Stelle als Spüler in einem Altenheim, verdiente für ein paar Monate zwischen 300 und 400 Euro. Für eine Wohnung reichte das trotzdem nicht und er musste weiter im Asylheim wohnen. „Dieser Wohnsitz macht es dem Flüchtling aber gleich doppelt schwer", weiß Caritas-Mitarbeiter Dräxler. Nach seiner Meinung schreckt eine Bewerbung aus dem Asylheim mögliche Arbeitgeber zusätzlich ab.

Wie viel Platz einem Flüchtling im Asylheim zusteht, das lässt Bayern wie die meisten Bundesländer offen. Im Freistaat liegt dies im Ermessen der Bezirksregierungen, die die Unterkünfte betreiben. Uche Akpulu hat weniger als fünf Quadratmeter für sich. Bei einem Hartz-IV-Empfänger hält die Stadt München eine Wohnung zwischen 20 und 45 Quadratmeter für angemessen. „Die Flüchtlingsunterbringungen entsprechen natürlich keinen Hotelunterkünften", sagt Bruno Lischke vom Sozialministerium. „Das sind Gemeinschaftsunterkünfte, wie es sie auch anderswo gibt, zum Beispiel bei der Bundeswehr."

Nächtliche Razzien

Uche Akpulu fühlt sich in der Emma-Ihrer-Straße eher wie in einer Zelle denn wie in einer Kasernenstube. Auch klagen er und andere Bewohner bei Flüchtlingsorganisationen immer wieder über Schikanen. Tobias Klaus vom Bayerischen Flüchtlingsrat berichtet beispielsweise von nächtlichen Polizeirazzien. Die Polizei suche dann nach Besuch von außerhalb des Heims, denn der ist nach 22 Uhr verboten. „Dabei treten die Beamten schon mal die Türen ein, wenn die Bewohner nicht schnell genug aufmachen. Nur um eventuelle Fremdschläfer zu entfernen", sagt Klaus. Das bayerische Innenministerium will Behauptungen in der Form nicht kommentieren. „Pauschalvorwürfe sind unangebracht", sagt Sprecher Rainer Riedl. „Die Polizei schützt, wie überall, auch in den Gemeinschaftsunterkünften die Sicherheit und öffentliche Ordnung. Dabei nimmt sie Rücksicht auf die Bewohner."

Defekte Toiletten und kaputte Duschen

Asylbewerber in Deutschland, das ist ein Leben am Rande der Gesellschaft. „Die Ausgrenzung der Asylbewerber in den Heimen hat politische Gründe", glaubt Caritas-Mitarbeiter Dräxler. „Insbesondere die bayerische Regierung stellt sich auf den Standpunkt, dass diese Menschen zurück in ihre Heimatländer müssen." Deshalb versuche man Integration zu verhindern. Tobias Klaus geht noch weiter. „Die Menschen sollen in diesen Unterkünften zermürbt werden, damit sie freiwillig ausreisen." Uche Akpulu aber gibt nicht auf, obwohl Demütigungen wie die nächtlichen Razzien manchmal nahezu unerträglich sind. An andere Widrigkeiten der Unterkunft, wie defekte Toiletten oder oft nur eine intakte Männerdusche bei mehr als 40 Barackenbewohnern, hat er sich dagegen fast schon gewöhnt. Denn Uche Akpulu ist zäh. Manche Bewohner lassen die erlebten Qualen in der Heimat und die Isolation in Deutschland verzweifeln, Uche Akpulu nicht. Er hat trotzdem Deutsch gelernt. Auf seinem Bett liegen eine Tageszeitung und ein Nachrichtenmagazin. Er spielt Theater, momentan probt er für ein Projekt der Münchner Kammerspiele. Daneben macht er eine von der EU geförderte Weiterbildung - „Business Management", sagt er.

Alltag in der Enge

Doch Uche Akpulus Möglichkeiten für ein Leben jenseits der Enge in der Emma-Ihrer-Straße sind begrenzt. Von der Regierung Oberbayern bekommt er etwa 40 Euro Taschengeld im Monat und zwei Essenspakete pro Woche. Ob das reicht oder nicht, das interessiert niemanden. „Hier geht es nicht um mich und was ich brauche." Er tippt sich mit der Hand auf die Brust. „Ich bekomme, was die Regierung von Oberbayern für ausreichend hält." Wie es weitergeht, weiß er nicht. Er erzählt von seiner Nachbarin, einer Frau aus Togo, die seit zwölf Jahren in der Unterkunft wohnt. Sie hat Zwillinge, die vor neun Jahren auf die Welt kamen. Sie kennen kein anderes Zuhause als die Emma-Ihrer-Straße. Wenn sie zwischen den Haufen aus Laken und Schuhen auf dem Korridor in der Baracke herumtollen, dann schauen auch sie auf einen Zaun, einen Zaun mit dem Stacheldraht.

Quelle: Stephan Klotz; Süddeutsche Zeitung vom 12.07.2007

Kathrin Gawarecki

Viel Lärm - um ein Stück Stoff.
Die Einwanderungsgesellschaft
und ihr Kopftuchstreit

Montagmorgen, Viertel vor acht. Eine Realschule, irgendwo im Ruhrgebiet. Allmählich füllt sich der Klassenraum der 10a, gleich beginnt der Unterricht. Vorne am Fenster sitzt Karoline, die ihrer Freundin gerade von einem Streit mit ihren Eltern am Wochenende berichtet. Karoline und ihre Familie gehören der Neuapostolischen Kirche an. Eigentlich fühlt sich 16-jährige in der Gemeinschaft wohl; nur samstagabends fällt es ihr manchmal schwer, zuhause zu bleiben anstatt mit ihren Freundinnen durch Kneipen und Diskotheken zu ziehen. In der Reihe hinter Karoline sitzt Nahide. Ihre Eltern haben sich während des Studiums in Bochum kennen gelernt; Nahides Mutter war als Austauschstudentin aus Izmir an die Bochumer Universität gekommen. Ihr Mann und sie haben die drei Töchter und den Sohn muslimisch erzogen. Die älteste Schwester trägt seit ihrem zwölften Lebensjahr ein Kopftuch; Nahide hat keine Lust auf das Tuch. Am Nebentisch versucht Igor gerade noch, die letzte Matheaufgabe zu lösen. Nach der ersten Stunde hat er erst einmal frei. Dann steht Religion auf dem Stundenplan, und davon haben Igors Eltern ihn schon in der fünften Klasse abgemeldet. Zehn vor acht. Die Tür geht auf und Frau Özgür betritt den Klassenraum; seit einigen Wochen unterrichtet die Referendarin in der 10a Mathe und Deutsch. Ihre Haare hat die junge Frau mit einem Kopftuch bedeckt.

Religiöse Vielfalt gehört zum Alltag einer Einwanderungsgesellschaft. Längst hat sie auch Einzug in Schulen und Klassenzimmer gehalten. Unterschiede im Klassenraum sind jedoch keine neue Erscheinung und beschränken sich auch nicht auf die Religion; Differenzen in Bezug auf das Geschlecht, die soziale Herkunft oder auf ethnische und nationale Zugehörigkeiten sind vielmehr der Normalfall an den allermeisten Schulen. Der Unterschied zwischen den Unterschieden besteht im Umgang mit ihnen: Während die einen vielfach nicht einmal wahrgenommen oder auch bewusst ignoriert werden, sieht man in anderen ein Problem, eine Gefahr für den Schulfrieden.

Als eine solche Gefahr wird das Kopftuch der Referendarin Özgür[*] betrachtet. Der Streit darüber, ob eine muslimische Lehrerin an einer staatlichen Schule in der

---

[*] Name und Person sind erfunden.

deutschen Einwanderungsgesellschaft ein Kopftuch tragen darf, ist Thema dieses Beitrages.

Einer größeren Öffentlichkeit wurde der Kopftuchstreit erstmals durch den sogenannten Fall Ludin bekannt. Kurz vor dem erfolgreichen Abschluss ihres Referendariates stellte die Grund- und Hauptschullehrerin Fereshta Ludin einen Antrag auf Einstellung in den Schuldienst. Die zuständige Behörde, das Oberschulamt in Stuttgart, lehnte den Antrag ab und begründete dies mit der mangelnden persönlichen Eignung der Bewerberin. Ludin hatte in einem zuvor geführten Einstellungsgespräch die Absicht geäußert, als bekennende Muslima auch weiterhin während des Unterrichtens ein Kopftuch zu tragen. Für sie sei das Tragen des Tuches nicht nur Ausdruck ihrer Persönlichkeit, sondern auch einer religiösen Überzeugung und Verpflichtung. Die Schulbehörde hingegen wertete das Kopftuch als „Ausdruck kultureller Abgrenzung"[1] und schrieb ihm eine „objektive Wirkung kultureller Desintegration"[2] zu. Es sei mit der staatlichen Pflicht zur Neutralität nicht vereinbar. Einer Kopftuch tragenden Bewerberin fehle vor diesem Hintergrund die Eignung für die Ausübung eines Lehramtes.

Fereshta Ludin legte Widerspruch gegen die Ablehnung ein; das Oberschulamt wies diesen zurück. Weitere Stationen des Rechtsstreites waren in den darauf folgenden Jahren das Stuttgarter Verwaltungsgericht, der Verwaltungsgerichtshof Baden-Württemberg und das Bundesverwaltungsgericht. Schließlich legte Ludin Verfassungsbeschwerde ein. In seinem Urteil vom 21. September 2003 gab das Bundesverfassungsgericht Ludin Recht. Durch die Urteile der Fachgerichte sei sie in ihrem Recht auf gleichen Zugang zu jedem öffentlichen Amt sowie in ihrem Grundrecht auf Glaubens- und Bekenntnisfreiheit verletzt worden. Für ein Verbot des Kopftuches an baden-württembergischen Schulen bestünde keine gesetzliche Grundlage. Mit dem Hinweis auf die zunehmende religiöse Pluralität billigte das Gericht den Landesgesetzgebern zugleich jedoch Handlungsspielräume für eine Neubestimmung des als zulässig erachteten Ausmaßes an religiösen Bezügen in Schulen zu. Zukünftige Einschränkungen der Glaubens- und Bekenntnisfreiheit seien denkbar.[3] Eine neue Runde im Kopftuchstreit wurde eingeläutet.

Kennzeichnend für diesen Streit ist seine besondere Vielschichtigkeit und Komplexität. Er wird auf mehreren Ebenen aus unterschiedlichsten Perspektiven und Blickwinkeln geführt und erfährt kontinuierlich Fortsetzungen. Das macht es schwierig, sich einen Überblick zu verschaffen, und genau dabei soll dieser Text helfen. Er will die Leser mit den unterschiedlichen Dimensionen dieser Auseinderset-

---

1   Zitiert in: Bundesverfassungsgericht, Urteil vom 24. September 2003, Karlsruhe 2003, Satz 3.
2   Zitiert in: ebenda.
3   Vgl. Bundesverfassungsgericht, Urteil vom 24. September 2003, (wie Anmerkung 1).

zung vertraut machen: mit einer rechtlichen, einer spezifisch menschenrechtlichen, einer politischen, einer sozial-kulturellen und einer diskursanalytischen Ebene. Schließlich soll der Kopftuchstreit als Gegenstand von Menschenrechtsbildung in der Einwanderungsgesellschaft skizziert werden.

Rechtliche Ebene

Der Kopftuchstreit ist eine Auseinandersetzung um (Menschen-)Rechte. Die beteiligten Personen und Parteien können sich auf rechtliche Normen berufen, die in der Verfassung der Bundesrepublik Deutschland verbrieft sind. Diese gilt es hier zunächst zu benennen und zu erläutern.
Den Ausgangspunkt in der Debatte bildet die Religionsfreiheit der Lehrerin, die im Grundgesetz in Art. 4 GG, Abs. 1 und Abs. 2 gewährt wird: „Die Freiheit des Glaubens, des Gewissens und die Freiheit des religiösen und weltanschaulichen Bekenntnisses sind unverletzlich (Abs.1). Die ungestörte Religionsausübung wird gewährleistet (Abs.2)."

Im Streit um das Kopftuch ist vor allem die Bekenntnisfreiheit von Bedeutung. „Sie garantiert die Freiheit, seinen Glauben, seine Weltanschauung oder seine Gewissensentscheidung kundzutun oder geheimzuhalten. Niemand darf gezwungen werden, sich öffentlich zu einer bestimmten Religion zu bekennen. Niemand darf gezwungen werden, seine religiösen oder weltanschaulichen Überzeugungen in der Öffentlichkeit zu offenbaren oder vor der Öffentlichkeit zu verschweigen."[4] Dabei wird nicht nur die Freiheit eines verbalen Bekenntnisses geschützt, vielmehr kommt jedem Menschen das Recht zu, Glauben und/oder weltanschauliche Überzeugung durch seine Lebensführung, wie beispielsweise durch das Befolgen religiöser Kleidungsvorschriften, zu realisieren.

Das Menschenrecht der Glaubens- und Bekenntnisfreiheit genießen in der Verfassung einen hohen Stellenwert; es handelt sich um „unantastbare[...] Rechtsgüter[...]", die „vorbehaltlos gewährt"[5] sind. Eingeschränkt werden können sie lediglich in dem Moment, in dem sie in Widerstreit zu anderen verfassungsrechtlich geschützten Werten treten. Zu den Normen, die möglicherweise in einen Konflikt mit der *positiven* Religionsfreiheit der Lehrerin treten können, also ihrem Recht, sich zu ihrem Glauben zu bekennen und ihn ungehindert zu praktizieren, zählt die *negative* Religionsfreiheit der Schülerinnen und Schüler. Sie dürfen staatlicherseits nicht gegen ihren Willen mit religiösen und/oder weltanschaulichen Überzeugungen konfrontiert und zu deren Übernahme gezwungen zu werden. In der Kopftuchdebatte

---

4 Hesselberger, Heinrich: Das Grundgesetz. Kommentar für die politische Bildung. Bonn 2003, S. 92.
5 Bundesverfassungsgericht, Urteil vom 24. September 2003, (wie Anmerkung 1), Satz 38.

wird in Bezug auf die Religionsfreiheit vielfach die besondere Schutzbedürftigkeit der Schüler hervorgehoben. Anders als Erwachsene, so wird argumentiert, haben sie sich in aller Regel noch keine feste eigene Meinung über Weltanschauung und Religion gebildet und sind daher besonders empfänglich und beeinflussbar. Viele Verfassungsrechtler vertreten daher den Standpunkt, dass bei einer Abwägung des Grundrechtes der positiven Religionsfreiheit der Lehrerin und der negativen Religionsfreiheit der Schüler letzterer Vorrang einzuräumen sei.[6]

Ein weiteres Grundrecht, das von der Kopftuchfrage berührt wird, ist das Erziehungsrecht der Eltern. „Pflege und Erziehung der Kinder sind das natürliche Recht der Eltern und die zuvörderst ihnen obliegende Pflicht", heißt es im ersten Satz des Art. 6 Abs. 2 GG. Dieses Recht bezieht sich in Verbindung mit dem Recht auf Glaubens- und Bekenntnisfreiheit auch auf weltanschauliche und religiöse Fragen. Eltern haben demnach das Recht, die religiöse Erziehung ihrer Kinder zu bestimmen und diese gegebenenfalls von religiösen und/oder weltanschaulichen Überzeugungen und entsprechenden Äußerungen dieser Überzeugung fernzuhalten. Der Anspruch der Eltern auf die Erziehung ihrer Kinder ist jedoch kein absoluter. Die Aufsicht über das Schulwesen obliegt dem Staat, dem somit ein eigenständiger Erziehungsauftrag zukommt. Die Richter des Bundesverfassungsgerichtes stellen in ihrem Urteil im Fall Ludin dazu fest: „Wie dieser [der Erziehungsauftrag, K.G.] zu erfüllen ist und insbesondere in welchem Umfang religiöse Bezüge in der Schule Platz haben sollen, unterliegt innerhalb der vom Grundgesetz, vor allem in Art. 4 Abs. 1 und 2, abgesteckten Grenzen der Gestaltungsfreiheit der Länder"[7]

Eine Lehrerin, die mit dem Kopftuch unterrichten möchte, ist Grundrechtsträgerin und kann sich als solche auf ihre Religionsfreiheit berufen. Zugleich tritt sie als Vertreterin des Staates auf und ist in dieser Rolle dem Gebot der staatlichen Neutralität verpflichtet.
Um die Religions- und Weltanschauungsfreiheit aller in ihm lebenden Menschen auf gleiche Weise zu respektieren und zu schützen, darf der Staat sich mit keiner bestimmten Religion oder Weltanschauung identifizieren und keine Glaubensgemeinschaft privilegieren.

Im Gegensatz zu laizistischen Gesellschaften, die eine strikte Trennung von Staat und Religion praktizieren, wird die staatliche Neutralität in Deutschland als „offene", „respektierende" oder „übergreifende" Neutralität bezeichnet.[8] Der Staat muss sich

---

6 Siehe dazu z.B. die Argumentation des Verfassungsrechtlers Kirchhof während einer öffentlichen Anhörung des Ausschusses für Jugend, Schule und Sport und des ständigen Ausschusses im baden-württembergischen Landtag. 13. Landtag von Baden-Württemberg, Ausschuss für Jugend, Schule und Sport, 26. Sitzung, Ständiger Ausschuss, 22. Sitzung, 12. März 2004, S. 6.
7 Bundesverfassungsgericht, Urteil vom 24. September 2003, (wie Anmerkung 1), Satz 45.
8 Vgl. Oestreich, Heide: Das Kopftuch als Kippfigur. In: Haug, Frigga u. Katrin Reimer (Hrsg.): Politik ums Kopftuch. Hamburg 2005, S. 43.

demnach weltanschaulich-religiöser Bezüge nicht vollkommen enthalten, vielmehr kommt ihm die Aufgabe zu, „den Raum für die aktive Betätigung der Glaubensüberzeugung und die Verwirklichung der autonomen Persönlichkeit auf weltanschaulich-religiösem Gebiet zu sichern".[9] Für Beamte, die den Staat repräsentieren und seine Aufgaben wahrnehmen, ergibt sich aus der Neutralitätsverpflichtung ein Gebot der Mäßigung in religiös-weltanschaulichen Fragen.

Das Bundesverfassungsgericht hat in seinem Kopftuchurteil darauf hingewiesen, dass es angesichts der zunehmenden kulturellen und religiösen Pluralität in der Gesellschaft durchaus möglich wäre, das Neutralitätsgebot zu verschärfen und die positive Religionsfreiheit von Lehrkräften einzuschränken. Verfassungsgemäß wäre dies jedoch nur, wenn Anhänger aller Glaubensrichtungen und ihre Symbole gleich behandelt würden.[10]

Der für die Kopftuchdebatte zentrale Aspekt der Gleichbehandlung und Nichtdiskriminierung spielt in einer weiteren Bestimmung der Verfassung eine wesentliche Rolle: in Art. 33, der den Zugang zu öffentlichen Ämtern regelt. Demnach hat „(j)eder Deutsche [...] nach seiner Eignung, Befähigung und fachlichen Leistung gleichen Zugang zu jedem öffentlichen Amte .(Abs. 2) Der Genuß bürgerlicher und staatsbürgerlicher Rechte, die Zulassung zu öffentlichen Ämtern sowie die im öffentlichen Dienst erworbenen Rechte sind unabhängig von dem religiösen Bekenntnis. Niemandem darf aus seiner Zugehörigkeit oder Nichtzugehörigkeit zu einem Bekenntnis oder einer Weltanschauung ein Nachteil erwachsen." (Abs. 3)

Menschenrechtliche Ebene

Wenige Monate nach dem Urteil des Bundesverfassungsgerichtes legte das Deutsche Institut für Menschenrechte in Berlin ein Positionspapier zum Kopftuchstreit[11] vor, in dem der wissenschaftliche Direktor des Institutes, Heiner Bielefeldt, Stellung zu der aktuellen Debatte bezog. Seine Gedanken sollen im Folgenden als Beispiel dafür angeführt werden, zu welchen Schlussfolgerungen man kommen kann, wenn man sich der Kopftuchfrage aus einer menschenrechtlichen Perspektive nähert. **(M 1; M 2)**

Dreh- und Angelpunkt in Bielefeldts Argumentation ist das Prinzip der Unteilbarkeit der Menschenrechte. Menschenrechte beziehen sich auf verschiedenste Bereiche des menschlichen Lebens und Zusammenlebens. Sie stellen Reaktionen auf

---

9 Bundesverfassungsgericht, Urteil vom 24. September 2003, (wie Anmerkung 1), Satz 43.
10 Bundesverfassungsgericht, ebenda, Satz 39.
11 Bielefeldt, Heiner: Zur aktuellen Kopftuchdebatte in Deutschland. Anmerkungen aus der Perspektive der Menschenrechte. Policy Paper No. 5, Deutsches Institut für Menschenrechte. Berlin 2004.

unterschiedlichste historische Erfahrungen von Unrecht und Gewalt dar. Was sie eint, ist der ihnen zugrundeliegende Anspruch, die menschliche Würde zu schützen, indem sie Bedingungen benennen, die allen Menschen ein menschenwürdiges Leben ermöglichen sollen. Diesem Anspruch können sie jedoch nur in ihrer Gesamtheit gerecht werden. Im Text Bielefeldts ist die Rede von einem *„systematischen Zusammenhang, aus dem man einzelne Elemente nicht ohne Schaden für das Gesamtanliegen der Menschenrechte herausbrechen kann."*[12] Treten mehrere Menschenrechte in einen Widerspruch zu einander, so kann und darf demnach nicht ein einzelnes den anderen gegenüber vorgezogen werden, sondern gilt es „einen Ausgleich zu schaffen, der alle im Streit befindlichen Ansprüche im Rahmen des Möglichen maximal zu Geltung bringt."[13] Zu den menschenrechtlichen Normen, die im Falle des Kopftuchstreites in ein Spannungsverhältnis zu der positiven Religionsfreiheit der Lehrerin treten *können*, zählt Bielefeldt neben der negativen Religionsfreiheit der Schüler und dem Erziehungsrecht der Eltern die Gleichberechtigung von Männern und Frauen. Dieses „können" berührt im Rahmen der menschenrechtlichen Perspektive auf die Kopftuchdebatte einen zentralen Nerv. Denn selbst ein graduelles Antasten des an sich unantastbaren Rechtsgutes der Religionsfreiheit im Sinne einer Abwägung mit anderen Ansprüchen ist menschenrechtlich erst und nur dann vertretbar, wenn ein Konflikt auch tatsächlich vorliegt: „Maßnahmen, die bereits weit im Vorfeld einer tatsächlichen Konfliktsituation gleichsam präventive Einschränkungen vorsehen, wären hingegen mit der menschenrechtlichen Bedeutung der Religionsfreiheit nicht vereinbar."[14]

Ob ein Normenkonflikt tatsächlich vorliegt oder nicht, so Bielefeldt weiter, ist von empirischen Kenntnissen und konkreten Einschätzungen abhängig.

Bezüglich eines möglichen Konfliktes zwischen Religionsfreiheit und Geschlechtergleichberechtigung ist dabei vor allem die Frage nach der (Be-)Deutung des Kopftuches von Relevanz. Mit dem Verweis auf eine Reihe von wissenschaftlichen Studien wird die Vieldeutigkeit des Kopftuches und der Motive seiner Trägerinnen herausgestellt. Eine allgemeine Gleichsetzung des Kopftuches mit einer Unterdrückung von Frauen und einer antidemokratischen, verfassungsfeindlichen Haltung ist demnach nicht haltbar:

> *„Eine solche Position wäre sachlich nicht gerechtfertigt und liefe im Ergebnis auf eine Beeinträchtigung der Religionsfreiheit der Lehrerin hinaus. Gerade die Vieldeutigkeit des Kopftuchs spricht deshalb gegen ein generelles Kopftuchverbot für Lehrerinnen im Dienst und für das Bemühen um angemessene Konfliktlösungen im Einzelfall."*[15]

---

12 Bielefeldt, Zur aktuellen Kopftuchdebatte, (wie Anmerkung 11), S. 6; Hervorhebung im Original.
13 Bielefeldt, ebenda, S. 7.
14 Bielefeldt, ebenda, S. 8.
15 Bielefeldt, ebenda, S. 9.

Auch die Frage, ob das Tragen eines Kopftuches im Sinne der positiven Religionsfreiheit der Lehrerin tatsächlich mit der negativen Religionsfreiheit der Schülerinnen und Schüler und dem Erziehungsrecht der Eltern konfligiert, ist nicht unabhängig vom konkreten Fall zu beantworten. Sollten sich konkrete Hinweise auf eine Verletzung der menschenrechtlich geschützten negativen Religionsfreiheit der Lernenden und/oder des Erziehungsrechtes der Eltern ergeben, müsste zwischen den menschenrechtlichen Ansprüchen aller Beteiligten sorgsam abgewogen werden. Ein solches Abwägen kann auch ein Verbot des Kopftuches zur Folge haben. „Staatliche Maßnahmen, die im Namen der negativen Religionsfreiheit beziehungsweise des Elternrechtes das Kopftuch für Lehrerinnen im Vorfeld eines tatsächlichen Konfliktes gleichsam präventiv verbieten, verkürzen die positive Religionsfreiheit – und schwächen das Menschenrecht der Religionsfreiheit insgesamt."[16]

Aus der Achtung vor diesem Menschenrecht ergibt sich die staatliche Verpflichtung zur Neutralität in religiösen und weltanschaulichen Fragen. Jüngste Entwicklungen in der Interpretation und Auslegung des Neutralitätsprinzips in der deutschen Einwanderungsgesellschaft veranlassen Heiner Bielefeldt dazu, sich diesem in seiner im Frühjahr 2007 erschienenen Publikation „Menschenrechte in der Einwanderungsgesellschaft. Plädoyer für einen aufgeklärten Multikulturalismus"[17] (Bielefeldt 2007) verstärkt zu widmen. Er unterstreicht dabei zunächst, dass das Menschenrecht der Glaubens-, Bekenntnis- und Weltanschauungsfreiheit allen Menschen in gleichem Maße zukommt: „Die Religions- und Weltanschauungsfreiheit trägt, wie dies für alle Menschenrechte gilt, den Anspruch der diskriminierungsfreien Gewährleistung in sich. Sie steht allen Menschen – den Angehörigen territorialer Mehrheitsreligionen oder Minderheiten, den Gläubigen traditioneller wie neuer Religionen und Weltanschauungen - gleichermaßen zu."[18] Für den Staat ergibt sich daraus das Gebot der Nicht-Identifizierung. Will er keinen Gläubigen, keine Weltanschauungsgemeinschaft diskriminieren, darf er sich nicht identifizieren. Die Nicht-Identifizierung ist für Bielefeldt „zugleich Ausdruck des Respekts vor der Freiheit der Menschen, die sich in Fragen von Religion und Selbstanschauung selbst orientieren. Insofern lässt sich der menschenrechtliche Sinn des Neutralitätsprinzips mit dem Begriff der „respektvollen Nicht-Identifikation" umschreiben. Es ist ein unverzichtbares liberales Fairnessprinzip für den Umgang mit religiöser und weltanschaulicher Vielfalt."[19]

---

16 Bielefeldt, ebenda, S. 9.
17 Bielefeldt, Heiner: Menschenrechte in der Einwanderungsgesellschaft. Plädoyer für einen aufgeklärten Multikulturalismus. Bielefeld 2007.
18 Bielefeldt, Menschenrechte in der Einwanderungsgesellschaft, (wie Anmerkung 17), S. 78.
19 Bielefeldt, ebenda, S. 78f.

Bielefeldt zieht für den Kopftuchstreit folgende Schlussfolgerungen. Eine Privilegierung christlicher Symbole in staatlichen Schulen sieht er als mit der Neutralitätspflicht nicht vereinbar an. Gleichzeitig ist eine vollständige Entfernung aller religiösen Zeichen und Symbole aus Schulgebäuden und Klassenräumen keinesfalls dringend notwendig. Eine Reaktion der „Purifizierung des Schullebens von religiösen beziehungsweise weltanschaulichen Bekenntnissen und Symbolen"[20] betrachtet Bielefeldt vor dem Hintergrund der Begründung der Neutralitätspflicht vielmehr als paradox. Pädagoginnen und Pädagogen verpflichtet die staatliche Neutralität zu einem vorsichtigen und behutsamen Umgang mit weltanschaulichen und religiösen Fragen. Persönliche Überzeugungen gänzlich zu verstecken kann und muss hingegen von ihnen nicht verlangt werden und wäre für ihn mit dem besonderen Charakter pädagogischer Tätigkeit auch schwerlich vereinbar.

Auch in dieser Hinsicht scheint es geboten, im konkreten Konfliktfall auf Basis des konkreten Verhaltens der jeweils betroffenen Lehrkraft zu urteilen und zu entscheiden, inwiefern dieses Verhalten mit der Neutralitätspflicht der staatlichen Institution Schule zu vereinbaren ist.

Einzelfallentscheidungen sind aufwendige Verfahren; für den Direktor des Deutschen Instituts für Menschenrechte spricht „[d]as hohe Gut, das die Menschenrechte darstellen, [...] gleichwohl dafür, diesen Weg zu beschreiten und von pauschalen Verboten in der Kopftuchfrage abzusehen."[21]

Politische Ebene

Wie schätzen dies Politikerinnen und Politiker ein? Durch das Urteil des Bundesverfassungsgerichtes wurde der Austragungsort des Kopftuchstreites in die Arena der Politik (zurück-)verlagert. Das Kopftuch wurde zum Gegenstand unzähliger Fraktions-, Ausschuss- und Plenarsitzungen in Länderparlamenten, wo man nach mühevollen Auseinandersetzungen schließlich über Änderungen in der Schulgesetzgebung entschieden hat.

Derzeit ist das Tragen eines Kopftuches in acht von 16 Bundesländern gesetzlich verboten. Es handelt sich um Bayern, Baden-Württemberg, Bremen, Berlin, Hessen, Niedersachsen, Nordrhein-Westfalen und das Saarland. Bei den gesetzlichen Verboten sind unterschiedliche Vorgehensweisen voneinander zu unterscheiden. Während etwa Berlin religiöse Symbole aller Glaubensgemeinschaften in der Schule grundsätzlich verbietet, werden in anderen Bundesländern

---

20 Bielefeldt, Zur aktuellen Kopftuchdebatte, (wie Anmerkung 11), S. 10.
21 Bielefeldt, ebenda, S. 11.

christliche Symbole als Ausdruck traditioneller Bildungs- und Kulturwerte von diesem Verbot ausgenommen.

Am Beispiel Baden-Württembergs soll im Folgenden aufgezeigt werden, mit welchen Argumenten und unter welchen Perspektiven der Streit um kopftuchtragende Lehrerinnen im Rahmen parlamentarischer Auseinandersetzungen geführt wurde. Als Materialgrundlage, die auch für den Einsatz im Schulunterricht interessant sein dürfte, dienen dazu Protokolle von Plenar- und Ausschusssitzungen.[22] (**M 3**)

Baden-Württemberg nimmt unter den Bundesländern im Kopftuchstreit einerseits eine Sonderrolle ein. Durch den Fall Ludin wird er hier schon wesentlich länger als in vielen anderen Ländern politisch diskutiert, und hierher kehrte die politische Auseinandersetzung auch als erstes zurück. Da das Bundesverwaltungsgericht, an das der Fall durch das Bundesverfassungsgericht zurückverwiesen wurde, bereits für den Sommer 2004 eine Entscheidung angekündigte hatte, musste die eingeforderte gesetzliche Grundlage für ein Verbot des Kopftuches schnell geschaffen werden. Eine Sonderstellung kommt dem Land auch hinsichtlich des starken Einflusses der christlichen Religion und dabei insbesondere des Katholizismus auf Politik und Gesellschaft zu.

Zugleich zeigen sich jedoch sowohl in der konkreten gesetzlichen Ausgestaltung des Kopftuchverbotes als auch in der Art und Weise, wie darüber diskutiert wird, zahlreiche Parallelen zu anderen Bundesländern.

Im Frühjahr 2004 mussten die Abgeordneten des baden-württembergischen Landtages über zwei Gesetzesentwürfe entscheiden, die eine Neubestimmung des zulässigen Maßes religiöser und weltanschaulicher Bezüge in staatlichen Schulen zum Ziel hatten.

Der Vorschlag der damaligen Landesregierung[23] sah vor, Lehrerinnen und Lehrern jegliche äußerlichen Bekundungen, seien sie religiöser, weltanschaulicher Natur zu verbieten, die als Widerspruch zu den Werten der Verfassung verstanden werden könnten und dazu geeignet seien, den Schulfrieden zu stören oder die staatliche Neutralität zu gefährden. Ausdrücklich davon ausgenommen wurde die „Darstellung christlicher und abendländischer Bildungs- und Kulturwerte oder Traditionen"[24]. Diese entsprächen dem staatlichen Erziehungsauftrag, wie er in der Verfassung des Bundeslandes definiert sei. Darüber hinaus enthielt der Entwurf Bestimmungen für die Ernennung von Lehramtsbewerbern, wonach diese „als persönliches Eignungsmerkmal voraus[setzt], dass er [der Bewerber, K.G.] die Gewähr für die Einhaltung des Abs. 2 in seiner gesamten voraussichtlichen Dienstzeit bietet."[25]

---

22 Protokolle aller Sitzungen sind über die Homepage des Landtages www.landtag-bw.de abrufbar.
23 13. Landtag von Baden-Württemberg: Gesetzentwurf der Landesregierung, Gesetzentwurf zur Änderung des Schulgesetzes, Drucksache 13/2793, 14.1.2004, Stuttgart 2004.
24 13. Landtag von Baden-Württemberg, Gesetzentwurf der Landesregierung, (wie Anmerkung 23), S. 3.
25 13. Landtag von Baden-Württemberg, Gesetzentwurf der Landesregierung (wie Anmerkung 23), S. 3.

In der Begründung zum Gesetzentwurf heißt es, man wolle durch die Änderung des Schulgesetzes verhindern, dass „aus Anlass oder gar unter dem Vorwand religiöser Motivation"[26] eine Lehrkraft verfassungsfeindliche Einstellungen vermittelt. Mit dem Verweis auf „eine mindere Stellung der Frau in Gesellschaft, Staat und Familie" sowie eine „fundamentalistische Stellungnahme für ein theokratisches Staatswesen"[27], die zumindest von einem Teil der Muslime, die das Kopftuch befürworteten, mit ihm verbunden würde, wird das Kopftuch in diesem Zusammenhang ausdrücklich als „unzulässig" qualifiziert.

Die Ausnahme christlicher Bezüge aus der Verbotsregelung wird mit dem Verweis auf Ausführungen im Kopftuchurteil des Bundesverfassungsgerichtes gerechtfertigt, wonach gesetzliche Regelungen der Länder „Schultraditionen, die konfessionelle Zusammensetzung der Bevölkerung und ihre mehr oder weniger starke religiöse Verwurzelung berücksichtigen"[28] dürfen.

Der zweite Gesetzesentwurf, über den es im baden-württembergischen Landtag zu beraten galt, wurde von der Fraktion der Grünen[29] eingereicht.

Ausgehend von dem Grundsatz, dass die Pluralität religiöser und weltanschaulicher Überzeugungen aus der Schule nicht verbannt werden, sondern in ihr Ausdruck finden solle, werden entsprechende Bekundungen durch Lehrkräfte hier nur unter den Vorbehalt gestellt, dass sie „in angemessener, nicht provokativer Form zu geschehen [haben], die die offene religiös-weltanschauliche Neutralität des Landes in der Schule wahrt."[30] An dem Eintreten der Lehrerinnen und Lehrer für das Grundgesetz dürfe durch die Bekundungen religiöser und/oder weltanschaulicher Überzeugungen kein Zweifel entstehen. Für den Fall einer Gefährdung des Schulfriedens durch Bekundungen einer Lehrkraft sieht der Gesetzentwurf im vierten Absatz eine Regelung des Konfliktes vor Ort, und zwar durch ein mehrstufiges Verfahren unter Beteiligung der Schulkonferenz vor. Dabei könne im Einzelfall auch ein Verbot der entsprechenden Bekundung beschlossen werden. Ein generelles Verbot mit dem Ziel einer Abwehr abstrakter Gefahren wird von den Autoren des Entwurfes ausdrücklich abgelehnt. Dazu heißt es in der Begründung u.a.: „Symbolische Zeichen und sonstige Bekundungen wirken nicht allein aus sich heraus, sondern in Verbindung mit der Person, die sie trägt bzw. von der sie ausgehen. Abstrakte Zuschreibungen politischer Dimensionen an ein bestimmtes Symbol oder Zeichen lassen sich so in deren konkretem Wirkungsfeld durch das Verhalten der Lehrkraft ausräumen oder gar widerlegen."[31]

---

26 13. Landtag von Baden-Württemberg, Gesetzentwurf der Landesregierung (wie Anmerkung 23), S. 7.
27 13. Landtag von Baden-Württemberg, Gesetzentwurf der Landesregierung, (wie Anmerkung 23), ebenda.
28 Bundesverfassungsgericht, Urteil vom 24. September 2004, (wie Anmerkung 1), Satz 47.
29 13. Landtag von Baden-Württemberg, Gesetzentwurf der Fraktion GRÜNE, Gesetz zur Änderung des Schulgesetzes, Drucksache 13/2837, 27.1.2004, Stuttgart 2004.
30 13. Landtag von Baden-Württemberg, Gesetzentwurf der Fraktion GRÜNE, (wie Anmerkung 29), S. 2.
31 13. Landtag von Baden-Württemberg, Gesetzentwurf der Fraktion GRÜNE, (wie Anmerkung 29), S. 5.

Die darauf folgende politische Auseinandersetzung über das Kopftuchverbot im Landtag Baden-Württembergs wird von vielen Rednern unter die Vorzeichen einer Abwehr des Islamismus gestellt. Für eine Mehrheit der sich zu Wort meldenden Abgeordneten ist das Kopftuch ein Instrument des islamischen Fundamentalismus und somit einer Bewegung, deren Haltungen und Ziele in einem Widerspruch zu den Werten des Grundgesetzes stehen. Immer wieder wird das Kopftuch dabei in eine enge, scheinbar unauflösbare Verbindung mit einer systematischen Unterdrückung der Frau in islamischen Gesellschaften gebracht. Zugleich wird vor den missionarischen Absichten der Fundamentalisten gewarnt:

> *„Der Zwang zur Verhüllung, dem Millionen muslimischer Frauen ausgesetzt sind, das Züchtigungsrecht des Ehemannes und das Recht, die Ehefrau zu verstoßen, sind für islamistische Fanatiker erstrebenswerte Ziele ihres missionarischen Tuns auch bei uns."*[32] *(Wintruff, SPD)*[33]

Der Entscheidung über ein Kopftuchverbot für Lehrerinnen an baden-württembergischen Schulen wird eine Signalwirkung zugewiesen. Verwiesen wird dabei auf eine weltweit ausgetragene Auseinandersetzung, einen innerislamischen Streit über die Auslegung des Korans, in der sich eine fundamentalistische Position und eine gemäßigte, mit westlichen Werten zu vereinbarende gegenüberstehen.

> *„Das sind sehr tief gehende und sehr militante Auseinandersetzungen, bei denen leider sehr viel Blut fließt. Wir dürfen in eine solche Situation der Auseinandersetzung hinein keine falschen Zeichen setzen"* (zitiert von Schavan, CDU)[34]

Die damalige baden-württembergische Kultusministerin Schavan sieht in einem Verbot des Kopftuches das notwendige Signal einer wehrhaften Demokratie, die sich gegenüber einem sich ausbreitenden Islamismus zu behaupten weiß.

Ein Signal wollen die Landtagsabgeordneten auch in *integrationspolitischer* Hinsicht leisten. In den Redebeiträgen taucht der Integrationsbegriff an zahlreichen Stellen auf; ein Austausch darüber, wie dieser Begriff und die mit ihm einher gehende politische Zielvorstellung zu konkretisieren und füllen sei, findet dabei unter den Parlamentariern nicht statt.

Zu den zentralen Fragen, die von den Abgeordneten diskutiert werden, gehört die nach den Auswirkungen, die eine Erlaubnis des Kopftuches für Lehrerinnen auf allgemeine Integrationsbemühungen habe. Von vielen wird eine Konterkarierung dieser Anstrengungen gefürchtet, zu denen etwa der Versuch gezählt wird, Eltern davon zu überzeugen, ihre Kinder an Klassenfahrten und Schwimmunterricht

---

[32] 13. Landtag von Baden-Württemberg, Protokoll der 62. Sitzung vom 4. Februar 2004, Stuttgart 2004, S. 4394.
[33] Angegeben wird hier wie im Folgenden der Name der/des Abgeordneten und seine/ihre Fraktion.
[34] 13. Landtag von Baden-Württemberg, Protokoll, (wie Anmerkung 32), S. 4387.

teilnehmen zu lassen. Ein Kopftuchverbot wird auch insofern als ein Beitrag zur Integration gewertet, als man Schülerinnen in ihrer Entscheidung gegen die Kopfbedeckung damit unterstütze. Angesichts der Vorbildfunktion, die den Lehrkräften zukommt, wird eine Kopftuch tragende Lehrerin hingegen als „falsches Signal" (Wintruff, SPD, 4395) interpretiert.

Der SPD-Abgeordnete Birzele spricht einer Lehrerin, die nicht bereit ist, im Unterricht auf das Kopftuch zu verzichten, den Willen und die Befähigung ab, Integrationsarbeit zu fördern.

> *„Lehrerinnen sollten nicht mit dem Kopftuch unterrichten, weil dies nach unserer Überzeugung die Integration gerade der muslimischen Kinder - und um die geht es hier insbesondere – in unserer Gesellschaft nicht fördert, sondern erschwert."*[35] *(Birzele, SPD)*

Insbesondere von den Abgeordneten der SPD wird die Frage des Kopftuches in einen größeren Kontext der religionsbezogenen Integrationspolitik gestellt und die Forderung nach der Einführung eines islamischen Religionsunterrichtes an baden-württembergischen Schulen erhoben. Eine Forderung, auf die laut Plenarprotokoll seitens der Mehrheitsfraktion des Landtages, der CDU, mit Lachen reagiert wird. Die Befürworter eines islamischen Religionsunterrichtes sehen hierin vor allem die Möglichkeit, den Einfluss der Koranschulen einzudämmen. Solange muslimische Schülerinnen und Schüler an der Schule nicht im Islam unterrichtet würden, seien sie auf seiten des Staates schwer zu kontrollierenden Schulen angewiesen. Mit einem ganz ähnlich lautenden Argument warnt der Fraktionsvorsitzende der Grünen davor, religiöse Ansprüche aus der Schule zu verbannen:

> *„Wir finden sie dann an anderer Stelle der Gesellschaft wieder, an der wir sie allerdings viel schwerer behandeln können [...] nämlich [...] in Parallelgesellschaften, in Koranschulen und ich weiß nicht wo."*[36] *(Kretschmann, Grüne)*

Kretschmann äußert sich optimistisch über die integrative Wirkung der gesellschaftlichen Institution Schule und sieht in ihr einen Ort, der „[...] zum Beispiel die Zunahme des Einflusses des Islamismus eindämmen kann."[37]

Das „wirkliche Problem", das dem Streben nach Integration entgegenstehe, sieht er nicht in einer Kopftuch tragenden Lehrerin, sondern bei denjenigen muslimischen Mädchen, die zum Tragen des Tuches gezwungen werden, nicht mehr am Sportunterricht teilnehmen dürfen, also „nicht mit dem Ziel in die Schule geschickt werden,

---

35 13. Landtag von Baden-Württemberg, Protokoll, (wie Anmerkung 32), S. 4402.
36 13. Landtag von Baden-Württemberg, Protokoll, (wie Anmerkung 32), S. 4406.
37 13. Landtag von Baden-Württemberg, Protokoll, (wie Anmerkung 32), ebenda.

sich dort zu integrieren, sondern mit dem Ziel, außerhalb unserer Gesellschaft zu bleiben."[38]

Die politische Diskussion über das Kopftuch ist eine Debatte über ‚Leitkultur', selbst wenn sich keiner der baden-württembergischen Abgeordneten in seinem Redebeitrag explizit auf den Begriff bezieht. Dabei kreist die Auseinandersetzung in erster Linie um die christliche Religion und ihren Stellenwert. Die Grünen sehen im Gesetzesentwurf der Landesregierung durch den Rekurs auf traditionelle Bildungs- und Kulturwerte eine eindeutige Privilegierung des Christentums, die sie angesichts des Gebotes einer strikten Gleichbehandlung aller Religionsgemeinschaften für verfassungswidrig halten. In der Zurückweisung dieses Vorwurfes zeigt sich eine große Geschlossenheit zwischen allen anderen Parteien. Beispielhaft ist in diesem Zusammenhang der Redebeitrag des CDU-Abgeordneten Reinhardt:

> *„Die Vorschrift, die im Gesetzesentwurf steht, bevorzugt [...] keine Religion, sondern sie bewahrt die jahrhundertealten Traditionen des Landes. Damit identifiziert sie sich nicht mit einer bestimmten Weltanschauung, sondern bewahrt seine eigene historisch gewachsene Identität."[39] (Reinhardt, CDU)*

Zeichen des christlichen Glaubens, etwa die Ordenstracht der Nonnen, werden demnach nicht als Ausdruck einer persönlichen religiösen Überzeugung gewertet, sondern als „als traditionelles Bild des Landes". Wiederholt wird in der Diskussion auf die „überragende Prägkraft"[40] (Schavan, CDU) der christlichen Religion und der Werte, für die sie stehe, verwiesen.

> *„Anders als das Kopftuch gehört das Kreuz zum abendländischen Kulturkreis, zu unserer Tradition (Abg. Kleinmann FDP/DVP: Richtig!) und hat dort einen hohen Rang als religiöses Zeugnis für Nächstenliebe, Toleranz und Wahrung der unantastbaren Menschenwürde." (Beifall bei der SPD, der CDU und der FDP/DVP)[41] (Wintruff, SPD)*

Der Abgeordnete Kleinmann, der hier lautstark seine Zustimmung zu den Äußerungen seines Vorredners bekundet, nimmt diese Gedanken in seinem Redebeitrag wieder auf: „Wir sind eine Gesellschaft, die vom Abendland und von den christlichen Werten geprägt ist. Es wäre eine Sünde an unseren Kindern, wenn wir ihnen diese Werteorientierung nicht weitergäben."[42] (Kleinmann, FDP/DVP)

---

38   13. Landtag von Baden-Württemberg, Protokoll, (wie Anmerkung 32), ebenda.
39   13. Landtag von Baden-Württemberg, Protokoll, (wie Anmerkung 32), S. 4399.
40   13. Landtag von Baden-Württemberg, Protokoll, (wie Anmerkung 32), S. 4388.
41   13. Landtag von Baden-Württemberg, Protokoll, (wie Anmerkung 32), S. 4395.
42   13. Landtag von Baden-Württemberg, Protokoll, (wie Anmerkung 32), S. 4397.

In ihrer Diskussion um das grundsätzliche Verhältnis zwischen Staat und Religion sind sich die baden-württembergischen Abgeordneten weitgehend einig in der Ablehnung eines laizistischen Modells als Antwort auf die zunehmenden religiöse Vielfalt. Anders als in anderen Bundesländern wurde diese Position auch von einer Mehrheit der Mitglieder der grünen Fraktion vertreten. So lautet dann auch ein zentraler Kritikpunkt der Grünen am Gesetzentwurf der Landesregierung, dass dieser, wenn man das Gebot der Gleichbehandlung ernst nehme, nur auf das Verbot aller religiösen Bekundungen hinauslaufen könne und damit einen großen Schritt in Richtung Laizismus bedeute. Die Reaktion auf diesen Vorwurf ließ nicht lange auf sich warten. Keine religionsfreie Schule wolle man; ausgeschlossen werden sollten lediglich politische Äußerungen, die nicht mit den Werten der Verfassung zu vereinbaren seien. Das Kopftuch stehe eben, anders als das Kreuz, nicht nur für Religion, sondern auch für Politik und insbesondere in einer zunehmend pluralistischen Gesellschaft käme es darauf an, eindeutig zwischen Politik und Religion zu unterscheiden.

> *„Wir wollen keinen laizistischen Staat [...]. Die christlich-abendländischen Werte, auf denen unsere Gesellschaft basiert, müssen an unseren Schulen auch weiterhin einen Platz haben."*[43] *(Wacker, CDU)*

Religiös-weltanschauliche Werte gehören in die Schule – allerdings nur, wenn es sich um christlich-abendländische handelt, die als Landestradition und Fundament der Gesellschaft begriffen werden. Diese Position des CDU-Abgeordneten Wacker ist in der politischen Auseinandersetzung häufig zu vernehmen.

In seiner Sitzung vom 1. April 2004 entscheidet der baden-württembergische Landtag schließlich über die beiden Gesetzesentwürfe. Während der Entwurf der Grünen abgelehnt wird, stimmt eine große Mehrheit der Abgeordneten dem Gesetzentwurf der Landesregierung zu.

Muslimische Lehrerinnen, die in Baden-Württemberg zu diesem Zeitpunkt mit einem Kopftuch unterrichten, erhalten in den darauf folgenden Monaten Bescheide, in denen sie von der zuständigen Landesbehörde zum Ablegen des Tuches aufgefordert werden.

Damit beginnt ein neues Kapitel der juristischen Auseinandersetzung. Mit dem Hinweis auf eine Ordensschwester, die an einer Baden-Badener Schule in Nonnentracht unterrichtet, und unter Bezugnahme auf den Gleichheitsgrundsatz aller Religionen klagt eine muslimische Lehrerin beim Verwaltungsgericht Stuttgart gegen ihren Bescheid. Das Gericht gibt ihr Recht und begründet seine Entscheidung damit,

---

[43] 13. Landtag von Baden-Württemberg, Protokoll, (wie Anmerkung 32), S. 4393.

dass das neue Schulgesetz rechts- und verfassungskonform umgesetzt werden müsse. Solange es einer Nonne erlaubt bleibe, in Nonnentracht zu unterrichten, müsse den muslimischen Lehrerinnen das Tragen des Kopftuches erlaubt werden. Im Frühjahr 2008 hebt der Verwaltungsgerichtshof Baden-Württemberg diese Entscheidung auf. Die Klägerin hat nun die Möglichkeit, beim Bundesverwaltungsgericht Beschwerde gegen das Urteil einzulegen. Ein Ende des Streites scheint noch nicht in Sicht.

Sozial-kulturelle Ebene

Der Kopftuchstreit wurde und wird nicht nur in Gerichtssälen und Landtagen geführt, er beschäftigt keineswegs allein Politiker und Juristen. Vielmehr hat sich im Laufe der Jahre unter Beteiligung verschiedenster Akteure eine breite öffentliche Debatte entwickelt.

In einer emotional immer wieder höchst aufgeladenen Atmosphäre wird über den Umgang mit religiöser Vielfalt, das Verhältnis von Staat und Religion, fundamentalistische Bedrohungen, über Integration und die Gleichberechtigung der Geschlechter gestritten.

Am Beispiel der beiden zuletzt genannten Themenfelder steht im Folgenden die sozial-kulturelle Dimension der Kopftuchfrage im Mittelpunkt. (**M 4, M 5, M 6, M 7, M 8**)

Im Januar 2004 folgten etwa 3000 Menschen einem Aufruf der „Initiative Berliner Muslime" und beteiligten sich in der Hauptstadt an einer Demonstration gegen das Kopftuchverbot. Wie bei Demonstrationen üblich, wurde eine Vielzahl von Flugblättern unter den Anwesenden verteilt. Darunter befand sich auch der Flyer einer Gruppe muslimischer Schülerinnen und Studentinnen, der „Initiative für Toleranz, Akzeptanz und gegenseitigen Respekt".

> *„[...] Zur Zeit wird viel über die Frauen gesprochen, die ein Kopftuch tragen, aber nicht mit ihnen [...]. Warum tragen muslimische Frauen überhaupt ein Kopftuch? [....] Das Tragen des Kopftuches hilft uns zu vermeiden, dass wir auf unser äußeres Erscheinungsbild reduziert werden. Deshalb betrachten wir es gerade nicht als Zeichen der Unterordnung gegenüber dem Mann, sondern als ein Mittel, um ein respektvolles Verhältnis zwischen Mann und Frau zu fördern. [...] Wir treten ein für eine pluralistische, demokratische Gesellschaft und für die Selbstbestimmung der Frau. Zur Selbstbestimmung gehört auch, dass muslimische Frauen das Recht haben müssen, sich gegen, aber eben auch für das Kopftuch entscheiden zu können. [...] Was bedeutet für eine muslimische Frau ein Kopftuchverbot im öffentlichen*

Dienst? Unsere Integration ist gefährdet, da unser Recht auf freie Berufswahl stark eingeschränkt wird. Wir werden an den Rand der Gesellschaft gedrängt! [...] Wir wünschen uns die Chance, gleichberechtigte Mitglieder dieser Gesellschaft zu werden! Dazu möchten wir durch die Ausübung eines frei gewählten Berufes aktiv beitragen!"[44]

Die jungen Frauen fordern mit ihrem Flugblatt nun die Aufmerksamkeit ein, die ihnen seit Jahren verwehrt geblieben ist. **(M 6)** Nahezu alle Beobachter der Auseinandersetzung sind sich in diesem Urteil einig: Die Kopftuchdebatte wurde in der Bundesrepublik ganz überwiegend ohne die Beteiligung derer geführt, um die es eigentlich gehen soll.

Was heißt Emanzipation und wie äußert sie sich? Was fördert ein selbstbestimmtes Leben von Frauen? Was bedeutet Integration? Und wie verhält sich das Kopftuch einer Muslima zu diesen Fragen?

Die Antworten der Initiative lauten in vielerlei Hinsicht anders als die in der öffentlichen Debatte häufig dominanten Positionen. **(M 7; M 8)** Hier wird kein Bild eines unausweichlichen Widerspruchs zwischen Emanzipation und Integration einerseits und dem Kopftuch andererseits gezeichnet. Im Gegenteil: Beides gehört für die Autorinnen des Flyers ganz offensichtlich zusammen. Wer ihren Text liest, gewinnt den Eindruck von selbstbewussten jungen Frauen, die ihren Platz in der Mitte dieser Gesellschaft sehen, deren Werten sie sich verbunden und verpflichtet fühlen.

Dieser Eindruck wird durch wissenschaftliche Studien vielfach bestätigt. In einer Reihe von Forschungsarbeiten über die zweite Generation von Muslimas in Deutschland zeigt sich eine Herausbildung neuer Konzepte von Islam, Geschlechterbeziehungen und Integration. Die Sozialwissenschaftlerin Elise Pape[45] (2005) beschreibt dies in ihrer Zusammenschau aktueller Forschungsergebnisse[46] als Position oder Ausdrucksweise eines *„dritten Stuhls"*. Das heißt, dass die jungen Muslima sich selbst nicht als ‚zwischen den Stühlen von Herkunfts- und Aufnahmegesellschaft hin- und hergerissen' geschweige denn ‚zerrissen' verstehen, sondern eine eigene Position einnehmen. Diese Position ist von beiden Gesellschaften beeinflusst, nimmt aus beiden Elemente auf und grenzt sich doch beiden gegenüber selbstbewusst ab.

---

44 Initiative für Toleranz, Akzeptanz und gegenseitigen Respekt: Muslimische Frauen zur Kopftuchdebatte. In: Haug, Frigga u. Katrin Reimer (Hrsg.), Politik, (wie Anmerkung 8), S. 13-14, hier S. 14.

45 Pape, Elise: Das Kopftuch von Frauen der zweiten Einwanderergeneration. Ein Vergleich zwischen Frankreich und Deutschland. Aachen 2005.

46 Die folgenden Ausführungen zitieren, wenn nicht anders vermerkt, diesen Überblick, den Pape den Ergebnissen ihrer eigenen Forschung über „Das Kopftuch von Frauen der zweiten Einwanderergeneration. Ein Vergleich zwischen Frankfurt und Deutschland" voranstellt. Sie bezieht sich dabei in Bezug auf Deutschland vor allem auf Forschungen von Yasemin Karakaşoğlu und Sigrid Nökel.

So entwickeln die Frauen eine neue Form des Islams, die einerseits deutlich von der traditionellen Form der Religionsausübung der Eltern abweicht, zugleich aber ein Verständnis von Religion und (religiöser) Identität zum Ausdruck bringt, das sich von dem dominanten der Mehrheitsgesellschaft unterscheidet. Vielfach wird dies mit der Art des Kopftuches in Verbindung gebracht, das von jungen Muslimas getragen wird. Junge Frauen mit türkischem Migrationshintergrund ersetzen zum Beispiel das Kopftuch, das die Generation ihrer Mütter und Großmütter getragen hat, durch einen so genannten *türban*. Zu den Kennzeichen der neuen Form des Islam gehört ein eher individualistischer Zugang zu der Religion. Die Frauen wollen sich ihren Glauben durch eine eigene Auseinandersetzung mit dem Koran aneignen. Dazu gehört auch, dass sie selbst entscheiden wollen, ob sie eine religiöse Kopfbedeckung tragen oder nicht. Die vorliegenden Forschungsarbeiten sprechen von einer ohne Zwang erfolgten, eigenständigen und selbstbewussten Entscheidung für das Kopftuch.

Anders als in der deutschen Gegenwartsgesellschaft üblich, tragen die jungen Kopftuchträgerinnen ihren Glauben für alle deutlich sichtbar nach Außen. Dies bedeutet jedoch keineswegs, dass sie der säkularen Ordnung der Gesellschaft ablehnend gegenüber stehen würden.

Das Geschlechterbild der ‚neuen Muslima' wird als innovativ und modern beschrieben.

Eine Studie der Konrad-Adenauer-Stiftung aus dem Jahr 2006 attestiert den 315 befragten türkischstämmigen Frauen zwischen 18 und 40 Jahren Ansichten über Rollenverteilung und Geschlechterbeziehungen, die „in hohem Maße [denen] der deutschen Mehrheitsgesellschaft"[47] entsprechen. Auch wenn vielfach Unterschiede zwischen Mann und Frau die Vorstellungen prägen, wird die Gleichberechtigung beider Geschlechter betont.

Von den Emanzipationsidealen bzw. der Emanzipationswirklichkeit der deutschen Gesellschaft setzen sich die Frauen zugleich ab. So verweisen sie teilweise auf neue Formen sexueller Ausbeutung, die auf die sexuelle Befreiung gefolgt seien, und auf die vielschichtigen Formen der Benachteiligung von Frauen auf dem Arbeitsmarkt.

Auch in Bezug auf das Thema Integration vertreten die Frauen der zweiten Generation ein eigenes Konzept. Sie nehmen eine kritische Distanz gegenüber den vielfach als Aufforderung oder gar als Zwang zur Assimilation erfahrenen Positionen der Mehrheitsgesellschaft ein. Zugleich bewegen sie sich sehr viel stärker als viele ihrer Eltern auf diese Gesellschaft zu, verstehen sich als ein selbstverständlicher Teil von ihr und fordern entsprechend einen gleichberechtigten Zugang zu ihren Ressourcen ein.

---

[47] Jessen, Frank u. Ulrich von Wilamowitz-Moellendorff: Das Kopftuch – Entschleierung eines Symbols? Herausgegeben von der Konrad-Adenauer-Stiftung e.V. Zukunftsforum Politik Nr.77. Sankt Augustin 2006.

Die Muslimas teilen die demokratischen Werte der Bundesrepublik; in keiner der vorliegenden Untersuchungen gibt es Hinweise auf einen Zusammenhang zwischen dem Kopftuch und einem Staatsverständnis, das Grundwerten der Verfassung widersprechen würde.[48]

Dass die Menschenrechte von Mädchen und Frauen mit dem Verweis auf eine angebliche Legitimierung durch den Islam immer wieder verletzt werden, dass es Mädchen gibt, die zum Tragen des Kopftuches gezwungen werden, dass Frauen aufgrund ihres Geschlechtes physischer und psychischer Gewalt ausgesetzt sind, ist sicherlich ein trauriger Teil der Realität.

Von der Notwendigkeit einer differenzierten, kritischen Auseinandersetzung mit der hier zu verhandelnden Frage, einer entsprechenden Beschäftigung mit den individuellen Einstellungen, Motiven und Verhaltensweisen der Frauen, die in staatlichen Schulen der deutschen Einwanderungsgesellschaft mit einem Kopftuch unterrichten wollen, sowie der Kenntnisnahme anderer Realitäten, wie sie die oben zitierten wissenschaftlichen Erkenntnissen aufzeigen, entbindet dies nicht. Dringend geboten erscheint darüber hinaus eine (selbst)kritische Auseinandersetzung mit Sexismus und Unterdrückungsmechanismen innerhalb der Mehrheitsgesellschaft.

Diskursanalytische Ebene

Wer beginnt, sich mit der Kopftuchdebatte zu beschäftigen, sieht sich schon bald mit hohen Bergen von Papier konfrontiert. Auf unzähligen Seiten in Zeitungen, populären wie wissenschaftlichen Zeitschriften, Büchern und Internetforen haben Befürworter und Gegner eines Kopftuchverbotes in den vergangenen Jahren Position bezogen. In regelmäßigen Abständen, spätestens aber mit jedem neuen Gerichtsurteil wird der Papierstapel höher. Längst ist der Streit selbst zum Betrachtungsgegenstand geworden. Seine Beobachter fragen nach den Gründen für die hohe Emotionalität in der Auseinandersetzung; sie entdecken in der Diskussion altbekannte Bilder und Motive; und sie stellen die Frage danach, wer in der Debatte mit welchen Argumenten Gehör findet und wessen Stimmen ungehört bleiben. Diese Dimension des Streites wird hier als diskursanalytische Ebene vorgestellt.

Der Kopftuchstreit kann als Bestandteil unterschiedlicher Diskurse betrachtet werden, etwa eines Diskurses über den Islam, über den Westen oder Geschlechterverhältnisse. Mit dem Kulturwissenschaftler Stuart Hall, der sich hier wiederum auf den Philosophen Michel Foucault bezieht, ist ein Diskurs „eine Gruppe von Aussagen, die eine Sprechweise zur Verfügung stellen, um über etwas zu sprechen

---

48 Vgl. Jessen/von Wilamowitz-Moellendorff, Das Kopftuch, (wie Anmerkung 47), S. 44.

[...], eine besondere Art von Wissen über einen Gegenstand."[49] Durch die Analyse eines Diskurses kann man offenlegen, was zu einem gegebenen Zeitpunkt in einer Gesellschaft über diesen Gegenstand sagbar ist.[50]

Zu den Merkmalen von Diskursen zählt, dass sie keine geschlossenen Einheiten darstellen, sondern Aussagen, Phantasien und Bilder anderer Diskurse beinhalten. Diskurse sind dabei nicht ‚unschuldig' oder neutral; das Wissen, das sie produzieren, steht vielmehr im Dienste konkreter Interessen.[51]

Für Helma Lutz[52] und Birgit Rommelspacher[53] stellt die dominante Vorstellung von der unterdrückten Kopftuchträgerin einen Kernbestandteil westlicher Diskurse über den ‚Orient' dar. Bereits im Zeitalter der Kreuzzüge entstanden Phantasien, wonach der westliche Mann die ‚Orientalin' aus ihrer Unterdrückung befreie. Damals wie heute kam derartigen Phantasien und Bildern eine Funktion zu. Zum einen legitimierten sie ein Handeln, das ganz im Zeichen der Durchsetzung ‚europäischer', ‚westlicher' Interessen stand. Die ‚Befreiung' der orientalischen Frau geschieht für Rommelspacher (**M 9; M 10**) in der historischen wie in der gegenwärtigen Situation als eine „'Befreiung' im Interesse der Dominanz"[54]. Um deutlicher zu machen, was darunter zu verstehen ist, führt sie das Beispiel des britischen Lord Cromer an, der in Ägypten als Generalkonsul für die britische Kolonialbehörde arbeitete. In dieser Funktion forderte er die Entschleierung der muslimischen Frauen und berief sich dabei – ebenso wie viele der heutigen Kopftuchgegner - auf „Freiheit und Emanzipation"[55]. Gleichzeitig kämpfte Cromer in England gegen die Einführung des Wahlrechtes für Frauen. Rommelspacher zitiert Leila Ahmed, die eine solche Haltung als „kolonialen Feminismus" beschreibt, als eine feministische Position, der es letzten Endes um koloniale Interessen im Sinne einer Durchsetzung kultureller Vorherrschaft geht. Parallel dazu kann man die heutigen Politiken der Mehrheitsgesellschaft als einen Versuch interpretieren, in Form und mithilfe des ‚westlichen' Modells von Emanzipation eigene kulturelle wie politische Machtansprüche durchzusetzen bzw. zu behaupten.[56]

---

49 Hall, Stuart: Der Westen und der Rest: Diskurs und Macht. In: Ders.: Rassismus und kulturelle Identität. Ausgewählte Schriften 2. Hamburg 1994, S. 137-197, hier S. 150.
50 Vgl. Jäger, Siegfried: Kritische Diskursanalyse. Eine Einführung. Duisburg 2001, S. 117.
51 Vgl. Hall, Der Westen und der Rest, (wie Anmerkung 49).
52 Lutz, Helma: Rassismus und Sexismus, Unterschiede und Gemeinsamkeiten. In: Foitzik, Andreas, Leiprecht, Rudolf, Marvakis, Anthanasios u. Uwe Seid (Hrsg.): Ein Herrenvolk von Untertanen. Theorien und Analysen über Rassismus. Duisburg 1992, S. 57-79.
53 Rommelspacher, Birgit: Anerkennung und Ausgrenzung. Deutschland als multikulturelle Gesellschaft. Frankfurt/Main 2002.
54 Rommelspacher, Anerkennung und Ausgrenzung, (wie Anmerkung 53), S. 114.
55 Rommelspacher, ebenda, S. 114.
56 Vgl. Rommelspacher, Anerkennung und Ausgrenzung, (wie Anmerkung 53).

Darüber hinaus verhilft das Bild der Unterdrückten den Angehörigen der Mehrheitsgesellschaft zu einem positiven Selbstbild: „Vieles weist darauf hin, dass sich die Vorstellungen von ‚unserer' westlichen Weiblichkeit geradezu konstituieren über die Abgrenzung der westlichen Frau gegenüber der Orientalin. Bilder und Selbstbilder über ‚unsere' Emanzipation benötigen sozusagen die tägliche Rekonstruktion der Unterdrückung und Rückständigkeit islamischer Frauen."[57] Indem ‚westliche' Frauen und Männer auf die Unterdrückung der ‚Anderen' zeigen, vergewissern sie sich selbst der eigenen Fortschrittlichkeit – und somit westlicher Überlegenheit.

Diskurse, wie sie hier verstanden werden, bedeuten eine Verstrickung zwischen Sprechen und Handeln.[58] Die Art und Weise, in der in einer Gesellschaft beispielsweise über den Islam gesprochen wird, hängt demnach eng mit der Politik und dem alltäglichen Verhalten gegenüber Muslimen zusammen.

In Deutschland wie auch in anderen europäischen Ländern hat in den vergangenen Jahren die Zahl der Gewalttaten gegen Muslime und muslimische Einrichtungen deutlich zugenommen. Beobachter vermuten, dass diese Entwicklung in einem Zusammenhang mit der zunehmenden (Re-)Aktivierung eines „Feindbildes Islam" steht. Häufig fällt in diesem Kontext der Name des amerikanischen Politikwissenschaftlers Samuel Huntington. Huntington stellte in seinem 1996 erstmals veröffentlichen gleichnamigen Buch die These vom „Kampf der Kulturen" auf. Die weltpolitische Bühne organisiert sich demnach nicht mehr länger entlang politischer und wirtschaftlicher Grenzen, wie es bis zum Ende des Systemkonfliktes der Fall war, sondern entlang kultureller Trennlinien. Dominante Kraft und zentraler Gegenspieler „des Westens" ist dabei „der Islam".[59] „Kampf der Kulturen" wurde nicht nur innerhalb kürzester Zeit zu einem enormen Bestseller, sondern auch und vor allem zu einem machtvollen Begriff.

Die Macht des Begriffes besteht darin, dass Menschen das, was er beschreibt, vor allem durch die Art und Weise, wie entsprechende Medien über das Thema berichten, für wahr halten. Auf Basis dieses Glaubens handeln sie. (Erst) Dadurch werden Tatsachen geschaffen. „Die Sprechweise (der Diskurs) hat reale Auswirkungen in der Praxis: Die Beschreibung wird ‚wahr'."[60] So werden Menschen zu Fundamentalisten, weil sie durch andere, die daran glauben, dass es sich um Fundamentalisten handelt, als solche behandelt werden.[61]

Den Debatten über das Kopftuch liegt eine strikte Trennung zwischen ‚uns' und den ‚Anderen' zugrunde. Es gibt ein ‚Wir', das die Mehrheitsgesellschaft umfasst

---

57 Lutz, Rassismus und Sexismus, (wie Anmerkung 52), S. 70.
58 Vgl. Hall, Der Westen und der Rest, (wie Anmerkung 49).
59 Vgl. Rommelspacher, Anerkennung und Ausgrenzung (wie Anmerkung 53).
60 Hall, Der Westen und der Rest, (wie Anmerkung 49), S. 152.
61 Vgl. Hall, Der Westen und der Rest, (wie Anmerkung 49).

und bei dem ganz selbstverständlich davon ausgegangen wird, dass es christlich-abendländisch geprägt, aufgeklärt und fortschrittlich ist, überzeugt demokratisch handelt und sich den Werten von Freiheit und Emanzipation verschrieben hat. ‚Sie', die ‚Anderen', sind all das nicht: Sie stehen für Rückwärtsgewandtheit, vertreten mittelalterliche Werte, sind durch und durch gefangen in einer Kultur, die scheinbar unauflösbar mit Ungleichbehandlung, Unterdrückung und Gewalt gegen Frauen verbunden ist.

Diese Denk- und Wahrnehmungsmuster werden von Stuart Hall als maßgebliche Bestandteile einer Sprechweise beschrieben, die er „Der Westen und der Rest" nennt und die sich im Kontext der europäischen Expansionen und der Etablierung komplexer Macht- und Herrschaftsbeziehungen herausgebildet hat [62]. Kennzeichnend für das Reden über den „Westen" und den „Rest" ist u.a. das Verschweigen von internen Unterschieden bei gleichzeitigem Verabsolutieren äußerer Differenzen. So wurden nicht nur die vielfältigen Unterschiede der Kulturen, die zum „Westen" einerseits und zum „Rest" andererseits zusammengeschmiedet wurden, verdeckt, sondern auch all das, was auf Gemeinsamkeiten und verbindenden Erfahrungen zwischen dem Westen und dem Rest hinwies.

Dass Europa nicht denkbar ist ohne vielfältigste über Jahrhunderte bestehende Austauschbeziehungen und Verflechtungen mit arabischen, asiatischen, afrikanischen Kulturen, dass eine ‚reine europäische Identität' eine Fiktion sein muss und dass auch der Islam Bestandteil europäischer Geschichte und Kultur ist, liegt, so scheint es, noch immer außerhalb dessen, was in der deutschen Einwanderungsgesellschaft sagbar ist.

Der Kopftuchstreit als Lerngegenstand

Wie Karoline, Nahide und Igor erfahren hunderttausende Schülerinnen und Schüler tagtäglich die multireligiöse und multikulturelle Realität der Einwanderungsgesellschaft in Klassenzimmern und auf Schulhöfen. Die vielfältigen Unterschiede in Lebensweisen, Weltanschauungs- und Glaubensfragen sind dabei keineswegs ein ‚Produkt' der Einwanderungsgesellschaft; gleichwohl nehmen sie im Zuge der Wanderungsbewegungen enorm zu. Kinder und Jugendliche auf ein Leben in durch Migrationen geprägten Gesellschaft vorzubereiten, heißt, mit ihnen Möglichkeiten eines konstruktiven Umgangs mit Unterschieden zu erarbeiten.

Eine zentrale Rolle kommt dabei den Menschenrechten zu. Sie sind der Maßstab, an dem sich die Antworten, die wir als Reaktion auf die zunehmende Pluralisierung

---

62 Vgl. Hall, Der Westen und der Rest, (wie Anmerkung 49).

in unserer Gesellschaft formulieren, messen lassen müssen.[63] Eine Auseinandersetzung mit der Kopftuchfrage, die den Lebens- und Arbeitsraum der Schülerinnen und Schüler direkt berührt, bietet die Möglichkeit eines exemplarischen Ausprobierens und Einübens.

Der Kopftuchstreit bietet sich als Thema einer menschenrechtlichen Bildung in der multikulturellen Gesellschaft dabei insbesondere an, weil er eine Verständigung über Vorstellungen von Kultur anregt. Eine kritische Auseinandersetzung mit dominanten Kulturbegriffen erscheint angesichts der Tatsache, dass sich in menschenrechtlichen Diskursen aus unterschiedlichsten Perspektiven und mit teilweise äußerst widersprüchlichen Absichten explizit oder implizit auf ‚Kultur' berufen wird und ‚die (andere) Kultur' gerne als unhinterfragte Ursache von Konflikten zwischen Mehrheit und Minderheiten angeführt wird, dringend notwendig.

Im Sinne einer kritischen interkulturellen Pädagogik ginge es in diesem Zusammenhang darum, für die Schwächen eines Kulturverständnis zu sensibilisieren, in dem Menschen „als Marionetten, die an den Fäden ihrer Kultur hängen"[64] erscheinen. Die kopftuchtragende Lehrerin tritt als Individuum vor ihre Schulklasse; das kulturelle Umfeld, in dem sie, ihre Eltern und Großeltern erzogen wurden und leben, hat sie vermutlich geprägt; keinesfalls aber ist sie durch die Zugehörigkeit zu diesem kulturellen Umfeld in ihren Einstellungen und Verhaltensweise festgelegt.

Kulturen sind keine unbeweglichen, homogenen Gebilde; sie weisen vielmehr vielfältigste Brüche und Differenzen auf und erfahren Veränderungen. Ihre Grenzen sind diffus und fließend. [65]

Vor dem Hintergrund eines solchen Kulturverständnisses ist eine Unterscheidung in ein ‚Wir' und ein ‚Sie' nicht haltbar.

---

63 Vgl. dazu die Einleitung dieses Bandes.
64 Leiprecht, Rudolf: Kultur – Was ist das eigentlich? Interdisziplinäres Zentrum für Bildung und Kommunikation in Migrationsprozessen, Arbeitspapier No. 7. Oldenburg 2004, S. 13.
65 Vgl. Leiprecht, Kultur, (wie Anmerkung 64).

Literatur

Bielefeldt, Heiner: Zur aktuellen Kopftuchdebatte in Deutschland. Anmerkungen aus der Perspektive der Menschenrechte. Policy Paper No. 5, Deutsches Institut für Menschenrechte. Berlin 2004.

Bielefeldt, Heiner: Menschenrechte in der Einwanderungsgesellschaft. Plädoyer für einen aufgeklärten Multikulturalismus. Bielefeld 2007.

Bundesverfassungsgericht, Urteil vom 24. September 2003. Karlsruhe 2003.

Hall, Stuart: Der Westen und der Rest: Diskurs und Macht. In: Ders.: Rassismus und kulturelle Identität. Ausgewählte Schriften 2. Hamburg 1994, S. 137-197.

Haug, Frigga u. Katrin Reimer (Hrsg.): Politik ums Kopftuch. Hamburg 2005.

Hesselberger, Heinrich: Das Grundgesetz. Kommentar für die politische Bildung. Bonn 2003.

Initiative für Toleranz, Akzeptanz und gegenseitigen Respekt: Muslimische Frauen zur Kopftuchdebatte. In: Haug, Frigga u. Katrin Reimer (Hrsg.), Politik ums Kopftuch. Hamburg 2005, S. 13-14.

Jäger, Siegfried: Kritische Diskursanalyse. Eine Einführung. Duisburg 2001.

Jessen, Frank u. Ulrich von Wilamowitz-Moellendorff: Das Kopftuch – Entschleierung eines Symbols? Herausgegeben von der Konrad-Adenauer-Stiftung e.V. Zukunftsforum Politik Nr.77. Sankt Augustin 2006.

Leiprecht, Rudolf: Kultur – Was ist das eigentlich? Interdisziplinäres Zentrum für Bildung und Kommunikation in Migrationsprozessen, Arbeitspapier No. 7. Oldenburg 2004.

Lutz, Helma: Rassismus und Sexismus, Unterschiede und Gemeinsamkeiten. In: Foitzik, Andreas u.a. (Hrsg.): Ein Herrenvolk von Untertanen. Theorien und Analysen über Rassismus. Duisburg 1992, S. 57-79.

Oestreich, Heide: Das Kopftuch als Kippfigur. In: Haug, Frigga u. Katrin Reimer (Hrsg.): Politik ums Kopftuch. Hamburg 2005, S. 41-46.

Pape, Elise: Das Kopftuch von Frauen der zweiten Einwanderergeneration. Ein Vergleich zwischen Frankreich und Deutschland. Aachen 2005.

Rommelspacher, Birgit: Anerkennung und Ausgrenzung. Deutschland als multikulturelle Gesellschaft. Frankfurt/Main 2002.

13. Landtag von Baden-Württemberg, Ausschuss für Jugend, Schule und Sport, 26. Sitzung, Ständiger Ausschuss, 22. Sitzung, 12. März 2004. Stuttgart 2004.

13. Landtag von Baden-Württemberg: Gesetzentwurf der Landesregierung, Gesetzentwurf zur Änderung des Schulgesetzes, Drucksache 13/2793, 14.1.2004. Stuttgart 2004.

13. Landtag von Baden-Württemberg, Gesetzentwurf der Fraktion GRÜNE, Gesetz zur Änderung des Schulgesetzes, Drucksache 13/2837, 27.1.2004. Stuttgart 2004.

13. Landtag von Baden-Württemberg, Protokoll der 62. Sitzung vom 4. Februar 2004. Stuttgart 2004.

Materialien

Der Auswahl der folgenden Texte lag das Bestreben zugrunde, die Mehrdimensionalität, Komplexität und Kontroversität der Kopftuchdebatte deutlich werden zu lassen.

Die Materialien **M 1** und **M 2** stehen exemplarisch für eine menschenrechtliche Sicht auf die Kopftuchfrage.

M 3 enthält Auszüge aus Redebeiträgen baden-württembergischer Landtagsabgeordneter aller Fraktionen und vermittelt einen Eindruck der politischen Auseinandersetzung mit dem Kopftuch.

Die Dokumente **M4 – M8** dienen der Veranschaulichung der sozial-kulturellen Ebene des Streits. Sie zeugen vor allem von den Kontroversität feministischer/ frauenrechtlicher Debatten. Der „Aufruf wider eine Lex Kopftuch" (**M4**) wurde von Marieluise Beck, Barbara John und Rita Süssmuth initiiert. Ihr Appell für „(r)eligiöse Vielfalt statt Zwangsemanzipation" stieß auf heftige Kritik. Als Beispiel dafür wurde der offene Brief „Für Neutralität in der Schule!" (**M5**) von Ülkü Schneider-Gürkan und anderen in den Materialteil aufgenommen. In beiden Fällen ist auch die Liste der Unterzeichnerinnen abgedruckt, um das breite Spektrum der jeweiligen ‚Allianzen' zu veranschaulichen. Deutlich wird, dass die Grenze zwischen Befürworterinnen und Gegnerinnen eines Kopftuchverbots quer durch die politischen Parteien und andere gesellschaftliche Gruppierungen verläuft. Das Dokument (**M6**) steht stellvertretend für die Versuche muslimischer Frauen, sich Gehör in der Diskussion zu verschaffen. Alice Schwarzers Kommentierung der Entscheidung des Bundesverfassungsgerichtes im Falle Ludin (**M7**) sowie die Auszüge aus einem Interview, das Schwarzer mit der SPD-Abgeordneten Lale Akgün (**M8**) geführt hat, spiegeln dominante Positionen im Streit über die Vereinbarkeit von Kopftuch und Frauenrechten wider.

Zur beispielhaften Veranschaulichung diskursanalytischer Interpretationen des Kopftuchstreits sind schließlich zwei Auszüge aus einem Buch der Psychologin Birgit Rommelspacher abgedruckt (**M9; M10**).

Material M1

Auszug aus: Bielefeldt, Heiner: Menschenrechte in der Einwanderungsgesellschaft. Plädoyer für einen aufgeklärten Multikulturalismus. Bielefeld 2007.

Die Frage, ob eine Lehrerin mit dem islamischen Kopftuch in der staatlichen Schule unterrichten kann, wird sicherlich weiter für Diskussionen sorgen. Dies ist schon deshalb zu erwarten, weil sich unterschiedliche und politisch teils sehr umstrittene Ansichten zu gesamtgesellschaftlichen Herausforderungen – zum Umgang mit kultureller Vielfalt, zur Gestaltung der Geschlechterverhältnisse, zum Verhältnis von Staat und Religion, zur Integrationsaufgabe der staatlichen Schule – in der Kopftuchthematik wie in einem Brennpunkt bündeln.

Auch aus menschenrechtlicher Perspektive fällt die Meinungsbildung in der Sache nicht leicht. Mehrere Menschenrechtsansprüche stehen dabei zur Debatte. Die (positive) Religionsfreiheit der betreffenden Lehrerin befindet sich – jedenfalls *potenziell* – in Konflikt mit dem Grundgesetz der Gleichbehandlung von Frauen und Männern, mit der (negativen) Religionsfreiheit der betroffenen Schülerinnen und Schüler, mit dem elterlichen Erziehungsrecht und mit dem Prinzip der religiös-weltanschaulichen Neutralität des Staates. Von daher sind durchaus Fallkonstellationen denkbar, in denen das Recht der Lehrerin auf das Tragen des Kopftuches zugunsten anderer Rechtsgüter zurücktreten muss.

Es spricht allerdings viel dafür, die Abwägung der Religionsfreiheit der Lehrerin gegen etwaig konkurrierende menschenrechtlich relevante Ansprüche auf die Situation eines *tatsächlich vorhandenen* (oder unmittelbar drohenden) grundrechtlichen Normenkonflikts zu beschränken. Eine staatliche Politik, die um der Konfliktprävention willen bereits weit im Vorfeld eines tatsächlichen Konflikts Beschränkungen der Religionsfreiheit der Lehrerin vornimmt, wäre aus der Perspektive der Menschenrechte hingegen problematisch.

Was bleibt, ist deshalb der Weg sorgsamer – und gerichtlich überprüfbarer – Einzelfallentscheidungen, die dann zu treffen wären, wenn ein auf konkurrierende Rechtsansprüche gegründeter Konflikt *tatsächlich* auftritt oder aus nachvollziehbaren Gründen unmittelbar zu befürchten ist. Dabei kann das Selbstverständnis der betroffenen Lehrerin sicherlich nicht allein ausschlaggebend sein, müsste aber auf jeden Fall bei der Entscheidungsfindung zur Kenntnis genommen werden. Dass dieser Weg mühsam ist und für die Betroffenen in Schule, Schulverwaltung und Gericht komplizierte Entscheidungsfragen aufwerfen und Belastungen mit sich bringen kann, lässt sich nicht bestreiten. Das hohe Gut der Religionsfreiheit spricht allerdings gleichwohl dafür, diesen schwierigen Weg zu beschreiten und von pauschalen Verboten in der Kopftuchfrage abzusehen. (S. 152/153)

Material M2

Auszug aus: Bielefeldt, Heiner: Menschenrechte in der Einwanderungsgesellschaft. Plädoyer für einen aufgeklärten Multikulturalismus. Bielefeld 2007.

Der Begriff der religiös-weltanschaulichen Neutralität des Staates hat immer wieder Anlass für Missverständnisse gegeben. Wichtig ist zuvorderst die Klarstellung, dass die religiös-weltanschauliche Neutralität des Rechtsstaates keine generelle „Wertneutralität" meint. Es geht nicht etwa um den abstrakten Neutralismus eines normativ ungebundenen Staates, der sich nur noch funktional als Regelungs- und Versorgungsinstanz versteht, wie dies in der konservativen Säkularitätskritik oft unterstellt worden ist. Vielmehr ergibt sich die religiös-weltanschauliche Neutralität des Rechtsstaats aus der Achtung gegenüber einem zentralen Verfassungswert, nämlich dem Menschenrecht der Religions- und Weltanschauungsfreiheit.

Worin aber besteht näherhin der Zusammenhang zwischen Religionsfreiheit und Neutralitätsprinzip? Die Religions- und Weltanschauungsfreiheit trägt, wie dies für alle Menschenrechte gilt, den Anspruch diskriminierungsfreier Gewährleistung in sich. Sie steht allen Menschen – den Angehörigen territorialer Mehrheitsreligionen oder Minderheiten, den Gläubigen traditioneller wie neuer Religionen und Weltanschauungen gleichermaßen zu. Dieser Anspruch auf Gleichberechtigung unterscheidet den menschenrechtlichen Ansatz von den verschiedenen Varianten religiöser Toleranzpolitik, in denen der Staat an sich sehr wohl eine Kompetenz zur Regelung religiös-weltanschaulicher Fragen beansprucht, um des gesellschaftlichen Friedens willen zugleich aber – vorläufig oder auf Dauer – darauf verzichtet, religiöse Minderheiten mit Zwang auf die herrschende Staatsreligion zu verpflichten. Religionsfreiheit ist etwas Anderes als Toleranz, nämlich ein universelles Menschenrecht. Wenn der Staat seine Bindung an die Religions- und Weltanschauungsfreiheit einschließlich des darin enthaltenen Gleichberechtigungsanspruchs ernst nimmt, dann darf er sich nicht mehr mit einer bestimmten religiösen oder weltanschaulichen Tradition auf Kosten der Angehörigen anderer Traditionen und Überzeugungen identifizieren. Die von dorther gebotene „Nicht-Identifizierung" folgt gleichsam aus dem menschenrechtlichen Strukturprinzip der „Nicht-Diskriminierung". Sie ist zugleich Ausdruck des Respekts vor der Freiheit der Menschen, sich in Fragen von Religion und Weltanschauung selber zu orientieren. Insofern lässt sich der menschenrechtliche Sinn des Neutralitätsprinzips mit dem Begriff der „respektvollen Nicht-Identifikation" umschreiben. Es ist ein unverzichtbares liberales Fairnessprinzip für den Umgang mit religiöser und weltanschaulicher Vielfalt. (S. 77-79)

Material M3

Auszüge aus dem Protokoll der 62. Sitzung des 13. Landtags des Landes Baden-Württemberg am 4.2.2004

Derjenige, der von der auch politischen Bedeutung des Kopftuchs im Islam spricht, leugnet nicht eine andere mögliche subjektive Haltung einer muslimischen Lehrerin, die sich auf ihre religiöse Grundhaltung bezieht. Deshalb sind wir uns auch bewusst, dass dies subjektiv als ein Eingriff in die Glaubensfreiheit gewertet werden kann. Wir befinden uns auf einem schmalen Grat, der nicht alle Spannungen auflöst und angreifbar ist. Angreifbar sind wir aber ebenso, wenn wir zulassen, dass mögliche politische Botschaften in unsere Schulen getragen werden, die weder mit dem Grundgesetz noch mit der Landesverfassung vereinbar sind. Damit würden wir eindeutig gegen unsere Pflichten verstoßen. Der bessere Weg – meine Damen und Herren, davon bin ich zutiefst überzeugt – gegenüber der Laizität ist das sehr freiheitliche Modell im Verhältnis von Religion und Staat, das zur Tradition in Deutschland gehört. Dafür gibt es viele gute Gründe. (Beifall bei der CDU, der SPD und der FDP/DVP)

Wer in einer religiös pluraler werdenden Gesellschaft diese Tradition wahren will, muss, wenn der Eindruck zweideutiger Botschaften nicht auszuschließen ist, von Lehrkräften an einer öffentlichen Schule Diskretion und die Vermeidung von Provokation erwarten. Das ist auch ein Beitrag zur Integration und zur Toleranz.

Schavan, CDU

Anders als das Kopftuch gehört das Kreuz zum abendländischen Kulturkreis, zu unserer Tradition (Abg. Kleinmann FDP/DVP: Richtig!) und hat dort einen hohen Rang als religiöses Zeugnis für Nächstenliebe, Toleranz und Wahrung der unantastbaren Menschenwürde. (Beifall bei der SPD, der CDU und der FDP/DVP) Die Bewahrung jahrhunderte alter Traditionen und einer historisch gewachsenen Identität ist für uns Sozialdemokraten selbstverständlich. Wir bekennen uns zum Auftrag unserer Landesverfassung, unsere Kinder auf der Grundlage christlicher und abendländischer Kulturwerte zu erziehen. Die an unseren Schulen gebotene staatliche Neutralität darf – anders als in einem laizistischen Staat – sehr wohl religiöse Äußerungen dulden, aber eben nur solche, die den im Grundgesetz festgelegten Menschenrechten nicht widersprechen.

Wintruff, SPD

Wir sind hier für eine Vorgabe von Werten und einer Werteorientierung. Ich halte überhaupt nichts davon– und meine Fraktion mit mir –, dass wir die christlichen Werte in irgend einem Sumpf verschiedenster Werte mit untergehen lassen. Umgekehrt macht es Sinn. Laizismus ist der falsche Weg. Eine Gesellschaft ohne Werte ist eine wertlose Gesellschaft. Wir sind eine Gesellschaft, die vom Abendland und von den christlichen Werten geprägt ist. Es wäre eine Sünde an unseren Kindern, wenn wir ihnen diese Werteorientierung nicht weitergäben. (Beifall bei der FDP/DVP und der CDU) Daher muss eine solche landesgesetzliche Regelung eine solche Vorgabe von Werten beinhalten. Symbole, die den Schulfrieden stören, sind abzulehnen. Symbole, die den Menschenrechten widersprechen, sind nicht zu akzeptieren. Die Schrankenklausel des Grundgesetzes gilt generell.

Kleinmann, FDP/DVP

Herr Präsident, meine Damen und Herren! Im Prinzip hat uns doch das Bundesverfassungsgericht zwei Wege vorgegeben: Zum einen hat das Bundesverfassungsgericht, weil die Probleme, die durch die religiöse Pluralität an den Schulen entstehen, im lebensweltlichen Schulalltag so schwierig sind – darauf haben ja insbesondere Sozialdemokraten hingewiesen –, dass die Schulen damit überfordert sind und diese Probleme gar nicht mehr lösen können, den Weg vorgewiesen, dass wir in Richtung einer strikteren Neutralität, also mehr in Richtung Laizismus gehen können. Das ist die eine Möglichkeit. Dann gilt das allerdings für alle Religionsgemeinschaften. Deswegen besteht genau die Gefahr, dass dies, wenn man das nicht beachtet – so wie Sie das machen –, ein Einfallstor für den Laizismus darstellt. Das ist der eine Weg. (Abg. Wieser CDU: Das ist der Rückzug des Religiösen!) Was Sie nun machen, ist der Versuch, über den Rekurs auf abendländische Bildungs- und Kulturwerte die angestammte Religion zu privilegieren. (Abg. Wieser CDU: So ist es!) Das kann niemals gut gehen, weil das Bundesverfassungsgericht ausdrücklich von „strikter Gleichbehandlung" spricht. Deswegen halten wir das für verfassungswidrig. Hier ist man, wie Mahrenholz gesagt hat, Herr und Knecht zugleich. Wenn Sie diesen Weg gehen wollen, dann müssen Sie auch alle Religionsgemeinschaften gleich behandeln.

Kretschmann, Grüne

Material M4

Religiöse Vielfalt statt Zwangsemanzipation! Aufruf wider eine Lex Kopftuch.

Das Kopftuch-Urteil des Bundesverfassungsgerichts hat eine breite Diskussion ausgelöst. Bei allem Verständnis für diese Meinungsvielfalt sehen wir doch mit Sorge, welche Richtung diese Diskussion an vielen Stellen nimmt und wie Islam und Fundamentalismus oft undifferenziert gleichgesetzt werden. Letztendlich geht es bei der Debatte wiederum um die Frage, ob wir zu einem gleichberechtigten Miteinander der Religionen in unserer Einwanderungsgesellschaft bereit sind.

Sicherlich: Die Politisierung des Glaubens macht den Umgang mit dem Islam insgesamt und in Deutschland nicht einfach. Wir wissen um die demokratiefeindlichen, antisemitischen und frauenfeindlichen Strömungen im Islam, die nicht zu unserem Menschenbild und Verständnis von Emanzipation und Modernität passen. In Fragen der Werteordnung unserer Grundrechte gibt es keinen Spielraum. Wir alle verteidigen diese Rechte mit Entschiedenheit. Differenzen gibt es aber in der Frage, welches der bessere Weg ist.

Kopftuch, Schleier und Burka sind für islamische Fundamentalisten Instrumente zur Unterdrückung der Frau und unverzichtbare politische Symbole. Das Tuch auf dem Kopf einer Frau kann also ein politisches Symbol sein. Klar ist daher: Sollte eine Kopftuchträgerin in eben dieser Weise in einer Schule agieren wollen, ist sie für den Beruf der Lehrerin nicht geeignet. Diesen Frauen sollte und kann mit Hilfe der individuellen Eignungsprüfung und dem Disziplinarrecht Einhalt geboten und sie so vom Schulunterricht ferngehalten werden.

Wir wissen allerdings auch: Nicht jede muslimische Frau, die sich für das Kopftuch entscheidet, vertritt den politischen Islam oder sympathisiert mit ihm. Gerade Frauen in der Diaspora greifen auf das Kopftuch zurück, um mit Selbstbewusstsein ihr Anderssein zu markieren oder eine Differenz im Verständnis von Sittsamkeit und Tugendhaftigkeit gegenüber der Aufnahmegesellschaft zu dokumentieren. Emanzipation und Kopftuch sind für viele Musliminnen eben kein Widerspruch.

Wenn wir ohne Prüfung der individuellen Motive generell Frauen mit Kopftuch vom öffentlichen Schulleben ausschließen, treffen wir gerade die Frauen, die mit ihrem Streben nach Berufstätigkeit einen emanzipatorischen Weg beschreiten wollen. Da das Kopftuch ein geschlechtsspezifisches Merkmal ist, treffen wir zudem immer nur Frauen und nie den Mann – weder als Unterdrücker noch als politisch Agierenden. Um männliche islamische Fundamentalisten vom Schuldienst fernzuhalten, stehen uns die – wie wir finden auch für Frauen ausreichenden – Instrumente der individuellen Eignungsprüfung und des Disziplinarrechts zur Verfügung.

Es steht zu befürchten, dass das Verbot des Kopftuchs für Lehrerinnen die allgemeine gesellschaftliche Stigmatisierung derjenigen Frauen, die es tragen, vorantreibt. Mit der Botschaft, das Kopftuch sei per se politisch und gehöre daher verboten, wird diese Einordnung auch die Frau in der Arztpraxis, die Verkäuferin und vielleicht bald auch die Schülerin treffen. Dies kann nicht in unserem Sinne sein. Es gilt, muslimische Frauen auf ihrem Berufsweg zu stärken und es ihnen damit möglich zu machen, einen selbstbewussten, frei gewählten Lebensentwurf zu verfolgen.

Durch ein Kopftuchverbot würden sich viele Muslime in der Einschätzung bestärkt fühlen, sie seien gesellschaftlich ausgegrenzt und chancenlos. Auf Ausgrenzungserfahrungen folgt häufig der Rückzug aus der Mehrheitsgesellschaft. Undemokratische islamische Organisationen wissen dies auszunutzen, dies ist der Nährboden für radikale Gesinnungen.

Nur wenn wir deutlich machen, dass wir nicht den Islam als Religion ablehnen, sondern uns gegen Fundamentalismus und antidemokratische Einstellungen verwahren, werden wir die Auseinandersetzung um den politischen Islam gemeinsam mit der muslimischen Bevölkerung führen können.

Jenseits der Frage, ob man für eine striktere Säkularisierung der Institution Schule eintritt oder auch dort die religiöse Pluralität unserer Gesellschaft sichtbar werden lassen will, ist die Gleichbehandlung aller Religionsgemeinschaften verfassungsrechtlich geboten. Eine unterschiedliche Behandlung islamischer Symbole gegenüber den christlichen und jüdischen ist integrationspolitisch äußerst problematisch, verstärkt Konflikte statt sie zu reduzieren. Ein von einem generellen Verdachtsmoment abgeleitetes Kopftuchverbot, das zudem noch geschlechtsspezifisch wirkt, wäre eine religiös bedingte Diskriminierung mit praktischen Berufsausschluss.

Weil in vielen islamischen Ländern Frauen und Mädchen gezwungen werden, ein Kopftuch zu tragen, wollen wir sie zwingen, es abzusetzen. Fällt uns wirklich nichts Besseres ein, um ihnen zu mehr Bildung und Selbstbestimmung zu verhelfen? Oder wollen wir gar mit dem Kopftuchverbot alle religiösen Symbole in Bildungseinrichtungen verbieten? Wir appellieren an Politik und Gesellschaft, die Gleichstellung von muslimischen Mädchen und Frauen nicht am Nein zum Kopftuch fest zu machen.

Unterzeichnerinnen:

- Marieluise Beck MdB, Beauftragte der Bundesregierung für Migration, Flüchtlinge und Integration

- Prof. Dr. Barbara John, Koordinatorin für Sprachförderung, Ausländerbeauftragte des Berliner Senats a.D.
- Prof. Dr. Rita Süssmuth, Vorsitzende des Sachverständigenrates für Zuwanderung und Integration, Präsidentin des Deutschen Bundestages a.D.
- Sabine Bätzing MdB, SPD
- Almuth Berger, Ausländerbeauftragte des Landes Brandenburg
- Grietje Bettin MdB, Bündnis 90/Die Grünen
- Marianne Birthler, Die Bundesbeauftragte für die Unterlagen des Staatsicherheitsdienstes der ehemaligen Deutschen Demokratischen Republik
- Maren Bock, Geschäftsführerin belladonna, Kultur- und Bildungszentrum für Frauen e.V., Bremen
- Prof. Dr. Ursula Boos-Nünning, Universität Duisburg/Essen, Fachbereich Migrationspädagogik
- Karin Bräuer, Pädagogikreferentin im Ev. Missionswerk in Deutschland
- Nicola Bramigk, Designerin, Berlin
- Renan Demirkan, Schauspielerin und Autorin
- Fanny Dethloff, Pastorin, Flüchtlingsbeauftragte der Nordelbischen Ev.-Luth. Kirche
- Dr. Havva Engin, Technische Universität Berlin, Fachbereich Erziehungswissenschaften
- Gisela Erler, Geschäftsführerin pme Familienservice GmbH
- Ursula Ernst, AWO, Region Hannover, Leiterin Wohnheim für Flüchtlinge und Asylbewerber
- Gabriele Erpenbeck, Ausländerbeauftragte des Landes Niedersachsen
- Bärbel Fünfsinn, Theologische Referentin im Nordelbischen Missionszentrum, Referat Lateinamerika/Gender und Ökumenische Beziehungen, Hamburg
- Dr. h.c. Liselotte Funcke, Staatsministerin a.D., Beauftragte der Bundesregierung für Ausländerfragen a.D.
- Prof. Dr. Ute Gerhard, Universität Frankfurt, Schwerpunkt Frauenarbeit/Frauenbewegung
- Adrienne Goehler, Kuratorin beim Hauptstadtkulturfond, Wissenschafts- und Kultursenatorin a.D.
- Prof. Dr. Ingrid Gogolin, Universität Hamburg, Institut für Schulpädagogik
- Angelika Graf MdB, SPD

- Angelika Gramkow MdL, Fraktionsvorsitzende der PDS im Landtag von Mecklenburg-Vorpommern
- Prof. Dr. Carol Hagemann-White, Universität Osnabrück, Fachbereich Erziehungs- und Kulturwissenschaften
- Anja Hajduk MdB, Bündnis 90/Die Grünen, Landesvorsitzende Hamburg
- Josefine Hallmann, Vorsitzende der ev. Frauenarbeit in Deutschland e.V.
- Christine Hoffmann, Referentin für Jugend- und Frauenpolitik des Bundes der deutschen katholischen Jugend Bundesvorstandes
- Marianne Hürten MdL, Bündnis 90/Die Grünen NRW, Frauenpolitische Sprecherin
- Maria Jepsen, Bischöfin, Nordelbische Evangelisch-Lutherische Kirche, Bischofskanzlei im Sprengel Hamburg
- Dr. Gerdien Jonker, Ph.D., Religionswissenschaftlerin
- Dr. Yasemin Karakasoglu, Universität Duisburg/Essen, Fachbereich Migrationspädagogik
- Ingeborg Kerssenfischer, Leiterin des Frauenreferates der Nordelbischen Evangelisch-Lutherischen Kirche
- Elisa Klapheck, Chefredakteurin jüdisches berlin
- Dr. Heidi Knake-Werner, Senatorin für Gesundheit, Soziales und Verbraucherschutz in Berlin, PDS
- Irmgard Koll, Dipl.-Dolmetscherin, Bundesvorstand Humanistische Union
- Dr. Dorothea Kolland, Kulturamtsleiterin Berlin/Neukölln, Mitglied im Vorstand der Kulturpolitischen Gesellschaft
- Phuong Kollath, Vorstandsmitglied Dien Hong – Unter einem Dach e.V.
- Renate Künast MdB, Bündnis 90/Die Grünen
- Ingrid Lange, Bürgermeisterin der Landeshauptstadt Hannover, Bündnis 90/Die Grünen
- Dr. Silke Ruth Laskowski, Universität Hamburg, Geschäftsführerin der Forschungsstelle für Rechtsfragen der Internationalen Migration
- Christine Lehder MdB, SPD
- Sabine Leutheusser-Schnarrenberger MdB, FDP, Bundesjustizministerin a.D., Landesvorsitzende der FDP Bayern
- Prof. Dr. Hanna Liss, Hochschule für Jüdische Studien Heidelberg
- Sylvia Löhrmann MdL, Fraktionsvorsitzende von Bündnis 90/Dic Grünen im Landtag von Nordrhein-Westfalen

- Dr. Christine Lucyga MdB, SPD
- Anna Lührmann MdB, Bündnis 90/Die Grünen
- Coletta Manemann, Landesgeschäftsführerin des Verbandes binationaler Familien und Partnerschaften, iaf e.V./NRW
- Margret Mönig-Raane, Stellvertretende Vorsitzende der Vereinten Dienstleistungsgewerkschaft (Ver.di)
- Schwester Barbara Müller, Dipl. Psychologin und Dipl. Theologin, Oberstudienrätin i.R.
- Prof. Dr. Ursula Neumann, Universität Hamburg, Fachbereich Erziehungswissenschaft
- Laila Noor, Modedesignerin, Bremen
- Brunhilde Raiser, Vorsitzende der Evangelischen Frauenhilfe in Deutschland e.V.
- Friedericke Raum-Blöcher, Pastorin für Verständigungsarbeit, Hamburg-Wilhelmsburg
- Katja Riemann, Schauspielerin und Sängerin
- Prof. Dr. Birgit Rommelspacher, Alice Salomon Hochschule Berlin
- Claudia Roth MdB, Bündnis 90/Die Grünen, Beauftragte der Bundesregierung für Menschenrechtspolitik und humanitäre Hilfe im Auswärtigen Amt
- Katharina Rutschky, Publizistin
- Krista Sager MdB, Bündnis 90/Die Grünen, Wissenschaftssenatorin a.D.
- Dr. Irmgard Schwaetzer, Bundesministerin a.D., FDP
- Ulrike Seemann-Katz, Landesgeschäftsführerin Bündnis 90/Die Grünen, Mecklenburg-Vorpommern
- Anna Siegismund, internationales Model, vivamodels Berlin
- Maria Siegismund, internationales Model, vivamodels Berlin
- Cornelia Spohn, Bundesgeschäftsführerin des Verbandes binationaler Familien und Partnerschaften, iaf e.V.
- Dr. Eva-Maria Stange, Vorstandsvorsitzende der GEW
- Marianne Theil, Vorstandsmitglied Aktion Courage e.V.
- Angelika Voland MdL, SPD Landtagsfraktion Mecklenburg-Vorpommern
- Sybille Volkholz, Bildungskommission der Heinrich-Böll-Stiftung
- Bärbel Wartenberg-Potter, Bischöfin für den Sprengel Holstein-Lübeck

- Beate Weber, Oberbürgermeisterin der Stadt Heidelberg, SPD
- Prof. Dr. Rosemarie Will, Stellvertretende Vorsitzende des Bundesvorstandes Humanistische Union
- Rosi Wolf-Almanasreh de C. Esteves, Gründerin Verband binationaler Familien und Partnerschaften, iaf e.V., ehemalige Leiterin des Amtes für multikulturelle Angelegenheiten der Stadt Frankfurt am Main

Quelle: http://www.bpb.de/themen/QCLRE4,0,0,Religi%F6se_Vielfalt_statt_Zwangsemanzipation.html

Material M5

Für Neutralität in der Schule!

Offener Brief an Frau Marieluise Beck und weitere Unterzeichnerinnen des „Aufruf wider eine Lex Kopftuch"

„Sehr geehrte Marieluise Beck und weitere Unterzeichnerinnen des ‚Aufrufes wider ein Lex Kopftuch',

Ihr Aufruf ‚Religiöse Vielfalt statt Zwangsemanzipation' vom Dezember vergangenen Jahres soll der Entwicklung der demokratischen und politischen Kultur in Deutschland dienen. Ihre Argumentationen und ihre Schlussfolgerungen sind aber unserer Meinung nach bedenklich.

Darum möchten wir Ihnen als demokratisch gesinnte Migrantinnen aus muslimischen und anderen Ländern gemeinsam mit Angehörigen der Mehrheitsgesellschaft antworten. Bedenklich erscheint uns Ihre Argumentation aus drei Gründen:

Erstens: Sie überhöhen die Bedeutung einer kleinen Minderheit innerhalb der Musliminnen, indem Sie diese mit den muslimischen Frauen insgesamt gleichsetzen.

Zweitens: Sie geben zwar die Existenz von ‚antidemokratischen, antisemitischen und frauenfeindlichen Strömungen im Islam' zu, die nicht zu unserem Menschenbild und Verständnis von Emanzipation und Modernität passten. Sie vernachlässigen aber, dass es sich dabei um Strömungen handelt, hinter denen große politische und finanzielle Macht steht. Sie suggerieren, es ginge um eine ideelle Position, die allein argumentativ bewältigt werden kann.

Drittens: Sie sprechen aus einer paternalistischen Position heraus, als seien Sie Beschützerin aller Musliminnen gegen bestimmte Denkmuster innerhalb der Mehrheitsgesellschaft. Sie bedenken aber nicht, dass Sie gerade durch diese Haltung den großen Teil der Musliminnen ignorieren und so entmündigen.

In Ihrem Islambild gibt es neben den ‚islamischen Fundamentalisten', für die das Kopftuch ‚ein politisches Symbol' ist, nur noch kopftuchtragende muslimische Frauen, die nicht den ‚politischen Islam' vertreten. Sie übersehen dabei, dass die Mehrheit der Musliminnen in Deutschland gar kein Kopftuch trägt. Stattdessen behaupten Sie, insbesondere in der Diaspora würden Frauen auf das Kopftuch zurückgreifen, um ‚mit Selbstbewusstsein ihr Anderssein zu markieren'. Ein nicht individuell begründetes Kopftuchverbot würde gerade die Musliminnen treffen, für die ‚Emanzipation und Kopftuch' keinen Widerspruch darstellen.

Natürlich gibt es ein solches Denkmuster, insbesondere unter den muslimischen Studentinnen und Akademikerinnen; entscheidend ist die Frage, wie groß die gesellschaftliche Relevanz dieser Position ist. Realistische Schätzungen gehen davon aus, dass innerhalb der muslimischen Bevölkerung in Deutschland etwa ein Drittel zum engeren Sympathisantenfeld der islamistischen Kräfte gehört. Etwa ein Drittel befürwortet das Konzept eines privat gedeuteten und gelebten Islam ohne Bindungen an die Moscheevereine. Diese Frauen entscheiden die Frage des Kopftuches individuell. Für etwa ein Drittel von ihnen bedeutet der Islam höchstens ein Element ihrer Herkunftskultur. Sie lehnen das Kopftuch ab.

Ihr Konstrukt der ‚emanzipatorischen Kopftuchträgerin' ist empirisch innerhalb der zweiten Gruppe angesiedelt und stellt dort eine quantitativ vernachlässigbare Gruppe dar, die kaum Einfluss hat. Diese jungen Frauen sehen ihr Hauptziel darin, gegen die von ihnen besonders herausgestellten Ausgrenzungsmechanismen der Mehrheitsgesellschaft aufzutreten. Sie sind praktisch machtlos gegen die Instrumentalisierung durch islamistische Kräfte.

Unsere Frage lautet deshalb: Wer würde sich innerhalb der muslimischen Bevölkerung durch die Untersagung des Kopftuchs in den Schulen ausgegrenzt fühlen? Es wären nur diejenigen, die unter dem Einfluss der Islamisten stehen und für die das Kopftuchtragen nicht nur im Privatleben, sondern auch im öffentlichen Dienst als unverzichtbar gilt. Alle, für die die Religion eine private Angelegenheit ist, und alle, die gegenüber religiösen Vorschriften indifferent sind, kennen und akzeptieren problemlos das Verfassungsprinzip von der Neutralität der Schule.

Ist es verkehrt, dass den islamistischen Kräften eine Grenze gezeigt wird, deren Übertreten ein wichtiges Prinzip unserer Verfassung verletzt? Nach unserer Auffassung ist eine solche Deutlichkeit in einer demokratisch verfassten Gesellschaft erforderlich, um den islamistischen Kräften zu signalisieren, dass diese Gesellschaft nicht vor ihnen zurückweicht und ihnen nicht Schritt für Schritt immer mehr Raum im öffentlichen Leben überlässt. Die Erfahrung zeigt, dass diese Kräfte jede Erweiterung ihres Spielraums nutzen, um ihre ‚antidemokratischen, antisemitischen und frauenfeindlichen' Positionen durchzusetzen. Die Erfahrung aus zahlreichen Ländern mit mehrheitlich muslimischer Bevölkerung und Ländern mit signifikanten muslimischen Minderheiten in Europa zeigt hinreichend, dass das Tragen des Kopftuchs in staatlichen Institutionen längst zum Kampfprogramm von islamistischen Kräften geworden ist. Dies übersehen Sie in Ihrer Argumentation.

Sie stellen die Realität auf den Kopf, wenn Sie die Untersagung des Kopftuchs für Lehrerinnen im Staatsdienst mit dem ‚Kopftuchzwang' in fundamentalistischen und antidemokratischen Ländern vergleichen. Möglicherweise tun Sie dies, um den schwächsten Punkt Ihrer Argumentation zu verschleiern. Das Tragen des Kopftuchs in staatlichen Schulen würde nämlich in massiver Weise die ‚negative Religionsfreiheit' der Schülerinnen einschränken. Sie würden sich dem Einfluss eines weltanschaulichen, religiösen oder politischen Symbols ausgesetzt sehen. Die islamistischen Kräfte würden allein durch die Präsenz von kopftuchtragenden Lehrerinnen im Staatsdienst eine unvergleichlich größere Möglichkeit bekommen, die Mädchen und ihre Eltern unter Druck zu setzen. Diese Möglichkeit des Machtzuwachses darf ihnen nicht zugesprochen werden.

Zum Schluss ein Kommentar zu Ihrer generellen Haltung: Wir meinen, dass diese Diskussion nicht allein innerhalb der Mehrheitsgesellschaft geführt werden darf. Es geht nicht um das Kopftuchtragen der Töchter aus der Mehrheitsgesellschaft, sondern aus zugewanderten muslimischen Familien. Ist die Position der Mehrheit der muslimischen Frauen innerhalb dieser Diskussion so unerheblich, dass Sie überhaupt nicht darauf eingehen, ja, sie nicht einmal zur Kenntnis nehmen? Warum spüren Sie nicht das Bedürfnis, Ihre Rolle als Fürsorgerin, die im Namen einer Minderheit spricht, zu problematisieren?"

Unterzeichnerinnen:

- Dr. Elisabeth Abendroth (Politologin)
- Berrin Alpbek (Diplom-Kauffrau)
- Halime Arslaner (Psychologin)
- Mübeccel Balikci (Schriftführerin der Griechisch-Türkischen-Freundschaft e.V., Frankfurt)
- Nur Baristiran (Volkswirtin)

- Karin Bergdoll (Erziehungswissenschaftlerin)
- Prof. Dr. Daniela Birkenfeld (Stadtverordnete der CDU Fraktion, Frankfurt a. M.)
- Dr. Aycan Burhanoglu (Anästhesistin)
- Deniz Calis (Archäologin)
- Sunay Capkan (Betriebswirtin und Personalberaterin)
- Dr. Monika Carbe (Schriftstellerin und Übersetzerin)
- Dr. Ezhar Cezairli (Zahnärztin)
- Dr. Meliha Degerli (Psychiaterin)
- Marianne Dehlinger (Diplom-Kauffrau)
- Zeliha Dikmen (Informatikerin und Projektmanagerin)
- Gülay Durgut (Journalistin)
- Jutta Ebeling (Stadträtin für Bildung, Umwelt und Frauen, Frankfurt a. M.)
- Dr. Nargess Eskandari-Grünberg (Stadtverordnete der Fraktion der Grünen, Frankfurt a. M.)
- Günay Görgü (Chemikerin)
- Eva Chr. Gottschaldt (Historikerin)
- Sema Hatipoglu (Pharmazeutin)
- Dr. Ayser Ilter (Zahnärztin)
- Dr. Begüm Karakas (Zahnärztin)
- Ful Karakas (Pharmazeutin)
- Anita Kastl (Pädagogin und Familientherapeutin)
- Dr. Ilter Kayankaya (Frauenärztin)
- Donata Kinzelbach (Verlegerin)
- Sanem Kleff (Pädagogin)
- Dilek Kolat (Mitglied des Abgeordnetenhauses, SPD, Berlin)
- Dr. Gabriele Lademann-Priemer (Pastorin und Sektenbeauftragte der Nordelbischen Kirche)
- Dr. Cherifa Magdi (Übersetzerin und Publizistin)
- Dr. Ayse Özel (Internistin)
- Lilo Rademacher (1. Bevollmächtigte IGM, Vst. Friedrichshafen)
- Dr. Zeynep Sahin-Suchert (Internistin)
- Ülkü Schneider-Gürkan (Übersetzerin und Gewerkschafterin)

- Prof. Dr. Ursula Schumm-Garling (Soziologin)
- Prof. Dr. Ursula Spuler-Stegemann (Islamwissenschaftlerin an der Philipps-Universität Marburg)
- Petra Szablewski-Cavus (Pädagogin)
- Arzu Toker (Schriftstellerin und Publizistin)
- Fügen Turhan (Psychologin)
- Helga Wendt (Mitglied des Interreligiösen Frauenarbeitskreises)
- Inge Werth (Fotografin)
- Yildiz Yanboludan (Stellvertretende Geschäftsführerin von KUBI e. V., Frankfurt a. M.)
- Dr. Beyza Yekebas (Frauenärztin)
- Mefküre Yekebas (Lehrerin)
- Dr. Aynur Yenersoy (Frauenärztin)
- Tülay Yongaci (Schauspielerin)
- Hikmet Zilelioglu-Porenski (Pädagogin)
- Sühendan Mangüc (Betriebswirtin)
- Dr. Lale Wiesner (Volkswirtin)
- Tomris Wiesner (Violonistin)
- Gülsen Eldelekli (Lehrerin)
- Sevgi Hamuroglu (Kreistagsabgeordnete, SPD, und Integrationsbeauftragte Rheingau-Taunus-Kreis)

Quelle: taz Nr. 7284, 14.02.2004, S. 10.

Material M6

Auszüge von der Homepage www.meinkopftuch.de

Wer wir sind:
Seit nun mehr als 40 Jahren leben nun Muslime in Deutschland, fast ein halbes Jahrhundert... Und dennoch wird die Frage nach dem Kopftuch immer wieder gestellt. 40 Jahre lang haben wir es geschafft nebeneinander her zu leben als miteinander. Nun wird es endlich Zeit, uns gegenseitig kennen zu lernen. Die muslimischen Frauen ergreifen das Wort und stellen sich vor.

Initiative „Mein Kopftuch"

Diese Initiative ist ein unabhängiger Zusammenschluss von Ärztinnen, Erzieherinnen, Hausfrauen, Studentinnen und Theologinnen. Frauen jeden Alters und jeder Gruppierung, die sich bewusst zum Islam bekennen und ihn praktizieren, ob mit oder ohne Kopftuch. Die Initiative hat es sich zur Aufgabe gemacht, den Muslimischen Frauen eine Stimme zu geben und sie in der Öffentlichkeit zu repräsentieren. Denn in der bisherigen Diskussion um das Kopftuch hat man mehr über uns geredet anstatt mit uns. Auch hat die Diskussion gezeigt, dass immer noch ein großes Informationsdefizit über den Islam und die Muslime besteht. Mit Aufklärungs- und Öffentlichkeitsarbeit möchten wir dem abhelfen. Die Anwesenheit von verschiedenen Kulturen und Religionen in diesem Land bedeutet nicht automatisch das Funktionieren einer multikulturellen Gesellschaft. Wir wollen kein ignorantes Nebeneinander, sondern ein paritätisches Miteinander. Wir Musliminnen möchten als selbstverständlicher Teil dieser Gesellschaft wahrgenommen werden. Muslimische Frauen tragen erheblich zum Aufbau und zur Pflege des Humanvermögens und damit zu den Zukunftsinvestitionen dieser Gesellschaft bei.Wir tragen auch mit Verantwortung für das Gemeinwohl dieses Staates.

Unsere Zielsetzung ist es, die rechtliche und gesellschaftliche Lage von Musliminnen zu verbessern und ihrer Diskriminierung entgegenzuwirken. Das selbstverständliche Wahrnehmen demokratischer Rechte nach dem Grundgesetz von Seiten der Muslime sollte nicht in Frage gestellt werden.

Unter Wahrung unserer islamischen Identität können wir Musliminnen einen großen Beitrag leisten zur Lösung der globalen Weltprobleme.

Ziele der Initiative:

- Den Muslimischen Frauen eine Stimme geben
- Aufklärungs- und Öffentlichkeitsarbeit
- Gleichberechtigter Dialog mit anderen Religionen
- Aktive Teilnahme an der Gesellschaft

Diese Initiative will zeigen, dass muslimische Frauen mehr können, als nur „ein Tuch auf dem Kopf" tragen.

Erklärung der Initiative

Wir muslimische Frauen weigern uns, irgendwelche Politiker, Medienlieblinge oder selbsternannte Islam- Experten als unsere Repräsentanten anzuerkennen. Wir sind durchaus in der Lage, selbst für uns zu sprechen. Wir möchten, dass uns muslimischen Frauen die gleichen Grundrechte zugestanden werden, wie allen anderen Frauen in Europa:

1. Das Recht unsere Religion zu praktizieren
2. Das Recht auf eine Aus- oder Schulbildung
3. Das Recht auf eine freie Berufsausübung und dies alles bitte mit Kopftuch

„Das Kopftuch in die Moschee"? Mit solchen Phrasen lassen wir uns nicht einsperren. Lange genug wurden die Muslimas aus der Öffentlichkeit herausgehalten. Wir wollen wie alle Frauen auch aktiv an der Gesellschaft teilnehmen.

„Das Kopftuch in die Freizeit"? Der Islam ist keine Freizeitbeschäftigung und wir sind keine Hobby- Muslime.

Wir Muslime beurteilen die Menschen nicht nach ihrem Aussehen, ihrem Geschlecht oder ihrer Kleidung. Für uns steht die Persönlichkeit des Menschen im Vordergrund.

Material M7

Alice Schwarzer: Der Fall Ludin

Die Entscheidung des Verfassungsgerichtes, dass muslimische Lehrerinnen in deutschen Schulen im Prinzip das Kopftuch tragen dürfen - oder den iranischen Ganzkörperschleier oder die afghanische Burka, beide ließen sich in diesem Sinne ebenfalls durchaus „religiös" begründen - ist eine folgenreiche Entscheidung. Sie wird Konsequenzen haben, sowohl rechtlich wie in ihrer symbolischen Auswirkung. Dabei zeigt die Tatsache, dass von den acht VerfassungsrichterInnen nur fünf pro Kopftuch plädiert haben - und drei Richter dagegen -, dass dieses Urteil in der Form keineswegs zwingend war, sondern auch anders hätte ausfallen können. Ganz wie im Streit um das Recht auf Abtreibung gibt es auch im Kopftuchstreit ein höchstrichterliches „Sondervotum" gegen die Mehrheitsentscheidung: Die drei unterzeichnenden Verfassungsrichter erinnern an die selbstverständliche Neutralitätspflicht von Beamten und beklagen „prozessuale Versäumnisse" ihrer Kollegen angesichts dieser „Überraschungsentscheidung". Und sie wundern sich, dass die „Senatsmehrheit" sich nicht mit der Auffassung auseinander gesetzt hat, eine „Verhüllung der Frauen gewährleiste ihre Unterordnung unter den Mann". Hier geht es um den Kern des Rechtsstaates: um die Trennung von Staat und Religion, eine mühsam erkämpfte Errungenschaft der Aufklärung. Doppelt unverständlich ist die Aufweichung dieser Trennung in einer Zeit, in der die weltweite Offensive der Gottesstaatler nicht nur Länder mit muslimischen Mehrheiten unter ihre ummenschlichen „Gottesgesetze" (inklusive Schleier) zwingt, sondern auch weltliche Demokratien bedroht. Länder wie Frankreich haben daraus längst Konsequenzen gezogen. So setzt der konservative Innenminister Sarkozy die Zeichen verstärkt auf Integration, erinnert an „die republikanischen Grundregeln" auch für MuslimInnen. Aber auch der sozialistische Ex-Kultusminister Lang, beim von drei Schülerinnen 1990 ausgelösten so genannten Kopftuchstreit noch ganz pro Kopftuch, übt inzwischen seine Selbstkritik und ist heute überzeugt, dass diese „Mädchen manipuliert werden". Doch noch ist auch in Deutschland nicht alles verloren. Denn in Wahrheit spielt Karlsruhe den Ball an die Politik zurück. Die VerfassungsrichterInnen fordern in ihrem Urteil die Bundesländer auf, die „bislang fehlenden gesetzlichen Grundlagen zu schaffen" für ein angemessenes Maß „religiöser Bezüge" in der Schule. Das heißt, es liegt jetzt in der Hand der einzelnen Länder, im Bereich ihrer Schulpolitik die Aufweichung der Trennung von Staat und Religion entweder mitzumachen - oder aber ihr entschieden Einhalt zu gebieten. Und es wird aufschlussreich sein, welche Bundesländer sich wie entscheiden werden. Denn die klassischen Kategorien von Links/Rechts gelten in dieser Frage nicht. Eher hatte die Linke bisher noch stärker Tendenzen als die Rechte, das Kopftuch und seine Folgen verharmlosend für eine Frage der „Toleranz" zu halten und für eine „Multikulti-Gesellschaft" zu plädieren. Erstmals erheben sich dagegen jetzt auch in Deutschland öffentlich Stimmen aus dem Lager der bisher schweigenden Mehrheit der Muslime. Darunter die der deutsch-türkischen SPD-Bundestagsabgeordneten Lale Akgün, die vor „Multikulti" als „besonders gefährliche Verharmlosung der Ausgrenzung" warnt: „Multikulti ist nichts anderes als eine verschleierte Form von Rassismus", sagt sie. „Denn dadurch bleiben die Zugewanderten immer die ‚Anderen'. Sie werden im Exotikbereich gehalten und bleiben vom Wohlwollen der Mehrheit abhängig." Die ersten Betroffenen von diesem Urteil wird in der Tat die Mehrheit der in Deutschland (noch?) unverschleierten muslimischen Mädchen und Frauen sein. (Selbst von den zur Zeit 300 an deutschen Schulen unterrichtenden Musliminnen tragen nur zirka 20 ein Kopftuch, also noch nicht einmal zehn Prozent, darunter auffallend viele Konvertitinnen.) Sie alle werden jetzt verstärkt unter Druck gesetzt werden können. Ganz zu schweigen von den Mädchen, die schon heute häufig von ihren Familien zum Kopftuch genötigt und im Namen der „Natur der Frau" vom Sportunterricht oder von Ausflügen ausgeschlossen werden. Demnächst auch von der Mathematik? - An weltlichen deutschen Schulen! Kein Zweifel, das Urteil ist ein halber Sieg für die Fanatiker, für die Glaube identisch ist mit Politik, die den Rechtsstaat abschaffen, die Scharia einführen wollen. Denn spätestens seit der Machtübernahme der Ayatollahs im Iran 1979 ist das Kopftuch zum blutigen Symbol dieser Gottesstaatler geworden. Als „Ausdruck von Toleranz" begrüßte auch der bis zum 11. September eher durch Intoleranz aufgefallene „Zentralrat der Muslime" das Urteil. Er vergaß allerdings hinzuzufügen, dass er keineswegs im Namen der rund drei Millionen MuslimInnen in Deutschland spricht, wie es sein Name suggeriert, sondern nach Expertenmeinung nur ein bis zwei Prozent der MuslimInnen in diesem „Zentralrat" organisiert sind. Ein Gutes allerdings hat das umstrittene Karlsruher Urteil: Bisher hatte die deutsche Politik diese existenzielle internationale Debatte verschlafen, die unsere zukünftige Welt prägen wird. Nur vereinzelte Individuen hatten eine Haltung. Das wird sich jetzt ändern. Denn spätestens à propos der Erlassung konkreter Ländergesetze zur Verschleierung wird die Diskussion endlich auch in Deutschland geführt werden müssen.

Quelle: http://www.aliceschwarzer.de/132.html

Material M8

Auszüge aus einem Interview von Alice Schwarzer mit der Bundestagsabgeordneten Lale Akgün (SPD), veröffentlicht in EMMA

Alice Schwarzer: Sie sind Türkin. Sie sind Muslimin. Und Sie sind mit einem islamischen Religionslehrer verheiratet. Aber Sie tragen nicht nur kein Kopftuch, Sie haben auch noch rappelkurze Haare.

Lale Akgün: (lacht) Das habe ich meinem Großvater zu verdanken. Der war Lehrer und hat mich sehr beeindruckt. Er hat noch auf einer islamischen Medresse studiert, aber immer gesagt: Die Ohren sind ganz wichtig. Und Frauen haben genau dasselbe Recht darauf wie Männer, dass ihre Ohren frei sind, damit sie alles mithören und mitbekommen, in alle Himmelsrichtungen.

[......]

Schwarzer: Sie haben gesagt: Für mich ist das Kopftuch ein rotes Tuch. Warum?

Akgün: Aus zwei sehr unterschiedlichen Gründen: Erstens, weil es den Islam auf ein Stück Tuch reduziert. Zweitens, weil es ein äußeres Zeichen der Ungleichheit von Mann und Frau ist.

Schwarzer: Und was sagen Sie zu dem Argument, dass viele Frauen es freiwillig tragen?

Akgün: Was ist schon freiwillig? Gerade Frauen verinnerlichen oft die Vorstellungen der

Männerwelt. Sie sagen zwar: Ich trage das Kopftuch aus freien Stücken. Aber oft ist es der Versuch, dem Mann, dem Vater oder Ehemann, den Wunsch von den Augen abzulesen. Oder der Versuch, Konflikten aus dem Weg zu gehen. Oder der Versuch, sich aufzuwerten. Das Kopftuch signalisiert: Ich bin unberührbar und rein, ich stehe über den anderen Frauen. Was natürlich nicht stimmt. Statistisch gesehen haben wir unter den Kopftuch-Trägerinnen dieselbe Moral wie unter den Nicht-Kopftuch-Trägerinnen. Sie gehen genau so selten unschuldig in die Ehe und erlauben sich dieselben sexuellen Freiheiten. Auch sind die Grenzen der wahren Motive fließend: Wer kann schon unterscheiden zwischen dem Kopftuch aus innerer persönlicher Religiosität, dem von der männlichen Autorität aufgezwungenen und dem, hinter dem eine gezielte politische Absicht steckt? Schließlich und endlich kann das Kopftuch auch ein Übergangsobjekt sein: Man hat die eine Gesellschaft verlassen, ist aber in der anderen noch nicht angekommen, und braucht diese Zeit, wo man geschützter, in sich verschlossener ist. Man ist eingepuppt und wird vielleicht erst später schlüpfen.

Schwarzer: Was heißt das konkret?

Akgün: Einmal hatte ich eine Patientin, die gerade jung geschieden war. Meine Sekretärin hatte mir eine ältere Frau angekündigt, und es kam eine tief Verschleierte. Ich fragte: Wie alt sind Sie? Sie war 21. Und als ich ihr sagte, dass meine Sekretärin sie für Mitte 40 gehalten hatte, war sie sehr gekränkt. Wenige Monate später kam sie wieder. Nun hatte sie einen neuen Partner und war, seinem Geschmack entsprechend, total aufgestylt: Barbie-Frisur, Minirock, Stöckelschuhe. Ich habe sie fast nicht wiedererkannt. Was ist nun ihr freier Wille? Was ist hre so genannte wahre Identität?

Schwarzer: Trägt Ihre Mutter eigentlich ein Kopftuch?

Akgün: (lacht) Nein. Meine Mutter ist Mathematikerin und die rationalste Frau, die ich in meinem Leben getroffen habe. Mein Vater hingegen, ein Zahnarzt, war ein sehr weicher Mensch. Meine Mutter war der Mann in der Familie.

Schwarzer: Sie sind ja in den frühen 60er Jahren mit Ihren Eltern nach Deutschland gekommen. Hat sich seither bei der Mehrheit der hier lebenden Türken etwas verändert?

Akgün: Ja, ganz stark. So richtig aufgefallen ist mir das in einer Ausstellung im Ruhrlandmuseum 1998. Da ging es um die Immigration der Türken, die neue und die alte Heimat. Und da sah man, dass die Türkinnen in den 60er Jahren überhaupt keine Kopftücher trugen. Das fing erst in den 80er Jahren an, ganz schleichend. Es hatte mit dem Militärputsch 1980 in der Türkei zu tun. Und mit Khomeinis Putsch 1979 im Iran. Also mit der Islamisierung der muslimischen Länder. Dabei haben die Amerikaner eine ganz zentrale Rolle gespielt. Sie haben in den 80er Jahren die Islamisierung aller Nachbarstaaten der UdSSR forciert, um den Kommunismus abzupuffern, und den so genannten grünen Gürtel um den Kommunismus gelegt. Grün wie der Islam. Das hatte dann natürlich Auswirkungen bis nach Deutschland. Und dann ging Anfang der 90er der Afghanistankrieg der Sowjetunion gegen die Taliban los. Und das hat den islamistischen Brüdern in der ganzen Welt nochmal Auftrieb gegeben. Auf einmal gehörte es dazu, Kopftuch zu tragen.

Schwarzer: Das Kopftuch also nicht als Ausdruck des Glaubens, sondern als Signal für eine politische Haltung?

Akgün: Ganz klar. Erst danach kamen die überhöhenden kulturellen und religiösen Erklärungen: Das Kopftuch als Ausdruck der muslimischen Identität, der eigenen Kultur etc. Dabei hatten auch in den 60er Jahren viele ihre Identität verloren aber deswegen noch lange keine Bärte und Kopftücher. In der Zeit gab es ja auch in der Türkei kaum Kopftücher in den Großstädten. Höchstens die Kopftücher auf dem Land, aber eher so turbanmäßig um den Kopf geschlungen, mit den Zipfeln oben, als praktischer Schutz vor Staub. Das, was wir heute in Deutschland als islamisches Kopftuch kennen dieser lange Mantel mit dem Kopftuch über die Schultern und den ganz abgebundenen Haaren diese Kluft ist überhaupt erst in den 80ern entstanden. Das gab es früher überhaupt nicht. In unseren Familienalben trägt nur meine Urgroßmutter manchmal ein Kopftuch: So ein Seidentuch mit einer Spitzenborde ...

Schwarzer: ... das trugen unsere Urgroßmütter an Feiertagen auch ... Sie haben in den 90ern ein paar Jahre lang in Solingen das Landeszentrum für Zuwanderung, das erste seiner Art, geleitet. War in der Zeit ein Druck Richtung Bart und Kopftuch zu spüren?

Akgün: Und wie! In den Predigten wurde verkündet: Jedes Haar, das zu sehen ist, wird sich in der Hölle in eine Schlange verwandeln. Stellen Sie sich das mal vor, wie viele Haare Sie auf dem Kopf haben und wie viele Schlangen daraus werden. Das heißt, die Leute wurden eingeschüchtert, man machte ihnen Angst. Ich habe dann mit denen geredet, ihnen erklärt, worum es im Islam wirklich geht, nämlich: Du sollst nicht äußerlich auffallen. Was in der Konsequenz heißt, dass das Kopftuch in einer Gesellschaft wie der unseren ganz und gar unislamisch ist, weil auffallend und abgrenzend. Die Kopftuchträgerinnen sind ja was Besonderes und wollen das auch sein, aber genau das verbietet der Koran. Auffallen ist zutiefst unislamisch. Das Kleid oder der Anzug gehören auf die Straße, der Badeanzug an den Strand, der Pyjama ins Bett und das Kopftuch in die Moschee!

Quelle: http://www.laleakguen.de/article/14.kopftuch_multikulti_zentralrat_integration.html?sstr=Kopftuch

Material M9

Auszug aus: Rommelspacher, Birgit: Anerkennung und Ausgrenzung. Deutschland als multikulturelle Gesellschaft. Frankfurt/Main 2002.

Aus westlicher Sicht ist das Kopftuch in erster Linie zu einem Symbol für Frauenunterdrückung und Rückständigkeit geworden. Das zeigen z.B. Irmgard Pinn und Marlies Wehner (1995) ausführlich in ihrer Analyse des Bildes der islamischen Frauen in den westlichen Massenmedien sowie wissenschaftlichen und literarischen Publikationen. Sie stoßen immer wieder auf dasselbe Bild, in dem die Frau als das Opfer des islamischen Patriarchats dargestellt wird, in dem uns das elende Schicksal der Frauen aus der "orientalischen Despotie", so etwa der Untertitel eines Buches von Cheryl Benard und Edith Schlaffer (1992), vor Augen geführt wird.

Diese Position ist (...) keineswegs neu, sondern fester Bestandteil einer orientalistischen Sichtweise. Bereits die Kolonialmächte haben den Islam als genuin fremd und frauenunterdrückerisch verstanden. Schon seit der Zeit der Kreuzzüge hatten die europäischen Männer davon geträumt, die Sarazenenprinzessin zu befreien. Das setzte sich fort in den Wunschvorstellungen der imperialistischen Eroberer, die die Haremsmauern niederreißen wollten, um die versklavten und entrechteten Frauen zu befreien. Wie sehr hier "Befreiung" im Interesse von Dominanz steht, zeigt das Beispiel von Lord Cromer, dem Generalkonsul der britischen Kolonialbehörde in Ägypten, der im Namen von Freiheit und Emanzipation vehement die Entschleierung der muslimischen Frauen gefordert hatte.

Gleichzeitig aber war er selbst in England Gründungsmitglied und zeitweiliger Vorstand der "Men's League for Opposing Women's Suffrage", also einem männlichen Verein gegen das Wahlrecht von Frauen. Er wollte also nicht die Befreiung der ägyptischen Frauen, sondern die Anpassung der muslimischen Frauen an das Modell der englischen Hausfrau und Mutter. Leila Ahmed (1992) spricht in dem Zusammenhang von einem "kolonialen Feminismius", einem Feminismus, der im Dienste kolonialer Dominanz steht. Und sie resümiert ihre Untersuchung zu Frauen und Geschlechterverhältnis im Islam: "Ob kolonialer Patriarch, Missionare oder Feministinnen, sie alle waren sich einig, dass die Moslems ihre Kultur d.h. ihre Religion, ihre Sitten und Bekleidungsformen abzulegen hätten, um in die zivilisierte Welt aufgenommen zu werden" (S. 154).

Auch für die französischen Kolonialherren verdichtete sich nach Frantz Fanon in der unterdrückten Frau das Wesen der Kolonisierten. Ihre Auffassung beschreibt er folgendermaßen: "Wenn wir die Strukturen der algerischen Gesellschaft zerstören wollen, ihre Fähigkeit zum Widerstand, müssen wir als erstes die Frauen erobern und sie unter dem Schleier finden, wo sie sich verstecken, und in den Häusern, wo die Männern sie außer Sicht halten." (169, S. 23) Denn die Frau, die sieht, aber nicht gesehen wird, frustriert den Kolonisator. "Es gibt keine Gegenseitigkeit. Sie ergibt sich ihm nicht und bietet sich nicht an" (S. 29). So wurden Frauen von den französischen Militärs aus den Dörfern in die Städte gebracht und gezwungen, auf öffentlichen Plätzen den Schleier abzulegen. Nicht nur sie, sondern auch die algerischen Männer haben dies als eine symbolische Vergewaltigung empfunden. (S. 114/115)

Material M10

Auszug aus: Rommelspacher, Birgit: Anerkennung und Ausgrenzung. Deutschland als multikulturelle Gesellschaft. Frankfurt/Main 2002.

Genauso ambivalent ist das Kopftuch in Bezug darauf zu bewerten, was es über die Position der betreffenden Frau gegenüber ihrer Herkunftskultur und der Aufnahmegesellschaft aussagt. Das Kopftuch kann auf der einen Seite Ausdruck einer bewussten Selbstverortung sein und Widerstand gegen Assimilationismus ausdrücken, es kann auf der anderen Seite aber auch Ausdruck eines repressiven Kollektivismus sein. Deshalb muss jeweils im Einzelfall geprüft werden, welche Bedeutung das Kopftuch für die jeweilige Frau hat und ob damit eine eigenständige Position vertreten wird, oder ob etwa Zwang und Gewalt im Spiel ist. Ebenso wäre im Fall der Einstellung einer Lehrerin zu fragen, ob zu erwarten ist, dass sie den Kindern gegenüber repressive Werte vertritt und sogar Zwang ausübt oder ob sie nicht im Gegenteil zur Auseinandersetzung mit unterschiedlichen Positionen anregt.

Aber genauso wie die Position der Angehörigen der Minderheitenkultur im Konfliktfall zu prüfen ist, muss auch die Position der Mehrheitskultur untersucht werden. Dabei fragt sich zunächst, was ihr Motiv ist, sich in dem Zusammenhang so intensiv um die Emanzipation der Frauen zu bemühen. Es wären sicherlich eine Unzahl von Gerichtsverfahren anhängig, wenn man mit demselben Eifer dem Verdacht antiemanzipatorischer Einstellungen bei deutschen christlichen Männern und Frauen nachginge. Dies und die Tatsache, dass die Position der betroffenen Frauen selbst sowie die Erfahrung mit ihrer bisherigen beruflichen Praxis als Lehrerin so gut wie keine Rolle in der Auseinandersetzung spielte, legt die Vermutung nahe, dass es dabei nicht in erster Linie um Fragen der Selbstbestimmung von Frauen geht, sondern sehr viel mehr um die Frage, welches Konzept von Geschlechterverhältnis in dieser Gesellschaft verpflichtend ist, d.h. wer in dieser Gesellschaft die Deutungsmacht hat.

Es scheint hier also eher um eine Frage kultureller Dominanz als um die Befreiung der Frau zu gehen.

Dabei ist zu berücksichtigen, dass die Beziehung zum Islam in Europa, wie wir sahen, eine lange, vielfach feindselig geprägte Tradition hat, die heute vor allem durch die Ausgrenzungspolitik gegenüber MigrantInnen und die weltpolitischen Frontstellungen der letzten Jahrzehnte reaktiviert worden ist. In dieser Tradition war das Geschlechterverhältnis von Anfang an ein Medium der Auseinandersetzung, da mithilfe des westlichen Emanzipationsmodells die kulturelle und politische Vorherrschaft des Westens durchgesetzt und Anpassung eingefordert werden sollte. Deshalb liegt eine wesentliche Schwierigkeit für die Mehrheitsgesellschaft darin, zu sehen, dass Widerstand gegen ihre Emanzipationsvorstellung im Sinne eines repressiven Egalitarismus selbst repressiv sein kann. Repressiv wird das westliche Emanzipationskonzept dann, wenn es unabhängig von Lebenslage und kulturellen Traditionen seine Vorstellungen den andern überstülpen möchte und so im Namen von Gleichheit und Freiheit Unterwerfung einfordert." (S. 123/124)

Katy Haehser

Pressefreiheit in der Einwanderungsgesellschaft – Der Streit um die Mohammed-Karikaturen im Spannungsfeld von Freiheit und Verantwortung

„Freiheit ist immer die Freiheit der Andersdenkenden, sich zu äußern."
(Rosa Luxemburg)

„Ich mag verdammen, was du sagst, aber ich werde mein Leben dafür einsetzen, dass du es sagen darfst."
(Voltaire)

1 Einleitung

In den öffentlichen Auseinandersetzungen hierzulande ist in den vergangenen Jahren die Meinungsäußerungsfreiheit (Pressefreiheit) immer stärker in den Sog eines Konflikts zwischen islamischen und „westlichen" Positionen geraten. Oberflächlich betrachtet scheinen dabei zwei Menschenrechte miteinander zu konkurrieren, nämlich die Freiheit der Religionsausübung und die Meinungsäußerungsfreiheit.

Verf.' möchte in diesem Beitrag Geschichte und Problematik dieses Erscheinungsbildes nachvollziehen und diskutieren. Ziel der so beschaffenen Überlegungen ist es, die Problemlage soweit theoretisch zu durchdringen, dass sich ein Ansatzpunkt für praktische Entscheidungen im Umgang mit der hier vorgestellten Thematik ergibt.

Der Streit um die im September 2005 in der dänischen Zeitung Jyllands-Posten veröffentlichten Mohammed-Karikaturen, der im Februar 2006 einen Großteil der Welt in Atem hielt, spiegelt die Schwierigkeit des Dialogs, wenn unterschiedliche Rechte auf Kollisionskurs zu geraten scheinen.

Die aus der Diskussion um die Berechtigung der Karikaturen entstandene Gemengelage unvereinbarer Bedürfnisse und Postulate fächert unterschiedliche, teils ineinandergreifende Problemebenen auf. Hierzu gehören die moralisch-ethische, die ökonomische, die politische, die religiöse und vor allem die rechtliche Problemebene. Insbesondere letztere verdeutlicht die Schwierigkeit, individuellen Rechten gerecht zu werden, wenn sie miteinander kollidieren. Hier scheint der Rechtsstaat gezwungen zu sein, einerseits individuelle Rechte der einen zu schützen und genau dadurch individuelle Rechte anderer zu verletzen.

Daraus entsteht die Frage, wie die Abwägung oder Verknüpfung gegensätzlicher Rechte in der Einwanderungsgesellschaft diskutiert werden können, damit sich eine Perspektive ihrer gemeinsamen Gestaltung durch die traditionelle Mehrheitsgesellschaft und ihrer Minderheiten ergibt. Voraussetzung für die gemeinsame Gestaltung der Einwanderungsgesellschaft ist die Bereitschaft der Mehrheitsgesellschaft, sich auf einen Dialog über theoretische, rechtliche, praktische und für alle gemeinsam verbindliche Maßstäbe einzulassen, ohne die eigene Position prinzipiell zu monopolisieren. Der Maßstab, auf den man sich allerdings einigen können muss, ist das gemeinsame säkulare Interesse, von dem die Allgemeine Erklärung der Menschenrechte ausgeht.

Die Menschenrechte als Ergebnis historischer Unrechtserfahrungen könnten den kleinsten gemeinsamen Nenner als Grundlage für den Dialog in der Einwanderungsgesellschaft bilden, wenn es darum geht, eine gesamtgesellschaftliche Perspektive zu entwickeln.

Der Karikaturenstreit als Menschenrechtsthema wird dadurch relevant, als dass sich im Verlauf des Diskurses gezeigt hat, dass das Menschenrecht der Pressefreiheit mitunter gerade dadurch gefährdet werden kann, dass sie einseitig und verantwortungslos gebraucht wird.

Heiner Bielefeldt beschreibt die Geschichte der Menschenrechte als eine bisher unabgeschlossene „komplizierte Lerngeschichte", die geprägt wurde durch „Erfahrungen strukturellen Unrechts", auf die mit der Verkündung der Menschenrechte reagiert wurde.[1] Die unterschiedlichen Menschenrechtserklärungen (1776, 1789, 1948) antworteten jeweils konkret auf geschehenes Unrecht und wurden um Ausprägungen der historischen Realität erweitert.

Im Umgang mit der Pressefreiheit einerseits und der religiösen Verletzbarkeit andererseits bedarf es eines widerspruchsfreien Weges der praktischen Umsetzung der Pressefreiheit zwischen Manipulation und Verantwortung. Das bedeutet, die Pressefreiheit nicht als Abstraktum zu betrachten, sondern ihre konkrete Umsetzung in der historisch vorfindlichen Situation zu verhandeln, ohne ihre grundsätzliche Gültigkeit auch nur ansatzweise in Frage zu stellen. Das Recht der freien Presse steht in diesem Zusammenhang also gar nicht im Fokus der Debatte. Vielmehr eröffnen sich durch den Umgang mit der Pressefreiheit in der Einwanderungsgesellschaft neue Themenfelder und Problembereiche, die nicht durch einseitiges Beharren auf einem Rechtsanspruch erschlossen werden können.

Die unreflektierte Inanspruchnahme der Meinungsäußerungsfreiheit von Vertretern europäischer Mehrheitsgesellschaften hat in der jüngsten Vergangenheit immer

---

[1] Bielefeldt, Heiner: Menschenrechte in der Einwanderungsgesellschaft. Plädoyer für einen aufgeklärten Multikulturalismus. Bielefeld 2007, S. 51.

wieder die subjektive Belastbarkeitsgrenze der Minderheiten strapaziert und entsprechende Reaktionen verursacht.[2] Der Karikaturenstreit ist hierfür beispielhaft.

Der vorliegende Beitrag stellt zunächst die Ereignisse des Karikaturenkonflikts entlang seiner Chronologie dar (Kap. 2). Im Verlauf des Karikaturenstreits finden sich sämtliche Topoi und Ängste wieder, die eng mit dem Trauma des 11. Septembers 2001 verknüpft sind und entsprechend rezipiert wurden. So ist die Darstellung des Karikaturenstreits in den Medien untrennbar verflochten mit der Islamrezeption in den Medien seit den Terroranschlägen auf die Zwillingstürme des World-Trade-Centers und wirkt sich im Alltagsbewusstsein der autochtonen Bevölkerung gegenüber eingewanderten oder weiterhin einwandernden Menschen entsprechend aus (Kap. 3.4, 3.5, 3.5.1).

In Anknüpfung an die Chronologie der Ereignisse sollen zunächst die historische Entwicklung der Pressefreiheit skizziert und die wesentlichen Konfliktlinien zwischen Pressefreiheit und Presseverantwortung aufgezeigt werden (Kap. 3, 3.1., 3.2, 3.3, 3.4). Dies erweist sich in Anbetracht konfligierender Interpretationen der Menschenrechte in der gegenwärtigen Einwanderungsgesellschaft als notwendig.

Die Entwicklung der Pressefreiheit in Deutschland verdeutlicht, dass sich die „freie Presse" nicht erst in der Einwanderungsgesellschaft die Frage vorzulegen hat, welchen Sprengstoff sie enthalten und welchen Einfluss sie haben kann, wenn sie verantwortungslos betrieben wird.

Die Kap. 4.1-4.5 spiegeln auf unterschiedlichen, teils ineinandergreifenden Problemebenen die Dimensionen der Debatte, indem sie die verschiedenen Argumentationsmuster, Deutungen und Kontraste des Diskurses einzufangen versuchen.

Der Anhang (Kap. 6) eröffnet in Form einer Methodenkarte eine mögliche Problematisierung des Diskurses im Unterricht.

---

[2] Signifikantes Beispiel ist die Ermordung des niederländischen Filmemachers Theo van Gogh am 2. November 2004. Van Gogh hatte mit provozierenden und oftmals zynischen Äußerungen und Verspottungen immer wieder Kontroversen in den Medien hevorgerufen. So kritisierte er die multikulturelle Gesellschaft, die einen Angriff gegen die „Normen und Werte der westlichen Gesellschaft" darstelle und den „aggressiven und rückständigen Islam" verteidige. Muslime bezeichnete er als „geitenneukers" (Niederländisch: „Ziegenficker"). Dem Schriftsteller Leon de Winter warf van Gogh „Vermarktung seines Judentums" vor und provozierte ihn und seine Frau in diesem Zusammenhang mit sexuellen Anzüglichkeiten. Dem Mordanschlag vorhergegangen war die Ausstrahlung seines Kurzfilms „Submission", der von der Unterdrückung islamischer Frauen im Namen des Koran handelt. In dem Film wird auf äußerst provozierende Weise mit islamischen Glaubenssymbolen umgegangen: Der halb nackte Rücken einer Frau ist dort zu sehen, darauf eintätowiert sind frauenfeindliche Koransuren. Das Drehbuch für den Film hatte die aus Somalia stammende Parlamentsabgeordnete und Islamkritikerin Ayaan Hirsi Ali geschrieben. Die Politikerin der rechtsliberalen Partei VVD hatte wegen dieses Filmes ebenso wie Van Gogh Todesdrohungen erhalten.

2 Angekommen im neuen Jahrtausend: Aufklärung versus Irrationalismus?

Zu Beginn des Jahres 2006 löste die Frage nach der Legitimation, Karikaturen über den Propheten Mohammed zu veröffentlichen, weltweit heftige, vielfach emotional geführte Diskussionen zwischen Vertretern der „säkularen westlichen" und der religiös geprägten islamischen Welt aus, die durch zunehmende Polarisierung beider ‚Seiten' gekennzeichnet waren.

Im September 2005 hatte Dänemarks rechtsnationalistische Tageszeitung Jyllands-Posten zunächst 40 namhafte dänische Karikaturisten beauftragt, den Propheten Mohammed zu zeichnen. Zwölf von ihnen reagierten, und das Ergebnis wurde am 30. September 2005 unter der Überschrift „Gesichter Mohammeds" abgedruckt. In den zwölf Karikaturen ist Mohammed unter anderem als Terrorist mit einer Bombe als Turban samt brennender Zündschnur, aber auch als freundlich schauender, älterer Herr dargestellt. In einer anderen Karikatur verwehrt er einigen Männern, die vom Selbstmordattentat sichtlich lädiert mit noch dampfenden Bombengürteln im Himmel eintreffen, den Zutritt mit dem Kommentar: „Stop! Uns sind die Jungfrauen ausgegangen!" Eine weitere Abbildung, auf der sich Frauenprofile finden, ist mit dem im Dänischen gereimten Untertitel versehen: „Mit einem Knall im Kopf hält er Frauen unterm Deckel!"

Als nach der Veröffentlichung der Karikaturen muslimische Reaktionen zunächst ausblieben, heizte Jyllands-Posten den Konflikt an, indem die Zeitung Journalisten auf dänische Imame ansetzte, die wegen ihres Fundamentalismus bekannt sind, um anfragen zu lassen, warum niemand protestiere. Einige Imame reagierten schließlich und formierten ihre Gesinnungsgenossen zum Widerstand, der vier Monate nach dem Erscheinen der Karikaturen die weltweite Öffentlichkeit erreichte.[3]

Verschiedene Printmedien in Europa, darunter „Le Monde" in Frankreich, die „WELT" und die „FAZ" in Deutschland und „El Pais" in Spanien, druckten die Karikaturen nach – mit dem Verweis auf das im Zuge der europäischen Aufklärung mühsam erkämpfte Recht auf freie Meinungsäußerung, auf die Pressefreiheit, das Fundament einer funktionierenden Demokratie und einer freien Gesellschaft. Auch Printmedien in Ländern mit großen muslimischen Bevölkerungsanteilen druckten die Karikaturen nach und erhoben zum Teil heftige Kritik.[4]

Die Karikaturen, die für Mohammed nicht gerade schmeichelhaft und sicherlich dem Frieden der Religionen untereinander nicht zuträglich waren, lösten daraufhin

---

[3] Zur Entzündung und zum Verlauf des Karikaturenstreits vgl. Schedel, Gunnar: Identität und Emanzipation. In: MIZ, 35. Jg. (2006), Heft 2, S. 21-25.
[4] Zwischen dem 17. Oktober 2005 und Mai 2006 druckten über 150 Printmedien in über 50 Staaten einzelne oder mehrere der Karikaturen nach. Eine genaue Aufstellung über die Veröffentlichungen ist auf einer „Wikipedia-Seite"

eine Welle gewalttätiger Proteste in großen Teilen der islamischen Welt aus. Sie reichte von den Palästinenser-Gebieten über Syrien, Iran und Afghanistan bis nach Indonesien. Radikale Muslime drohten mit Gewalt gegen Bürger aus Staaten, in denen die umstrittenen Karikaturen Mohammeds abgedruckt wurden. In Jakarta stürmten militante Demonstranten die dänische Botschaft, in den palästinensischen Autonomiegebieten drohten Mitglieder der Al-Aqsa-Brigaden damit, Staatsangehörige Dänemarks, Norwegens, Frankreichs und Deutschlands zu entführen, insofern sich die Regierungen dieser Staaten nicht offiziell dafür entschuldigten, dass ihre Presse die Karikaturen gedruckt hatte. In Quatar rief der einflussreiche sunnitische Scheich Jussef el Kardawi die „Gläubigen" zu einem „internationalen Tag des Zorns" auf. Im Verlauf der gewaltsamen Ausschreitungen wurden Botschaften europäischer Länder angegriffen, dänische Soldaten im Irak beschossen, christliche Kirchen angezündet und Flaggen verbrannt. Durch Zusammenstöße mit Sicherheitskräften starben mehrere Menschen, unter anderem in Afghanistan und Somalia.

Der afghanische Präsident Karzai verurteilte die Karikaturen und mahnte die Europäer, weitere Nachdrucke zu unterbinden. Auch der ägyptische Präsident Mubarak äußerte seine Empörung und erklärte, Pressefreiheit dürfe nicht als Entschuldigung für die Beleidigung der Religionen dienen. Der türkische Ministerpräsident Erdogan ging sogar noch weiter und forderte eine Einschränkung der Pressefreiheit in Anbetracht des „Angriff[s] auf unsere geistig-moralischen Werte". Die Pressefreiheit müsse Grenzen haben, erklärte er im Gespräch mit dem französischen Außenminister Phillippe Douste-Blazy in Ankara.[5]

Aus heutiger, ‚aufgeklärter' Sicht ist die Veröffentlichung solcher Karikaturen durch die Pressefreiheit gedeckt, zumal vor dem assoziativen Hintergrund jener Mittel, die eine Karikatur per definitionem erst zur Karikatur machen, nämlich der Kritik, der Überzeichnung, der Polemik und der Ironie. Würde durch den Druck von außen oder sogar durch eine vorweg eilende Selbstzensur das Entgegenkommen bei der Themenwahl oder der Wahl der Mittel ständig beeinflusst, so wäre das Medium der Karikatur ebenso verloren wie das Recht, sich kritisch zu äußern. Dazu bemerkt der italienische Philosoph Paolo Flores D'Arcais in einem Debattenbeitrag für „Le Monde", dass sich die Grenzen der Meinungsfreiheit nicht durch die religiösen Gefühle einer sich als verletzt bekennenden gesellschaftlichen Gruppe definieren lassen:

„Wenn man es zum Prinzip macht, dass kein religiöser Glaube verletzt werden darf, dann werden die Schlüssel dieser Freiheit in die Hände des Gläubigen und seiner Empfindlichkeit gelegt. Mit der offensichtlichen und paradoxen Folge, dass

---

zusammengestellt: http://en.wikipedia.org/wiki/List_of_newspapers_that_reprinted_Jyllands-Posten's_Muhammad_cartoons#_note-Northern_Star

5 Vgl. www.n-tv.de/629649.html

Abb 1:
„Zufrieden so?" - Der Karikaturist Horst Haitzinger reagiert Anfang Februar 2006 mit einer Karikatur auf den Karikaturenstreit.

die Grenzen der Meinungsfreiheit um so enger werden, je stärker sich diese Empfindlichkeit – die bis zum Fanatismus gehen kann – äußert. Und mit einer noch fataleren, da ansteckenden psychologischen Folge: Wenn die Empfindlichkeit gegenüber Beleidigungen zum Kriterium würde, um die Meinungsfreiheit zu begrenzen, dann wäre jedermann ermutigt, seine Allmachtsfantasien auszuleben und sein natürliches Unbehagen an Kritik zum Ressentiment, zur Wut und schließlich zum Fanatismus zu steigern".[6]

Die Karikaturen waren rechtlich legitimiert. Ob es klug war, sie in dieser Weise zu veröffentlichen, ist eine andere, diskussionsbedürftige Frage. – Ebenso wie die, ob im vorliegenden Falle die Pressefreiheit überhaupt bedroht war und ob die Veröffentlichung der Karikaturen – wie von Jyllands-Posten suggeriert – tatsächlich eine Reaktion im Kampf um die Verteidigung dieses so wertvollen Menschenrechts war.

In Anbetracht des Ausmaßes der Entrüstung und des Unverständnisses, das die Fronten fortschreitend gegeneinander verhärtete, sollte die Frage nach der Intention nicht unberücksichtigt bleiben, die der Karikaturen-Ausschreibung durch Jyllands-Posten zugrunde lag, zumal vor dem Hintergrund des jahrelangen publizistischen Begleitschutzes, den das Blatt jener rechtsliberalen Regierung bot, die direkt nach ihrem Amtsantritt die Ausländergesetze extrem verschärfte. Die Regierung Rasmussens schuf Einwanderungsgesetze, die zu den diskriminierendsten in Westeuropa zählen. Schon im Wahlkampf 2001 polemisierte der heutige Regierungschef gegen die „Ausländer" und insbesondere gegen die Muslime im Land, flankiert von der Berichterstattung der Jyllands-Posten, dem ständigen Sprachrohr der anti-islamischen Stimmung in Dänemark.

Interessant ist, dass sich dieselbe Zeitung im Jahre 2003 weigerte, Jesus-Karikaturen zu drucken, mit der Begründung des Chefredakteurs, er glaube nicht, dass diese

---

6   Le Monde vom 25. 02. 2006, abrufbar über den eurotopics-newsletter vom 25. 02. 2006: www.eurotopics.net

Zeichnungen die Leser erfreuen werden. Er glaube sogar, dass sie einen Aufschrei hervorrufen werden. Deswegen werde er sie nicht bringen.[7]

Für viele Muslime leitete sich aus der Karikaturenveröffentlichung die Intention ab, sie als Minderheit in Dänemark noch weiter auszugrenzen und zu demütigen, zumal Jyllands-Posten sich legitimiert sah, in der gekränkten Haltung der Muslime den Unwillen zu attestieren, sich der „aufgeklärten" Gesellschaft anzupassen.

Die Aktion der Karikaturen-Veröffentlichung verfolgte die erklärte Absicht zu provozieren: Er habe in Erfahrung bringen wollen, „wie weit die Selbstzensur in der dänischen Öffentlichkeit geht", begründete Flemming Rose, der zuständige Kulturchef des Blattes, sein Vorgehen und fügte hinzu: „In einer säkularen Gesellschaft müssen Moslems damit leben, verhöhnt, verspottet und lächerlich gemacht zu werden".[8]

Das Repertoire gegenseitiger Vorbehalte erschwerte durch eine fortschreitende Polarisierung vermeintlich aufgeklärter gegen religiöse Haltungen den weltweiten Dialog über das, was geschehen war. Während das Gros der Menschen in der „aufgeklärten" westlichen Welt den personifizierten Terror spätestens seit dem 11. September 2001 als aggressive, wildgewordene und jeder Zivilisation entbehrende islamische Fanatiker imaginiert, verschärften sich umgekehrt die Aggressionen islamischer Prediger gegen die Doppelzüngigkeit des Westens im gleichen Zeitraum beobachtbar. Dass der Gewaltausbruch in nahezu allen Teilen der islamischen Welt auftrat, deutet evident auf eine subjektiv empfundene Problemlage hin, die die Muslime als gemeinsame Problemlage teilen, auf die sie auch gemeinsam reagieren. Die Gewaltbereitschaft, die ein Großteil der muslimischen Welt nach den Karikaturveröffentlichungen präsentierte, scheint symptomatisch für einen über lange Zeit angestauten Unmut, den eskalieren zu lassen es nur noch eines geeigneten Anlasses bedurfte. Auffällig ist auch, dass sich im Forum der Kritik die gemäßigteren Muslime und radikalere Kritiker in den meisten Punkten einig zeigten: Der doppelte Maßstab, mit dem der Westen globale politische Ereignisse bemesse und Menschenrechtsverletzungen ebenso wie atomare Aufrüstungen unterschiedlich handhabe, fordere diejenigen heraus, deren Rechte hier nicht beachtet werden. Im Gegenteil, sie würden auf diese Weise bewegt, sich gegen die westlichen Aggressoren zur Wehr zu setzen, die in Bagdad den Sieg der Freiheit feiern und gleichzeitig in Abu Ghraib Gefangene foltern und Verdächtige in den Ländern ihrer Verbündeten verhören. Spätestens seit dem Eingreifen der Amerikaner und einiger Verbündeter im Irak fühlten sich viele Muslime als Opfer eines westlichen Kreuzzuges.

Der sogenannte Karikaturenstreit wurde in den europäischen Medien vielfach als Symptom eines „Kampfes der Kulturen" interpretiert.

---

[7] „Jyllands-Posten lehnte Jesus-Satire ab": In: Spiegel online (08.02.2006). Abrufbar unter: http://www.spiegel.de/politik/ausland/0,1518,399818,00.html
[8] Vgl. Gamillscheg, Hannes: Ausgerechnet Jyllands-Posten. In: Frankfurter Rundschau vom 4. Februar 2006.

Vor allem schien es auf beiden „Seiten" Lager zu geben, die Interesse an einer Eskalation des Konfliktes durch die Proklamierung des angeblichen „Kulturkampfes" hatten. Auf muslimischer Seite waren es diktatorische Regime, die den Konflikt zu einer Demonstration ihrer angeblichen Beschützerfunktion für die Muslime und den Islam nutzten. In Europa war es eine konservative Rechte, die versuchte, ein Bild von den Muslimen zu entwerfen, die die Meinungsfreiheit untergraben und die westliche Gesellschaft ändern wollen.

Auch im Einwanderungsland Deutschland wurde der vermeintliche „Kampf der Kulturen" quer durch die Medien verhandelt, wurde die versäumte Integration insbesondere der islamischen Mitbürger erörtert und diskutiert, indem in erster Linie die traditionelle Mehrheit ihr Kulturgut verteidigte und von der fremden Minderheit abgrenzte, die sich diskriminiert fühlte und argumentativ isolierte. Dass es umgekehrt auch zu vielen Dialogen kam, war in den Medien weit weniger präsent als die Darstellung der Konflikte.[9]

Muslimische Zentren veranstalteten mancherorts Tage der offenen Tür und distanzierten sich trotz Kritik an den Karikaturen von den weltweiten Gewaltakten. Viele muslimische Zentren suchen den gesellschaftlichen Dialog, der Zentralrat der Muslime in Deutschland (ZMD) veranstaltet am 3. Oktober eines jeden Jahres deutschlandweit in vielen Moscheen einen „Tag der offenen Moschee (TOM)", um „ein freundschaftliches Miteinander" zu „erreichen"[10]. Der Muslimrat München e.V. will bis heute versuchen, „Brücken zwischen Muslimen und Mitbürgerinnen und Mitbürgern mit anderer Weltanschauung" zu bauen und bietet den informativen Dialog an, „um gegenseitige Ressentiments, Ängste und Misstrauen abzubauen."[11]

Selbst die kurzzeitige Aufregung über die umstrittene Papstrede[12] im September 2006 in Regensburg verhinderte nicht die viertägige Pastoralreise Benedikts XVI. in die Türkei im November 2006, die in erster Linie den Zweck der Annäherung und Aussöhnung erfüllte.

---

9   Über die Wirkungen der medialen und politischen Austragung des Konflikts auf die Bevölkerung und ihr Verhältnis zu Menschen mit Migrationshintergrund vgl.: Jäger, Margarete u. Siegfried: Rassisierende Deutungen. Der Karikaturenstreit in deutschen Print-Medien und seine Auswirkungen auf den Einwanderungsdiskurs. In: Dies. (Hrsg.), Deutungskämpfe. Theorie und Praxis kritischer Diskursanalyse. Wiesbaden 2007, S. 131-160.
10 Vgl. Homepage des ZMD: http://www.islam.de/2583.php.
11 Vgl. Homepage des Muslimrats München e.V.: http://www.muslimrat-muenchen.de/.
12 Bei seinem Besuch in Deutschland hielt Benedikt XVI. am 12. September 2006 vor Wissenschaftlern an der Universität Regensburg eine Vorlesung. Das als Papstzitat von Regensburg bekannt gewordene Diktum ist eine Äußerung in dieser Vorlesung. Darin zitierte er eine Aussage des spätmittelalterlichen byzantinischen Kaisers Manuel II. Palaiologos zur Rolle der Gewalt im Islam. Diese Worte wurden von vielen Muslimen als „Hasspredigt" kritisiert, wohingegen Christen betonten, dass aus dem Redetext klar die Abgrenzung des Papstes von dem mittelalterlichen Zitat hervorgehe. Der Vatikan betonte, dem Papst gehe es um eine entschiedene Zurückweisung religiös motivierter Gewalt und nicht darum, die Gefühle der Muslime zu verletzten. Vielmehr habe er die westliche Kultur gewarnt, das „Heilige herabzuwürdigen". Auszüge aus der Rede sind abrufbar unter: www.spiegel.de/politik/ausland/01518,437201,00html.

3   Die Geschichte der Pressefreiheit[13]

Das der europäischen Aufklärung innewohnende Leitmotiv ist die tiefe Überzeugung, dass die Wahrheit einer jeden Erkenntnis sowie die Feststellung des Irrtums einzig durch die autonome menschliche Vernunft hervorgebracht werden können. Nur eine menschliche Vernunft, die sich selbstreflexiv der Kritik bedient, kann die Grundlage der Normen ethischen, moralischen, politischen und sozialen Handelns bilden. Die Kritik als methodisches Instrument der Aufklärungsbewegung ist eng verknüpft mit dem Anspruch auf die Freiheit der Meinungsäußerung und auch der Toleranz gegenüber anderen Meinungen.

Ausgehend von England und Frankreich, formulierte die Aufklärungsbewegung mit diesem Anspruch die emanzipatorische Absicht, sich der adeligen resp. kirchlich-religiösen Herrschaft entziehen zu wollen. Die Forderung nach Selbstbestimmung provozierte blutige Auseinandersetzungen zwischen Unterdrückten und Unterdrückern, - Auseinandersetzungen, die über eineinhalb Jahrhunderte andauern sollten und aus denen in weiten Teilen Europas und der Welt das Recht, sich frei zu äußern, und damit auch die Pressefreiheit als historisches Kampfergebnis erwuchsen.

Dass offene Meinungsäußerungen potentiell den Interessen Herrschender zuwider laufen, ist schon aus der griechischen und römischen Antike bekannt, und das Wissen darum begleitet den Menschen vermutlich, seit er in hierarchisch geordneten Verbänden koexistiert. Die überlieferte Geschichte der Zensur beginnt lange vor Christi Geburt. Aus dem 5. Jahrhundert v. Chr. ist sie aus Athen im Kontext der Verbrennung von Büchern des Philosophen Protagoras dokumentiert. Bis zur Formulierung des ersten Gesetzes, das ein Recht auf freie Meinungsäußerung einräumte, vergingen noch über 2000 Jahre.

Im 15. Jahrhundert begann mit der Kunst der Vervielfältigung und der allgemeinen Verbreitung schriftlicher Medien die Entwicklung der Pressefreiheit gegen das zensorische Diktat der Kirche und des Adels. Die neuen Möglichkeiten, eine breite Bevölkerung durch Flugblätter medial zu erreichen, rief vor allem die katholische Kirche auf den Plan, die durch die päpstliche Bulle „Inter Multiplices" von 1487 die Kontrollinstanz der Vorzensur erließ, die von katholischen Bischöfen in deren territorialem Wirkungsgebiet durchzuführen war. 1529 folgte in Speyer

---

13   Zur Geschichte der Pressefreiheit vgl.: Reporter ohne Grenzen e. V. (Hrsg.): Newsletter. Reporter ohne Grenzen für Pressefreiheit. Berlin 2008. / Reimann, Benedict: Literatur und Journalismus. Die „Geschichte des deutschen Journalismus" (1845) von Robert Eduard Prutz – Zwischen Literaturgeschichtsschreibung und dem Kampf um Pressefreiheit. Bremen 2006. / Humboldt, Wilhelm von: Über Pressefreiheit. In: Humboldt Werke in fünf Bänden. 3. Auflage, Band 4. Darmstadt 1982, S. 338-346. / Marx, Karl: Pressefreiheit und Zensur. In: Pöttker, Horst (Hrsg.): Öffentlichkeit als gesellschaftlicher Auftrag. Klassiker der Sozialwissenschaften über Journalismus und Medien. Konstanz 2001, S. 35-55. / Bahrdt, Carl Friedrich: Ueber Preßfreyheit und deren Grenzen. Zur Beherzigung für Regenten, Censoren und Schriftsteller. Züllichau 1787.

der erste Reichstagsbeschluss zu Maßnahmen wider „schlechte Schriften". Weitere Verschärfungen (Ausführungsbestimmungen, Verbote, Strafen) wurden in den darauffolgenden Jahrzehnten ergänzt. Immerhin scheiterten um die Jahrhundertwende vom 16. zum 17. Jahrhundert die Bemühungen des deutschen Kaisers Rudolfs II., eine Zensurbehörde für das Reich zu schaffen, am Widerstand etlicher Fürsten und Bischöfe, während in Frankreich und England eine zentrale und präventive Zensur durchgesetzt werden konnte. Dennoch etablierte sich um 1700 europaweit ein florierender Markt eigenständiger lokaler Nachrichtenpresse und brachte immer neue Wochenzeitungen hervor, die auf reges Interesse in der Bevölkerung stießen.

Das erste antizensorische Gesetz wurde 1695 in England eingeführt. Damit reagierte das englische Parlament auf die Forderung der Humanisten John Milton und John Locke, das Zensurstatut nicht mehr zu verlängern. Der Begriff „Pressefreiheit" wurde zu diesem Zeitpunkt noch nicht erwähnt, doch die Idee der Glaubens- und Meinungsfreiheit als Recht des Individuums und damit als „Menschenrecht" war nun nicht mehr aufzuhalten.

Die amerikanische Unabhängigkeitserklärung von 1776 markierte einen weiteren Meilenstein mit der Proklamation der Meinungs- und Pressefreiheit als unveräußerlichem Menschenrecht. Die Französische Revolution folgte wenige Jahre später dem amerikanischen Vorbild, indem die Nationalversammlung mit den Menschen- und Bürgerrechten auch die Aufhebung der Pressezensur erklärte. In Artikel 11 der Menschenrechtserklärung von 1789 wurde das Recht auf freie Meinungsäußerung eingeführt. Diese Freiheit endet an der Freiheit Anderer und kann nur durch das Gesetz beschränkt werden (Missbrauchs-Klausel). Verfassungsrang erhielt der Artikel 11 erst 1793, da die königliche Zensurbehörde des Ancien Régime formal zunächst weiterbestand und erst in der Verfassung von 1793 die Vorzensur aufgehoben wurde.

Der Weg der Pressefreiheit ist vor allem durch eine Dissonanz juristischer und faktischer Gesetzmäßigkeiten gekennzeichnet. Selbst dort, wo de jure Pressefreiheit herrschte, bedeutete die Veröffentlichung autonomer Ansichten de facto oft ein hohes persönliches Risiko, dem sich bis heute viele Journalisten im Dienste der Information aussetzen.

3.1 Pressefreiheit in Deutschland

Für die meisten Menschen ist die Pressefreiheit in Deutschland eine Selbstverständlichkeit, zumal sie schließlich vor langer Zeit, gleich nach dem Zweiten Weltkrieg, festgeschrieben wurde. Dass die Grenzen der Freiheiten von Presse und Rundfunk in der Bundesrepublik bis heute allerdings umkämpft bleiben, zeigen die anhaltenden

Diskussionen, z. B. um den BND-Skandal, das Cicero-Urteil oder um den Gesetzesentwurf des CDU-Politikers und Bundesinnenministers Schäuble zum Großen Lauschangriff, namentlich zur „akustischen Wohnraumüberwachung"[14].

Während sich die Reformbewegung der Aufklärung und die Ideen der Französischen Revolution, einhergehend mit einer lebendigen Publizistik nationaler und politischer Tagespresse, nach 1789 rasant in Europa verbreiteten, hinkte Deutschland seiner Zeit hinterher. Da innerhalb der hier vorgestellten Diskussionsgrundlage der Fokus v. a. auf Deutschland als Einwanderungsgesellschaft gerichtet ist, sollte die Entwicklung der Pressefreiheit in Deutschland in dem Maße beachtet werden, in dem sie sich von der Entwicklung der Pressefreiheit in anderen europäischen Demokratien – schon durch Zeit zwischen 1933 und 1945 – unterscheidet. Mit pedantischem Blick auf Deutschland könnte das Argument entstehen, es herrsche praktisch erst seit 1989/90 – jedenfalls in allen Landesteilen - Pressefreiheit, nachdem die „verspätete Nation"[15] in einem Zeitraum von nicht einmal 60 Jahren unter dem Einfluss von zwei Diktaturen stand, die die Herausbildung gemeinsamer Normen ebenso entschieden beeinflusst haben wie die Entwicklung eines gemeinsamen historischen Bewusstseins und daraus abgeleiteter Moralvorstellungen.

Die Pressefreiheit in Deutschland war selbst nach 1945 keineswegs nur durch die DDR-Diktatur bedroht. Auch im ‚freien', ‚demokratischen' Westen stieß sie noch in den 1960er Jahren auf einen staatlichen Widerstand, der dem demokratischen Boden der Verfassung eklatant entrückt war.[16] Daran zu erinnern scheint der Verf.' in so fern geboten zu sein, als insbesondere im Kontext der Karikaturenveröffentlichungen des Propheten Mohammed durch die dänische Zeitung Jyllands-Posten in Deutschland [sowie auch in anderen ‚westlichen' Ländern] immer wieder die Pressefreiheit

---

14 Zum BND-Skandal sowie zum Cicero-Urteil und dem Gesetzesentwurf des Bundesinnenministers s. ausführlicher i. Kap. 3.3.
15 Vgl. Plessner, Helmuth: Die verspätete Nation. Über die politische Verfügbarkeit des bürgerlichen Geistes. Frankfurt/ M. 1988. [Ungefähr seit Mitte der 1990er Jahre steht die These eines deutschen „Sonderweges", der zum Aufstieg des Nationalsozialismus geführt habe, in der Kritik vieler Historiker und Politologen. Helmut Plessner zeichnet in seinem Buch „Die verspätete Nation" die geistes- und philosophiegeschichtlichen Grundlagen für einen deutschen Sonderweg nach (seine Arbeit entstand schon 1935 auf der Basis interdisziplinärer Vorlesungen an der Universität Gröningen). Plessner beschreibt – wie Norbert Elias später ebenfalls – einen Gegensatz zwischen Kultur und Zivilisation, der aus der Tatsache herrühre, dass die Deutschen eine „verspätete Nation" sind, die im Gegensatz zu anderen Völkern des „alten Westens", die ihre nationalstaatliche Basis im 16. und 17. Jahrhundert etablierten, nicht auf ein „goldenes Zeitalter" zurückblicken könne. In deutscher Perspektive habe dagegen die imaginierte Blütezeit des Heiligen Römischen Reiches deutscher Nation die Stelle des Goldenen Zeitalters eingenommen.(„Damit gewann die romantische Bewegung, in welcher die revolutionäre Phase der Aufklärung und der Emanzipation des Gefuhls ihre Krönung und ihre Widerlegung fand, im Unterschied zu England und den romanischen Nationen an Bedeutung für die nationale Integration"). Interessant ist, dass sich radikal nationalistische oder auch faschistische Regime ausnahmslos in den „verspäteten Nationen" entwickelten: Italien wurde erst 1861 Nationalstaat, Deutschland 1871 und die Türkei, in der dem Panturkismus ca. 1,5 Millionen Armenier zum Opfer fielen, 1924].
16 Dazu ausführlicher i. Kap. 3.3.

zitiert wurde, als sei sie seit der Aufklärung ein selbstverständlicher und faktisch verlässlicher Wert, an dem es der muslimischen Welt mangele. Die Entwicklung der Pressefreiheit in Deutschland spiegelt jedoch diejenigen Verhältnisse, aus denen eine beobachtbare, teils bewusst und teils unbewusst medial inszenierte gesellschaftliche Abwehrhaltung gegen die zunehmende Entfaltung der Einwanderungsgesellschaft resultiert.[17]

Die Gedanken der Aufklärung als Forderungen nach Volksvertretung und Pressefreiheit wurden in Deutschland erstmals durch die Revolution von 1848 in der Nationalversammlung artikuliert, mit deren Scheitern auch die 1849 vorgelegte Reichsverfassung obsolet wurde, die mit Artikel 4 (§143) die Formulierung eines Anspruchs auf „Meinungs- und Pressefreiheit"[18] enthielt.

Nach dem Verlust des Ersten Weltkriegs und dem Zusammenbruch des deutschen Kaiserreichs, wurde mit Artikel 118 der republikanischen Reichsverfassung in Weimar am 11. August 1919 erstmals das Recht auf Meinungs- und Pressefreiheit fixiert:

> *Jeder Deutsche hat das Recht, innerhalb der Schranken der allgemeinen Gesetze seine Meinung durch Wort, Schrift, Druck, Bild oder in sonstiger Weise frei zu äußern. An diesem Rechte darf ihn kein Arbeits- oder Angestelltenverhältnis hindern, und niemand darf ihn benachteiligen, wenn er von diesem Rechte Gebrauch macht. Eine Zensur findet nicht statt, doch können für Lichtspiele durch Gesetz abweichende Bestimmungen getroffen werden. Auch sind zur Bekämpfung der Schund- und Schmutzliteratur sowie zum Schutze der Jugend bei öffentlichen Schaustellungen und Darbietungen gesetzliche Maßnahmen zulässig.*[19]

Eine direkte Einschränkung des Rechts auf Pressefreiheit wurde durch den Artikel zwar ausgeschlossen, dennoch ermächtigte die Weimarer Verfassung den Reichspräsidenten mit dem sogenannten „Diktaturparagraphen" (Artikel 48), im Falle einer Gefährdung der öffentlichen Sicherheit und Ordnung die wichtigsten Grundrechte außer Kraft zu setzen. Der Artikel 48 ebnete der nationalsozialistischen Bewegung den Weg, die mit der Machtergreifung am 30. Januar 1933 einen beispiellosen Feldzug gegen die Menschenrechte begann, der durch die sofortige Beseitigung der Pressefreiheit wesentlich beeinflusst und beschleunigt wurde.

Direkt nach seiner Ernennung zum Reichskanzler forderte Hitler die Auflösung des Reichstags und Neuwahlen. Da er nur über eine knappe Mehrheit im Reichstag

---

[17] Dies betrifft sowohl die Verletzung der Pressefreiheit als auch die Verantwortung der Presse resp. den Missbrauch der Presseverantwortung. Beide Bereiche werden im Weiteren noch ausführlich problematisiert.
[18] Liebing, Werner (Hrsg.): Deutsche Verfassungen. Deutschlands Weg zur Demokratie. München 1973, S. 31.
[19] Ebd., S. 97.

verfügte, hoffte er darauf, dass die NSDAP bei Neuwahlen die absolute Mehrheit gewinnen könne. Hierzu bedurfte es vor allem eines Wahlkampfes, der nicht durch unliebsame oppositionelle Meinungsbekundungen beeinträchtigt würde. Bereits am 4. Februar 1933 schränkte Hitler die Presse- und Versammlungsfreiheit drastisch ein, indem er sich auf eine „Notverordnung zum Schutze des deutschen Volkes" stützte. Besonders davon betroffen waren Zeitungen und Versammlungen der SPD und KPD. Presse und Rundfunk wurden zunehmend durch die Nationalsozialisten kontrolliert, und schon einen Tag nach dem Reichstagsbrand am 27. Februar 1933 präsentierte die Hitler-Regierung die sogenannte Reichstagsbrandverordnung „zum Schutz von Volk und Staat"[20], die u. a. den Artikel 118 der Weimarer Verfassung und damit die Pressefreiheit in Deutschland aufhob. Durch das „Reichskulturkammergesetz" vom 22. September 1933[21] wurden neben der „Reichspressekammer" auch eine „Reichsschriftumskammer", eine „Reichsrundfunkkammer", eine „Reichstheaterkammer", eine „Reichsmusikkammer" und eine „Reichskammer der bildenden Künste" eingerichtet, die allesamt dem „Reichsminister für Volksaufklärung und Propaganda" unterstellt waren. Dies bedeutete die völlige Gleichschaltung sowohl der Medien als auch der Kunst und Kultur in Deutschland.

Nach dem Kriegsende bemühten sich die Alliierten und besonders die Amerikaner, die Pressefreiheit in Deutschland auf ein ähnliches Rechtsfundament zu stellen, wie es in ihrer Heimat bestand. Doch selbst demokratisch orientierte Politiker entbehrten an Vorstellungskraft, Journalisten frei und ohne direkten Zugriff durch die Politik arbeiten zu lassen. „Es schien unmöglich zu sein, zu einer Gesetzgebung zu gelangen, in der die Presse der regierenden Macht nicht auf Gnade oder Ungnade ausgeliefert war"[22], erinnert sich der damalige amerikanische Militärgouverneur Lucius D. Clay an die Zeit um 1946, als die Militärregierung versuchte, die Deutschen darauf vorzubereiten, Presse und Rundfunk wieder in die eigene Hand zu nehmen. Die Länderregierungen wurden unterrichtet, dass sie erst dann mit einer Aufhebung der Lizensierungen rechnen könnten, wenn die Freiheit der Presse qua Gesetz ausreichend garantiert würde.

Unter dem bitteren Eindruck der verheerenden Unrechtserfahrungen des Zweiten Weltkriegs verabschiedete die Generalversammlung der 1945 gegründeten Vereinten Nationen im Dezember 1948 die Allgemeine Erklärung der Menschenrechte (AEMR), die neben Garantien zum Schutz der menschlichen Person, Verfahrensrechten, wirtschaftlichen, sozialen und kulturellen Rechten ebenso Freiheitsrechte enthält, mit denen in Artikel 19 auch die „Meinungs- und Informati-

---

20 Hofer, Walther (Hrsg.): Der Nationalsozialismus. Dokumente 1933-1945. Frankfurt 1962, S. 53.
21 Ebd., S. 95.
22 Clay, Lucius D.: Entscheidung in Deutschland. Frankfurt/ M. 1950, S. 384.

onsfreiheit" formuliert ist. Bis zum Zweiten Weltkrieg waren Menschenrechte und deren Schutz in erster Linie Angelegenheit nationaler Verfassungen, und nur wenige Fragen wurden international diskutiert und geregelt. Das Unmaß der nationalsozialistischen Verbrechen stellte jedoch ein Novum in der Geschichte der zivilisierten Welt dar, angesichts dessen weltweit 48 Staaten in der Vollversammlung der VN für die Allgemeine Erklärung der Menschenrechte stimmten, die zwar kein juristisch verbindliches Dokument ist, aber doch Eingang in viele nationalstaatliche Verfassungen gefunden hat.

Im Grundgesetz für die Bundesrepublik Deutschland von Mai 1949 wurden die einzelnen Rechte der AEMR verankert. Das Recht auf „Freie Meinungsäußerung" und „Pressefreiheit" wird seitdem durch Artikel 5[23] garantiert:

1] Jeder hat das Recht, seine Meinung in Wort, Schrift und Bild frei zu äußern und zu verbreiten und sich aus allgemein zugänglichen Quellen ungehindert zu unterrichten. Die Pressefreiheit und die Freiheit der Berichterstattung durch Rundfunk und Fernsehen werden gewährleistet. Eine Zensur findet nicht statt.

2] Diese Rechte finden ihre Schranken in den Vorschriften der allgemeinen Gesetze, den gesetzlichen Bestimmungen zum Schutze der Jugend und in dem Recht der persönlichen Ehre.[24]

3] Kunst und Wissenschaft, Forschung und Lehre sind frei. Die Freiheit der Lehre entbindet nicht von der Treue zur Verfassung.

Trotz der Verankerung der Pressefreiheit im Grundgesetz der Bundesrepublik Deutschland blieben die alliierten Vorbehaltsrechte noch bis Mai 1955 in Kraft.

---

23 Vgl. Liebing, Deutsche Verfassungen, (wie Anmerkung 18), S. 112.
24 Das in seiner Definition nicht unproblematische „Recht der persönlichen Ehre" fällt juristisch in den Bereich der sog. „Abwägungslehre". Hier geht es um diejenigen „allgemeinen Gesetze", die deshalb Vorrang vor Art. 5 I 1 GG haben, weil das von ihnen geschützte Gut wichtiger ist als die Meinungsäußerung. Der dem § 185 StGB zugrundeliegende persönliche Ehrenschutz muss – in abstracto – als prinzipiell höherrangig eingestuft werden als das Recht der Meinungsfreiheit. Der Gegenstand des „Rechts der persönlichen Ehre" soll die schwierig „objektiv zu ermittelnde Ehre" sein, die unabhängig von der Einschätzung des Einzelnen gilt. Der Ehrschutz erfolge aus der Tatsache des Menschseins und verleihe jedem Menschen einen in der [ebenfalls schwierig zu definierenden] Menschenwürde des Art. 1 GG wurzelnden, unberührbaren Achtungsanspruch. Als Träger der „persönlichen Ehre" gelten alle lebenden natürlichen Personen, Verstorbene (§189 StGB) sowie Personengruppen (die sich klar aus der Allgemeinheit heraus heben und deren Kreis klar abgrenzbar und übersehbar ist).
→ Vor allem Politiker gerieten in der Vergangenheit in Versuchung, gegen die Pressefreiheit anzugehen, um nicht in ein schlechtes Medienlicht zu geraten. Das Argument der Verletzung der persönlichen Ehre bietet einen vielfrequentierten Ansatzpunkt zur Einschränkung der Pressefreiheit. Man denke nur an die Schimpfkanonaden, die Oskar Lafontaine 1993 über den „Schweinejournalismus" ergoss, nachdem Recherchen des Magazins „Panorama" nahe legten, dass er während seiner Amtszeit als Oberbürgermeister von Saarbrücken einen befreundeten Bordell-Besitzer vor Razzien gewarnt und ihm Steuervorteile gewährt habe. In Folge dieser

3.2 Zwischen Freiheit und Verantwortung: Konflikte um die Pressefreiheit

Die Freiheit der Presse ist nicht grenzenlos. Sie endet dort, wo sie andere Rechte einschränkt (z. B. die Persönlichkeitsrechte anderer Menschen) oder dort, wo sie gegen die Verfassung verstößt (z. B. Volksverhetzung). Auch die AEMR verweist ausdrücklich auf die Schranken der Pressefreiheit bei der Achtung des Rufes anderer Personen, bei der rassistischen Hetze oder beim Aufruf zu Gewalthandlungen.

Erst im Juli 2004 widersprach der Europäische Gerichtshof für Menschenrechte in Straßburg einer Entscheidung des Bundesverfassungsgerichtes in Karlsruhe im Rechtsstreit zwischen Caroline von Monaco/Hannover und Deutschland. Die monegassische Prinzessin hatte gegen die Veröffentlichung privater Bilder in deutschen Magazinen (u. a. der „Bunten", der „Freizeit Revue" und der „Neuen Post") geklagt und war vom Bundesverfassungsgericht abgewiesen worden, das der Ansicht war, sie als „absolute Person der Zeitgeschichte" habe die Veröffentlichung von Bildern mit gewissen Einschränkungen auch ohne ihre Einwilligung hinzunehmen.[25]

Der Europäische Gerichtshof für Menschenrechte dagegen entschied am 24. Juni 2004, dass die Veröffentlichung von Fotos aus dem Privatleben Carolines gegen die Europäische Menschenrechtskonvention verstoße, die den Schutz des Privat- und Familienlebens garantiert.[26] Mit der Entscheidung des Straßburger Gerichts ist das Urteil des Bundesverfassungsgerichts zwar nicht aufgehoben worden, allerdings hat die Bundesregierung das Straßburger Urteil nicht angefochten. Der Bundesverband Deutscher Zeitungsverleger kritisierte das Urteil als „Freibrief für Zensur".[27]

Der Grat, an dem die Presse einerseits ihr Recht auf Freiheit wahrnimmt oder andererseits ein anderes Recht berührt, ist mitunter sehr schmal. Auf dieser Gratwanderung spielt vor allem die Presseverantwortung eine Rolle, wie im Weiteren noch zu zeigen sein wird.

Wie sehr einerseits viele Machthabende fürchten, dass die Information der Menschen ihrer Position schaden könnte, zeigt die verbrecherische Entschlossenheit, der über 260 Journalisten allein in Russland seit dem Ende der Sowjetunion zum Opfer fielen. Anna Politkowskaja und Alexander Litwinenko stellen lediglich die aktuellsten und bekanntesten Fälle in einer traurigen Serie von Morden dar.

Berichterstattung initiierte Lafontaine eine Änderung des saarländischen Presserechts, die erst durch ein späteres Urteil des Bundesverfassungsgerichts wieder aufgehoben wurde.

25 Vgl.: Urteil des Bundesverfassungsgerichts (BVerfG, 1 BvR 653/96 vom 15.12.1999), abrufbar unter: www.bverfg.de/entscheidungen/rs19991215_1bvr065396.html.

26 Die Urteile des Europäischen Gerichtshofs werden auf dessen Website veröffentlicht (http://www.echr.coe.int), hier: Urteil vom 24. 6. 2004 (Beschwerde Nr. 59320/00) in der Rechtssache „von Hannover gegen Deutschland", abrufbar unter: www.echr.coe.int/ger/Chamber%20judgment%20von%20Hannover%20German%20oversion.htm.

27 Vgl.: Pressemitteilung des Bundesverbandes Deutscher Zeitungsverleger zum „Caroline-Urteil" aus Straßburg, abrufbar über die Homepage des BDZV (www.bdvz.de), hier: http://www.bdzv.de/pressemitteilungen+M5f671dfb447.html.

Auf der anderen Seite kann eine solche verbrecherische Dynamik auch von einer verantwortungslosen, einseitig gerichteten Berichterstattung ausgehen, die geeignet erscheint, Extremisten zu Gewalttaten zu motivieren, wie zum Mord am armenisch-stämmigen Journalisten Hrant Dink in Istanbul (ermordet im Januar 2007), den die nationalistische Erdogan-Regierung durch die türkische Justiz und regierungskonforme Presse mit dem Brandmal der „Beleidigung des Türkentums" hatte stigmatisieren lassen.

Zum fünften Mal hat die 1985 gegründete und weltweit agierende Menschenrechtsorganisation Reporter ohne Grenzen (s. Weblinks) 2006 eine Rangliste[28] zur weltweiten Situation der Pressefreiheit veröffentlicht, nachdem sie die Situation in 166 Ländern zwischen September 2005 und August 2006 ausgewertet hatte. Zur Datenerhebung stellte die Organisation einen Fragebogen mit 50 Kriterien zusammen, den sie an Partnerorganisationen von Reporter ohne Grenzen sowie an weltweit 130 Korrespondenten der Organisation und Journalisten, Wissenschaftler, Juristen und Menschenrechtsaktivisten versandte. Die Fragen beziehen sich auf alle Arten von Verletzungen der Medienfreiheit mit direkten Auswirkungen auf Journalisten (wie etwa Morde, Verhaftungen, körperliche Angriffe und Drohungen) und auf Medien (z. B. Zensur, Beschlagnahmung von Zeitungsausgaben, Durchsuchungen und Schikanen). Der Index erfasst auch, inwieweit Personen, die für Verletzungen der Pressefreiheit verantwortlich sind, ungestraft davonkommen und berücksichtigt rechtliche Rahmenbedingungen, unter denen Medien arbeiten (so etwa medienrechtliche Strafen, Staatsmonopole in bestimmten Bereichen oder die Existenz von Regulierungseinrichtungen) und das Verhalten der Behörden gegenüber den Nachrichtenagenturen und der Auslandspresse. Auch bezieht er die wichtigsten Hindernisse für den freien Informationsfluss im Internet mit ein. Berücksichtigt werden neben den Verletzungen der Medienfreiheit, die vom Staat ausgehen, ebenso Bedrohungen der Pressefreiheit, die bewaffneten Milizen, Untergrundorganisationen oder anderen Interessengruppen zuzuordnen sind[29].

Die Ergebnisse sind erschreckend, denn die Pressefreiheit ist weltweit noch in einem beängstigenden Ausmaß gefährdet.[30] Während die Welt durch neue Kommunikationsmittel, schnelle Verkehrsmittel, veränderte politische und wirtschaftliche

---

28 Vgl.: www.reporter-ohne-grenzen.de/rangliste-2006/zur-methode.html
29 Für die im Index enthaltenen Länder hat Reporter ohne Grenzen ausgefüllte Fragebögen zurückerhalten. Staaten, für die keine verlässlichen Daten vorlagen, sind nicht gelistet.
30 In Zusammenarbeit mit der Menschenrechtsorganisation „Reporter ohne Grenzen" macht der „Deutschlandfunk" regelmäßig auf die Schicksale bedrohter, verfolgter und ermordeter Journalisten aufmerksam. Der Name der Rubrik „Artikel 19" bezieht sich auf die Allgemeine Erklärung der Menschenrechte, die die Mitgliedstaaten der VN unterzeichnet haben. In Artikel 19 garantieren die Unterzeichnerstaaten die allgemeine Meinungs- und Informationsfreiheit (s.o.). Und doch ist in etwa 150 Ländern die Pressefreiheit in Gefahr oder überhaupt nicht gewährleistet. Der „Deutschlandfunk" stellt sowohl die Manuskripte als auch die Beiträge zum Anhören im Internet zur Verfügung: www.dradio.de/dlf/sendungen/artikel19/

Beziehungen weiter zusammenwächst, gibt es doch eine Vielzahl von Staaten, in denen von Pressefreiheit keine Rede sein kann, in denen Journalisten hier wegen ihres Berufes um ihr Leben und ihre Freiheit fürchten müssen.

3.3 Pressefreiheit in Deutschland

Pressefreiheit, die conditio sine qua non für eine funktionierende Demokratie und eine freie Gesellschaft, erscheint den meisten Deutschen als ein selbstverständliches Gut. Doch auch in der Bundesrepublik ist und war es zu keiner Zeit so selbstverständlich, wie es manchem Staatsbürger erscheint.

Das Recht der Pressefreiheit kann nicht nur mit den (politischen) Interessen Einzelner kollidieren (wie bereits im Kontext des „Recht[s] der persönlichen Ehre" problematisiert), sondern ebenso mit Staatsinteressen. Dies ist vor allem dann der Fall, wenn Journalisten Informationen von (mutmaßlichen) Straftätern oder Staatsangestellten erhalten, die durch die Weitergabe von Informationen ihr Dienstgeheimnis brechen. Journalisten genießen zwar ein in der Strafprozessordnung verankertes Zeugnisverweigerungsrecht, und es gilt ein damit verbundenes Durchsuchungs- und Beschlagnahmungsverbot, allerdings offenbarte die bundesrepublikanische Realität eine Reihe von Verstößen gegen den im Grundgesetz versicherten rechtlichen Schutz:

Der deutlichste staatliche Verstoß gegen dieses Recht ist sicherlich die Spiegel-Affäre von 1962, aus der die Pressefreiheit in Deutschland im Nachhinein gestärkt hervor ging. Nachdem der SPIEGEL in der Ausgabe 41/1962 unter dem Titel „Bedingt abwehrbereit" einen für das Verteidigungsministerium brisanten Bericht über ein NATO-Manöver veröffentlicht hatte, besetzten und durchsuchten Kriminalbeamte die Redaktionsräume des SPIEGEL in Hamburg und Bonn, die Chefredakteure Claus Jacobi und Johannes K. Engels wurden zu Hause festgenommen, ihre Wohnungen durchsucht, private Notizen und Briefe beschlagnahmt. Den Verfasser des Artikels, Conrad Ahlers, verhaftete die spanische Miliz auf Veranlassung des Verteidigungsministers Franz Josef Strauß während seines Urlaubs im spanischen Málaga. Bundeskanzler Adenauer verteidigte die Maßnahmen vor dem Bundestag mit den Worten: „Wir haben einen Abgrund von Landesverrat im Lande."

Das Vorgehen der deutschen Regierung gegen den SPIEGEL rief sowohl im Inland als auch im Ausland eine Welle der Empörung hervor. Republikweite Massenproteste und Demonstrationen erinnerten lautstark an die Gleichschaltung der Presse unter der Herrschaft der Nationalsozialisten.

Erst nach vier Wochen Besetzung wurden die Räume der SPIEGEL-Redaktion wieder freigegeben, die Verhafteten noch später aus der Haft entlassen, Spiegel-

Herausgeber Augstein nach 103, Ahlers nach 56 Tagen. Drei Jahre später erklärte der Bundesgerichtshof das Verfahren gegen sie für beendet, der Spiegel erhielt den geflügelten Beinamen „Sturmgeschütz der Demokratie". Er klagte beim Bundesverfassungsgericht gegen die Durchsuchungen und Beschlagnahmungen, jedoch nur die Hälfte der Richter bewertete in diesem Fall das Recht der Bevölkerung auf Information höher als den Verdacht des Landesverrats und wies die Klage am 5. August 1966 mit Stimmengleichheit ab.

Die „Cicero-Affäre" erinnerte im September 2005 an die Spiegel-Affäre, als das Landeskriminalamt Brandenburg die Wohnung des Cicero-Journalisten Bruno Schirra untersuchen ließ. Man warf ihm „Beihilfe zum Geheimnisverrat" vor. Schirra hatte sechs Monate zuvor in einem Artikel über den Topterroristen Abu Musab al-Sarkawi detailliert aus einem geheimen Auswertungsbericht des Bundeskriminalamtes zitiert. Während der Durchsuchung der Cicero-Redaktion kopierten die Ermittler die Festplatte eines Redakteurs, zu dem Schirra regelmäßigen Kontakt unterhielt. Während der Deutsche Presserat beklagte, dass hier das Zeugnisverweigerungsrecht von Journalisten ausgehebelt werde, verteidigte der damalige Bundesinnenminister Schily die Aktion der Behörden, da die Pressefreiheit keine „Gesetzesbrüche" rechtfertige.

Mit seinem Urteil vom 27. Februar 2007 stärkte das Bundesverfassungsgericht die Pressefreiheit, indem sie zugunsten des CICERO entschied und die Anordnung der Durchsuchung der Redaktionsräume sowie die Beschlagnahme dort aufgefundener Beweismittel als einen „verfassungsrechtlich nicht gerechtfertigten Eingriff in die Pressefreiheit des Beschwerdeführers" wertete.[31].

An dieser Stelle sei ebenso der „BND-Skandal" erwähnt, in dessen Verlauf im Frühjahr 2006 bekannt wurde, dass der Bundesnachrichtendienst mehrere Journalisten über zehn Jahre lang bis ins Privatleben hinein hatte bespitzeln lassen, um undichte Stellen in den eigenen Reihen zu entlarven.

In Anbetracht dieser Tatsachen erscheint der am 12. Mai 2005 vom Bundestag beschlossene Gesetzentwurf zur Neuregelung der „akustischen Wohnraumüberwachung"[32] ebenso diskussionsbedürftig wie das Drängen des Bundesinnenministers Schäuble auf eine schnelle gesetzliche Regelung für geheimdienstliche Computer-Durchsuchungen.

---

[31] Bundesverfassungsgericht/ Cicero-Urteil: Pressemitteilung Nr. 21/2007: www.bundesverfassungsgericht.de/pressemitteilungen/bvg07-021
[32] Abrufbar unter : www.bmj.bund.de//100cStPO

3.4 Presseverantwortung in der Einwanderungsgesellschaft

Neben dem Stellenwert der Pressefreiheit sollte aber auch der Stellenwert der Presseverantwortung deutlich werden, zumal letztere im Kontext der Tatsache Einwanderungsgesellschaft[33] eine wichtige Rolle für die Beeinflussung der öffentlichen Meinung und damit für die Rahmenbedingungen einer funktionierenden Integration spielt. Mediale Inszenierungen bergen das Potential, Vorstellungen und Feindbilder zu prägen, die der Bereitschaft und dem Wunsch zur Annäherung entgegenwirken und den Dialog in der Einwanderungsgesellschaft erschweren.[34] Diese Inszenierungen betreffen sowohl die negativ konnotierte Darstellung als kulturfremd charakterisierter Minderheiten als auch politisch unbequemer Mitglieder der Mehrheitsgesellschaft.

„Die Gewalt von Worten kann manchmal schlimmer sein als die von Ohrfeigen und Pistolen", erklärte Heinrich Böll 1974 in einem Interview in Reaktion auf die Äußerung Peter Boenischs vom 11. 8. 1974 in der Bild am Sonntag, dass „jeder Mißbrauch der Pressefreiheit besser [sei] als irgendeine Einschränkung dieser Freiheit".[35] Böll verwies wiederholt auf die vernichtenden Auswirkungen der Schlagzeilen, Verdächtigungen, Verleumdungen und Gemeinheiten der Boulevardpresse auf das Leben unzähliger Opfer.[36] Erinnert sei in diesem Zusammenhang an die Berichterstattung der BILD-Zeitung am Tag, nachdem der Student Benno Ohnesorg am 2. Juni 1967 während einer Friedens-Demonstration gegen den Besuch des autokratischen Schahs von Persien von einem Polizisten in einen Hinterhof gehetzt und dort aus einigen Metern Abstand von hinten (!) erschossen wurde. Am 3. Juni lenkte die BILD-Zeitung den Gewaltvorwurf auf die Demonstranten und kommentierte: „Studenten drohen: Wir schießen zurück" und „Hier hören der Spaß und der Kompromiss und die demokratische Toleranz auf. Wir haben etwas gegen die SA-Methoden". Darüber hinaus rief BILD zur „Mithilfe" auf: „Helft der Polizei, die Störer zu finden und auszuschalten".[37] Die expliziten Aufforderungen dieser Berichterstattung gipfelten

---

33 Hormel, Ulrike/ Scherr, Albert: Bildung für die Einwanderungsgesellschaft. Perspektiven der Auseinandersetzung mit struktureller, institutioneller und interaktioneller Diskriminierung. Wiesbaden 2004, Klappentext.
34 Ausführliche Studien dazu, vgl.:
Jäger, Siegfried u. a. (Hrsg.): Die vierte Gewalt. Rassismus in den Medien. Duisburg 1993.
Jäger, Siegfried: Brand Sätze. Rassismus im Alltag. Duisburg 1996.
Jäger, Siegfried: Die Anstifter der Brandstifter? Zum Anteil der Medien an der Eskalation rassistisch motivierter Gewalt in der Bundesrepublik. In: Scheffer, Bernd (Hrsg.): Medien und Fremdenfeindlichkeit. Alltägliche Paradoxien, Dilemmata, Absurditäten und Zynismen. Opladen 1997, S. 73-98.
Jäger, Margarete u. Siegfried (Hrsg.): Medien im Krieg. Der Anteil der Printmedien an der Erzeugung von Ohnmachts- und Zerrissenheitsgefühlen. Duisburg 2002.
35 Böll, Heinrich: Die Fähigkeit zu trauern. Schriften und Reden 1984-1985. München 1988, S. 64.
36 Vgl. Bölls „Schriften und Reden", v. a.: Heimat und keine. Schriften und Reden 1964-1968. München 1985. / Feindbild und Frieden. Schriften und Reden 1982-1983. München 1987. / Man muß immer weitergehen. Schriften und Reden 1973-1977. München 1985. / Es kann einem bange werden. Schriften und Reden 1976-1977. München 1985. / Die Fähigkeit zu trauern. München 1985.
37 BILD: 3. Juni 1967.

darin, dass sie am 11. April 1968 von Josef Bachmann wörtlich genommen wurden, der den Studentenführer Rudi Dutschke auf offener Straße niederschoss. Der BILD-Titel dieses Tages lautete: „Rudi Dutschke – Staatsfeind Nr.1".

Bis heute sind Verunglimpfungen solcher als unliebsam empfundener Mitbürger alltäglicher Bestandteil der Presselandschaft.

Insbesondere Asyl-Bewerber gerieten seit dem Zerfall des Ostblocks und dem Beginn des Jugoslawienkrieges Anfang der 1990er Jahre in den Fokus einer teils bewusst, teils unbewusst geschaffenen diffamierenden Bezeichnungspraxis, die die aufschlussreiche Studie des Duisburger Institutes für Sprach- und Sozialforschung von 1993 aufgreift.[38] Sie verweist auf den Zusammenhang der Medien und deren Auswirkung auf rassistische Einstellungen im Alltagsbewusstsein der Bevölkerung, wenn Asylbewerber als Ballast für die Gesellschaft, als Abzocker oder Kriminelle dargestellt werden, die mit dem ‚Sozialstaat' Missbrauch treiben. Eine neuer Jargon etablierte sich gegen Ende der 80er/Anfang der 90er Jahre, der sich einer ausgeprägten Katastrophenmetaphorik bediente, - wie der von den Ausländerwellen oder –fluten, die die Bundesrepublik überschwemmten und die es einzudämmen gelte, oder der vom „vollen" bundesrepublikanischen „Boot", das zu sinken drohe, wenn die Flut nicht versiege.

Eine begriffliche Assoziation von Migranten und Kriminalität hält sich bis heute unterschwellig in den Medien, und zwar nicht nur in Boulevardpresse und - magazinen.[39]

Nach dem 11. September 2001 verankerte sich mit dem „terroristischen Islamisten" zudem ein neuer Typus der allgegenwärtigen Bedrohung im kollektiven Gedächtnis der sich als säkularisiert und aufgeklärt empfindenden, sogenannten „westlichen Welt". Die „Bedrohung" offenbart sich tagtäglich in omnipräsenten Bildern radikaler, brandschatzender Moslems, die sich dem Fernsehpublikum ebenso ins Gedächtnis prägen wie Zeitungslesern die Titelslogans über den „heiligen Hass" der Muslime, hier formuliert von „Deutschlands Sturmgeschütz der Demokratie" im Zusammenhang mit den Mohammed-Karikaturen[40].

---

38 Althoemar, Katrin u. a.: SchlagZeilen. Rostock: Rassismus in den Medien. Duisburg 1993.
39 Insbesondere BILD thematisiert in aufsehenerregenden Titelzeilen immer wieder den angeblichen Zusammenhang von Migranten und Kriminalität. Erst im Januar 2008 flankierte sie den hessischen Wahlkampf, indem sie der christdemokratischen Landesregierung unter Ministerpräsident Koch medial unter die Arme griff, der seinen Wahlkampf unter dem Slogan „Wir haben zu viele kriminelle Ausländer" als Anti-Ausländer-Kampagne führte. Über Wochen hinweg musste der hessische Ministerpräsident zusehen, wie seine Herausforderin Ypsilanti die Gunst der Wähler auf sich zog. Dann schlugen zwei Jugendliche im fernen München einen Rentner in einer U-Bahnstation zusammen und verletzten ihn schwer. Dieser Vorfall brachte Auftrieb in Kochs Wahlkampf, den BILD mit einem großen, mehrteiligen „Report" über „Junge kriminelle Ausländer" unterstützte, in dem das Blatt „Wahrheiten" formulierte, wie z. B. „Sie prügeln, drohen, erpressen, morden [...]". Vgl. BILD im Januar 2008 („Der große Bild-Report - Junge kriminelle Ausländer", v. a. 3. Januar 2008, 4. Januar 2008).
40 SPIEGEL-Titelcover: Nr. 06 (2006).

Im Kontext der durch die Veröffentlichung der Karikaturen ausgelösten Stimmung erscheint es der Verf. sinnvoll, die Darstellungsweise des Islams in den Medien zu betrachten, zumal durch die öffentliche Berichterstattung Einstellungen im Bewusstsein der Bevölkerung hervorgerufen und geprägt werden[41]. Zu diskutieren wäre, in welcher Weise die Berichterstattung das friedliche Miteinander in der Einwanderungsgesellschaft Deutschland sowie den Abbau von Vorurteilen und Ängsten beeinflusst. Dass einschlägige Zeitungen der Boulevardpresse oder -magazine zu einer teils diffamierenden Berichterstattung neigen, wurde eingangs bereits erwähnt. Im Folgenden geht es aber vor allem um „renommierte" und daher für die Mehrheit der Gesellschaft häufig unhinterfragt glaubwürdige Medien.

Im Rahmen einer Untersuchung öffentlich-rechtlicher Magazin- und Talksendungen kamen die Erfurter Medienwissenschaftler Kai Hafez und Carola Richter zu einem vernichtenden Urteil über die Islamberichterstattung bei ARD und ZDF. Die Sender ließen sich offenbar vom einem „simplifizierten Bild des Kampfes der Kulturen" leiten, heißt es in der Studie. Von Mitte 2005 bis Ende 2006 untersuchten Hafez und Richter 37 Talk- und Magazinsendungen, darunter Programme wie Frontal 21, 37 Grad oder das Auslandsjournal. Die Studie ergab, dass über den Islam „erheblich negativer und konfliktorientierter berichtet wird als über die meisten anderen Themen".[42] Hafez und Richter erstellten ein Diagramm, das die Berichterstattung in Magazin- und Talksendungen sowie Dokumentationen und Reportagen über den Islam bei ARD und ZDF in verschiedene Themenbereiche untergliedert. Von 133 Sendungen bzw. Beiträgen ging es im Zusammenhang mit dem Islam in 23% der Fälle um Terrorismus/ Extremismus, in 17% der Fälle um internationale Konflikte, in 16% um Integrationsprobleme, gefolgt von Religion und Kultur (11%), religiöser Intoleranz (10%), Alltag (8%), Fundamentalismus und Islamisierung (7%), Frauen und Unterdrückung (4%) und Menschenrechten und Demokratie (4%).[43] Neutrale oder auch positive Themen, in denen nicht Gewalt und Gesellschaftskonflikte, sondern reguläre Gesellschaftsabläufe bzw. Fragen der Kultur im Vordergrund stünden, stellen danach weniger als ein Fünftel aller Thematisierungsanlässe dar:

„In der Gesamtschau lässt sich sagen, dass sich die Darstellung des Islams in den Magazin- und Talksendungen sowie Dokumentationen/Reportagen des deutschen öffentlichen Fernsehens zu über 80% an einem Bild orientiert, in dem diese Religion als Gefahr und Problem in Politik und Gesellschaft in Erscheinung tritt. Das Islambild

---

41 Vgl. Jäger, (wie Anmerkung 34), 1993, 1996, 1997, 2002, 2007.
42 Hafez, Kai/ Richter, Carola: Das Gewalt- und Konfliktbild des Islams bei ARD und ZDF. Eine Untersuchung öffentlich-rechtlicher Magazin- und Talksendungen (Universität Erfurt im Januar 2007). Im Internet veröffentlicht und als PDF-Datei abrufbar über die web-Adresse: www2.kommunikationswissenschaft-erfurt.de/uploads/bericht_islam_in_ard_und_zdf_2005_2006.pdf
43 Ebd., S. 3.

dieser Formate bei ARD und ZDF ist ein zugespitztes Gewalt- und Konfliktbild [...]".[44]

Dass die Berichterstattung potentiell das öffentliche Misstrauen und die Angst gegenüber dem Islam und seinen Gläubigen schürt, ist mit Blick auf eine Zusammenstellung unterschiedlicher TV-Sendungstitel leicht erschließbar:

Sendung/Titel	Kategorie
Frontal 21, 12.07.2005 Nachwuchs für die Parallelgesellschaft: Geheime Koranschulen eines finanzstarken Moschee-Vereins	Terrorismus/Extremismus
Frontal 21, 19.07.2005 Terroristen als Nachbarn: Rekrutierung von Selbstmordattentätern	Terrorismus/Extremismus
Plusminus, 02.08.2005 Islamischer Terror: Die Strategie gegen die westliche Wirtschaft	Terrorismus/Extremismus
Monitor, 13.10.2005 Kindergeburtstag verboten – wie strenggläubige Moslems ihre Kinder abschotten	Integrationsprobleme
Report Mainz, 07.11.2005 Gefährliche Islamisten: Wie das Bundeskriminalamt einen Mordaufruf verharmlost	Terrorismus/Extremismus
Auslandsjournal, 08.12.2005 In der Höhle des Löwen: Treffen der Terror-Fürsten	Terrorismus/Extremismus
Sabine Christiansen, 05.02.2006 Atombomben und Karikaturen	Internationale Konflikte
Kulturweltspiegel. 05.02.2006 Tage des Zorns: Wohin führt die Debatte um die Karikaturen des Propheten Mohammed?	Internationale Konflikte
Frontal 21, 07.02.2006 Judenhetze im Namen Allahs: Propagandakrieg gegen den Westen	Religiöse Intoleranz
Johannes B. Kerner, 08.02.2006 Schwieriger Dialog der Kulturen: Diskussion über die Mohammed-Karikaturen bei Kerner	Internationale Konflikte
Das Wort zum Sonntag, 11.02.2006 Das Fass läuft über: Zum Karikaturenstreit	Internationale Konflikte

---

[44] Ebd., S. 5.

Sabine Christiansen, 19.02.2006 Glaubenskrieg und Terrorismus	Terrorismus/Extremismus
ML Mona Lisa, 19.03.2006 Wenn Mädchen wenig wert sind: Gewaltkultur junger Ausländer	Integrationsprobleme
Weltspiegel, 23.04.2006 Ägypten: Moslems als Menschenfänger	Religiöse Intoleranz
Reportage, 31.05.2006 Verfolgte Christen – Die bedrohte Religionsfreiheit?	Religiöse Intoleranz
Panorama, 29.06.2006 Hilflos gegen Judenhetze – Behörden dulden weiter Islamistenschule	Religiöse Intoleranz
Auslandsjournal, 10.08.2006 Terroralarm in Großbritannien: Polizei vereitelt Massenmord	Terrorismus/Extremismus
ML Mona Lisa, 20.08.2006 Wie Islamisten Frauen für den Terror werben: Lauert eine neue Gefahr durch 150-prozentige Kämpferinnen?	Terrorismus/Extremismus
Berlin Mitte, 24.08.2006 Bombenleger unter uns: Leben mit dem Terror?	Terrorismus/Extremismus
Kontraste, 24.08.2006 Terrorangst in Deutschland – die neue Generation islamistischer Attentäter	Terrorismus/Extremismus
Presseclub, 27.08.2006 Terror in Deutschland: Abschied von der Freiheit?	Terrorismus/Extremismus
Report München, 28.08.2006 Im Fadenkreuz des Terrors – Wie bedroht ist Deutschland?	Terrorismus/Extremismus
Europamagazin, 23.09.2006 Türkei: Moslems erobern Urlaubsstrände	Fundamentalismus/Islamisierung
Sabine Christiansen, 01.10.2006 Einknicken vor dem Islam?	Religiöse Intoleranz
Frontal 21, 10.10.2006 Islamunterricht mit fragwürdigen Mitteln. Indoktrination auf Kosten der Steuerzahler	Integrationsprobleme
Frontal 21, 07.11.2006 Fragwürdige Geschäfte an Berliner Moschee. Prediger außerdem unter Betrugsverdacht	Integrationsprobleme
Panorama, 09.11.2006 So viele Tote wie möglich – Geständnis eines Kofferbombers	Terrorismus/Extremismus

Exzerpt:
Hafez/Richter, 11-15

Ebenso wie die Fernsehsender weisen auch die Printmedien eine anhaltende Affinität auf, ethnische Minderheiten – vor allem islamische - in den Verdacht der Bedrohlichkeit zu rücken. Dies gilt nicht nur für die Boulevardberichterstattung, sondern ebenso für Magazine, die den Ruf der Seriosität genießen. Im Folgenden sollen Titelcover dreier deutscher auflagenstarker Magazine diskutiert werden, des Spiegel, des Stern und des Focus[45], die alles andere als demokratische Werte transportieren.

3.5 Der Islam im Visier von Spiegel, Stern und Focus

Abb.2:
SPIEGEL Nr.16
(1997)

Bereits 1997 erklärte der Spiegel auf seiner Titelseite das „Scheitern der multikulturellen Gesellschaft" (Abb. 2). „Ausländer und Deutsche" seien sich „Gefährlich fremd". Auf dem Titel zu sehen ist eine junge Frau südländischen Phänotyps, die in angriffslustiger Pose eine türkische Flagge hisst. Der Hintergrund des Bildes ist geteilt: Auf der linken Seite sind kleine, kopftuchtragende Mädchen zu sehen, die in devoter Haltung [vermutlich den Koran] lesen. Auf der rechten Seite unter der Flagge posieren männliche, jugendliche Muslime in bedrohlicher Pose mit geballter Faust, in der sie eine Waffe halten. In der linken Bildecke ist in einem zusätzlichen Schriftzug vom „Urteil gegen die Mullahs" zu lesen. Muslime erscheinen in der Narration dieses Covers als Gefahr für die Mehrheitsgesellschaft, deren Werte die Eingewanderten in ihrer kulturellen ‚Fremdartigkeit' ablehnen. Der Schriftzug in der Bildecke vermittelt neben der Vor-

---

45 Laut der Arbeitsgemeinschaft Media-Analyse e.V. (ag.ma), die jährlich die größte Mediaanalyse in Deutschland und die größte Erhebung von Konsumverhalten in Deutschland überhaupt durchführt, erreichen Spiegel, Focus und Stern wöchentlich folgende Leserzahlen (Stand 2006):
Spiegel: Verkaufte Auflage: Ca. 1,051 Millionen, Reichweite: ca. 6,01 Millionen Leser.
Focus: Verkaufte Auflage: Ca. 730.000, Reichweite: ca. 6,26 Millionen Leser.
Stern: Verkaufte Auflage: Ca. 1019 Millionen, Reichweite: ca. 7,84 Millionen Leser.

stellung gefährlicher Fremdheit auch die angeblich akonforme Haltung der Migranten gegenüber den Regeln und Gesetzen des Rechtsstaates.

Auf einem weiteren *Spiegel*-Cover, das im Kontext des Karikaturen-Konflikts im Februar 2006 erschien (Abb. 3), ist eine durch eine schwarze Burka komplett verhüllte islamische Frau abgebildet. Im düsteren Hintergrund finden sich Suren-Zeilen. Über der Burka trägt sie ein Stirnband, auf dem ebenfalls Surenzeilen zu sehen sind. Das Stirnband erinnert an Stirnbänder, die Terroristen tragen. In der Hand hält die Frau den Koran. Die Schlagzeile in Großdruck lautet: „Der heilige Hass".

Abb.3: SPIEGEL Nr.6 (2006)

Auch ein im März 2007 erschienenes Spiegel-Cover (Abb. 4) setzt auf die Macht der Suggestion: Auf dem Titelbild ist das Brandenburger Tor in schwarze Nacht gehüllt. Am Himmel ist der orientalische Sichelmond mit Stern aufgegangen. Dazwischen der Titel: „Mekka Deutschland – Die stille Islamisierung". Das Titelcover ruft zur Vorsicht gegenüber Muslimen auf, die heimlich und „still" die demokratische Gesellschaft und deren Werte unterwandern, während sie danach streben, Deutschland in

Abb.4: SPIEGEL Nr.13 (2007)

ein dämonisches Mekka muslimischer Unterjochung und Gewalt zu verwandeln.

Das in seiner Gesamtaussage bisher bedrohlichste Cover brachte der Spiegel in seinem special Nr. 2/2003 (s. Abb. 5). In der Mitte des Bildes sind tausende Muslime zu sehen, die sich um die Kaaba in der Großen Moschee in Mekka versammelt haben. Darüber ist in einem auffälligen Schriftzug „Allahs blutiges Land" zu lesen, das Adjektiv „blutiges" dem Sinn des Schriftzuges entsprechend in roter Farbe. Das Mittelbild wird von weiteren Fotos eingerahmt, die sich in der Einseitigkeit ihrer Aussage kaum noch überbieten können: Der Betrachter sieht Frauen und Männer in dunklen Gewändern mit surenbestickten Stirnbändern. Sie haben den Mund geöffnet als schrien sie, was sie wie Wahnsinnige erscheinen lässt. Man sieht einen weiteren Mann mit einem überdimensionalen Bombengürtel sowie das Höllenfeuer selbst, das über Mekka brennt (rechts im Bild). Das in Größe und Darstellung auffälligste der Bilder zeigt rechts im Vordergrund zwei völlig blutverschmierte dunkeläugige, bärtige Männer, von denen der Vordere einen ebenfalls blutverschmierten Dolch erhebt. Hinter den beiden versammeln sich weitere Männer mit blutverschmierten Gesichtern. Links im Vordergrund sind Soldaten unter einer palästinensischen Flagge zu sehen, die mit einem Maschinengewehr bewaffnet in feuerbereiter Pose verharren. Unter den Blutgetränkten und den feuerbereiten Soldaten ist ein weiterer Schriftzug in das Bild montiert: „Der Islam und der Nahe Osten". Der Islam, nicht der Terrorismus, wird hier ausnahmslos und unhinterfragt mit den blutigen Greueln terroristischer Attentäter identifiziert. Eine Unterscheidung von Muslimen und Mördern, die regelrecht im Blut ihrer Opfer baden, lässt die Darstellung des vorliegenden Covers nicht zu.

Der Spiegel, der im Durchschnitt bis zu 1,1 Millionen Exemplare pro Woche verkauft und sich selbst als auflagenstärkstes und bedeutendstes Nachrichtenmagazin

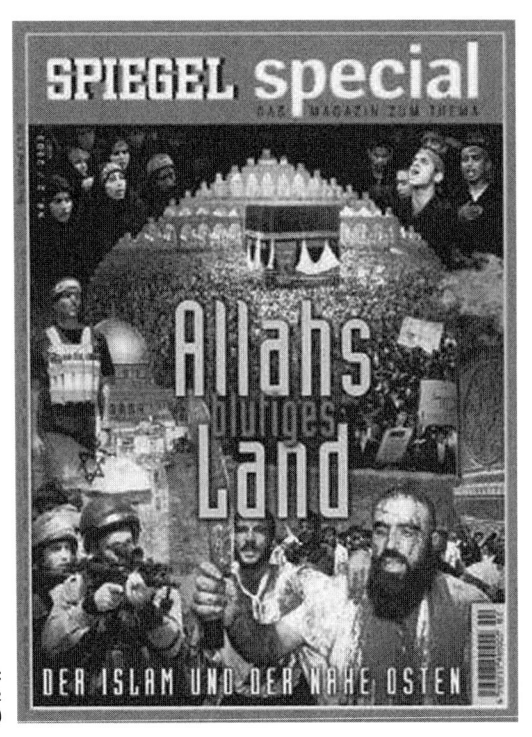

Abb.5:
SPIEGEL-*spezial* Nr.2
(2006)

Deutschlands bezeichnet, wurde für seine reißerischen Cover vielfach kritisiert, was das Magazin allerdings keineswegs davon abhielt, weitere Titel ähnlichen Stils aufzulegen, selbst als es dafür sogar in der rechtsextremen Presse bestätigend aufgenommen wurde.[46] So wurde die Schlagzeile vom „Scheitern der multikulturellen Gesellschaft" in der rechten Zeitschrift fakten unter der Überschrift „Na also!" nachgedruckt.[47]

Auch der Stern griff insbesondere nach dem 11. September 2001 wiederholt auf ähnliche suggestive Methoden der „Bericht"erstattung zurück.

Direkt nach den Anschlägen vom 11. September 2001 warnte er vor der „Terror-Gefahr in Deutschland", die von radikalen Muslimen ausgehe. Auf dem Titelbild ist das Gesicht eines Mannes zusehen, das sämtliche Topoi eines imaginären islamistischen Terroristen vereinigt: Der Mann hat dunkles Haar, eine finstere Miene und trägt einen typischen Bart. Im Spiegel seiner undurchsichtigen Sonnenbrille brennen die beiden Türme des World-Trade-Centers.

Ein weiteres Cover von Oktober 2001 (Abb. 6) zeichnet ein apokalyptisches Inferno: Ein durch ein Palästinenser-Tuch verhüllter Muslim blickt aus einem Flammenmeer auf das Schlachtszenario zwischen Abendland und Morgenland. Die „Wurzeln des Hasses" der „zornige[n] Erben" des Propheten Mohammed werden hier in einer eineinhalbtausendjährigen Geschichte gedemütigten Stolzes verortet.

Abb. 6: Stern Nr. 44 (2001)

Im Zusammenhang mit dem Karikaturenstreit versah das Magazin im Februar 2006 den Islam mit der gezündeten Bombe einer Mohammed-Karikatur und der

---

46 Vgl. hierzu die Untersuchung des Erziehungswissenschaftlers Martin Spetsmann-Kunkel: http://babw.fernuni-hagen.de/studieninhalte-module/modul1b/dokumente/materialien/Mekka%20Deutschland.pdf.
47 Hafez, Kai, Antisemitismus, Philosemitismus und Islamfeindlichkeit: ein Vergleich ethnisch-religiöser Medienbilder, in: Butterwegge, Christoph/ Hentges, Gudrun/ Sarigöz, Fatma [Hg.], Medien und multikulturelle Gesellschaft, Opladen 1999, 122-135, 127.

Schlagzeile: „Islam - Wieviel Rücksicht müssen wir nehmen?" (Abb. 7) Auch hier wird der Islam in den Generalverdacht des Terrors gerückt, der Metapher nach berge er buchstäblich Sprengstoff in sich.

Auf einem 2007 erschienenen Titelbild (Abb. 8) kündigt der Stern einen Bericht über zwei im Juli desselben Jahres im Sauerland festgenommene deutsche Konvertiten an, die Sprengstoff herstellen wollten. Auch hier wird die Gefährlichkeit des Islams betont, schließlich seien viele Muslime Terroristen. Die Sichel einer Moscheekuppel schattiert den aufgegangenen Vollmond. Nicht nur die Sichel berührt den Mond, sondern auch das Foto eines mit dunkler Sturmmütze vermummten „Attentäters". Die Titelfrage „Wie gefährlich ist der Islam" scheint im Assoziationsrahmen des Covers eher rhetorischer Art zu sein.

Die negativ konnotierte Darstellung des Islams hebt sich auch in der Rezeption des Focus nicht von der des Spiegel oder Stern ab. In seiner Ausgabe Nr. 40/2001 (Abb. 9), die zweieinhalb Wochen nach dem 11. September erschien, inszenierte das Magazin die Weltkugel im

Abb. 7: Stern Nr. 7 (2006)

Abb. 8: Stern Nr. 38 (2007)

Antlitz terroristischer Bedrohung. Der Terror als Weltbedrohung wird durch eine schwarze Moschee verkörpert, deren vier Minarette wie Speere vor dem Erdball emporragen. Durch den Rest des Bildes verläuft ein Riss. Oberhalb des Risses beten hunderte Muslime mit dem Rücken zum Betrachter. Unterhalb des Risses versammeln sich Bewaffnete und Vermummte mit Maschinenpis-tolen und Sprengstoffgürteln, während sie ein Bild mit dem Konterfei des Terroristenführers Bin Laden hissen.

Abb. 9:
Focus Nr. 40
(2001)

In einem Cover von November 2004 prangert der Focus im Untertitel „Die Gegenwelt der Muslime in Deutschland" an (Abb. 10). Im Titelschriftzug werden die Muslime als „Unheimliche Gäste" bezeichnet. Ein über das Bild gezogener grünlicher Farbstich legt die Vorstellung nahe, als seien die abgebildeten, betenden Muslime, die mit dem Rücken zum Betrachter stehen, durch ein Nachtsichtgerät fotografiert worden, was die Gefährlichkeit hervorhebt, die einem Aufenthalt in der Nähe von Muslimen immanent sei.

Abb. 10:
Focus Nr. 48
(2004)

Pressefreiheit in der Einwanderungsgesellschaft

3.5.1 Die suggestive Macht der „Eyecatcher"

Die hier angesprochene mediale Rezeption des Islams setzt in erster Linie auf die suggestive Wirkung ihrer Cover in deren Funktion als „Eyecatcher". Reißerische Schlagzeilen entwerfen – im suggestiven Kontext bedrohlicher Bilder – ein Bild vom Islam und seinen Gläubigen, das eine Differenzierung von Muslimen und Terroristen kaum mehr zulässt.

Solche „Information" inszeniert das Bild vom Islam als Weltbedrohung, die die Welt spätestens am 11. September 2001 in einen offenen „Kampf der Kulturen"[48] gestoßen habe. Die Legitimation dieses Bildes leitet sich einerseits aus der „Geschichte" des 11. Septembers ab und findet andererseits Bestätigung in aktuellen Konflikten, wie z. B. auch in den Reaktionen der Muslime auf die Mohammed-Karikaturen. Eine solche Stigmatisierung des Islams in den Medien schürt in erster Linie Angst und Misstrauen und bedient vorgelagerte Motive der Fremdenfeindlichkeit. Umgekehrt kann sie für die deutschen Muslime nicht als Einladung zum Dialog verstanden werden.

Dass selbst „seriöse" Medien auf diese Art und Weise „informieren", initiiert die Annahme, die Muslime selbst seien zu fürchten oder zumindest nicht vertrauenserweckend.

Repräsentative Umfragen (Forsa[49] und Allensbach[50] 2006) bestätigen eine zunehmend ablehnende Haltung bundesdeutscher Bürger gegenüber muslimischen Mitmenschen[51]. 1005 Menschen wurden am 21. und 22. September 2006 für eine Forsa-Erhebung über ihre Meinung zum Zusammenleben von Christen und Muslimen befragt. Mehr als die Hälfte hielt das Zusammenleben von Christen und Muslimen für schwierig.

Eine ebenfalls aus dem Jahr 2006 stammende Umfrage des Instituts für Demoskopie Allensbach (Kreis Konstanz) zeigt ein ähnliches Ergebnis, wonach sich die Stimmung der Deutschen gegenüber dem Islam in den vergangenen Jahren deutlich verschlechtert habe. Gleichzeitig stieg die Angst vor Terroranschlägen. Zwei Drittel der Befragten äußerten die Ansicht, dass ein friedliches Zusammenleben mit der islamischen Welt in Zukunft nicht möglich sein wird. 61% bezweifelten, das das Christentum und der Islam friedlich koexistieren können. Auf die konkrete Frage, ob die westliche und die islamische Welt friedlich nebeneinander existieren könnten, gaben 65% der Befragten

---

48 Der von Huntington formulierte Titel eines „Clash of cultures" und insbesondere seine deutsche Übersetzung sind durch häufige Zitation in den Medien seit den Anschlägen vom 11. September 2001 zu einem Geschichtsbild schlechthin geworden, dass der Differenzierung und vor allem der Analyse bedarf.
49 Forsa = Gesellschaft für Sozialforschung und statistische Analyse mbH (www.forsa.de).
50 Institut für Demoskopie Allensbach (www.ifd-allensbach.de).
51 Allensbach-Umfrage (erstellt im Auftrag der FAZ): Veröffentlicht in der FAZ vom 17. Mai 2006. Forsa-Umfrage, vgl.: Rhein-Zeitung vom 26. September 2006.

an, sie erwarteten Konflikte und auch Terroranschläge in Deutschland. 56% der Befragten waren der Überzeugung, dass zwischen Christentum und Islam ein „Kampf der Kulturen" existiere. Nur 22% waren der Meinung, dies könne man nicht sagen. 42% stimmten der Aussage zu: „Es leben ja so viele Muslime bei uns in Deutschland. Manchmal habe ich direkt Angst, ob darunter nicht auch viele Terroristen sind." Auch die Vorstellungen über den Islam sind mehrheitlich negativ: Auf die Frage, was den Islam präge, antworteten 91% „Benachteiligung der Frau". 83% assoziieren Fanatismus und Radikalität mit dem Islam, 81% das Festhalten an konservativen Glaubensgrundsätzen und fast 70% verbinden Gewaltbereitschaft sowie Rache und Vergeltung mit dem Islam. Bei einer im Jahr 2004 durchgeführten Allensbach-Umfrage waren es pro Ansicht zum Islam durchschnittlich 10% weniger.

Die Vorstellungen vom Christentum weichen in der Befragung deutlich von denen über den Islam ab: 80% der Befragten denken im Zusammenhang mit dem Christentum zuerst an Nächstenliebe, jeweils 71% an die Achtung der Menschenrechte sowie an Wohltätigkeit.

Die rezeptive Reichweite der hier analysierten Cover (vgl. Auflagen- und Leserzahlen) korrespondiert mit den Umfrageergebnissen.

Muslime werden als „Fremde" und „Gäste" bezeichnet, nicht aber als Teil der „eigenen" Gesellschaft.

Da Deutschland als Einwanderungsgesellschaft täglich heterogener wird, ist die zunehmende Präsenz solcher Probleme erwartbar, die im Zusammenhang mit der ebenso zunehmenden kulturellen Vielfalt auftreten und auftreten werden. Die vielschichtigen und kontroversen Argumente, die im Zusammenhang mit dem Karikaturenkonflikt angeführt wurden, sind dafür beispielhaft.

Im Folgenden sollen die unterschiedlichen, teils konfligierenden und teils ineinandergreifenden Problemebenen des Konflikts aufgefächert werden. Sie stehen keinesfalls isoliert voneinander und nur durch eine Verknüpfung der unterschiedlichen Aspekte und Berührungspunkte können die Dimensionen der Debatte deutlich werden.

4 Problemebenen

4.1 Moralisch-ethische Problemebene:

Die wesentlichen Konflikte, die in den bis heute anhaltenden Debatten über Integration, Zwangsehen, Ehrenmorde und Karikaturen deutlich werden, können grob in drei Themenbereiche untergliedert werden: Es geht um Gleichberechtigung und sexuelle Selbstbestimmung der Frauen (und marginal der Homosexuellen), um die Meinungs- und Pressefreiheit und um die Rechte der säkularen gegenüber der sakralen Sphäre. Alle Themenbereiche betreffen die elementarsten Errungenschaften der europäischen Aufklärung und damit das Fundament demokratischer Gesellschaften. Über den Fortbestand dieser historisch erkämpften Rechte können Demokratien nicht mit sich handeln lassen. Diejenigen, die gewaltsam gegen die Karikaturen vorgehen, verlangen in ihrem Kampf gegen die Meinungsfreiheit Respekt für ihren Glauben, verachten aber gleichzeitig den Glauben der Andersgläubigen, die sie Ungläubige nennen, und lassen es sie durch die Akte der Gewalt deutlich spüren.

Dabei wurde das Recht der religiösen Freiheit in den vorliegenden Fällen nicht berührt: Jedem Muslim stand und steht es frei, sich an die Verbote seiner Religion zu halten – z. B., den Propheten abzubilden, Alkohol zu trinken, Schweinefleisch zu essen usw. Aber kann er daraus auch ein Recht ableiten, Andersgläubigen die Einhaltung der Gebote und Verbote seiner eigenen Religion aufzuzwingen?

Dies bedeutete die Unterwerfung des Menschen unter die religiöse Lehre, über die man nicht diskutieren darf, weil sie angeblich von Gott geschaffen ist – und gegen Gottes Wort darf nicht protestiert werden: Hier werden Redefreiheit, Kunstfreiheit, Glaubens- und Wissenschaftsfreiheit zur Gotteslästerung. Im Kontext des Karikaturenstreits wurde immer wieder die in großen Teilen der westlichen Welt angeblich vorhandene, eng an die Meinungsfreiheit gebundene Toleranz[52] angeführt, die von vielen Muslimen in Anspruch genommen werde, weshalb sie ja auch in Europa

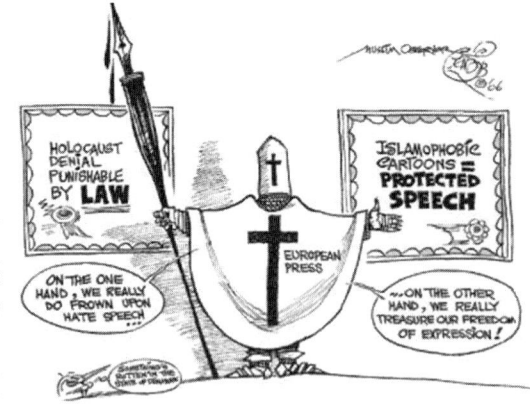

Abb. 11:
Die iranische Zeitung Hamshari antwortete im Februar 2006 mit einer Karikatur auf die Veröffentlichung der Mohammed-Karikaturen und schrieb einen Wettbewerb für Holocaust-Karikaturen aus.

---

52 Der Toleranzbegriff wird im Weiteren noch diskutiert werden.

lebten. Allerdings seien dort, wo der Islam mehrheitlich die Kultur bestimme, „Ungläubige" und Minderheiten häufig Diskriminierungen und Verfolgungen ausgesetzt. Auch seien muslimische Ansichten zu Frauenrechten, Gottesstaat und westlichen Standards umgekehrt für viele Nichtmuslime beleidigend, was allerdings nicht zum Anlass genommen werde, z. B. in Deutschland Moscheen zu schließen oder islamische Medien zu verbieten. Stark kritisiert wurde die Kampagne der Arabischen Liga in Reaktion auf die Mohammed-Karikaturen: Sie veröffentlichte auf ihrer Internetseite neben antisemitischen Karikaturen, die den Holocaust leugnen, auch eine, die Anne Frank im Bett mit Adolf Hitler zeigt, zudem eine Sprechblase, in der Hitler sagt: „Schreib das in dein Tagebuch, Anne".[53] Antisemitische Karikaturen sind täglicher Bestandteil der Medienwelt in arabischen Staaten. In der größten iranischen Zeitung Hamshari wurde als Antwort auf die Mohammed-Karikaturen dazu aufgerufen, Karikaturen über den Holocaust einzureichen. Die zwölf (= Anzahl der Mohammed-Karikaturen) besten würden mit Goldstücken von privaten Spendern belohnt und veröffentlicht. Damit solle der Westen auf die Probe gestellt werden, da die Mohammed-Karikaturen aufgrund der angeblichen Meinungsfreiheit im Westen gedruckt wurden. Nun werde man sehen, wie die Meinungsfreiheit im Westen wirklich aussieht, sagte Farid Mortazavi, der Graphics-Editor der Zeitung Hamshari am 7. 2. 2006 in Teheran.[54]

Die Europäisch-Arabische Liga führte auf ihrer Homepage unter dem Titel „Who was behind the ‚danish' Cartoons?" gar eine Verschwörungstheorie an, wonach die Karikaturen von einer „zionistischen dänischen Vereinigung" stammten, die danach trachte, den „Kampf der Kulturen" zwischen Muslimen und Christen zu schüren:

„The mainstream media coverage of the anti-Islamic racist cartoons ignores the fact that the publication of the images was a ‚calculated offense' commissioned by a Zionist ‚Danish' colleague of the Zionist neo-con ideologue Daniel Pipes and was meant to incite violence and promote the Zionist ‚clash of civilizations' between Muslims and Christians".[55]

Der Vatikan und die oberste Autorität des sunnitischen Islams, die Azhar-Universität, verurteilten in einer gemeinsamen Stellungnahme die Veröffentlichung und

---

53 Die Holocaust-Karikaturen sind abrufbar über die Homepage Henryk M. Broders unter: http://www.henryk-broder.de/tagebuch/mullah.html oder über die bilinguale Homepage der Arabischen Liga: www.arableagueonline.org

54 Die Sieger des Wettbewerbs wurden im November 2006 bekannt gegeben. Die Sieger-Karikaturen sind über eine iranische Cartoonsite (www.irancartoon.com) abrufbar, die Hamshari entstammt: http://irancartoon.com/120/holocaust/index.htm.

55 Der Artikel ist über die Homepage der Arabisch-Europäischen Liga (www.arabeuropean.org) abrufbar: www.arabeuropean.org/nwesdetail.php?ID=114

Nachdrucke der Mohammed-Karikaturen. Vertreter des Päpstlichen Rats für den interreligiösen Dialog und der islamischen Universität beklagten bei einem zweitägigen Treffen in Kairo eine „wachsende Zahl von Angriffen auf den Islam und seinen Propheten sowie andere Attacken gegen Religionen." In einer gemeinsamen Erklärung forderten beide Seiten mehr Respekt vor religiösen Symbolen. Der Präsident des Dialograts, Kardinal Tauran: „Unser Abschlussdokument zitiert die Worte Benedikts XVI. an den Botschafter Marokkos. Verspottung von Religion oder religiösen Symbolen ist unter keinen Umständen zu rechtfertigen." Tauran sprach in einem Interview mit Radio Vatikan auch den kritischen Punkt der Religionsfreiheit in arabischen Ländern an:

> „Der Glaube verpflichtet uns zur Nächstenliebe. Davon sind wir gemeinsam überzeugt. Unsere muslimischen Freunde haben unterstrichen, dass der Koran für, nicht gegen Religionsfreiheit ist. Ich habe bei dieser Gelegenheit betont, dass dieses hohe Prinzip nicht in allen Ländern umgesetzt wird, dass vielmehr Christen oft nicht die Möglichkeit haben, ihren Glauben zu praktizieren oder eine Kirche zu bauen. Die Islamvertreter haben zugegeben, dass das für Moslems ein Problem darstellt."[56]

Auch der Zentralrat der Juden in Deutschland äußerte sich zum Karikaturenstreit. Paul Spiegel, damaliger Vorsitzender des Zentralrats, kritisierte den unreflektierten Umgang mit der Pressefreiheit: „Nicht alles, was als Meinung rechtlich geschützt wird, ist moralisch und ethisch vertretbar. Die – gar nicht hoch genug zu schätzende - Meinungsfreiheit hat da ihre Grenzen, wo die Menschenwürde – und dazu gehört auch die Würde von Muslimen und ihrer Religion – verletzt wird."[57]

4.1.1 Das Toleranzproblem

Die oben angesprochene, von vielen Muslimen in Anspruch genommene „Toleranz" der Einwanderungsgesellschaften Europas wurde im Kontext der Diskussionen um den Dialog innerhalb der Einwanderungsgesellschaften vielfach zitiert. Im Verlauf des Karikaturen-Konflikts wurde in den Medien immer wieder betont, wieviel „Toleranz" aufzubringen den westlichen Demokratien zugemutet werde. Titelslogans wie „Gefährlicher Glaube – Die westliche Toleranz verfehlt das Wesen der Religion"[58], Buchtitel wie „Tödliche Toleranz"[59] oder „Die Gotteskrieger und die

---

56 Abrufbar über die Homepage von Radio Vatikan (www.radiovaticana.de) unter: http://www.oecumene.radiovaticana.org/ted/Articolo.asp?c=189867
57 Vgl.: http://www.talmud.de/cms/Paul_Spiegel_zum_Karikatu.72.0.html
58 Die ZEIT am 11. März 2004.
59 Lachmann, Günther: Tödliche Toleranz. Die Muslime und unsere offene Gesellschaft. München 2005.

falsche Toleranz"⁶⁰ sowie Titelcover großer Magazine wie der hier behandelten bedienten vorgängige Klischeevorstellungen vom bedrohlichen Islam und seinen Gläubigen.

Die Einwanderungsgesellschaft ist ein Konglomerat unterschiedlicher kultureller Anschauungen, Lebensformvarianten, Ordnungs- und Wertvorstellungen. Friedliches Zusammenleben darin erfordert gegenseitige Toleranz. Wieviel Toleranz gegenüber religiösen Praktiken aber lässt sich mit dem emanzipatorischen Anspruch der Menschenrechte vereinbaren?

Heiner Bielefeldt verweist auf die „Lerngeschichte der Menschenrechte in Europa", die zeige, „dass beispielsweise die Anerkennung der Religionsfreiheit durch die christlichen Kirchen oder die allmähliche Gleichberechtigung der Geschlechter nur im Rahmen durchgreifender kultureller Wandlungsprozesse gelingen konnten bzw. können."⁶¹ Solche „Wandlungsprozesse" seien auch für eingewanderte und einwandernde Minderheiten unvermeidlich. Bielefeldt definiert die „Grenzen der Toleranz" dort, wo bestimmte Praktiken in Widerspruch zur freien Selbstbestimmung der Menschen geraten"⁶², wie z. B. Genitalverstümmelungen oder Zwangsverheiratungen. Es gibt aber auch eine Vielzahl anderer Fälle, in denen eine Bewertung schwieriger ist wie z. B. im Falle des Kopftuchs. Allerdings bedeute diese vorgegebenen Grenze der Toleranz „nicht das Ende interkultureller Sensibilität". Vor allem sei es ein „Gebot des Respekts vor den Menschen, dass man auch bei der notwendigen öffentlichen Thematisierung nicht akzeptabler Unfreiheit pauschale, stigmatisierende Zuschreibungen vermeidet."⁶³

Martin Hartmann dagegen problematisiert den Begriff der „Toleranz" an sich, indem er ihre Intention als eine auf friedliche Koexistenz abzielende beschreibt. Toleranz bedeutet demnach die „Duldung eines Andersdenkenden trotz gleichzeitiger Mißbilligung seiner Überzeugungen und Praktiken".⁶⁴ Das Prinzip gegenseitiger Toleranz vermag nach Hartmann „tiefergreifende Konflikte zwischen den Individuen überhaupt nicht zu lösen oder löst sie auf eine Weise, die den realen Kern dieser Konflikte verschleiert"⁶⁵, denn wenn „ich fest überzeugt von etwas [bin], dann halte ich es für wahr, doch hier wird von mir verlangt, daß ich aus Achtung vor Überzeugungen, die ich für grundfalsch halte, davon Abstand nehme, aus meinen eigenen Überzeugungen heraus zu handeln [...]."⁶⁶

---

60 Schwarzer, Alice [Hrsg.]: Die Gotteskrieger und die falsche Toleranz. Köln 2002.
61 Bielefeldt, Menschenrechte in der Einwanderungsgesellschaft, (wie Anmerkung 1), S. 67.
62 Ebd., S. 69.
63 Ebd.
64 Hartmann, Martin: Dulden oder Anerkennen? Varianten der Toleranzkritik. In: Kaufmann, M. [Hrsg.]: Integration oder Toleranz? Minderheiten als philosophisches Problem. Freiburg, 2001, S. 118-133, 119.
65 Ebd., S. 118.
66 Ebd., S. 120.

Die Reduktion auf die bloße Toleranz blockiert implizit die Bereitschaft, mögliche Einflüsse auf die eigene Position zu akzeptieren, die mitunter aus einem Dialog resultierten. Vielmehr bedeutet Toleranz ein Zurücknehmen eigener Überzeugungen zugunsten konsensfähiger öffentlich-politischer Prinzipien oder Gründe, die sowohl bestimmte Toleranzgebote als auch klare Grenzbestimmungen vorgeben.[67] Die Grenzen des Tolerierbaren werden durch öffentlich-politische und moralische Gründe definiert.

In der Toleranz der Mehrheitsgesellschaften ist immer auch eine Fixierung allochtoner Gesellschaften und ihrer Mitglieder auf „ihre Kultur", „ihre Religion" oder „ihre Herkunft" verankert, von der man sich eigentlich abgrenzt, sie aber aus öffentlich-politischen Gründen erträgt. Die Haltung der Toleranz ist daher – so Hartmann – „grundsätzlich zu problematisieren, da sie als solche auf einer Entwürdigung des Tolerierten beruht."[68] Die daraus entstehende tief empfundene Ungleichheit und Fremdheit steht einer gemeinsamen dialogischen Gestaltung[69] der Einwanderungsgesellschaft im Wege, zumal Tolerierende und Tolerierte nicht ‚auf einer Augenhöhe' kommunizieren. Die Haltung der Toleranz sollte daher „nur eine vorübergehende Gesinnung sein: sie muß zur Anerkennung führen. Dulden heißt beleidigen."[70]

Bedingung für gegenseitige Anerkennung ist eine Verständigung über gemeinsame Werte und ein Diskurs über Tabus und deren historische und soziale Kontexte. Die „Lerngeschichte der Menschenrechte" geht damit weiter und erfordert in der Einwanderungsgesellschaft zunächst die Bereitschaft aller Mitglieder, sich auf der Ebene rationaler Argumentation gemeinsam auf den Lernprozess einzulassen. Ein dazu notwendiges Bildungskriterium hat Hartmut von Hentig formuliert: Die Fähigkeit und den Willen sich zu verständigen.[71] In einer heterogenen, durch unterschiedliche Moralvorstellungen geprägten Gesellschaft muss der Wille zur „hohe[n] Kunst" der Verständigung vorhanden sein und eigene Prinzipien müssen notfalls diesem Willen nachgeordnet werden, was gewiss nicht immer leicht ist, denn man „muß ja absehen von dem, worauf im Augenblick die ganze Aufmerksamkeit gerichtet ist, muß die Differenz oder das Streitobjekt, die im Augenblick das Wichtigste von der Welt zu sein scheinen, für nicht ganz so wichtig erklären wie die Verständigung."[72]

Eine solche Diskurs-Bereitschaft kann nicht in der Leitkultur-Vorgabe der Mehrheitsgesellschaften bestehen, allerdings auch nicht darin, die Kernelemente

---

67 Vgl. ebd., S. 121/122.
68 Ebd., S. 125.
69 Vgl. Hormel/Scherr, 137.
70 Ebd. (Binnenzitat: Hartmann zitiert Goethe).
71 Hentig, Hartmut von: Bildung. Ein Essay. Weinheim und Basel 2004, S. 80.
72 Ebd., S. 83

der Demokratie auf ein Niveau zu reduzieren, das denjenigen entspricht, die am wenigsten gewillt sind, ihr Gegenüber anzuerkennen, ganz gleich, welchen Glaubens sie sind. Toleranz in Sinne Hartmanns ist zunächst die unerlässliche „Voraussetzung ihrer eigenen Überwindbarkeit"[73], Anerkennung setzt dagegen die „Fähigkeit und den Willen, sich zu verständigen" voraus.

4.2 Ökonomische Problemebene:

Unmittelbar nach den ersten gewalttätigen Protesten gegen die Karikaturen baten etliche Botschaften arabischer Länder um ein schlichtendes Gespräch mit Anders Fogh Rasmussen, das er im Eifer um die Verteidigung des westlichen Kulturgutes entschieden abwies. Kurz darauf begannen ägyptische Unternehmen damit, dänische Waren zu boykottieren. Innerhalb kurzer Zeit stellte sich heraus, dass die Sache für dänische Exporteure kostspielig werden würde. Durch seine offene Ablehnung diplomatischer Gespräche manövrierte sich der Regierungschef jedoch in ein Dilemma: Als sich die wirtschaftlichen Verluste durch den Boykott dänischer Exportwaren deutlich abzeichneten, musste er handeln. – Mit einer Entschuldigung hätte er der islamischen Welt gezeigt, dass dänische Exportinteressen über seinen vor kurzem noch beschworenen Prinzipien stehen. Hätte er sich nicht entschuldigt, so hätte sich der Boykott in Windeseile auf die ganze muslimische Welt ausweiten können. Rasmussen distanzierte sich schließlich von den Karikaturen, und der Chefredakteur der Jyllands-Posten entschuldigte sich für die Kränkung von Muslimen. So erhielt der dänische Einsatz für die Pressefreiheit eine deutlich merkantile Note: Dänemark blieb standhaft, so lange es nichts kostete. Vor allem aber zeigte sich, dass die Bekenntnisse zur Meinungsfreiheit hohl waren, woraus Extremisten die nicht ganz falsche Schlussfolgerung ableiten können, dass diejenigen, die die westlichen Länder regieren, nicht fest genug an die Prinzipien glauben, die sie propagieren, kurz: sie wirken dekadent.

An der Perspektive der islamischen Karikaturenkritiker war zu beobachten, dass die gewaltsamen Massenproteste in erster Linie auf der Seite der Globalisierungsverlierer auftraten. In dieser hochkomplexen und für immer mehr Menschen undurchschaubaren Welt, in der die materiellen Überlebensressourcen derartig ungleich verteilt sind, werden ideologische Heilsversprechungen offensichtlich in zunehmendem Maße attraktiv.

---

73 Vgl. Hartmann, Dulden oder Anerkennen?, (wie Anmerkung 64), S. 133.

4.3 Rechtliche Problemebene:

Wenn die Menschenrechte zu Recht universelle Gültigkeit beanspruchen, weil sie von allen UN-Mitgliedstaaten formal anerkannt wurden, dann muss die Menschenrechtsdeklaration der Vereinten Nationen auch für muslimische Länder gelten. Die demokratischen Grundsätze können in der westlichen Welt nicht durchgesetzt und von allen politischen Akteuren anerkannt werden, wenn sie zugleich für die Gläubigen Allahs nicht gelten sollen.

Es könnte so scheinen, als liefe der Konflikt Gefahr, einen vermeintlichen Widerspruch von Menschenrechten heraufzubeschwören und zu einem Konflikt zwischen Menschenrechten und innerstaatlichen Rechtsordnungen zu werden, die die freie Meinungsäußerung garantieren, und solchen gegen Gotteslästerung. Und tatsächlich entstand im Verlauf des Karikaturenstreits das Missverständnis, als handele es sich in dieser Angelegenheit um einen Konflikt zweier kollidierender Rechte, woraus das weitere Missverständnis resultierte, dass Menschenrechte unabhängig voneinander gelten könnten, vielleicht sogar hierarchisch gliederbar seien und damit das eine Menschenrecht gar mehr wert sei als ein anderes. Jedenfalls deutet die in Reaktion auf die Karikaturenveröffentlichung beim UN-Menschenrechtsrat eingereichte Beschwerde der Islamischen Konferenz (OIC)[74] darauf hin, die die Absicht verfolgte, den Menschenrechtsrat zu einer Resolution zu veranlassen, ein weltweites Verbot der öffentlichen Diffamierung von Religionen zu fordern. Der Menschenrechtsrat der Vereinten Nationen mit Sitz in Genf soll der Durchsetzung der Menschenrechte dienen. Er ist der Ersatz der 2006 aufgelösten Menschenrechtskommission. Die Menschenrechtskommission hatte 53 Mitglieder, der Rat setzt sich aus 47 Staaten zusammen. Die Mitgliedsnationen, die von ihren Regionalgruppen in das Gremium gewählt werden, müssen sich allerdings keineswegs selbst an irgendwelche Menschenrechte halten, da die Stimmrechte eines Staats in der Menschenrechtskommission ebensowenig wie im Menschenrechtsrat an ein politisches System oder dessen Menschenrechtsbilanz gebunden sind. So verwundert es nicht, wenn Regierungsvertreter von Diktaturen wie Bhutan, China, Kuba, Ägypten, Malaysia, Pakistan, Katar, Saudi-Arabien, Sudan oder Simbabwe, die Menschenrechte mit Füßen treten, entscheidend an einer Institution beteiligt sind, die europaweit für eine Quelle politischer Legitimität gehalten wird. Die TAZ vom 27. 11. 2004 verweist darauf, dass das Gremium trotz seines Namens eher einen „Klub der Tyrannen" bilde als eine Kommission zur Verteidigung der Menschenrechte, der im Jahr 2003 obendrein Lybien in den Vorsitz wählte.

---

74 Die Beschwerde wurde im März 2007 eingereicht.

Im 47 Mitglieder zählenden Menschenrechtsrat waren im Jahr 2007 siebzehn islamische Staaten vertreten. Der Menschenrechtsrat gab dem Antrag der OIC statt und verabschiedete am 30. März 2007 eine Resolution für ein weltweites Verbot der öffentlichen Diffamierung von Religionen.[75]

In der Erklärung wird Bezug genommen auf eine Kampagne gegen muslimische Minderheiten und den Islam seit den Terroranschlägen vom 11. September 2001. Die Entschließung selbst stellt eine Reaktion auf die von Jyllands-Posten abgedruckten Karikaturen dar. Auffällig ist, dass in der Erklärung ausschließlich Bezug auf die angebliche Diffamierung des Islams genommen wird, denn in der Erklärung wird neben dem Islam keine andere Religion erwähnt. Die Resolution wurde mit 24 zu 14 Stimmen bei neun Enthaltungen angenommen.

Neben den europäischen Staaten stimmten auch Kanada, Japan und Südkorea dagegen, die insbesondere die einseitige Ausrichtung der Entschließung auf den Islam kritisierten und zugleich, dass die Resolution in keiner Weise auf die Problematik der Meinungsäußerungsfreiheit eingehe. Darüber hinaus sei das Problem religiöser Intoleranz weltweit verbreitet und nicht auf bestimmte Religionen beschränkt, wie die deutsche Delegierte Brigitta Maria Siefker-Eberle im Namen der EU erklärte.[76] In der Resolution wird tiefe Besorgnis über Versuche geäußert, den Islam mit Terrorismus, Gewalt und Menschenrechtsverletzungen zu verbinden. Die Kritik an Religionen wird durch die Resolution als „rassistisch" und „fremdenfeindlich" gewertet und Staaten werden aufgefordert, dies zu unterbinden.

Die Menschenrechtsorganisation Human Rights Watch mit Sitz in New York erklärte, die Resolution könne die Grundrechte Einzelner gefährden. Das Dokument konzentriere sich darauf, Religionen selbst zu schützen, insbesondere den Islam, und nicht die Rechte von Individuen, einschließlich Mitgliedern religiöser Minderheiten.

Die Diskussion um die Beschwerde des OIC verdeutlicht die Schwierigkeit, individuellen Rechten gerecht zu werden, wenn eine Gruppe sich durch die in Anspruch genommene Meinungsäußerungsfreiheit einer anderen Gruppe in ihrer Würde verletzt fühlt.

In Anbetracht eines solchen Dilemmas erscheint es hoffnungslos, mit dem bloßen Pochen auf die Pressefreiheit das Problem der Verletzung religiöser Gefühle und damit der individuellen Menschenwürde abhandeln zu können. Wie bereits dargelegt, wurde das Menschenrecht der Religionsfreiheit durch die Karikaturen nicht berührt. Jedem Muslim stand und steht es frei, sich an die Ge- und Verbote seiner Religion zu halten.

---

75 Abrufbar über die Homepage des Office of the United Nations High Commissioner for Human Rights vom 30. 03. 2007: www.ohchr.org/english/press/hrc/index.htm.
76 Vgl. : www.swr.de/international/de/2007/03/31/beitrag1.html.

Diffiziler verhält es sich mit den im Grundgesetz der Bundesrepublik verankerten Grundrechten der Meinungsfreiheit und der Menschenwürde. Die Problematik der Würde wurde bereits angesprochen, soll aber an dieser Stelle im Hinblick auf ihre identifikatorische Relevanz für tiefgläubige Menschen nochmals aufgegriffen werden. Für einen religiösen Menschen ist sein Glaube Bestandteil der persönlichen Identität. Die Beleidigung seines Glaubens trifft nicht nur etwas, das ihm anhaftet, sondern ihn selbst, einen Teil seiner Seele und seiner Würde.

In der historischen Entwicklung des christlichen Glaubens haben die westlichen Demokratien diese Würde der Meinungsfreiheit untergeordnet, insofern sie die Religiosität berührte. Nach Harald Müller haben sie die Fiktion geschaffen, dass Menschen nicht religiös „sind", sondern Religion „haben", dass Menschenwürde von Schmähungen gegen die Glaubensinhalte nicht betroffen sei. Gegenüber der Blasphemie seien Christenmenschen daher stille Dulder geworden, so Müller, was nichts mit dem Duldercharakter des Christentums an sich zu tun habe (das früher keine Skrupel hatte, Abweichler gnadenlos auf den Scheiterhaufen zu stellen), sondern mit dem immensen historischen Trauma, das die Religionskriege am Ausgang der Neuzeit für Westeuropa bedeuteten:

> *„Die Aufklärung ist aus einem Meer von Blut geboren, aus einem grausigen Massenschlachten, das Katholiken und Protestanten aneinander vollzogen. Das ‚Nie-Wieder', das dieser Periode folgte, leitete die Trennung von Religion und Menschenwürde ein".*[77]

Diese Trennung von Menschenwürde und Religion ist keine universelle Selbstverständlichkeit. In weiten Teilen der islamischen Welt (und nicht nur dort) sind Menschenwürde und Religion verschmolzen und in ihren religiösen Gefühlen beleidigte Menschen können die Bestrafung der Beleidiger verlangen.

Der Karikaturenstreit ist paradigmatisch für die Instrumentalisierung beider Rechte: Jyllands-Posten intendierte mit der Karikaturenveröffentlichung die Verschärfung der antimuslimischen Polarisierung im Land und postulierte dabei die Verteidigung westlicher Freiheit. Islamische Extremisten nutzten hinter dem Vorhängeschild der verletzten Menschenwürde die einmalige Gelegenheit, ihre Interessen voranzutreiben.

Als Reaktion auf die Karikaturen entstand seitens etlicher muslimischer Politiker und Bewegungen die Forderung, die Pressefreiheit einzuschränken und den Tatbestand der Gotteslästerung zu verschärfen.

---

[77] Müller, Harald: Totentanz der Brandstifter. Westliche Schreibtischtäter und islamische Ketzer schüren im Karikaturenstreit den Kampf der Kulturen. In: Frankfurter Rundschau vom 11. Februar 2006.

4.3.1 Kritik, Satire und die Toleranz der Religionen

Nicht nur der Islam erscheint durch Religionskritik und Satire reizbar zu sein. Auch das Christentum als Religion, die die Aufklärung der westlichen Welt durchlebt hat, lässt in dieser Frage nicht mit sich reden, ebensowenig wie mancher Vertreter konservativer Parteien. So stieß die Bühnenshow der amerikanischen Popikone Madonna, die sich während eines Konzerts an ein Kreuz binden ließ, auf ebenso heftige Ablehnung in kirchlichen und konservativen Reihen, wie die Papstkarikaturen des britischen Musiksenders MTV in dessen Serie „Popetown". Die Katholische Kirche rief zum Boykott des Konzerts und der Cartoonserie auf.

Bayerns damaliger Ministerpräsident Stoiber und der bayrische Staatsminister für Bundes- und Europaangelegenheiten Söder (damals CSU-Generalsekretär) gingen sogar noch weiter und forderten höhere Strafen für den Tatbestand der Gotteslästerung, als sie der § 166 des Strafgesetzbuches vorsieht, wonach jeder der „öffentlich oder durch Verbreiten von Schriften den Inhalt des religiösen oder weltanschaulichen Bekenntnisses anderer in einer Weise beschimpft, die geeignet ist, den öffentlichen Frieden zu stören [.....] mit Freiheitsstrafe bis zu drei Jahren oder Geldstrafe" rechnen muss. Während Grünen-Politiker die Abschaffung des Gotteslästerungs-Paragraphen forderten, der die Freiheit der Kunst ebenso gefährde wie das Recht der freien Meinungsäußerung, forderte Söder „ein klares Blasphemie-Verbot im Strafrecht." Nach Auffassung der Union sollte die Friedensschutz-Klausel gestrichen werden, womit auch Beschimpfungen strafbar würden, die nicht geeignet sind, den öffentlichen Frieden zu stören. Dabei ist im Grundgesetz gerade der öffentliche Friede als schützenswertes Rechtsgut anzusehen, der bereits weitgehend durch den Tatbestand der Volksverhetzung geschützt wird. Grünen-Politiker Beck erklärte, dass der § 166 schlichtweg „nicht mehr zeitgemäß" sei und verwies auf die Französische Revolution, in deren Folge bereits 1791 entsprechende Strafen gegen Gotteslästerung in Frankreich abgeschafft wurden.

Auf die energischen Forderungen der CSU-Politiker, den § 166 zu verschärfen, reagierten sogar die Kirchen verhalten. Die Deutsche Bischofskonferenz hielt sich betont zurück. Es gebe dazu keine Haltung der katholischen Bischöfe, sagte eine Sprecherin in Bonn. Ein Sprecher von Kardinal Lehmann sagte in Mainz, der Vorsitzende der Deutschen Bischofskonferenz werde sich zu dem Vorschlag nicht äußern. Die Evangelische Kirche in Deutschland (EKD) lehnte indessen härtere Strafen für Gotteslästerung ab. „Wir sehen keine Gründe für die Verschärfung des Strafrechts", sagte die EKD-Kulturbeauftragte Petra Bahr. Der Staat sei gar nicht in der Lage zu „entscheiden, was blasphemisch ist und was nicht".[78]

---

78 Vgl.: „Gotteslästerung: Kirchen lassen Stoiber abblitzen". In SPIEGEL online vom 19. Juni 2006: http://www.spiegel.de/politik/deutschland/0,1518,422291,00.html

4.4 Politische Problemebene:

Wie oben dargelegt, weigerte sich Anders Fogh Rasmussen während des Diskurses um die Karikaturen zunächst beharrlich, einem Gesprächswunsch der muslimischen Botschaften nachzukommen. Statt dessen warf er Medien, Wirtschaft und Kultur Prinzipienlosigkeit und Kapitulation vor, als deren Vertreter im Verlauf der gewalttätigen Ausschreitungen einzulenken versuchten (s. dazu auch Kap. 4.2.).

Der um die Karikaturen entbrannte Konflikt war nicht nur als Reaktion auf eine Provokation, sondern darüber hinaus als Symptom eines äußerst angespannten Verhältnisses zwischen der muslimischen Welt und dem „Westen" zu verstehen. Zugleich wirkten die Demonstrationen im Nahen Osten vielfach manipuliert: Der Deckmantel der religiösen Empörung diente dem Versuch diktatorischer Bewegungen und diktatorischer Staaten, gläubige Muslime für ihre Interessen zu vereinnahmen. Sie zeichneten das Feindbild des islamophoben Westens und versuchten, die Muslime davon abzuhalten, den Reizen westlicher Freiheit zu folgen und zugleich die Anziehungskraft der totalitären Alternative zu steigern.

Der Karikaturenstreit nützte sowohl dem konservativen Westen zur Demonstration der islamischen Bedrohung als auch denjenigen islamischen Autokraten, die durch die Inszenierung des Feindbilds „Westen" Muslime gegen den Liberalismus zu immunisieren und die Gewalt zu instrumentalisieren trachteten. Dafür spricht die Topographie der gewaltsamen Proteste, die im Zusammenhang mit dem Karikaturenstreit zu beobachten waren, zumal die Staaten, in denen es zu Gewaltausschreitungen kam, insbesondere solche waren, deren Regime oder einflussreiche politische Kräfte mit dem Westen im Konflikt lagen. Erwähnt sei in diesem Zusammenhang das eklatante Beispiel Syriens: Ein Regime, das mehrere zehntausend Muslime ermordet hat[79], verteidigt an vorderster Front die Muslime und stellt sich als Beschützer des Islams dar.

Die Beschaffenheit solcher Systemstrukturen dagegen ist ein Resultat der Geschichte, an deren Verlauf die Europäer wesentlich mitgewirkt haben, zumal nach dem Ende der Kolonialzeit alle westlichen Staaten Diktaturen unterstützt haben, zunächst aus Angst vor einem panarabischen Nationalismus, nach dem Ende des Zweiten Weltkriegs und dem Beginn des Kalten Krieges dann aus Furcht vor dem sowjetischen Einfluss und nun aus Angst vor dem Islamismus. So ließen sie ihre Unterstützung vielen Autokraten zukommen, nicht jedoch der arabischen Demokratie.

---

[79] International kaum bekannt ist das sog. „Massaker von Hama" (Februar 1982), bei dem die syrische Regierung die Stadt Hama bombardierte, weil Mitglieder der Muslimbrüder Hama zum Widerstandszentrum gegen die Regierung ausgebauten. Dabei wurden große Verwüstungen angerichtet und ungefähr 30.000 Menschen kamen zu Tode.

Prägnantestes Beispiel hiefür ist sicherlich der Iran-Irak-Krieg zwischen 1980 und 1988, durch den der Militärdiktator Saddam Hussein die regionale Macht seines Landes stärken und die dominierende Rolle am Persischen Golf erstreiten wollte, die vor allem die Kontrolle des lukrativen Ölmarktes bedeutete. Dazu erhielt er von Europa (insbesondere von Frankreich, aber auch von Deutschland) und den Vereinigten Staaten von Amerika finanzielle Hilfen, Aufklärungsdaten, ökonomische Hilfsgüter – und vor allem militärische Ausrüstung (Waffenlieferungen).

4.4.1 Selbstzensur als Terrorprävention?

Ein anderes politisch brisantes Themenfeld eröffnet die insbesondere in Deutschland beobachtbare und in der medialen Öffentlichkeit heftig kritisierte (vorwegeilende) Selbstzensur, die in der Vergangenheit wiederholt den Eindruck erweckte, als entgehe die Aufklärung, weil sie als kultureller Grundsatz selbstverständlich wurde, der Beachtung und Wertschätzung. So war in der Vergangenheit wiederholt eine deutliche Scheu zu erkennen, auf elementaren Menschenrechtsprinzipien zu bestehen.

Beispielhaft hierfür ist die „Schulbuchaffäre", die sich im Januar 2005 in Brandenburg ereignete. So berichtet die WELT am 26.01.2005 von der auf Druck des türkischen Generalkonsuls in Berlin erwirkten Streichung eines Halbsatzes über den Genozid an den Armeniern in der Türkei während des Ersten Weltkriegs, der im Lehrplan für die neunten und zehnten Klassen erschienen war. Im Lehrplan für das Unterrichtsfach Geschichte der Klassen neun und zehn ist im Kapitel „Krieg-Technik-Zivilbevölkerung" unter dem Stichwort „Enthumanisierung (Kriegsalltag)" verbindlich vorgeschrieben, die Themenkomplexe „Entgrenzung von Kriegen; ethnische Entflechtung; Ausrottung und Völkermord" im Unterricht zu behandeln. Bis kurz vor Erscheinen des Artikels hatte diese Stelle noch den erklärenden Zusatz „z. B. Genozid an der armenischen Bevölkerung Kleinasiens" enthalten. Brandenburgs Lehrpläne waren – so der WELT-Redakteur Dieter Salzmann – bis zu diesem Zeitpunkt die einzigen in Deutschland, die einen Hinweis auf den Völkermord an den Armeniern enthielten. Die Rücknahme dieses Passus löste damals nachvollziehbare Äußerungen des Empörens aus, die aber nicht dazu führten, dass der Passus wieder eingesetzt wurde.

Einen weiteren Fall der Selbstzensur stellte die Debatte um die Absetzung der Mozart-Oper Idomeneo im September 2006 dar. Die Oper handelt vom Aufstand des Menschen gegen die Götter. In der Neuenfels-Inszenierung zieht die Hauptfigur in der Schluss-Szene die abgeschnittenen Köpfe von Poseidon, Jesus, Buddha und Mohammed aus einem blutgetränkten Sack. Am 25. September entschied die Intendantin der Deutschen Oper Berlin, Kirsten Harms, auf Druck des Berliner Innensenators Ehrhart Körting, die Oper vom Spielplan zu streichen, weil sie kurz zuvor durch das Landeskriminalamt vor einer möglichen Störung durch Islamisten gewarnt worden war. Eine konkrete Gefahr bestand jedoch nicht. Die Absetzung der Oper vom Spielplan löste eine Woge der Entrüstung aus, die weit über die deutschen Grenzen hinausreichte. „Was ist die Botschaft dieser Symbol-Nachricht?", fragte die WELT am 27. September 2006 und fährt fort: „Dass wir Muslimen mehr Empfindsamkeit entgegenbringen als Christen oder Juden, dass wir uns der Gewalt beugen [...]. Könnte man nicht auch sagen: Wir leben in einem Land, in dem die Kunst frei ist und kritisiert und karikiert, wen sie will? Könnte man nicht auch sagen: Wir wollen, dass das so bleibt, und wer das nicht akzeptiert, der steht außerhalb unserer Verfassung? Stattdessen sind es Intellektuelle, die ein Ausrufezeichen der Feigheit an die Wand malen." Das Handelsblatt schreibt am selben Tag: „Was für ein Spektakel: Die Oper setzt ab, während der Bundesvorsitzende der Türkischen Gemeinde klipp und klar sagt, hier gehe es um die Freiheit der Kunst und selbst wenn es Auseinandersetzungen gäbe, müsse man sie durchstehen. [...] Warnungen der Sicherheitsbehörden sind wichtig, aber man kann seinen eigenen kritischen Verstand nicht an der Pforte des Landeskriminalamtes abgeben." Auch Politiker sprachen sich einstimmig und nachdrücklich gegen die Streichung der Oper aus. Es sei ein „beklemmendes Zeichen der Angst", warnte Bundestags-Vizepräsident Wolfgang Thierse: „Soweit ist es gekommen, dass die Freiheit der Kunst eingeschränkt wird. Was ist das nächste? Werden wir die Freiheit der Rede oder der Predigt einschränken?".[80]

Nach langer Diskussion wurde Idomeneo am 18.12.2006 unter Polizeischutz wieder aufgeführt. Neben wichtigen Vertretern aus Kultur und Politik hatte Bundesinnenminister Schäuble auf Anregung muslimischer Teilnehmer alle Mitglieder der Deutschen Islam-Konferenz eingeladen. Seiner Einladung wollten nach Angaben des Bundesinnenministers neun der fünfzehn muslimischen Konferenzteilnehmer folgen. „Hier geht es um die Freiheit der Kunst, deswegen muss man hier sein", sagte der Vorsitzende der türkischen Gemeinde in Deutschland, Kenan Kolat, vor der Aufführung.[81]

4.4.2 „Die Welt zu Gast bei Freunden"? - Die deklarierte Hilflosigkeit der deutschen Mehrheitsgesellschaft gegenüber Diskriminierungen

Eine abschließende Anmerkung zur politischen Problemebene zielt auf die Situation in vielen Staaten der westlichen Welt, in denen Diskriminierungen, Fremdenfeindlichkeit und Verdächtigungen gegenüber fremden und muslimischen Mitbürgern eine unleugbare Tatsache sind. Weshalb sonst sah sich der ehemalige Regierungssprecher Uwe-Karsten Heye im Vorfeld der Fußball-Weltmeisterschaft 2006 genötigt, bestimmte Bezirke in Deutschland als potentielle Gefahrenzonen („no go – areas") für

---

80 Vgl.: SPIEGEL online vom 26.09.2006: www.spiegel.de/kultur/gesellschaft/0,1518,439212,00.html
81 Vgl.: www.focus.de/kultur/musik/oper_nid_41286.html

Menschen anderer Hautfarbe auszuweisen. Während Hinweisschilder an Autobahnen einladend mit dem Slogan „Die Welt zu Gast bei Freunden" aufwarteten, verkündete Heye am 17. Mai 2006 im Deutschlandradio Kultur: „Es gibt kleine und mittlere Städte in Brandenburg und anderswo, wo ich keinem, der eine andere Hautfarbe hat, raten würde, hinzugehen. Er würde sie möglicherweise lebend nicht mehr verlassen".[82]

Abb. 12:
Werbeschild zur Fußball-WM an der A63 im Sommer 2006.

Eine solche Äußerung sendet in erster Linie ein Signal der Hilflosigkeit, mit der die hiesige Mehrheitsgesellschaft dem Problem der Fremdenfeindlichkeit gegenüber steht. Für die Minderheiten innerhalb der deutschen Einwanderungsgesellschaft bedeutet dies, dass sie von dieser Gesellschaft keine Unterstützung erwarten können, sie sind auf sich allein gestellt.[83] Sollte die Konsequenz darin bestehen, dass Menschen anderer Hautfarbe bestimmte Gegenden meiden, bedeutete dies, die „Ausländer" müssten draußen bleiben, weil der Staat sein Gewaltmonopol in einigen Gegenden an rechtsextreme Kriminelle verloren hat.[84] Derartige Diskriminierungen und potentielle Gewalterwartungen drängen manchen Mitbürger nichtdeutscher Herkunft schon aus purer Existenzangst in die Isolation.

4.5 Religiöse Problemebene:

Der Riss, der im Verlauf des Karikaturenstreits aufklaffte, verlief weniger zwischen dem Westen und dem Islam, als vielmehr zwischen solchen Menschen, die auf beiden Seiten, im Namen einer Religion oder Vernunft, maßvoll erklären konnten, wer sie sind, und was für sie steht, und solchen, die von exklusiven Wahrheiten, blinden Leidenschaften und Vorurteilen bewegt wurden.

---

[82] Vgl.: www.zeit.de/online/2006/20/Nogoareas-Heye.
[83] Der Afrika-Rat und die Internationale Liga für Menschenrechte veröffentlichten nach einem Gewaltanschlag Rechtsextremer auf den Deutschäthiopier Ermyas M. in Potsam im Frühjahr 2006 im Vorfeld der Fußball-WM „Ratschläge" zum Verhalten bei rassistischen Übergriffen". Der Rat forderte in einer Pressemitteilung vom 21. 4. 2006 die Bundesregierung zur sofortigen „Erstellung eines Nationalen Aktionsplans gegen Rassismus" auf (abrufbar unter: www.afrika-start.de/artikel-48.htm).
[84] Dieses Problem wird in der bereits erwähnten Duisburger Studie über Gewalt in den Medien detailliert diskutiert. Vgl. Althoemar u. a., SchlagZeilen, (wie Anmerkung 38).

Ein elementarer Grundsatz gilt für alle Religionen: Demokratische Prinzipien können und müssen mit konfessionellen Absichten vereinbar sein.

Die Akzeptanz der Demokratie durch Gläubige bedeutet nicht, dass sie „die Souveränität des Allmächtigen über die Menschen zurückweisen", erklären der Autor Mustafa Akyol und die Wissenschaftlerin Zeyno Baran im „muslimischen Manifest", in dem sie zum Frieden und zur moderaten Religionsausübung aufrufen:

> „Wir glauben, dass diese Souveränität sich im allgemeinen Willen der Menschen in einer demokratischen und pluralistischen Gesellschaft offenbart. Theokratische Herrschaft akzeptieren wir nicht - und zwar nicht etwa, weil wir nicht wünschten, Gott zu gehorchen, sondern weil theokratische Herrschaft automatisch zur Herrschaft fehlbarer (und oftmals korrupter und fehlgeleiteter) menschlicher Wesen im Namen eines unfehlbaren Gottes wird."[85]

Schmidt-Salomon verweist deutlich auf die Eigenmächtigkeit, mit der Gläubige über eigene moralische Standards Gottes Willen und dessen Güte beurteilen und damit ihre eigenen Werte auf Gott projizieren:

> „Tatsächlich haben Menschen in der Geschichte immer wieder ihre historisch gewachsenen Wertvorstellungen als Gebote Gottes ausgegeben und dadurch argumentativ unangreifbar gemacht, was meist mit fatalen gesellschaftlichen Konsequenzen verbunden war. Weil sich die Menschen Gott stets nach dem eigenen historischen Ebenbild schufen, musste der Gott des Alten Testaments in erschreckender Permanenz Vernichtungskriege gegen gegnerische Völker führen, glaubten Christen bis in die jüngste Vergangenheit hinein, ihre heilige Pflicht vor Gott bestünde darin, Juden als vermeintliche Gottesmörder zu verfolgen, wurde nach den schrecklichen Erfahrungen der beiden Weltkriege in Europa [...] ein pazifistisch anmutender Gott der Nächstenliebe aus der theologischen Mottenkiste hervorgezaubert, während die aktuelle amerikanische Version des Christengottes seinen Segen spendet für völkerrechtswidrige Kreuzzüge wieder das sogenannte „Böse"."[86]

Dass der Islam gegenwärtig bedrohlicher wirke, als das Christentum, ist nach Schmidt-Salomon nicht darauf zurückzuführen, dass, wie manche behaupteten, der Koran menschenverachtender sei als die Bibel, sondern dass Muslime im Gegensatz zu den aufklärungsgezähmten Christen das „Wort" ihres Gottes mehrheitlich noch ernster nähmen.

Religiöse Gefühle sind leicht verletzbar. Darüber hinaus ist irgendetwas irgendjemandem immer heilig. Wenn daraus resultierte, dass jede persönlich empfundene Belei-

---

85 Das „muslimische Manifest" ist im Internet abrufbar: http://www.spiegel.de/politik/debatte/0,1518,403962,00.html
86 Schmidt-Salomon, Michael: Manifest des Evolutionären Humanismus. Plädoyer für eine zeitgemäße Leitkultur. Aschaffenburg 2006, S. 66.

digung mit Zensur belegt würde, wäre das das Todesurteil der freien Kunst, Presse und Gedanken. Respekt schließt Meinungsverschiedenheiten nicht aus. Wenn eine Karikatur oder eine Äußerung religiöse Gefühle verletzt, dann muss darüber gesprochen werden. Mit Blick auf die Einwanderungsgesellschaft ist zu erwarten, dass in Zukunft sehr viele Tabus diskutiert werden, die für Vertreter verschiedener kultureller Kreise vollkommen unterschiedliche Stellenwerte haben können. Als notwendige Voraussetzung des Dialogs erscheint hier der von Hormel/Scherr postulierte Verzicht darauf, „die Probleme der Einwanderungsgesellschaft als Folge nationaler, kultureller, ethnischer und religiöser Unterschiede [zu] interpretieren" und Individuen einzig über „ihre Herkunft" oder Kultur zu definieren.[87]

In egalitären säkularen Demokratien soll der Staat die Religionsfreiheit der Menschen gewährleisten. Wenn er seine Bindung an die Religions- und Weltanschauungsfreiheit einschließlich des darin enthaltenen Gleichberechtigungsanspruchs ernst nimmt, so betont Bielefeldt,

„dann darf er sich nicht mit einer bestimmten religiösen oder weltanschaulichen Tradition auf Kosten der Angehörigen anderer Traditionen und Überzeugungen identifizieren. Die von dorther gebotene »Nicht-Identifizierung« folgt gleichsam aus dem menschenrechtlichen Strukturprinzip der »Nicht-Diskriminierung«. […] Als säkularer, »rein weltlicher« Staat steht er nicht im Dienste einer religiösen Wahrheit oder eines religiösen Gesetzes. Vielmehr überlässt er die Suche nach Sinn und nach umfassender Wahrheit den Menschen, denen es obliegt, als Individuen und in Gemeinschaft mit anderen in Freiheit ihren Lebensweg zu finden. Genau in dieser Option für die Freiheit der Menschen zeigt sich zugleich der positive normative Anspruch, den der Rechtsstaat formuliert."[88]

Dieser „normative Anspruch" bedeutet keineswegs, so Bielefeldt, dass

„Menschen ein Bekenntnis zur prinzipiellen Höherwertigkeit des säkularen Rechts gegenüber religiösem Recht und den sie tragenden Wertvorstellungen ableisten sollen. […] Entscheidend ist vielmehr, dass alle in Deutschland dauerhaft lebenden Menschen den praktischen (nicht weltanschaulichen!) Geltungsvorrang des Grundgesetzes, der sich seinerseits auf den Anspruch menschenrechtlicher Freiheitsgewährleistung stützt, in ihrem tatsächlichen Verhalten anerkennen."[89]

---

87 Hormel, Ulrike/Scherr, Albert, Bildung für die Einwanderungsgesellschaft, (wie Anmerkung 33), S. 13.
88 Bielefeldt, Menschenrechte in der Einwanderungsgesellschaft, (wie Anmerkung 1), S. 78/79.
89 Ebd., S. 80.

Religion sollte daher als Privatsache und verhandelbares Gruppenanliegen verstanden werden. Als politische Ideologie bietet sie ein enormes Maß an Sprengstoff.

In diesem Sinne schreibt der Schriftsteller Mohamed Kacimi am 17. 02. 2006 in der französischen Libération: « Et que faire des caricatures? Mieux vaut en rire comme le dit le Coran VIII,30 : Ils (les incroyants) se moquet mais, en metière du moquerie, Dieu est insurpassable. »[90]

5 Schluss

Der Konflikt um die Karikaturen hat einerseits gezeigt, wie beängstigend Menschen erscheinen, die unfähig sind, ihren Glauben zu relativieren und andere zwingen wollen, ihn zu teilen oder zumindest nicht in Zweifel zu ziehen. Der Konflikt hat aber auch gezeigt, wie wichtig es ist, Identitätsfragen ernst zu nehmen und ihnen mit einem mitmenschlichen Verantwortungsgefühl zu begegnen, wenn ein Dialog über Unterschiede und Sensibilitäten nicht schon in seiner Geburtsstunde unmöglich werden soll.

Die Freiheit und Autonomie des Einzelnen ist kein Freibrief der mutvollen Beleidigung und Verletzung der Empfindlichkeiten Anderer. Im Gegenteil: Wenn man beleidigt, muss man sich nicht wundern, wenn der Beleidigte auch beleidigt ist. Die freie Selbstgesetzgebung, die mit dem durch den Aufklärer Immanuel Kant formulierten kategorischen Imperativ verbunden ist, stellt immer auch eine Form der Selbstreflexion und Selbstverpflichtung gegenüber der Freiheit und Würde anderer Menschen dar. Eine breite publizistische Front „aufgeklärter" westlicher Vertreter trat im Verlaufe des Karikaturenstreits zur Verteidigung der Aufklärung an – gegen eine Religionsauslegung, die die Ausübung von Grundrechten für bestrafungsbedürftige Blasphemie hält. Allerdings inszenierte sie ein trügerisches Bild der Bestandsfestigkeit der Aufklärung als eines gesicherten kulturellen Wertes. Die Aufklärung ist kein Bestand, der sich von selbst konserviert. Sie ist unbequem, weil es für den Ausgang des Menschen aus der selbstverschuldeten Unmündigkeit keine ewig gültige Gebrauchsanweisung gibt. Den richtigen Ausgang muss sich jede Gesellschaft und jede Generation immer wieder neu erarbeiten. Die Leitkultur demokratischer Gesellschaften kann nur eine Streitkultur sein, die im Dialog der Mehrheitsgesellschaften mit ihren Minderheiten gestaltet wird.

Die erwartbare zunehmende Präsenz einer Vielzahl unterschiedlicher kultureller Sensibilitäten der Einwanderungsgesellschaften Europas sollte vor allem ein Anlass sein, miteinander statt übereinander zu sprechen, nicht nur die eigene Perspektive zu vertreten, sondern zumindest die Argumentation derjenigen anzuhören, die sich verletzt und

---

90 „Was sollen wir mit den Karikaturen machen? Am besten nur lachen, wie es im Koran VIII,30 heißt: ‚Sie (die Ungläubigen) spotten, aber wenn es ums Spotten geht, ist Allah unschlagbar'".

beleidigt fühlen. Sich einzig mit denen zu solidarisieren, die ihr Recht auf Beleidigung wahrnehmen, ist sicher keine Lösung.

Gleichzeitig ist es fundamental, das Recht zu lachen zu verteidigen, um die Demokratie ebenso wie jene zu stützen, die die Freiheit und die Toleranz im Innern des Islam selbst verteidigen wollen.

Eine Gesellschaft, die die Menschenrechte achtet, muss auch Menschen mit kirchen- oder religionskritischer Haltung Meinungsfreiheit zugestehen. Wenn die Gotteslästerung als verbrecherischer Tatbestand geduldet wird, fragt sich, ob dies mit dem Recht auf die Freiheit der Meinungsäußerung vereinbar ist, zumal es ein langer Kampf war, bis die europäischen aufgeklärten Gesellschaften das Recht erhielten, im Rahmen der Meinungs- und Religionsfreiheit die Religionen zu kritisieren. Wenn ein Katholik ein Kruzifix als Klopapierhalter und wenn ein Muslim die Mohammed-Karikaturen weder für lustig noch für satirisch hält, ist das sein gutes Recht. Die Frage ist allerdings, ob hier das Strafrecht Abhilfe schaffen sollte. Auch dies könnte als Beleidigung verstanden werden, denn wer beleidigt Gott eigentlich schwerwiegender: Derjenige, der lästert, oder derjenige, der seinen Gott mit Paragraphen schützen will und womöglich Blasphemie betreibt, indem er ihm die Justiz zur Hilfe schickt?

Freie Gesellschaften können schädliche Meinungen nur bekämpfen, indem sie von ihrem Recht Gebrauch machen, ihre Meinung zu äußern (notfalls auch lautstark!), zu demonstrieren und konstruktive Meinungen zu verbreiten - und zwar im Austausch derjenigen untereinander, die gewillt sind, die kulturelle Vielfalt in einer demokratischen Gemeinschaft zu kommunizieren, die die Gestaltung der Einwanderungsgesellschaft als gesamtgesellschaftliche Aufgabe versteht. Perspektivisch bedeutete dies die Überwindung bloßer Toleranz zugunsten einer gegenseitigen Anerkennung weltanschaulicher Andersheit, die als Zugewinn und nicht als gesellschaftliche Bürde betrachtet wird. „Dulden heißt beleidigen."[91] - Anerkennen setzt die „Fähigkeit und den Willen, sich zu verständigen"[92] voraus.

Könnte man sich in einem Dialog darüber verständigen, was wir als Menschen unabhängig von übermenschlichen Offenbarungen aller Art aus eigener Kraft erkennen können?

Dies bedeutete für die hier angesprochene Problemlage, einen kleinsten gemeinsamen Nenner darin zu suchen, welche gemeinsamen Rechts- und Unrechtserfahrungen Menschen unterschiedlicher Kulturkreise historisch und individuell miteinander verbindet und welche praktischen Konsequenzen daraus erwachsen, wenn ein Krieg der einen gegen die anderen vermieden werden soll.

Dies hieße, die Idee der Menschenrechte nachvollziehbar zu machen.

---

91 S. Anmerkung 70.
92 S. Anmerkung 71.

Materialien/Methodenkarte

Die „Redaktionskonferenz" als Problematisierungsmöglichkeit im Unterricht

Idee:

Eine Möglichkeit zur realitätsnahen Problematisierung der hier vorgestellten Thematik könnte darin bestehen, in der Klassen- resp. Kursgemeinschaft eine „Redaktionskonferenz" abzuhalten, innerhalb derer die Schüler/-innen begründet entscheiden sollen, ob die Mohammed-Karikaturen nachgedruckt werden sollten oder nicht. Mit der Frage, ob sie die Karikaturen nachdrucken sollen, sahen sich die Zeitungsredaktionen im Verlaufe des Konflikts ebenfalls konfrontiert.

Mögliches Vorgehen:

Die Schüler/-innen schließen sich zu Kleingruppen zusammen und erhalten gruppenweise jeweils einen kurzen Zeitungskommentar (vgl. **M4 - M5** auf den Folgeseiten), aus dessen Perspektive sie sich Argumente überlegen, die sie später auf der „Konferenz" vertreten.

Mögliche Prüfungskriterien sind:

- Die Menschenrechte: Welche Rechte werden berührt?
- Grundgesetz, z. B.: Grundrechtsartikel (Meinungsfreiheit, Religionsfreiheit, Freiheit der Kunst).
- Differenzierung der Begriffe „Toleranz" und „Anerkennung".
- Wert der Integration der Kulturen.
- Das Spannungsfeld von Freiheit und Verantwortung.
- Die Verteidigung „westlicher" Werte.
- Reflektierte Ziele: Was soll mit der Entscheidung („drucken resp. nicht drucken") bewirkt werden? Welchen Beitrag zur Gestaltung der Einwanderungsgesellschaft kann die Entscheidung leisten?

Im Anschluss an die Gruppenphase tauschen die Schüler/-innen im Plenum (auf der Redaktionskonferenz) ihre Argumente aus und stimmen hernach darüber ab, ob die Karikaturen gedruckt werden sollten oder nicht.

Nachdem die Entscheidung gefallen ist, werden die Schüler/-innen wieder aus ihren „Positionen" entlassen und können in einer Reflexionsrunde ihre eigene Meinung darüber äußern, inwiefern sie die Entscheidung und die in der Konferenz angeführten Argumente für nachvollziehbar halten.

Material M1

M1:
Titelseite der Jyllands-Posten am 30. September 2005. Auf der Titelseite werden die im Innenteil befindlichen Karikaturen angekündigt.

Material M2

M2:
El Fagr am 17. Oktober 2005. Die ägyptische Zeitung druckte sechs der Karikaturen bereits am 17. Oktober 2005 nebst einem Artikel, der sie scharf kritisiert. Die Veröffentlichung löste allerdings keine Reaktionen aus.

Pressefreiheit in der Einwanderungsgesellschaft

Material M3

France soir

Dernière édition 0,90 € — Mercredi 1ᵉʳ février 2006

Les Bronzés 3, c'est parti ! Pages 2-3

Oui, on a le droit de caricaturer Dieu

« RÂLE PAS, MAHOMET... ON A **TOUS** ÉTÉ CARICATURÉS, ICI »

La parution de douze dessins dans la presse danoise a provoqué l'émotion du monde musulman pour qui la représentation d'Allah et de son prophète est interdite. Mais parce que nul dogme religieux ne peut s'imposer à une société démocratique et laïque, *France Soir* publie les caricatures incriminées

M3:
France soir am 1. Februar 2006:
„Ja, wir haben das Recht, Gott zu karikieren."
Inhalt der Sprechblase:
„Mecker' nicht, Mohammed, wir wurden hier auch alle karikiert."

Material M4

PRESSESTIMMEN

Zu den Mohammed-Karikaturen:

Münchner Merkur

DIE VERÖFFENTLICHUNG VON KARIKATUREN DES PROPHETEN MOHAMMED IN DÄNEMARK HAT HEFTIGE REAKTIONEN VON MOSLEMS AUSGELÖST. DAZU HEISST ES:

Nun schaukeln sie sich hoch, die Scharfmacher, die Provokateure, die politischen Krisengewinnler. Dänemark liegt schon darnieder, in arabischen Hauptstädten demonstrieren die Massen. Eine simple, künstlerisch missratene Reihe von Karikaturen des Propheten Mohammed in Dänemark droht einen Kulturkrieg auszulösen, als ginge es um den finalen Überlebenskampf zwischen Abend- und Morgenland. Und wenn die ganze maßlos aufgeblasene Affäre eines zeigt, dann doch vor allem dies: Wir sind nicht wie sie, und sie sind nicht wie wir – aber beide Seiten bleiben sich in tiefster kultureller Selbstbezogenheit selber treu.

Badische Zeitung

DAS BLATT AUS FREIBURG SIEHT ES SO:

„Was darf die Satire? - Alles!" Das hat Kurt Tucholsky gesagt. Es waren finstere Zeiten, als dieser Spruch nichts galt. Das Bilderverbot des Islam ist für die Angehörigen dieser Religion bindend. Aber das ist das Unfehlbarkeitsdogma des Papstes in wichtigen Glaubensfragen für die Katholiken letztlich auch. Zwingendes Gesetz für Öffentlichkeit und Medien in einer westlichen Demokratie ist beides nicht. Einen Freibrief zur pauschalen Verletzung religiöser Gefühle darf es nicht geben. Ein Klima, in dem etwa Zeitungen nicht mehr ihrem Informationsauftrag nachkommen, weil sie den Zorn von Fanatikern fürchten, wäre indessen verheerend. Auf der Strecke bliebe, was unsere Gesellschaft prägt: der offene Diskurs im Rahmen von Recht und Gesetz.

LANDESZEITUNG

DIE ZEITUNG AUS LÜNEBURG MERKT AN:

Der Streit um die Mohammed-Karikaturen droht sich zum gefährlichen „Clash of Civilisation", dem „Kampf der Kulturen" auszuweiten... Aber Bürger müssen diese Karikaturen sehen, um sich eine Meinung bilden zu können. Dass fanatische Gläubige nun Morddrohungen gegen Journalisten aussprechen, ist eine zwangsläufige Folge. Und führt zur Kernfrage, ob eine Demokratie solchen Fanatikern nachgeben darf. Eine Frage, die nur mit Nein beantwortet werden darf. Provokante Karikaturen gehören zu unserer Kultur.

Zum Karikaturen-Streit

la Repubblica

ZU REAKTIONEN IN ISLAMISCHEN LÄNDERN NACH DER VERÖFFENTLICHUNG DER KARIKATUREN IN WESTLICHEN ZEITUNGEN SCHREIBT DIE RÖMISCHE ZEITUNG:

Die Reaktionen, die die „satanischen Karikaturen" hervorgerufen haben, zeigen neben ihren Auswirkungen auch ein präzises Symptom: die wachsende Verbreitung in der islamischen Welt einer radikalen Kritik am Westen. Dies ist eine Kritik, die wenn überhaupt nur am Rande von den dschihadistischen Thesen von Bin Laden und Sawahiri genährt wird. Vielmehr erwächst sie aus einem verbreiteten Gefühl, das von islamistischen Gruppen vertreten und gesteuert wird: dass der Westen nicht nur ein Problem, sondern die „Krankheit des Islam" darstellt.. „Vergiftung durch den Westen" ist das Wort, das die Gruppen nicht zufällig benutzen, um die als verderblich angesehenen Auswirkungen zu beschreiben, die das politische, wirtschaftliche, kulturelle, westliche Eindringen in die islamische Kultur hat.

NZZ am Sonntag

DIE IN ZÜRICH ERSCHEINENDE SONNTAGSZEITUNG MEINT:

Der entfesselte Mob zeigt seine verletzten religiösen Gefühle, indem er dänische Flaggen verbrennt, und die eingeschüchterten Kommentatoren versichern eilig, die Freiheit der Kunst und der Rede seien nur relative Werte. Das sind sie aber nicht. Es sind Grundwerte, die in jedem demokratischen Staat selbstverständlich sein müssen – und die es nicht nur aus „würdigem" Anlass zu verteidigen gilt. Die Qualität der Karikaturen steht nicht zur Debatte. Satirische Angriffe auf religiöse Inhalte sind oft geschmacklos; doch die Zeiten, da sie verboten waren und ihre Urheber verfolgt wurden, liegen gottlob hinter uns. Diesen historischen Prozess hat der Islam noch vor sich. (...)

Jyllands-Posten

DIE DÄNISCHE ZEITUNG ZUM VON IHR SELBST AUSGELÖSTEN KONFLIKT:

Große Teile der Weltpresse haben die Debatte im Namen der Meinungsfreiheit aufgegriffen. Ein Teil von ihnen hat sie komplett oder teilweise gebracht. Das bestätigt mehr als vieles andere, dass Angriffe auf die Meinungsfreiheit in einem demokratisch verankerten Land als gemeinsames, vitales Anliegen betrachtet werden. Es zeigt sich auch, dass es bei den Unruhen in den muslimischen Ländern nicht um die Zeichnungen in „Jyllands-Posten" geht, sondern um die Bestrebungen fanatischer, religiöser Fundamentalisten, völlig andere politische Zielsetzungen auf die Tagesordnung zu setzen, wenn sich die Gelegenheit bietet. (...) Jeder Kniefall vor den fanatischen religiösen Kräften (...) kann ein ernster Beitrag zur Destabilisierung der dynamischen Welt sein, in der wir leben.

theguardian

DIE BRITISCHE ZEITUNG MEINT:

Obwohl hinter den Zeichnungen Satire steckt und keine Blasphemie, war ihre Veröffentlichung eine falsche Entscheidung. Sie sind provozierend und spielen in die Hände islamischer Extremisten und Hassprediger. Das Ganze erinnert an die Empörung in der islamischen Welt, die Salman Rushdies Buch „Die Satanischen Verse" in den 80er Jahren auslöste. Damals war uns der Begriff „Zusammenstoß der Kulturen" noch nicht so geläufig, heute gehört er zu unserem alltäglichen Vokabular.

M4: Gesammelte Pressestimmen in der Frankfurter Rundschau am 6. Februar 2006.

Blick in die Presse

Ein tiefer Graben

Den Konflikt um die in Zeitungen veröffentlichten Mohammed-Karikaturen kommentiert die internationale Presse.

FRANCE SOIR (Paris):

„France-Soir wird sich nicht dafür entschuldigen, die Meinungsfreiheit gegen die religiöse Intoleranz verteidigt zu haben. Wiederholen wir es noch und noch, dass es in dieser Debatte nicht darum geht, den Islam oder die Muslime zu stigmatisieren. Hier geht es nicht um Religion, sondern um Intoleranz. France Soir hat das Gefühl, seine Aufgabe erfüllt zu haben, indem es die Debatte um die Karikaturen in die französische Öffentlichkeit getragen hat. Die dadurch ausgelöste Schockwelle zeigt uns, wie richtig es war, die Sturmglocke zu ziehen."

TIMES (London):

„Der Nachdruck der Karikaturen hat etwas von Exhibitionismus und ist nicht neutral. Es ist nicht von der Hand zu weisen, dass sie auch moderate Muslime beleidigen. Sie haben deshalb ein Recht darauf, dagegen zu protestieren. Auch der Boykott der Zeitungen, die sie nachgedruckt haben, ist legitim. Aber genau hier hört es auf. Es geht zu weit, wenn man Minister für Entscheidungen der freien Presse in ihren Ländern verantwortlich macht, alle Produkte boykottiert oder sogar zur Gewalt aufruft."

NEUE ZÜRCHER ZEITUNG:

„Die herabwürdigende Kraft der Karikaturen in der Zeitung *Jyllands-Posten* mag gering oder gar nicht vorhanden sein. Ihr Potenzial, Missverständnisse zu erregen, ist aber, ganz zur Überraschung ihrer Urheber, groß. Politische Klugheit hätte es geboten, die westliche Sicht auf Mohammed in ernsthafterer Form zu behandeln und – um der Wahrung des Religionsfriedens willen – auf Leichtfertigkeiten zu verzichten."

DAGENS NYHETER (Stockholm):

„Das Niederschmetternde an dem Konflikt ist die Verstärkung der Gegensätze zwischen ‚denen und uns', Christen und Muslimen, hier Geborenen und Zuwanderern, Ost und West. Voltaire hat (bei seinem Eintreten für Meinungsfreiheit) nach oben geschlagen. *Jyllands-Posten* hat nach unten getreten. Rassistische Karikaturen sind in einer multikulturellen Gesellschaft immer eine zweifelhafte Angelegenheit, und ganz besonders dann, wenn die Absicht dabei Verletzung ist."

LUXEMBURGER WORT:

„Schon die Fälle des ermordeten niederländischen Filmemacher Theo van Gogh und des mit einem Todesurteil belegten Autors der ‚Satanischen Verse', Salman Rushdie, haben verdeutlicht, wie tief der Graben zwischen den beiden Kulturkreisen heute ist. Das heißt nicht, dass die westlichen Medien Öl ins Feuer gießen sollen; jedoch sollten sie auch nicht vor den Extremisten einknicken.

M5:
Gesammelte Pressestimmen in der Süddeutschen Zeitung am 4./5. Februar 2006.

Literatur

Althoetmar, Katrin u. a. (Hrsg.): SchlagZeilen. Rostock: Rassismus in den Medien. Duisburg 1993.

Bahrdt, Carl Friedrich: Ueber Preßfreyheit und deren Grenzen. Zur Beherzigung für Regenten, Censoren und Schriftsteller. Zöllichau 1787.

Bielefeldt, Heiner: Menschenrechte in der Einwanderungsgesellschaft. Plädoyer für einen aufgeklärten Multikulturalismus. Bielefeld 2007.

Böll, Heinrich: Die Fähigkeit zu trauern. Schriften und Reden 1984-1985. München 1988.

Böll, Heinrich: Heimat und keine. Schriften und Reden 1964-1968. München 1985.

Böll, Heinrich: Feindbild und Frieden. Schriften und Reden 1982-1983. München 1987.

Böll, Heinrich: Man muß immer weitergehen. Schriften und Reden 1973-1977. München 1985.

Böll, Heinrich: Es kann einem bange werden. Schriften und Reden 1976-1977. München 1985.

Clay, Lucius D.: Entscheidung in Deutschland. Frankfurt/M. 1950.

Hafez, Kai: Antisemitismus, Philosemitismus und Islamfeindlichkeit: ein Vergleich ethnisch-religiöser Medienbilder. In: Butterwegge, Christoph u. a. (Hrsg.): Medien und multikulturelle Gesellschaft. Opladen 1999, S. 122-135.

Hartmann, Martin: Dulden oder Anerkennen? Varianten der Toleranzkritik. In: Kaufmann, M. (Hrsg.): Integration oder Toleranz? Minderheiten als philosophisches Problem. Freiburg, 2001, S. 118-133.

Hentig, Hartmut von: Bildung. Ein Essay. Weinheim und Basel 2004.

Hormel, Ulrike/ Scherr, Albert: Menschenrechtsbildung für die Einwanderungsgesellschaft. Perspektiven der Auseinandersetzung mit struktureller, institutioneller und interaktioneller Diskriminierung. Wiesbaden 2004.

Humboldt, Wilhelm von: Über Pressefreiheit. In: Humboldt. Werke in fünf Bänden. 3. Auflage, Band 4. Darmstadt 1982, S. 338-346.

Jäger, Margarete u. Siegfried: Rassisierende Deutungen. Der „Karikaturenstreit in deutschen Print-Medien und seine Auswirkungen auf den Einwanderungsdiskurs. In: Dies. (Hrsg.): Deutungskämpfe. Theorie und Praxis kritischer Diskursanalyse. Wiesbaden 2007, 131-160.

Jäger, Siegfried: Die Anstifter der Brandstifter? Zum Anteil der Medien an der Eskalation rassistisch motivierter Gewalt in der Bundesrepublik. In: Scheffer, Bernd (Hrsg.): Medien und Fremdenfeindlichkeit. Alltägliche Paradoxien, Dilemmata, Absurditäten und Zynismen. Opladen 1997, S. 73-98.

Jäger, Siegfried: BrandSätze. Rassismus im Alltag. Duisburg 1996.

Jäger, Siegfried u. a. (Hrsg.): Die vierte Gewalt. Rassismus in den Medien. Duisburg 1993.

Lachmann, Günther: Tödliche Toleranz. Die Muslime und unsere offene Gesellschaft. München 2005.

Marx, Karl: Pressefreiheit und Zensur. In: Pöttker, Horst (Hrsg.):Öffentlichkeit als gesellschaftlicher Auftrag. Klassiker der Sozialwissenschaften über Journalismus und Medien. Konstanz 2001, S. 35-55.

Müller, Harald: Das Zusammenleben der Kulturen. Ein Gegenentwurf zu Huntington. Frankfurt/M. 2001.

Müller, Harald: Totentanz der Brandstifter. Westliche Schreibtischtäter und islamische Ketzer schüren im Karikaturenstreit den Kampf der Kulturen. In: Frankfurter Rundschau vom 11. Februar 2006.

Plessner, Helmuth: Die verspätete Nation. Über die politische Verfügbarkeit des bürgerlichen Geistes. Frankfurt/ M. 1988.

Reimann, Benedict: Literatur und Journalismus. Die „Geschichte des deutschen Journalismus" (1845) von Robert Eduard Prutz – Zwischen Literaturgeschichtsschreibung und dem Kampf um Pressefreiheit. Bremen 2006.

Reporter ohne Grenzen e. V. (Hrsg.): Newsletter. Reporter ohne Grenzen für Pressefreiheit. Berlin 2008.

Schedel, Gunnar: Identität und Emanzipation. In: MIZ, 35. Jg. (2006), Heft 2, S. 21-25.

Schmidt-Salomon, Michael: Manifest des Evolutionären Humanismus. Plädoyer für eine zeitgemäße Leitkultur. Aschaffenburg 2006.

Schwarzer, Alice (Hrsg.): Die Gotteskrieger und die falsche Toleranz. Köln 2002.

Quellen(sammlungen)

Hofer, Walther (Hrsg.): Der Nationalsozialismus. Dokumente 1933-1945. Frankfurt 1962.

Liebing Werner (Hrsg.): Deutsche Verfassungen. Deutschlands Weg zur Demokratie. München 1973.

Aufsätze im Internet

Hafez, Kai/ Richter, Carola: Das Gewalt- und Konfliktbild des Islams bei ARD und ZDF. Eine Untersuchung öffentlich-rechtlicher Magazin- und Talksendungen (Univer- sität Erfurt im Januar 2007). Als PDF-Datei abrufbar über die web-Adresse: www2.kommunikationswissenschaft-erfurt.de/uploads/bericht_islam_in_ard_und_zdf_2005_2006.pdf

Web-Links

Die Mohammed-Karikaturen der Jyllands Posten sind abrufbar unter:
http://www.citybeat.de/news/die-12-mohammed-karikaturen
http://www.perlentaucher.de/artikel/2888.html
http://en.wikipedia.org/wiki/Jyllands-Posten_Muhammad_cartoons_controversy#

Unterrichtsmaterial zum Karikaturenstreit ist zu finden unter:
> http://www.lehrer-online.de/karikaturenstreit.php

Weitere Web-Links:

Amnesty international (ai): www.amnesty.org

Arabisch-Europäische-Liga: www.arabeuropean.org

Homepage Henryk M. Broders: http://www.henryk-broder.de

Bundesverband Deutscher Zeitungsverleger (BDZV) : http://www.bdzv.de

Bundesverfassungsgericht (Cicero-Urteil): www.bundesverfassungsgericht.de/pressemitteilungen/bvg07-021).

Bundesverfassungsgericht („Caroline-Urteil" = BVerfG, 1 BvR 653/96 vom 15.12.1999): www.bverfg.de/entscheidungen/rs19991215_1bvr065396.html.

Europäischer Gerichtshof: http://www.echr.coe.int

Europarat: www.coe.int

Deutschlandfunk: www.dradio.de

Giordano-Bruno-Stiftung: www.giordano-bruno-stiftung.de

Human Rights Watch: www.hrw.org

International Federation of Journalists (IFJ), Brüssel/ European Federation of Journalists (EFJ), Brüssel: www.ifj.org

International Press Institute (IPI), Wien: www.freemedia.at

"Irancartoon": www.irancartoon.com

Journalisten helfen Journalisten e.V.: www.journalistenhelfen.org

Muslimrat München e.V.: http://www.muslimrat-muenchen.de/

Office of the United Nations High Commissioner for Human Rights: www.ohchr.org/english/press/hrc/index.htm.

OSZE: www.osce.org

Radio Vatican: www.radiovaticana.de

Regionales Informationszentrum der Vereinten Nationen (RUNIC), Brüssel: www.runic-europe.org

Reporter ohne Grenzen: www.reporter-ohne-grenzen.de

UNESCO: www.portal.unesco.org

United Nations: www.un.org

U.S. Department of State: www.state.gov

Zentralrat der Muslime in Deutschland(ZMD): http://www.islam.de/2583.php

Zur Geschichte des Karikaturenstreits: Human Rights Watch - Questions and Answers on the Danish Cartoons and Freedom of Expression: www.hrw.org/english/docs/2006/02/15/denmar12676_txt.htm

Informationsplattform für Menschenrechte (Schweiz): www.humanrights.ch

Die Autorinnen und Autoren

Roman Böckmann, geb. 1977, Studium der Fächer Chemie, Sozialwissenschaft und Erziehungswissenschaft an der Westfälischen Wilhelms-Universität Münster, Erstes Staatsexamen für das Lehramt (Sek. II/I); z. Zt. Doktorand an der Graduate School of Politics (GrasP) der Westfälischen Wilhelms-Universität Münster.

Kathrin Gawarecki, geb. 1977, Studium der Niederlande-Studien, Politikwissenschaft und Soziologie in Münster und Berlin, MA; z. Zt. tätig als Lehrerin in den Niederlanden.

Katy Haehser, geb. 1975, Studium der Fächer Germanistik, Geschichte und Erziehungswissenschaft an der Westfälischen Wilhelms-Universität Münster, Erstes Staatsexamen für das Lehramt (Sek. II/I); z. Zt. im Referendariat.

Jörg Lange, geb. 1975, Studium der Fächer Geschichte, Germanistik und Kath. Theologie an der Westfälischen Wilhelms-Universität und der TU Dresden, Erstes Staatsexamen für das Lehramt (Sek. II/I); z. Zt. Doktorand am Max-Weber-Kolleg der Universität Erfurt im Rahmen des DFG-Graduiertenkollegs „Menschenwürde und Menschenrechte" mit einem Dissertationsprojekt zur Frage des Menschenrechtsbezugs in deutschen KZ-Gedenkstätten.

Hasko Zimmer, Dr. phil., geb. 1941, Studium der Fächer Germanistik, Geschichte und Erziehungswissenschaft in Hamburg und Göttingen; Akad. Oberrat a. D. am Institut für Allgemeine Erziehungswissenschaft der Westfälischen Wilhelms-Universität Münster; Arbeitsschwerpunkte: Historische Bildungsforschung, Pädagogik und Nationalsozialismus, Geschichtspolitik und Erinnerungsarbeit, Menschenrechtsbildung.